王陽明年譜長編

束景南 著

二

上海古籍出版社

在貴陽，遊來仙洞、白雲堂，有詩咏。

王陽明全集卷十九來仙洞：「古洞春寒客到稀，緑苔荒徑草霏霏。書懸絶壁留僧偈，花發層蘿繡佛衣。壺榼遠從童冠集，杖藜隨處宦情微。石門遥鎖陽明鶴，應笑山人久不歸。」白雲堂：「白雲僧舍市橋東，别院迴廊小徑通。歲古簷松存獨幹，春還庭竹發新叢。晴窗暗映群峰雪，清梵長飄高閣風。遷客從來甘寂寞，青鞋時過月明中。」

按：白雲堂向來不知在何處，今按詩明云「白雲僧舍市橋東」，可見白雲堂乃僧寺，即白雲寺也。白雲寺（中有白雲堂）爲貴陽名剎，由西識禪師創建，一名西普陀寺，與遼北普陀寺、閩南普陀寺、舟山東普陀寺並列齊名，今重建於貴陽市白雲區雲峰大道龍井路，蓋原址也。來仙洞爲貴陽道教勝地，白雲寺爲貴陽佛教勝地，陽明特選往遊也。

十五日元宵節，自貴陽歸，一路多有詩咏。

王陽明全集卷十九元夕二首：「故園今夕是元宵，獨向蠻村坐寂寥。賴有遺經堪作伴，喜無車馬過相邀。春還草閣梅先動，月滿虛庭雪未消。堂上花燈諸弟集，重闈應念一身遥。　去年今日卧燕臺，銅鼓中宵隱地雷。月傍苑樓燈彩淡，風傳閣道馬蹄迴。炎荒萬里頻回首，羌笛三聲謾自哀。尚憶先朝多樂事，孝皇曾爲兩宮開。」元夕木閣山火：「荒村燈夕偶逢晴，野燒峰頭處處明。内苑但知鰲作嶺，九門空説火爲城。天應爲我開奇觀，地有兹山不世情。却恐炎威被松柏，休教玉石遂同頳！」　元夕雪用蘇韵二首：「林間暮雪定歸鴉，山外鈴聲報使車。玉盞春光傳柏葉，夜堂銀燭亂簷花。蕭條音信愁邊雁，迢遞關河夢裏家。何日扁舟還舊隱，一簑江上把魚叉。寒威入夜益廉纖，酒甕爐牀亦戒嚴。久客漸憐衣有結，蠻居長歎食無鹽。饑豺正爾群當路，凍雀從渠自宿簷。陰極陽回知不遠，蘭芽行見發春尖。」　家僮作紙燈：「寥落荒村燈事賒，蠻奴試巧剪春紗。花枝綽約含輕霧，月色玲瓏映綺霞。取辦不徒酬令節，賞心兼是惜年華。何如京國王侯第，一盞中人産十家！」

十六日，歸龍場驛，再用蘇東坡韵書懷。

王陽明全集卷十九曉霽用前韵書懷二首。

病卧西園，陸健寄詩來慰謫居，次韵答之。

王陽明全集卷二十九次韵陸文順僉憲：「春王正月十七日，薄暮甚雨雷電風。捲我茅堂豈足念，傷兹歲事難爲功。金縢秋日亦已異，魯史冬月將無同。老臣正憂元氣泄，中夜起坐心忡忡。」　卷十九次韵陸僉憲病起見寄：「一賦歸來不願餘，文園多病滯相如。籬邊竹筍青應滿，洞口桃花紅自舒。荷蕢有心還擊磬，周公無夢欲删書。雲間憲伯能相慰，尺素長題問謫居。」

按：詩云「一賦歸來」，指陽明自貴陽賦别陸健歸來。「文園多病」，指陽明病卧西園（用司馬相如病居文園事），其曉霽用前韵書懷亦有「病餘兼喜曝晴簷」句。詩咏歎春王正月十七日起雷雹風雨，正與其作論元年春王正月同一意。

二月，春遊尋芳，多有詩感時咏懷。

王陽明全集卷二十九太子橋：「乍寒乍暖早春天，隨意尋芳到水邊。樹裏茅亭藏小景，竹間石溜引清泉。汀花照日猶含雨，岸柳垂陰漸滿川。欲把橋名尋野老，凄凉空説建文年。」

按：太子橋，民國修文縣志謂在城内龍井巷道左，甚低小，下跨龍井之水及飛鳳山之水。「太子」者，指建文皇帝朱允炆，故云「凄凉空説建文年」。

同上，卷十九夜寒，春晴，雪中桃次韵，村南。

春試書院諸生，有詩咏懷。

王陽明全集卷二十九再試諸生：「草堂深酌坐寒更，蠟炬煙消落絳英。旅況最憐文作會，客心聊喜困還亨。春回馬帳漸桃李，花滿田家憶紫荆。世事浮雲堪一笑，百年持此竟何成？」　再試諸生用唐韵：「天涯猶未隔年回，何處嚴光有釣臺？樽酒可憐人獨遠，封書空有雁飛來。漸驚雪色頭顱改，莫漫風情笑口開。遥想陽明舊詩石，春來應自長莓苔。」

三月，參議胡洪過訪小集，有詩唱酬。

王陽明全集卷十九次韵胡少參見過：「旅管小酌典春裘，佳客真慚盡日留。長怪嶺雲迷楚望，忽聞吴語破鄉愁。鏡湖自昔堪歸老，杞國何人獨抱憂？莫訝臨花倍惆悵，賞心原不在枝頭。」　卷二十九與胡少參小集：「細雨初晴蠛蠓飛，小亭花竹晚凉微。後期客到停杯久，遠道春來得信稀。翰墨多憑消旅况，道心無賴入禪機。何時喜逐風泉賞，甘作山中一白衣。」　再用前韵賦鸚鵡：「低垂猶憶隴西飛，金鎖長羈念力微。祇爲能言離土遠，可憐折翼歎群稀。春林羞比黄鸝巧，晴渚思忘百鳥機。千古正平名正賦，風塵誰與惜毛衣？」

按：前考胡洪爲餘姚人，故詩云「忽聞吴語破鄉愁」。王陽明全集卷二十九另有送客過二橋、復用杜韵一首、先日與諸友有郊園之約是日因送客後期小詩寫懷，寫送客過頭橋、二橋、三橋，應即是送胡洪。蓋三橋位於貴陽城西北，爲出入貴陽要道。復用杜韵一首云「三月尋幽始得幽」，是在暮春三月。

與諸友有郊園游春之約，諸友不至，有詩寫懷。

王陽明全集卷二十九待諸友不至，先日與諸友有郊園之約是日因送客後期小詩寫懷。

花間集諸生咏歌講論。

王陽明全集卷十九春日花間偶集示門生：「閑來聊與二三子，單夾初成行暮春。改課講題非我事，研幾悟道是何人？階前細草雨還碧，簷下小桃晴更新。坐起詠歌俱實學，毫釐須遣詔教真。」

銅仁守劉美之寄詩來，有次其韵。

王陽明全集卷十九答劉美之見寄次韵：「休疑遷客迹全貧，猶有沙鷗日見親。勳業已辭滄海夢，煙花多負故園春。百年長恐終無補，萬里寧期尚得身？念我不勞傷鬢雪，知君亦欲拂衣塵。」

按：劉美之向不知何人。今考邊貢華泉集卷八有省庵箴云：「秋官郎中文登劉君美之，以『省庵』名其室，乞扁於少司寇豫章李公示警也。弘治甲子冬有銅仁之命，挈其扁以隨，曰：『吾將朝於斯，夕於斯，雖至蠻貊，不可棄也。』邦人太常博士某代爲之箴。」華泉集卷一有美之席上限韵送别二首、次何遜落日泛江贈魚司馬之作奉送劉美之，卷五有秋官劉美之使還居接待院出訪。魯鐸文恪公集卷三亦有許州風節亭次韵劉東之御史美之正郎。按嘉靖貴州通志卷五：「銅仁府，知府劉瑜，文登人。」據上可知劉瑜字美之，號省齋，山東文登人。嘗任刑部郎中，時任銅川知府，與「前七子」邊貢等唱酬往來。弘治中陽明任刑部主事，劉瑜任刑部郎中，關係甚密，蓋亦「西翰林」之中堅人物。詩云「勳業已辭滄海夢」，蓋即暗指此也。

四月，按察副使毛科致仕歸桐江書院，作序贈别。

王陽明全集卷二十二送毛憲副致仕歸桐江書院序：「正德己巳夏四月，貴州按察司副使毛公承上之命，得致其仕而歸。先是公嘗卜桐江書院於子陵釣臺之側者幾年矣，至是將歸老焉……而同僚之良惜公之去，乃相與咨嗟不忍，集而餞之南門之外。酒既行，有起而言於公者，曰：『君子之道，出與處而已。其出也有所爲，其處也有所樂。公始以名進士從政南部，理繁治劇，頎然已有公輔之望。及爲方面於雲、貴之間者十餘年，内釐其軍民，外撫諸戎蠻夷，政務舉而德威著。雖或以是召嫉取謗，而名稱亦用是益顯建立，暴於天下。斯不謂之有爲乎？今兹之歸，脱屣聲利，垂竿讀書，樂泉石之清幽，就煙霞而屏迹，寵辱無所與，而世累無所加。斯不謂之有所樂乎？公於出處之際，其亦無憾焉耳已！』公起拜謝。復有言者曰：『雖然，公之出而仕也，太夫人老矣，先大父忠襄公又遺未盡之志，欲仕則違其母，欲養則違其父，不得已權二者之輕重，出而自奮於功業。人徒見公之憂勞爲國而忘其家，不知凡以成忠襄公之志，而未嘗一日不在於太夫人之養也。今而歸，告成於忠襄之廟，拜太夫人於膝下，旦夕承歡，伸色養之孝，公之願遂矣。而其勞國勤民，拳拳不舍之念，又能釋然而忘之！則公雖欲一日遂歸休之樂，蓋亦有所未能也。』公復起拜謝。又有言者曰：『雖然，君子之道，用之則行，舍之則藏。用之而不行者，往而不返者也；舍之而不藏者，溺而不止者也。公之用也，既有以行之；其舍之也，有弗能藏者乎？吾未見夫有其用而無其體者也。』公又起拜，遂行。陽明山人聞其言而論之曰：『始之言，道其事也，而未及於心；次之言者，得公之心矣，而未盡於道；終之言者，盡於道矣，不可以有加矣。斯公之所允蹈者乎！』……」

按：此文題下原注「戊辰」（正德三年）作，乃誤。文中所言「忠襄公」，即毛科父毛吉，字宗吉，餘姚人。景泰五年進士，授刑部主事，遷東按察僉事，以功陞副使。成化元年，破新會賊，戰死，贈按察使，謚忠襄。明史卷一百六十二有傳。毛科，字應奎，號拙庵。陽明後歸餘姚，瞻毛科遺像，作拙庵公像贊云：「瞻望豐山，惟鄰是卜。緬想桐江，有書可讀。」（餘姚豐山毛氏族譜首）蓋毛科故居在餘姚豐山下，與陽明卜鄰而居，故二人當早識。桐江書院在桐廬，乾隆桐廬縣志卷五：「桐江書院，在縣北城隍廟東，舊爲社學。」

遊陽明小洞天，諸生來集，有詩詠懷。

王陽明全集卷二十九夏日遊陽明小洞天喜諸生偕集偶用唐韵：「古洞閑來日日遊，山中宰相勝封侯。絶糧每自嗟尼父，愠見還時有仲由。雲裏高厓微入暑，石間寒溜已含秋。他年故國懷諸友，魂夢還須到水頭。」

按：詩云「雲裏高厓微入暑」，則在初夏。

五月七日，王華降爲南京吏部右侍郎。

國榷卷四十七：「正德四年五月戊戌，命吏部擬纂修實録官陞職等第，且謂先年劉健等修會典糜費，革其陞職，仍令李東陽等覆定。於是降少師、大學士李東陽支從一品俸……南京吏部尚書王華降右侍郎。時劉瑾意抑儒臣，又焦芳以東陽軋己，導瑾裁之。」張元忭館閣漫録卷九：「正德四年五月戊戌，初纂修孝廟實録成，命吏部查纂修官事例。既而又查其中嘗與修大明會典已陞及守制未陞者職銜、履歷與到館日期……於是吏部擬降少師兼太子太師、吏部尚書、華蓋殿大學士李東陽支從一品俸……南京吏部尚書王華爲本部右侍郎……瑾欲裁抑儒臣，謂舊例纂修陞職爲過，故先革其所已陞者，而復加之以示己恩。」

按：陸深海日先生行狀云：「既而，有以同年友事誣毁先生於朝者，人咸勸先生一白。先生曰：『某吾同年友，若白之，是我許其友矣。是焉能浼我哉？』竟不辨。後新建復官京師，聞士夫之論，具本奏辨。先生聞之，即馳書止之曰：『是以爲吾平生之大耻乎？吾本無可耻，今乃無故而攻發其友之陰私，是反爲吾求一大耻矣。人謂汝智於吾，吾不信也。』乃不復辨。」王華之降爲右侍郎，或與此事有關。

五月十六日，監察御史王濟及代歸朝，作詩叙送之。

陽明驄馬歸朝詩叙：「正德戊辰正月，古潤王公汝楫以監察御史奉命來按貴陽，明年五月及代，當歸朝於京師。在部之民暨屯戍之士，下逮諸種苗夷聞之，咸奔走相謂曰：『嗚呼！

公之未來也，吾農而弗得耕，商而弗得市，戍役無期而弗能有吾家，刓剥無藝而弗能保吾父母妻子，吾死且無日矣！自公之至，而吾始復吾業，得吾家，安吾父母妻子之養。蓋爲生未幾耳，而公又將捨我而去，吾其復歸於死乎！』乃相與奔告於其長吏，曰：『爲我請於朝，留公以庇我。』其長吏曰：『嗚呼，其獨爾乎哉！公之未來也，吾捨吾職而征斂以奉上，禄之不得食，而稱貸以足之；自公之至，而吾始復爲吾官，事事而食禄；今又捨我而去，吾將有請焉而限於職，留焉而勢所不得行也。吾與爾且奈何哉！』則又相率而議於學校之士，曰：『斯其公論之所自出，而可以言請也；斯其無官守之嫌，而可以情留之也。』學校之士曰：『嗚呼，其獨爾乎哉！吾束吾簡編，而不獲窺者兩年矣；自公之至，而吾始得以誦吾詩，讀吾書。當公之未至，吾父老苦於追求，吾稚弱疲於奔役，吾日奔走救療於其間而不暇，而奚暇及吾業？吾身之弗能免，而況能庇吾家乎？況能望其作興振勵，開導而訓誨如公今日之爲乎？今公之去，吾惟無以致吾力而庸吾情，有如可得以請而留也，亦何靳而弗爲乎？』其長者顧少者而言曰：『嗚呼！理之無可屈，而卒以不伸者，局於時也；情之不可已，而終以不行者，泥於勢也。夫留公以庇吾一省者，情之極也，而於理亦安所不得乎？然而度之時勢之間，則公之不可以爲我留者三，我之不可以留公者五，吾今不欲盡言之，吾黨之處此亦不可以無審也。』衆皆默然良久，乃皆曰：『然則奈何乎？不可以吾人之故而累公矣；其得遂以公之故而已吾情乎？吾情不能伸矣，其獨不得以聲之詩歌而少舒乎？』其長者曰：『是亦無所益於公，而徒爾呶呶爲也。雖然，必無已焉，宣吾之情而因以直夫理，揚今之美盛而遂以諷於將來，則是舉也，殆亦庶乎其可哉！』乃相與求賢士大夫之在貴陽者詩歌之，而演之爲卷，卷成而來請於陽明居士，曰：『斯蓋德之光也，情之所由章也，理之所以不亡也。吾士人之願，諸大夫之所憾也，先生一言而叙之。』居士曰：『吾以言得罪於此，言又何爲乎？』學校之士爲之請不置，因次叙其語於卷而歸之。卷之端題曰『驄馬歸朝』者，蓋留之不得，而遂以送之也。正德己巳五月既望，陽明居士王守仁書。」（此文真迹今藏廣東省博物館，陽明文集失載）

按：前考王汝楫即王濟。其以監察御史來按貴州事，光緒丹徒縣志卷二十六王濟傳云：「擢監察御史，疏陳馬政利弊甚悉。先是江南歲以養馬解駒爲累，至有傾家鬻子者。濟請議和馬價，民免賠償，而馬賴實用，至今便之。出判東平，歷知開州、武定，擒巨盗，陞湖廣僉事，分巡郴、桂，會苗亂，擒斬千計。將論功，濟早乞休，詔即其家陞湖廣參議。」按國榷卷四十七云：「正德三年十月丁丑，給事中何紹正、盧綸、李陽春、吴玉榮、薛金、胡洪、張寶林、文迪，核大同、宣府、遼東、甘肅等糧儲馬匹，貴州令巡按御史（按：即王濟）兼理之……正德四年四月癸亥，謫監察御史王濟□□州（按：據光緒丹徒縣志，應是「東平」二字）判官，林偉國子博士，宇文鍾、李錫、姜佐、韓廉、高嶼知縣，□科都給事中馬驛推官，右給事中薛金南京詹事府主簿，俱考察不及。」國榷言四月王濟已以「考察不及」謫東平判官，陽明此叙却言王濟五月及代，歸朝京師，所叙矛盾。疑王濟實於四月歸朝於京師，因貴州去京師遥遠，在貴之陽明及吏民至五月亦未得王濟在京師消息，故陽明在叙中仍祗言王濟歸朝於京師，蓋王濟赴京師及吏民作詩相送在四月，陽明爲詩卷作叙則在五月也。

六月，貴州僉事陸健遷福建副使，再赴貴陽送別。

王陽明全集卷二十九夏日登易氏萬卷樓用唐韵：「高樓六月自生寒，沓嶂回峰擁碧闌。久客已忘非故土，此身兼喜是閑官。幽花傍晚煙初暝，深樹新晴雨未乾。極目海天家萬里，風塵關塞欲歸難。」

按：易氏萬卷樓在貴陽城内，嘉靖貴州通志卷八：「萬卷樓，在治城北，郡人易貴建以藏書。」易貴字天爵，號竹泉，貴筑人。嘉靖貴州通志卷九：「易貴，幼聰悟出群，長而性通朗剛正，淹該載籍，爲文善序事。筮仕於官，崇學校，恤民隱，遇事明而能斷，不怵於事利，有古循良風。歸田，杜門校書十餘年而卒。所著有竹泉文集十五卷，詩經直指十五卷。」據陽明此詩，可知陽明在六月又往貴陽城，蓋爲送僉事陸健也。

七月，在貴陽，有詩送僉事陸健。

王陽明全集卷十九次韵送陸文順僉憲：「貴陽東望楚山平，無奈天涯又送行。杯酒豫期傾蓋日，封書煩慰倚門情。心馳魏闕星辰迥，路遶鄉山草木榮。京國交遊零落盡，空將秋月寄猿聲。」

按：詩云「空將秋月寄猿聲」，作在秋間。張邦奇張文定公環碧堂集卷三有寄王伯安云：「去秋陸文順僉事行，奉一啓，尋即執事有移袁之命，未諗得達否？」可見陸健在秋七月遷福建副使去，蓋是陽明在六月底赴貴陽城見陸健，七月初作詩送陸健。閩書卷四十八：「陸健。健字文順，鄞人。弘治十五年進士，官刑曹，陞貴州僉事。棘棘持憲，率先戎行，討定乖西叛苗。刷卷御史盛氣凌兩司，兩司氣沮，健獨與抗，執其奸人堂上，爲他御史所啣，没其戰功。已，轉福建副使，至官憤恚，卒。囊無留貲，鄉人姚鏌與同官爲經紀。」此「刷卷御史」即劉寓生（見下）。

朱璣來任貴州按察副使，遣子朱光弼、朱光霽來受學。

陽明贈朱克明南歸言：「朱光霽，字克明，廉憲朱公之子也。嘗與其兄光弼從學於予，舉於鄉……」（蒙化志稿卷八，蒙化府朱氏家譜卷首，陽明文集失載）

李元陽西安府同知朱公光霽墓誌銘：「公諱光霽，字克明，號方茅。先世灤人，國初戍籍應天，既而移戍蒙化，遂家焉。父恒齋，諱璣，中成化丁未榜進士，筮仕留都廷評。娶晏氏，生公。公幼穎敏，不與群兒戲，父母異之。及恒齋歷官爲貴州憲長，適陽明王先生謫居龍場，命公與二兄投學，得聞良知之説，自是知俗學可厭，泠然有薄富貴、輕勢利之想。」（國朝獻

徵録卷九十四）

按：「廉憲朱公」即朱璣。康熙蒙化府志人物志：「朱璣，字文瑞，成化丁未進士。公穎秀孝友，德量淵豁。幼爲衛弁役辱，始奮志從學。迨登第，遷寺副、寺正。讞獄平反，民冤頓雪。陞四川按察司副使。恩威兼濟，遐徼革心。晉秩參藩，兵食咸足，惠周遠邇。隨晉廉使，整綱肅紀，百僚式範，聲教洋溢焉。時陽明王守仁先生謫龍場驛，公遣子從學，聲氣相洽。尋乞歸，優遊林下者十年，鄉里視爲模範。子光霽，孫賓，曾孫鳴時，俱鄉薦。」蒙化府朱氏家譜中有明故嘉議大夫貴州按察使恒齋先生朱公淑人晏氏合葬墓表。朱璣來任貴州按察副使，當是接毛科任。原按察副使毛科在四月致仕歸桐江書院（見前），按國榷卷四十七：「正德三年十月己丑，王昂、金賢、熊紀、李學曾、葉良、周金、安金、呂經、朱璣爲給事中。」朱璣當是在陞給事中不久，旋陞四川按察僉事，至正德四年四月毛科致仕去，即轉貴州按察副使，其至貴陽已在五六月。迨七月陽明至貴陽，朱璣遂遣朱光弼、朱光霽來受學。以後至九月陽明再赴貴陽省城，主教文明書院，朱光弼、朱光霽更可正式在文明書院受教矣。

八月，自貴陽歸龍場驛。有京師吏目過龍場驛，暴斃於野，爲作祭文掩埋。

王陽明全集卷二十五瘞旅文：「維正德四年秋月三日，有吏目云自京來者，不知其名氏，攜一子一僕，將至任，過龍場，投宿土苗家。予從籬落間望見之，陰雨昏黑，欲就問訊北來事，不果。明早遣人覘之，已行矣。薄午，有人自蜈蚣坡來，云一老人死坡下，傍兩人哭之哀。

予曰：『此必吏目死矣。傷哉！』薄暮，復有人來，云：『城下死者二人，傍一人坐歎。』詢其狀，則其子又死矣。明日，復有人來，云：『見坡下積尸三焉。』則其僕又死矣……嗚呼傷哉！係何人？係何人？吾龍場驛丞餘姚王守仁也。吾與爾皆中土之産，吾不知爾郡邑，爾烏爲乎來爲茲山之鬼乎？古者重去其鄉，遊宦不踰千里。吾以竄逐而來此，宜也；爾亦何辜乎？聞爾官，吏目耳，俸不能五斗，爾率妻子躬耕，可有也，烏爲乎以五斗而易爾七尺之軀？……夫衝冒霧露，扳援崖壁，行萬峰之頂，饑渴勞頓，筋骨疲憊，而又瘴癘侵其外，憂鬱攻其中，其能以無死乎？……吾念爾三骨之無依而來瘞爾，乃使吾有無窮之愴也，嗚呼痛哉！縱不爾瘞，幽崖之狐成群，陰壑之虺如車輪，亦必能葬爾於腹，不致久暴露爾。爾既已無知，然吾何能爲心乎？自吾去父母鄉國而來此，二年矣，歷瘴毒而苟能自全，以吾未嘗一日之戚戚也。今悲傷若此，是吾爲爾者重而自爲者輕也。吾不宜復爲爾悲矣。吾爲爾歌，爾聽之。歌曰：連峰際天兮，飛鳥不通；遊子懷鄉兮，莫知西東。莫知西東兮，維天則同。異域殊方兮，環海之中。達觀隨寓兮，奚必予宫？魂兮魂兮，無悲以恫。又歌以慰之，曰：與爾皆鄉土之離兮，蠻之人言語不相知兮。性命不可期，吾苟死於茲兮，率爾子僕來從予兮。吾與爾遨以嬉兮，驂紫彪而乘文螭兮，登望故鄉而噓唏兮。吾苟獲生歸兮，爾子爾僕尚爾隨兮，無以無侶悲兮。道傍之塚累累兮，多中土之流離兮，相與呼嘯而徘徊兮。飡風飲露，無爾饑兮。朝友麋鹿，暮猿與栖兮。爾安爾居兮，無爲厲於兹墟兮！」

按：文明云「維正德四年秋月三日」，陽明全集於此文題下注「戊辰」作，乃誤。又嘉靖貴州通志卷十一著録此文，首句作「維正德四年，秋七月三日」，「七」字疑後人妄加。按七月初陽明在貴陽城，不在龍場驛；九月初陽明又赴貴陽文明書院，不在龍場驛（見下），故可知此「秋月」當指秋八月。

席書來任貴州提學副使，聘請陽明主貴陽文明書院，兩人有書札往還。

席書與王守仁書：「自入遐方，久不奉接君子之論。二生來過，承高明不以書不可與言，手賜翰教，亹亹千餘言，山城得此，不覺心目開霽，灑然一快；且又不以書爲不可與居，許過省城，勉就愚懇，聞之踴抃，莫知所爲。竊惟古人固有風雨連牀，心隔胡越者；亦有一面未交，誦其文，想其人，而千里神會者。書於執事雖未承接下風，殆亦千里神會者乎？書竊謂今舉業之學，與古聖賢之學，誠不同科矣。然舉業者，時王之制也。書少以父師之命，攻舉子之業，乃於其中獲聞前哲遺訓，亦嘗求所謂志伊尹之所志，學顔子之所學矣。然一暴十寒，不能不奪於文業之習。故自登第之後，作縣迄今，所奔走者形勢，所趨向者利禄，如醉如夢，二十餘年，求如攻舉子業者時所竊聞於前哲者，非惟無所聞，抑亦不求所聞，殆將終身焉者。昨領來教，書疇昔所未泯者，若提酣驚寐，怳然若有覺者，執事先聲所及已如此，而況得親炙乎？近時董諸士者，要不過屬題命意，改課文，鍛字句，以迎主司之意；裁新巧，以快主司之目。上以是取士，下以是挾策，師捨是無以爲教，弟子捨是無以爲學。居今之時，欲變今之習，誠難矣！然豈朝廷取士之初意乎？書繆有人才督教之責，將以所攻於少時者爲教乎？將以竊聞於前哲者爲教乎？兹將咨謨執事，復以課文之習以煩執事，是所處執事者非道，待執事者誠薄。然貴南之士，安於土俗，誘以禄利，尚不樂從；教以舉業，復不能治；幸有治者，日省月試，又不能工，而況有大於舉業者乎？捨是以教貴南，誠亦難矣。夫舉業者，利禄之媒也，世之白首一經，凡爲禄利而已。以書一人推之，書少時所以治舉業者，要不過爲禄利之計也。然昔者借是而有聞今者，脱是而愈暗。書知誤天下之豪傑者，舉業也；然使下士借是而所向上者，亦舉業也。故韓子因文而見道；宋儒亦曰科舉非累人，人自累科舉。今之教者，能本之聖賢之學以從事於舉業之學，則亦何相妨哉？執事早以文學進於道理，晚以道理發爲文章，倘無厭棄塵學，因進講之間，悟以性中之道義，於舉業之内，進以古人之德業，是執事一舉而諸士兩有所益矣。然所望於執事者，寧獨如斯已乎？昔齊宣王留孟子，欲使國人皆有矜式，斯舉也，以之留孟子固非，以之處執事誠是。執事名重中外，願學之士雖在千里之外，尚當摳衣鼓篋求從門下，兹幸得侍箕箒於左右，接下風，聞緒論，耳濡目染之久，雲龍風虎之機，固有不俟操筆硯而後興，聽訓詁而後喻矣。然所望於執事，又獨如斯已乎？師道不作久矣，執事一臨，使遠方之人皆稱之曰：執事之文章道德，見重於當道如此，二司諸公尊禮有道之士如此，貴南之士從是風動於道德仁義之域，將有肩摩而踵接矣。若然，執事一舉動間，係於風教豈細耶？昨據二生云，執事將以即月二十三日强就貴城，竊謂時近聖誕，倘一入城，閉門不出，於禮不可；步趨於群衆之中，於勢不能。且書欲於二十六七小試諸生畢，擇可與進者十餘人，以侍起居。可煩再踰旬日，候書遣人至彼，然後命駕，何如？草遽，多言不及删次，惟情察。不宣。是月二十一日，書再拜。」（嘉靖貴州通志卷十一）

按：書云「時近聖誕」，乃指孔子誕辰，傳統聖誕祭孔定在八月二十七日，可知席書此書作在八月二十一日。明武宗實録卷四十六：「正德四月春正月辛酉，陞監察御史邢纓於雲南，河南按察司僉事席書於貴州，俱按察使副使。」楊一清席公書墓誌銘：「正德己巳，陞貴州提學副使。夷方士鮮知學，公立教約，迪以正道。」按席書乃是接替毛科來任提學副使，毛科在四月致仕去，席書五月接任，至貴州約已在七月，故八月即遣人來聘陽明主教文明書院。錢德洪陽明先生年譜云：「始席元山提督學政……遂與毛憲副修葺書院，身率貴陽諸生，以所事師禮事之。」其説顯誤，席書至貴州，毛科早已離去。

席書書云「自入遐方，久不奉接君子之論」，乃指席書赴河南按察僉事任，楊一清席公書墓誌銘：「庚申，改户部，陞員外郎。甲子，雲南晝晦，公疏言致災之由……陞河南按察僉事。」可見席書與陽明弘治十三年在京已相識，至弘治十七年席書别陽明赴河南按察僉事任，兩人未有書札往來，所謂「久不奉接君子之論」也。

九月初，赴貴陽省城，主教文明書院。

楊一清席公書墓誌銘：「正德己巳，陞貴州提學副使……時王伯安謫龍場驛，公每學，擇其秀者一二人集省城書院，延伯安爲師，士始聞古道，趨正學。」（國朝獻徵録卷十五）

嘉靖貴州通志卷九：「席書，正德間任提學，性嗜静，學問根本周、程。時陽明王守仁謫居龍場，延至文明書院，以訓諸生。暇則就書院與論學，或至夜分。自是貴州士人知從事心性之學者，皆二先生倡之也。」

按：席書與王守仁書云：「可煩再踰旬日，候書遣人至彼，然後命駕。」可知陽明至九月初赴貴陽省城。

在貴陽，見巡按徐文華，同遊南庵，有詩唱和。

王陽明全集卷十九徐都憲同遊南庵次韵：「巖寺藏春長不夏，江花映日艷於桃。山陰入户川光暮，林影浮空暑氣高。樹老豈能知歲月，溪清真可鑑秋毫。但逢佳景須行樂，莫遣風霜著鬢毛。」南庵次韵二首：「隔水樵漁亦幾家？緣岡石路入溪斜。松林晚映千峰雨，楓葉秋連萬樹霞。漸覺形骸逃物外，未妨遊樂在天涯。頻來不用勞僧榻，已借汀鷗一席沙。　斜日江波動客衣，水南深竹見巖扉。漁人收網舟初集，野老忘機坐未歸。漸覺雲間棲翼亂，愁看天北暮雲飛。年年歲晚長爲客，閑殺西湖舊釣磯。」

按：南庵即聖壽寺，後爲武侯祠。嘉靖貴州通志卷七：「武侯祠，在治城南門外，舊聖壽寺。正德間，巡按貴州監察御史胡瓊改爲武侯祠。」「徐都憲」即徐文華，乃代王濟來按貴州。王濟在五月及代歸朝京師，徐文華來按貴州約在七八月間，陽明往見徐文華，當爲謀議平阿賈、阿札亂事。明清進士録：「徐文華，正德三年三甲四十三名進士。嘉定人，字用光。擢御史，巡按貴州，平苗有戰功。於朝敢言，多有奏疏。嘉靖初，遷大理少卿，争大禮，忤張璁、桂萼意，謫遣戍，卒於道。」徐文華平阿朵亂已在正德六年。

席書時來文明書院論學，相與論朱、陸同異之辨，覺釋、老二氏之非，明朱、陸二學之異，悟大學「格物致知」之旨，立「知行合一」之教——是爲「龍場悟道」，陽明生平「心學」大旨由是確立。

席書送别王守仁序：「今年董學貴陽，適陽明王伯安先生以言謫丞龍場驛，延諸文明書院，以師後學。予舊知陽明，知其文也，知其才猷勳業也，因以二者質之。陽明曰：『吾以子爲大人之問，曾耳與目之問乎？天之所以與我者，莫大者心，莫小者耳與目也。子事文業以爲觀聽之美，固末已。心至大而至明，君子先立其大，而不晦其明，譬之開廣居，懸藻鑑，物來能容，事至順應。蘊中爲道德，發言爲文章，措身爲事業。大至參天地，贊化育而有餘矣，何以小者爲哉！孔子曰：「女爲君子儒，無爲小人儒。」孟子曰：「從其大者爲大人，從其小者爲小人。」入途不慎，至有君子小人之判，術可不擇歟？』予聞而心惕背汗。日親所學，正而不迂，方而不泥，通而不俗……」

按：席書此序所云，即嘉靖貴州通志所言「（席書）暇則就書院與論學，或至夜分」。

黄綰陽明先生行狀：「一夕，忽大悟，踴躍若狂者。以所記憶五經之言證之，一一相契，獨與晦庵註疏若相牴牾，恒往來於心，因著五經臆説。時元山席公官貴陽，聞其言論，謂爲聖學復睹。公因取朱子大全閱之，見其晚年論議，自知其所學之非，至有誑己誑人之説，曰：『晦翁亦已自悔矣。』日與學者講究體察，愈益精明，而從游者衆。」

按：陽明作朱子晚年定論，即源自「龍場之悟」也。

錢德洪陽明先生年譜：「在貴陽……先生始悟格物致知……時瑾憾未已，自計得失榮辱皆能超脱，惟生死一念尚覺未化，乃爲石墎自誓曰：『吾惟俟命而已！』日夜端居澄默，以求静一，久之，胸中灑灑……因念：『聖人處此，更有何道？』忽中夜大悟格物致知之旨，寤寐中若有人語之者，不覺呼躍，從者皆驚。始知聖人之道，吾性自足，向之求理於事物者誤也。」

傳習録卷下：「衆人只説格物要依晦翁……某因自去窮格，早夜不得其理……及在夷中三年（按：指在龍場驛），頗見得此意思，乃知天下之物本無可格者。其格物之功，只在身心上做，决然以聖人爲人人可到。」

錢德洪陽明先生年譜：「正德四年己巳，先生三十八歲，在貴陽。是年先生始論知行合一。始席元山書提督學政，問朱、陸同異之辨。先生不語朱、陸之學，而告之以其所悟，書懷疑而去。明日復來，舉知行本體，證之五經諸子，漸有省。往復數四，豁然大悟，謂：『聖人之學復覩於今日。朱、陸異同，各有得失，無事辯詰，求之吾性，本自明也。』」

錢德洪陽明先生年譜：「先生在龍場時，疑朱子大學章句非聖門本旨，手録古本，伏讀精思，始信聖人之學本簡易明白。其書止爲一篇，原無經傳之分。格致本於誠意，原無缺傳可補。以誠意爲主，而爲致知格物之功，故不必增一『敬』字。」

按：陽明悟朱本大學爲非、古本大學爲是，即從悟朱子「格物致知」之説爲非而來，所謂「原無經傳之分」，「原無缺傳可補」，「不必增一『敬』字」，皆針對朱本大學而言。陽明之訂古本大學即從此始矣。

錢德洪刻文録叙述：「先生之學凡三變……居貴陽時，首與學者爲『知行合一』之説……先生嘗曰：『吾始居龍場，鄉民言語不通，所可與言者，乃中土亡命之流耳。與之言知行之説，莫不忻忻有入。久之，並夷人亦翕然相向。及出與士夫言，則紛紛同異，反多扞格不

入。何也？意見先入也。』」（王陽明全集卷四十一）

按：陽明悟「知行合一」，亦從悟朱子「格物致知」之説爲非而來。蓋朱子之格物致知説乃將誠意（主敬）與格物（致知）分爲二物（敬知雙修），將「知」與「行」分爲二事（先知後行），故陽明悟其非而提出「知行合一」。陽明謂「格致本於誠意，原無缺傳可補。以誠意爲主，而爲致知格物之功，故不必增一『敬』字」，即包含有「知行合一」之意。

王陽明全集卷四與辰中諸生：「謫居兩年，無可與語者，歸途乃幸得諸友。悔昔在貴陽，舉知行合一之教，紛紛異同，罔知所入。」

按：與辰中諸生在陽明文集中，遺漏「悔昔在貴陽，舉知行合一之教，紛紛異同，罔知所入」數句，茲據錢德洪陽明先生年譜正德四年下所引此書補。

王畿集卷二十緒山錢君行狀：「君嘗記夫子之學有三變……貴陽以來，倡爲知行合一之説，知行二字皆從功夫而言，真知乃所以爲行，不行不足謂之知也。」

傳習録卷上：「愛因未會先生『知行合一』之訓，與宗賢、惟賢往復辯論，未能决，以問於先生。先生曰：『試舉看。』愛曰：『如今人儘有知得父當孝、兄當弟者，却不能孝、不能弟，便是知與行分明是兩件。』先生曰：『此已被私欲隔斷，不是知行的本體了。未有知而不行者；知而不行，只是未知。聖賢教人知行，正是安復那本體，不是着你只恁的便罷。故大學指個真知行與人看，說「如好好色，如惡惡臭」。見好色屬知，好好色屬行。只見那好色時已自好了，不是見了後又立個心去好。聞惡臭屬知，惡惡臭屬行。只聞那惡臭時已自惡了，不是聞了後別立個心去惡。……就如稱某人知孝，某人知弟，必是其人已曾行孝行弟，方可稱他知孝知弟，不成只是曉得說些孝弟的話，便可稱爲知孝弟。……知行如何分得開？此便是知行的本體，不曾有私意隔斷的。聖人教人，必要是如此，方可謂之知；不然，只是不曾知。此却是何等緊切着實的工夫！如今苦苦定要說知行做兩個，是甚麼意？某要說做一個，是甚麼意？若不知立言宗旨，只管說一個兩個，亦有甚用？』愛曰：『古人說知行做兩個，亦是要人見個分曉，一行做知的功夫，一行做行的功夫，即功夫始有下落。』先生曰：『此却失了古人宗旨也。某嘗說知是行的主意，行是知的功夫；知是行之始，行是知之成。若會得時，只說一個知已自有行在，只說一個行已自有知在。古人所以既說一個知又說一個行者，只爲世間有一種人，懵懵懂懂的任意去做，全不解思惟省察，也只是個冥行妄作，所以必說個知，方纔行得是；又有一種人，茫茫蕩蕩懸空去思索，全不肯着實躬行，也只是個揣摸影響，所以必說一個行，方纔知得真。此是古人不得已補偏救弊的說話，若見得這個意時，即一言而足，今人却就將知行分作兩件去做，以爲必先知了然後能行，我如今且去講習討論做知的工夫，待知得真了，方去做行的工夫，故遂終身不行，亦遂終身不知。此不是小病痛，其來已非一日矣。某今説個知行合一，正是對病的藥。又不是某鑿空杜撰，知行本體原是如此……』」

按：此條語録爲徐愛正德七年所記，然其所謂「先生『知行合一』之訓」，實即指陽明在貴州所立「知行合一」之教；所謂「某嘗説知是行的主意，行是知的功夫；知是行之始，行是知之成」，亦是指陽明在貴州所悟「知行合一」之説；所謂「今人却就將知行分作兩件去做，以爲必先知了然後能行」，即是隱批朱子「先知後行」之説。故此條實反映了陽明在貴州時所形成之「知行合一」思想，錢德洪將此條語録放於正德四年之下，乃是也。

陽明自謂在龍場居夷處困，心有大悟，即所謂「龍場之悟」（龍場悟道）。然而究竟「悟」什麽，陽明因心有顧忌，一向説得玄虚飄忽，神秘高妙，不落言筌；弟子錢德洪、黄綰輩跟着推波助瀾，越説越玄，不可捉摸，五百年來使人如墮五里雲霧中。乃至後世多以爲「龍場之悟」即大悟「良知」，其説之謬，已不足辯（今人仍有信此説者）；今人每每論及「龍場之悟」仍多含混玄虚，不得要領。今兹綜合以上相關資料，「龍場之悟」之謎頓然可解矣：所謂「龍場之悟」，一言以蔽之，悟朱學（理學）之非、覺陸學（心學）之是之謂也。具體言之，「龍場之悟」包含三方面之「悟」：悟釋、老二氏之非，立儒家「簡易廣大」之心學；悟朱子向外格物之非（求理於物），立古本大學向内格物、自求於心之旨（格心，吾性自足，天下之物本無可格）；悟朱子敬知雙修、先知後行之非，立「知行合一」之教。三「悟」中，悟朱子「格物致知」之非乃是「龍場之悟」之核心之「悟」：悟朱子「格物致知」之非，乃有古本大學之訂，否定朱本大學；悟朱子「格物致知」之非，乃有「朱子晚年定論」之説，對朱學似褒實貶，對陸學似貶實褒；悟朱子「格物致知」之非，乃有「知行合一」之教，否定朱子「先知後行」之説；悟朱子「格物致知」之非，乃棄釋、老二氏之説，歸本陸氏心學。三「悟」一氣豁然貫通，「理在吾心，不假外求」，心學大旨立矣。蓋陽明早年學宋儒（朱子）格物之學；「格竹」失敗後，對朱子格物説産生懷疑；弘治末立白沙「默坐澄心，體認天理」爲座右銘，而於「理在吾心」、「心外無理」猶相去一間；直至在龍場，終悟朱子向外格物求理之非，堅信「理在吾心，不假外求」，「心即理」之心學由是立矣。故一言蔽之：「龍場之悟」者，心學之悟也。陽明「龍場之悟」之真正秘密，蓋在斯矣。

前引諸資料揭陽明龍場心學之悟已洞若觀火，兹再將有關「龍場之悟」之資料列於下，以資佐證：

陽明朱子晚年定論序：「守仁早歲業舉，溺志詞章之習。既乃稍知從事正學，而苦於衆説之紛撓疲薾，茫無可入，因求諸老、釋，欣然有會於心，以爲聖人之學在此矣。然於孔子之教間相出入，而措之日用，往往缺漏無歸，依違往返，且信且疑。其後謫官龍場，居夷處困，動心忍性之餘，恍若有悟。體驗探求，再更寒暑，證諸五經、四子，沛然若决江河而放諸海也。然後歎聖人之道坦如大路，而世之儒者妄開竇逕，蹈荆棘，墮坑塹，反出二氏之下，宜乎世之高明之士厭此而趨彼也，此豈二氏之罪哉！」

錢德洪陽明先生年譜：「先生在龍場時，疑朱子大學章句非聖門本旨，手録古本，伏讀精思，始信聖人之學本簡易明白。其書止爲一篇，原無經傳之分。」

方獻夫西樵遺稿卷七祭王陽明文：「嘗歷仙、釋，而後沛然一歸於正，自謂得於龍場之謫。」

席書送別王守仁序：「陽明早歲學道未得，去而學仙，因静久而自覺其失，悟朱、陸不决之疑，直宗濂、洛，上泝孔、孟大中之道，恍若有得，固方昇而未艾也。」

陽明先生遺言録：「某十五六歲時，便有志聖人之道，但於先儒格致之説若無所入，一向姑放下了。一日寓書齋，對數莖竹，要格他理之所以然，茫然無可得……於是又放情去學二氏，覺得二氏之學比之吾儒反覺徑捷，遂欣然去究竟其説。後至龍場，又覺二氏之學未盡。履險處危，困心衡慮，又豁然見出這頭腦來，真是痛快，不知手舞足蹈。此學數千百年，想是天機到此，也該發明出來了。」

傳習録卷上：「蕭惠好仙、釋，先生警之曰：『吾亦自幼篤志二氏，自謂既有所得，謂儒者爲不足學。其後居夷三載，見得聖人之學若是其簡易廣大，始自歎悔錯用了三十年氣力。大抵二氏之學，其妙與聖人只有毫釐之間。』」

王陽明全集卷二十一答人問神仙：「詢及神仙有無，兼請其事，三至而不答；非不欲答也，無可答耳。昨令弟來，必欲得之。僕誠生八歲而即好其説，今已餘三十年矣，齒漸摇動，髮已有一二莖變化成白，目光僅尺，聲聞函丈之外，又常經月卧病不出，藥量驟進，此殆其效也。而相知者猶妄謂之能得其道，足下又妄聽之而以詢。不得已，姑爲足下妄言之：古有至人，淳德凝道，和於陰陽，調於四時，去世離俗，積精全神，遊行天地之間，視聽八遠之外，若廣成子之千五百歲而不衰，李伯陽歷商、周之代，西度函谷，亦嘗有之。若是而謂之曰無，疑於欺子矣。然則呼吸動静，與道爲體，精骨完久，稟於受氣之始，此殆天之所成，非人力可强也。若後世拔宅飛昇，點化投奪之類，譎怪奇駭，是乃秘術曲技，尹文子所謂『幻』，釋氏謂之『外道』者也。若是而謂之曰有，亦疑於欺子矣。夫有無之間，非言語可況。存久而明，養深而自得之；未至而强喻，信亦未必能及也。蓋吾儒亦自有神仙之道，顔子三十二而卒，至今未亡也，足下能信之乎？後世上陽子之流，蓋方外技術之士，未可以爲道。若達磨、慧能之徒，則庶幾近之矣，然而未易言也。足下欲聞其説，須退處山林三十年，全耳目，一心志，胸中洒洒不掛一塵，而後可以言此，今去仙道尚遠也。妄言不罪。」按陽明八歲始好佛、老，往下推三十年，正在正德四年在龍場驛時，可見此答人問神仙即作在正德四年中（原題下注「戊辰」作乃誤）。此文乃是陽明「龍場之悟」（悟仙、釋之非）之最好證據，可見其「龍場之悟」並不徹底，對仙、釋二氏猶在疑信、有無之間，故説得含混兩可，莫知其真意。其後終其一生，陽明亦未能從此疑信有無兩可之境超拔而出。

閏九月，陞廬陵知縣。

憲章類編卷三十九：「正德四年閏九月，陞龍場驛丞王守仁爲廬陵知縣。」

按：錢德洪陽明先生年譜將陽明陞廬陵知縣定在正德五年春，乃誤。又後世皆以爲劉瑾伏誅以後陽明始復用，亦誤。按劉瑾伏誅在正德五年八月，正德四年閏九月之時亦方劉瑾炙手可熱、奴豕大臣之際，如何會起用陽明？且正德元年罷免、貶謫大臣有五十三人之多，皆在正德五年八月劉瑾伏誅以後才復用，何以獨有陽明一人在劉瑾下獄伏誅之前忽被起用？殊不可解。席書稱是「適天子詔起言士，陽明復有廬陵之行」（送别王守仁序），值得注意。按正德四年九十月之時，大臣被謫已三年，按例亦可陸續起用，而其時地震、天象災變迭起，武宗慄慄危懼，被迫下詔求言，起用「言士」；而陽明在五十三名「言士」中又本不過是態度最「温和」者（乞宥言官），時又以勸説安貴榮出兵及助巡按徐文華平定阿賈、阿札亂而建言立功，爲朝廷所注目，故遂作爲合適人選被武宗看中，以「言士」起復，蓋亦不過是粉飾敷衍之舉也。

十月，序定五經臆説。

王陽明全集卷二十二五經臆説序：「得魚而忘筌，醪盡而糟粕棄之。魚、醪之未得，而曰是筌與糟粕也，魚與醪終不可得矣。五經，聖人之學具焉。然自其已聞者而言之，其於道也，亦筌與糟粕耳。竊嘗怪夫世之儒者求魚於筌，而謂糟粕之爲醪也。夫謂糟粕之爲醪，猶近也，糟粕之中而醪存；求魚於筌，則筌與魚遠矣。龍場居南夷萬山中，書卷不可携，日坐石穴，默記舊所讀書而録之。意有所得，輒爲之訓釋。期有七月而五經之旨略遍，名之曰臆説。蓋不必盡合於先賢，聊寫其胸臆之見，而因以娱情養性焉耳。則吾之爲是，固又忘魚而釣，寄興於麯糵，而非誠旨於味者矣。嗚呼！觀吾之説而不得其心，以爲是亦筌與糟粕也，從而求魚與醪焉，則失之矣。夫説凡四十六卷，經各十，而禮之説尚多缺，僅六卷云。」王陽明全集卷二十六五經臆説十三條。

錢德洪五經臆説十三條序：「師居龍場，學得所悟，證諸五經，覺先儒訓釋未盡，乃隨所記憶，爲之疏解。閲十有九月，五經略遍，命曰臆説。既後自覺學益精，工夫越簡易，故不復出以示人。洪嘗乘間以請，師笑曰：『付秦火久矣。』洪請問，師曰：『只致良知，雖千經萬典，異端曲學，如執權衡，天下輕重莫逃焉，更不必支分句析，以知解接人也。』後執師喪，偶於廢稿中得此數條，洪竊録而讀之，乃歎曰：『吾師之學，於一處融徹，終日言之不離是矣。即此以例全經，可知也。』」

按：序稱「期有七月」，則當作在正德四年十月，原題下注「戊辰」作，顯誤。又序云禮説尚多缺，僅有六卷，何以序之？蓋其時已將陞廬陵知縣而去，無暇再作，故序定此書也。按黄綰云陽明「以所記憶五經之言證之，一一相契，獨與晦庵註疏若相抵牾，恒往來於心，因著五經臆説」，錢德洪亦謂陽明「學得所悟，證諸五經，覺先儒訓釋未盡，乃隨所記憶，爲之疏解」，可見陽明五經臆説乃是其「龍場之悟」之産物，即悟朱學之非而作五經臆説，書中所批評之「世之儒者」、「先儒」，即指朱熹，其後來終于未敢將此書刊刻行世而卒付之一炬，其真實原因實在此也。

監察御史劉寓生將歸京，有詩贈别。

王陽明全集卷十九贈劉侍御：「蹇以反身，困以遂志。今日患難，正閣下受用處也。知之，則處此當自别。病筆不能多及，然其餘亦無足言者，聊次韵。某頓首，劉侍御大人契長。

相送溪橋未隔年，相逢又過小春天。憂時敢負君臣義？念別羞爲兒女憐。道自昇沉寧有定，心存氣節不無偏。知君已得虚舟意，隨處風波只晏然。」

按：「劉侍御」即劉寓生。「小春天」（農曆十月），則作在十月。所謂「相送溪橋未隔年」，指陽明七月來貴陽城嘗與劉寓生有一見；所謂「相逢又過小春天」，指陽明十月小陽春又來貴陽相見送別。劉寓生時以御史來按貴州，鄂爾泰貴州通志卷十七：「巡按御史，正德，劉寓生，石首人。」光緒荆州府志卷十九：「劉寓生，字奇進，弘治乙丑進士，選庶吉士，與湛若水、穆孔暉講明性學。拜監察御史，抗直敢言，以忤逆瑾免。嘉靖初，起福建僉事，致仕歸，杜門如寒素。」明詩紀事丁籤卷十：「劉寓生，字奇進，石首人。弘治乙丑進士，選庶吉士。改御史，以忤劉瑾免歸。起福建僉事。儼山詩話：『同年劉奇進，在同館中最年少，疏宕有美質。試聞雁詩，奇進立就，曰：「秋至人間增客思，况聞秋雁過皇都。數聲到枕頻驚夢，幾度穿雲不受呼。自惜短翎驚歲月，可憐寒影遍江湖。海天愁鬢那堪汝，故國音書知到無？」衆皆歎賞。檢討汪器之曰：「詩甚佳，須作御史耳。寒影遍江湖，非御史何官也？」後竟授御史，出按貴州，爲權奸所誣，幸不死。』」（見儼山集卷二十五詩話）劉寓生刷卷貴州，得罪上司，與僉事陸健忿争，處境凶險，卒被劾下錦衣獄，故陽明詩序以「蹇以反身，困以遂志」勸之。明武宗實録卷五十九：「正德五年正月丙戌，御史劉寓生刷卷貴州，多所凌忽鎮巡及二司官，因暴其短，僉事陸健至與忿争，帝爲偵事者所奏，逮繫錦衣獄，枷於門外數日。得釋，黜爲民。時劉瑾方務羅織，而寓生年少浮薄，亦有以取之。」國榷卷四十八：「正德五年正月丙戌，監察御史劉寓生刷卷貴州，凌忽臺司，相搆，偵校發之，下錦衣獄，械吏部門，削籍。」

十二月，離貴陽赴廬陵知縣任，席書作序送之。

席書送別王守仁序：「予少志學，始分於舉業，繼奪於仕進，優游於既壯之時。每誦考亭之訓，從事於格物致知，如泛舟渤海，莫知津岸，歎曰：我馬瘏矣，我僕痡矣，吾弗能進於斯矣。聞古人有以文章擅聲，有以事業名時，流光餘韵，至今逼人耳目，吾將事此以老吾生矣。茲又數年，文章未名，事功未樹，神氣日昏日塞，如木强人矣。今年董學貴陽，適陽明王伯安先生以言謫丞龍場驛，延諸文明書院，以師後學……日親所學，正而不迂，方而不泥，通而不俗。推萬變，而不出一心；採幽賾，而不遠人事。歷試其餘，禮樂文物，天文律曆，皆歷歷如指其掌，究其要切，喜怒哀樂已發未發之間，尤致力焉，蓋學先於大而自率其小者耳。嗚呼！道自孟氏絶傳，寥寥千載，至濂、洛出，而開扃啓户，傳授入道之途，曰静，曰一，已有程度。龜山親授程門，再傳而豫章、延平，從事於斯，卒有所入。至朱、陸二氏，各分門户。當時門人，互逞辯争，從陸者目爲禪會，從朱者謂爲支離。道至是而一明，亦至是而一晦……予觀歷代文運，必積百餘年而後有大儒如董如韓、如周如程出，當一代之盛。國家百四十餘年，守道不回如吴康齋、薛河東，清騷自得如陳白沙，則有矣；未有妙契濂、洛之傳，足當太平文運之盛意者，有待於今歟？陽明聞予之説，將能自已其所至歟？予方深懲往昔，且恨遘晤之晚，適天子詔起言士，陽明復有廬陵之行，予能忍於一別乎？夫君子不愛身之不遇，而憂道之無傳，遇不遇有命，傳不傳在人。會稽之間，有與陽明友者，徐愛輩其人也；有從陽明遊者，蔡仲兗輩其人也。予雖未得相從二三子於陽明山麓，或詠或游，以追舞雩之趣，然而意氣相感，已神會於浙海之隅矣。幸相與鞭勵斯道，無負天之所以與我者，此固陽明之心也，無亦諸君之願歟？」（嘉靖貴州通志卷十一）

與書院諸生別於城南蔡氏樓，有詩咏懷。

王陽明全集卷二十九將歸與諸生別於城南蔡氏樓：「天際層樓樹杪開，夕陽下見鳥飛回。城隅碧水光連座，檻外青山翠作堆。頗恨眼前離別近，惟餘他日夢魂來。新詩好記同遊處，長掃溪南舊釣臺。」

門人送至龍里道中，有別詩。

王陽明全集卷二十九諸門人送至龍里道中二首：「蹊路高低入亂山，諸賢相送愧間關。溪雲壓帽兼愁重，峰雪吹衣著鬢斑。花燭夜堂還共語，桂枝秋殿聽躋攀。（躋攀之説甚陋，聊取其對偶耳）相思不用勤書札，別後吾言在訂頑。

雪滿山城入暮天，歸心別意兩茫然。及門真愧在陳日，微服還思過宋年。樽酒無因還歲晚，緘書有雁寄春前。莫辭秉燭通宵坐，明日相思隔隴煙。」

按：「龍里」即龍里衛，在貴陽東不遠。「諸門人」即陽明與貴陽書院諸生書中所言諸生：張時裕，何子佩，越文實，鄒近仁，范希夷，郝升之，汪源銘，李惟善，陳良臣，湯伯元，陳宗魯，葉子蒼，易輔之，詹良臣，王世臣，袁邦彦，李良臣，高鳴鳳，何遷遠，陳壽寧。（見下）今可考者如下：

陳文學。鄂爾泰貴州通志卷十八：「陳文學，字宗魯，貴陽人。究心理學，少事王守仁。正德丙子鄉舉，知耀州，調簡，不赴。旋里杜門，不預世事，静對聖賢，或臨古帖，或與客談詩論文，隨意所適，恬如也。自耀歸，日者言歲將不利，乃預作五粟先生誌，五粟，其號也。後二十餘年，始疾，客問之，對曰：『别矣，善自愛。』客去，危坐而逝。所著有耀歸存稿、餘生續稿、嬾簃閑録。」

湯哻。鄂爾泰貴州通志卷十八：「湯哻，字伯元，貴陽人。年十四失恃，繼母韓，性嚴重，弟邦、鼎皆亡去，唯哻侍以孝，卒致其慈。王守仁謫龍場，哻師事之。正德辛巳成進士，歷官南户部郎，出守潮州。潮劇郡，政事裁决如流，監税租不一指染。縉紳請託不行，有瀆者則糊刺堂壁，以媿絶之。人由此銜哻，甫三月，改鞏昌。未幾，中飛語歸。其在任思親，有『腸斷九迴情獨苦，仕逾十載養全貧』之句。傷二弟出亡，時時物色，得邦於普城，求鼎不得，終身以爲大戚。暮年以詩自娱，所著有逸老閑録、續録。卒，年八十一。子克俊，孫師頊、師炎、師萃、師黄，曾孫景明、景暾，先後登科甲。」明清進士録：「湯哻，正德十六年三甲二百零七名進士。」

葉梧。鄂爾泰貴州通志卷二十六：「舉人，正德癸酉科，葉梧，宣慰司人，第二名，官知州。」

李良臣。鄂爾泰貴州通志卷二十六：「進士，乙丑科范應期榜，李良臣，普安人，官參政。」

越文實。即越榛，曹軒妹壻，見蜀府伴讀曹先生墓誌銘。

贈詩別陳文學。

王陽明全集卷二十九贈陳宗魯：「學文須學古，脱俗去陳言。譬若千丈木，勿爲藤蔓纏。又如崑崙派，一瀉成大川。人言古今異，此語皆虚傳。吾苟得其意，今古何異焉。子才良可進，望汝師聖賢。學文乃餘事，聊云子所偏。」

至鎮遠府，有書與詩寄貴陽諸生。

陽明與貴陽書院諸生書書一：「祥兒在宅上打攪，早晚可戒告，使勿胡行爲好。寫去事可令一一爲之。諸友至此，多簡慢，見時皆可致意。徐老先生處，可特爲一行拜意。朱克相兄弟，亦爲一問，致勉勵之懷。餘諒能心照，不一一耳。守仁拜，惟善秋元賢契。」書二：「別時不勝凄惘，夢寐時尚在西麓，醒來却在數百里外也。相見未期，努力進修，以俟後會。即日已抵鎮遠，須臾放舟行矣。相去益遠，言之慘然。書院中諸友不能一一書謝。守仁頓首，張時裕、何子佩、越文實、鄒近仁、范希夷、郝升之、汪源銘、李惟善、陳良臣、湯伯元、陳宗魯、葉子蒼、易輔之、詹良臣、王世臣、袁邦彦、李良臣列位秋元賢友，不能盡列，幸意諒之。　高鳴鳳、何遷遠、陳壽寧勞遠餞，別爲致謝，千萬千萬！」　書三：「行時聞范希夷有恙，不及一問，諸友皆不及相別。出城時，遇二三人於道傍，亦匆匆不暇詳細，皆可爲致情也。所買錫，可令王祥打大碗四個，每個重二斤，須要厚實大樸些方可，其餘以爲蔬楪。粗磁碗買十餘，水銀擺錫笳買一二把。覲上内房門，亦須爲之寄去鹽四斤半，用爲醬料。朱氏昆季亦爲道意。閻真士甚憐，其客方卧病，今遣馬去迎他，可勉强來此調理。梨木板可收拾，勿令散失，區區欲刊一小書故也，千萬千萬！近仁、良臣、文實、伯元諸友均此見意，不盡列字也。惟善賢秋元，汪源銘合枳朮丸乃可，千萬千萬！仁白。」（三書見裴景福壯陶閣書畫録卷十明王陽明倪鴻寶手札合卷，潘正煒聽颿樓續刻書畫記卷下，陽明文集失載）

按：細審此三書，在時間順序上顛倒。書三云「行時」，「出城時」，乃指出貴陽城，時王祥（陽明家僮，見王陽明全集卷二十六寄正憲男手墨二卷）猶在貴陽「打大碗」云云，尚未來附舟隨陽明同行，故是書時間最早。書一仍云「祥兒在宅上打攪，早晚可戒告」，「寫去事可令一一爲之」，即指書三所云「可令王祥打碗四個」諸事，時王祥仍未來附舟行，故此書一應在書三以後。至書二云「已抵鎮遠」，乃是至鎮遠府所作，時已在十二月下旬。尤可注意者，書三云「梨木板可收拾，勿令散失，區區欲刊一小書故也」，此「小書」疑即五經臆説，其於十月序定五經臆説，蓋即有意刊刻上書故也。

按錢德洪陽明先生年譜附録一云：「嘉靖十三年五月，巡按貴州監察御史王杏建王公祠於貴陽……門人湯哻、葉梧、陳文學等數十人請建祠以慰士民之懷，乃爲贈白雲庵舊址立祠，置膳田以供祀事。」

是陽明在貴陽弟子有數十人之多，來送陽明之弟子非止書中言及諸人，故陽明云「不盡列字也」。

王陽明全集卷二十九醉後用燕思亭韻：「萬峰攢簇高連天，貴陽久客經徂年。思親謾想斑衣舞，寄友空歌伐木篇。短鬢蕭疏夜中老，急管哀絲爲誰好？斂翼樊籠恨已遲，奮翮雲霄苦不早。緬懷冥寂巖中人，蘿衣菃佩芙蓉巾。黄精紫芝滿山谷，採石不愁倉囷貧。清溪常伴明月夜，小洞自報梅花春。高閑豈説商山皓，綽約真如藐姑神。封書遠寄貴陽客，胡不來歸浪相憶？記取青松澗底枝，莫學楊花滿阡陌。」

按：陽明此詩乃用宋馬存燕思亭韻。宋藝圃集卷十三著録馬存燕思亭：「李白騎鯨飛上天，江南風月閑多年。縱有高亭與美酒，何人一斗詩百篇？主人定是金龜老，未到亭中名已好。紫蟹肥時晚稻香，黄雞啄處秋風早。我憶金鑾殿上人，醉著宫錦烏角巾。巨靈摩山洪河竭，長鯨吸海萬壑貧。如傾元氣入胸腹，須臾百媚生陽春。讀書不必破萬卷，筆下自有鬼與神。我曹本是狂吟客，寄語溪山莫相憶。他年須是襄陽兒，再上銅鞮滿街陌。」陽明醉中作此詩（及書），乃隱然自比爲狂吟客太白矣。詩云：「封書遠寄貴陽客，胡不來歸浪相憶？」可見此詩乃是寫寄貴陽諸生，而所謂「封書」，當指其在鎮遠府所寄貴陽諸生一書（即前引寄貴陽書院諸生書二）。蓋陽明在途寄書給貴陽諸生唯此一次，可見此詩當是同寄貴陽書院諸生書二一起在鎮遠所寄。燕思亭在鎮遠府，中題有馬存燕思亭詩，故陽明得用其韻也。

除夕，進入湖南境，舟中有詩感懷。

王陽明全集卷十九舟中除夕二首：「扁舟除夕尚窮途，荆楚還憐俗未殊。處處送神懸楮馬，家家迎歲换新符。江醪信薄聊相慰，世路多岐謾自吁。白髮頻年傷遠别，彩衣何日是庭趨？　遠客天涯又歲除，孤航隨處亦吾廬。也知世上風波滿，還戀山中木石居。事業無心從齒髮，親交多難絶音書。江湖未就新春計，夜半樵歌忽起予。」

按：詩云「荆楚還憐俗未殊」，乃是入湖南境所見，而「舟中」則當是在沅水之上矣。

一五一〇　正德五年　庚午　三十九歲

春正月，過溆浦，夜泊溆浦山，有詩咏新春。

王陽明全集卷十九溆浦山夜泊：「溆浦山邊泊，雲間見驛樓。灘聲迴遠樹，崖影落中流。柳放新年緑，人歸隔歲舟。客途時極目，天北暮陰愁。」

按：詩原作「溆浦」乃誤。

過辰溪江門崖，有詩咏懷。

王陽明全集卷十九過江門崖：「三年謫宦沮蠻氛，天放扁舟下楚雲。歸信應先春雁到，閑心期與白鷗群。晴溪欲轉新年色，蒼壁多遺古篆文。此地從來山水勝，它時回首憶江門。」

過辰州，居龍興寺，與辰中諸生静坐講學，語學者性體悟入之功。

錢德洪陽明先生年譜附録一：「門人徐珊建虎溪精舍於辰州，祀先生。精舍在府城隆興寺之北。師昔還自龍場，與門人冀元亨、蔣信、唐愈賢等講學於龍興寺，使静坐密室，悟見性體。」

錢德洪陽明先生年譜：「語學者悟入之功。先是先生赴龍場時，隨地講授。及歸過常德、辰州，見門人冀元亨、蔣信、劉觀時輩俱能卓立，喜曰：『謫居兩年，無可與語者，歸途乃幸得諸友。悔昔在貴陽舉知行合一之教，紛紛異同，罔知所入。兹來乃與諸生静坐僧寺，使自悟性體，顧恍恍若有可即者。』」

按：錢德洪所引此段，原在陽明與辰中諸生中，然今王陽明全集卷四中與辰中諸生恰删去此至關重要之一段話，匪夷所思。蓋静坐自悟性體，仍不脱釋、道之習，陽明（或錢德洪）乃有意隱去此一段耶？錢德洪陽明先生年譜於此之最大失誤，乃在含混言「歸過常德、辰州」，遂將陽明在辰州龍興寺講學與在常德潮音閣講學二事混淆爲一。如冀元亨、蔣信、劉觀時等人乃是陽明在常德武陵潮音閣講學時來受學（見下），與辰州龍興寺講學無涉（均非「辰中諸生」）；而來辰州龍興寺講論受學之「辰中諸生」，則爲唐愈賢、唐詡、蕭璆、楊子器及王世隆、吴伯詩、張明卿、董道夫、湯伯循、董粹夫、李秀夫、劉易仲、田叔中等千餘人（見下），錢德洪均不言及，遂使陽明於常德武陵潮音閣講學一事湮没無聞。

王陽明全集卷四與辰中諸生：「前在寺中所云静坐事，非欲坐禪入定。蓋因吾輩平日爲事物紛拏，未知爲己，欲以此補小學收放心一段工夫耳。明道云：『纔學便須知有著力處，既學便須知有得力處。』諸友宜於此處著力，方有進步，異時始有得力處也。」

按：此是陽明事後解釋，與其在龍興寺教諸生「静坐密室，悟見性體」、「静坐僧寺，使自悟性體」原意不合。

鄒守益集卷七辰州虎谿精舍記：「陽明夫子自會稽謫龍場，道出辰陽。辰陽之勝，曰虎谿山寺，世稱二十六洞天。因宿僧舍彌月。有古松甚奇，大書其軒曰『松雲』，復留詩於壁。一時從遊諸彦，如唐柱史詡、蕭督學璆，千餘人切磋正學，剖剥群淆，若衆鳥啾啾，獲聞威鳳鳴也。嗣是大酉王憲副世隆題所寓曰『思賢堂』，東橋顧中丞璘載諸通志。」

按：鄒守益謂陽明在龍興寺講學彌月，有千餘人切磋學問，蓋可謂陽明生平一次人數最多、時間最長之講會矣。陽明寓居講學乃在隆興寺憑虚樓，乾隆辰州府志卷二十九：「王守仁……量移廬陵知縣，歸途過辰溪，遊大酉山鐘鼓洞，題詩於石。旋至辰州，喜郡人士樸茂，質與道近，因留虎溪隆興寺，寓憑虚樓彌月。與武陵蔣信往來講論，沅陵唐愈賢從之遊，劉觀時、王嘉秀諸人咸執贄受學焉。」

鄒守益所言當得自王世隆。王世隆，後爲湛若水門人，早年問學於陽明，記有陽明在龍興寺講學語録（見下），尤有價值也。

羅洪先集卷四辰州虎溪精舍記：「陽明先生三年赦歸，道出辰州，憩龍興寺，久之，題詩壁乃去。困極愈亨，卒能明絶學於天下……學者遂思慕之，凡所經歷者，皆特祠設位，而在龍興寺後者，曰虎溪精舍……又西而南，曰修道堂，堂之上爲好景樓，其後爲思賢祠，則先生位在焉……其東稍前爲見江軒，中爲松雲軒，軒前多奇松，年甚古，有先生手扁字……入由寺右，有虎溪別院。名祠蓋取諸王大西憲副所扁先生寓舍。自塢以内，樓閣軒居盡取先生題壁之語。其指畫區措，則同知某君也。（按：徐珊）君事先生最久，自謫所有片言，皆謹録而傳之。」

湛若水泉翁大全集卷七十六金陵答問：「往時陽明先生在辰州龍興寺講學，時世隆與吴伯詩、張明卿、董道夫、湯伯循、董粹夫、李秀夫、劉易仲、田叔中俱時相從，每講坐至夜分。一夕講及好色者，衆咸曰：『吴伯詩、張明卿恐難免此。』先生曰：『若一向這裏過來，忽然悔悟，亦自決烈；若不曾經過，不能謹守，一旦陷入裏面，往往多不能出頭。嘗見前輩有一二人，平時素稱不飲酒，不好色，後來致仕家居，偶入妓者家飲酒，遂至傾家資與之，至老無所悔。此亦是不曾經過，不能謹守之故也。以此知人於此須是大段能決裂謹守，乃可免此耳。』」卷七十七金臺答問録：「隆問陽明先生曰：『神仙之理恐須有之，但謂之不死則不可。想如程子修養引年者，則理或然耳。』先生曰：『固然。然謂之神仙須不死，死則非神仙矣。』隆聞此語時，先生年已三十九矣。吴伯詩問陽明先生：『尋常見美色，未有不生愛戀者，今欲去此念未得，如何？』先生曰：『此不難，但未曾與著實思量其究竟耳。且如見美色婦人，心生愛戀時，便與思曰：「此人今日少年時雖如此美，將來不免老了，既老則齒脱髮白面皺，人見齒脱髮白面皺老媪，可生愛戀否？」又爲思曰：「此人不但如此而已，既老則不免死，死則骨肉臭腐蟲出，又久則蕩爲灰土，但有白骨枯髏而已，人見臭腐枯骨，可復生愛戀否？」如此思之，久久見得，則自然有解脱處，不患其生愛戀矣。』陽明先生寓辰州龍興寺時，主僧有某者方學禪定，問先生。先生曰：『禪家有雜、昏、惺、性四字，汝知之乎？』僧未對，先生曰：『初學禪時，百念紛然雜興，雖十年塵土之事，一時皆入心內，此之謂雜；思慮既多，莫或主宰，則一向昏了，此之謂昏；昏憒既久，稍稍漸知其非，與一一磨去，此之謂惺；塵念既去，則自然裏面生出光明，始復元性，此之謂性。』僧拜謝去。」

按：以上數則語録，乃王世隆所記，大致可見陽明在龍興寺與辰中諸生講學之况。

湖廣參議楊子器來龍興寺論學，有詩題壁。

王陽明全集卷十九辰州虎溪龍興寺聞楊名父將到留韵壁間：「杖藜一過虎溪頭，何處僧房是惠休？·雲起峰頭沈閣影，林疎地底見江流。煙花日暖猶含雨，鷗鷺春閒欲滿洲。好景同來不同賞，詩篇還爲故人留。」

按：明武宗實録卷四十六：「正德四年九月辛丑，陞吏部郎中楊子器爲湖廣布政司右參議……正德五年二月甲辰，陞湖廣布政司參議楊子器爲福建按察司副使。」觀詩意，似是楊子器來龍興寺送别陽明，蓋亦預講會矣。

陽明在虎溪隆興寺講學，來講論者千餘人，今多不能考。兹可考知者如下：

唐愈賢。乾隆辰州府志卷三十八：「唐愈賢，字子充，號萬陽，沅陵人。中正德己卯解元，嘉靖丙戌進士。幼聰慧，長有大志。陽明先生過沅陵，寓虎溪，日從之遊。又往從之學，充然有得。修業桃溪山中，久之。□任寧海知縣，士民德之，爲祠以祀。擢廣東道御史，劾奸黨，抗言時政，不合，乞養歸。其弔岳武穆詩，有『奸諛何代無秦相』之句，寄慨深矣。家居，喜與門人論學。其卒也，召親友環坐中堂，對食盡歡，自歌而逝。」

唐詡。方志中稱唐詡爲江西新淦人。鄒守益記文稱其爲「柱史」(御史)，鄒守益此文作於嘉靖二十年，則唐任御史在嘉靖二十年或稍前。傳習録卷上著有唐詡問一條語録：「唐詡問：『立志是常存個善念，要爲善去惡否？』曰：『善念存時，即是天理。此念即善，更思何善？此念非惡，更去何惡？此念如樹之根芽，立志者長立此善念而已。「從心所欲，不踰矩」，只是志到熟處。』」乃正德九年陽明任南京鴻臚寺卿時所記，可見唐詡多來問學於陽明。

蕭璆。乾隆辰州府志卷三十六：「蕭璆，字子鳴，號雲磬，沅陵人。少有才華，精文翰。中正德己卯鄉舉，嘉靖癸未進士。授吏部主事，典試中州，督學黔省，爲士模範。告歸，養二親盡孝，暇與門人講性命之旨，析理分明。年未四十卒，士人惜之。」錢德洪陽明先生年譜嘉靖三年下有云「蕭璆來自湖廣」。

王世隆。乾隆辰州府志卷三十六：「王世隆，辰州衛人。少英敏强記，爲文援筆立就。年十七，中正德丁卯舉人，嘉靖丙戌進士。授刑部主事，讞議精詳，多所平反。歷陞貴州副使，有風裁。既歸，搆大酉妙華書院，集諸生講業其中，湛甘泉爲銘其堂。著有洞庭鬐龍集行世。」

劉觀時。乾隆辰州府志卷三十六：「劉觀時，字易仲，沅陵人，郡庠生。王文成公寓辰州，日從之遊。聞致良知之學，遂往師之，得其奥妙，陽明作見齋説以遺之。潘棠、蕭璆皆推轂焉。爲人剛方正直，一切聲華勢利淡如也。學者稱爲『沙溪先生』。」

王嘉秀。乾隆辰州府志卷三十六：「王嘉秀，字實夫，沅陵人。當王文成公自龍場歸時，慨然從學。其後隨之上下，文成爲書其請益卷。嘉秀嘗問仙佛，以出離生死、長生久視誘人入道，後世儒者分裂失真，流爲記誦詞章之學，以功利相尚，反不及二氏之超然無累；學者且不必先排仙佛，但當篤志聖人，則仙佛自泯。文成甚許之。」

吴鶴。乾隆辰州府志卷三十六：「同時又有吴鶴者，盧溪人，文成公高弟也。文成歸時，講學虎溪，鶴從之遊，亦得聞其學。貢生文徵遠爲之傳。」乾州廳志人物儒行：「吴鶴，乾州東鄉宿儒也。樂道自守，聞王陽明講學虎溪，心羡之，負笈從遊。與辰州董道夫諸賢親炙，得致良知之學。」按吴鶴爲苗族儒士，後隨陽明往廬陵再受教。錢德洪陽明先生年譜正德十三年下亦云：「門人吴鶴……皆講聚不散。」

二月，至常德，居武陵潮音閣，有書致辰中諸生。

王陽明全集卷四與辰中諸生：「謫居兩年，無可與語者。歸途乃得諸友，何幸何幸！方以爲喜，又遽爾別去，極怏怏也。絶學之餘，求道者少，一齊衆楚，最易摇奪。自非豪傑，鮮有卓然不變者。諸友宜相砥礪夾持，務期有成。近世士夫亦有稍知求道者，皆因實德未成而先揭標榜，以來世俗之謗，是以往往隳墮無立，反爲斯道之梗。諸友宜以是爲鑒，刊落聲華，務於切己處著實用力。前在寺中所云静坐事，非欲坐禪入定……『學要鞭辟近裏著己』，『君子之道闇然而日章』，『爲名與爲利，雖清濁不同，然其利心則一』，『謙受益』，『不求異於人，而求同於理』，此數語，宜書之壁間，常目在之。舉業不患妨功，惟患奪志。只如前日所約，循循爲之，亦自兩無相礙。所謂知得灑掃應對，便是精義入神也。」

按：陽明文集於此書題下注「己巳」作，乃誤。又錢德洪陽明先生年譜引陽明此書，多「悔昔在貴陽舉知行合一之教，紛紛異同，罔知所入。兹來乃與諸生静坐僧寺，使自悟性體，顧恍恍若有可即者」一大段。今細審錢德洪陽明先生年譜正德五年下所叙，發現原來陽明乃是兩與辰中諸生書，自「謫居兩年」到「務於切己處著實用力」爲第一書；自「前在寺中所云静坐者」到「便是精義入神也」爲第二書。或是欲爲師諱，錢德洪乃將自「悔昔在貴陽」至「若有可即者」一段删去，而將兩書併爲一書。實則前一書肯定静坐，後一書否定静坐，重作解説，前後説不同，斷非一書也。

在潮音閣講學二旬，蔣信、冀元亨、文澍、劉觀時、杜世榮、王文鳴、胡珊、劉瓛、楊礿、楊褫、何鳳韶、唐演、龍起霄、龍翔霄衆多武陵士子皆來受學。

柳東伯貴州等處提刑按察司副使蔣公信行狀：「正學先生蔣公諱信，字卿實，號道林……太守文橘庵爲比隣……年二十五，始與同郡冀闇齋公元亨論學……一日，論大學，先生曰：『知止，當是識仁體。』冀公躍然而起曰：『如此，則定静安慮，即是以誠敬存之。』蓋先生無所師授，只於魯論及定性、西銘二書潛心玩索，意有所會；而冀公喜看西銘，故不覺一時契合如此。五年庚午，陽明先生赴謫龍場（歸），寓郡西潮音閣，有醫杜仁夫者，携其復春詩卷以謁，先生嘗題絶句云：『安排必定非由我，燮理從來自屬人。堪歎世人渾不解，九環丹裏苦偷生。』陽明先生一見，驚以爲奇，遂因杜氏偕闇齋見之。陽明後語冀曰：『如卿實，便可作顔子矣。』」（國朝獻徵録卷一百零三）

張怡玉光劍氣集卷十三理學：「文成謫龍場時，過常德。蔣督學信，字道林，以詩謁之，云：『安排畢竟非由我，燮理從來自屬人。堪笑世人渾不識，九還丹裏苦偷生。』文成一見，驚曰：『此人有志。』後於静坐中，悟得萬物一體，呼吸痛痒，全無間隔，乃知明道廓然大公，與萬物平等是如此。」

蔣信鄉進士冀闇齋先生元亨墓表：「歲正德庚午，陽明子赴謫道常，與某同請見而師拜之，遂落裝從之廬陵。逾年，聞其學以歸。」（國朝獻徵録卷一百十）

蔣信蔣道林先生文粹卷五明貢士劉沙溪先生墓誌銘：「予自正德庚午拜陽明先生於吾郡之潮音閣，即聞辰陽有劉易仲者，在謁拜諸子中英發迥異。陽明子出伊洛淵源録示之，輒請手抄焉。越一年，得其手簡於吾友冀闇齋，又見其意趣高遠，將必求爲古聖賢之業，視今世利禄文詞之習，弗屑也。尋裹糧就陽明子於南都，既歸，道常，宿於講舍數夕，乃盡爲道其所聞格致之學……先生諱觀時，易仲其字，沙溪其别號。生弘治己酉月日，卒嘉靖己亥月日。」

王陽明全集卷二十五文橘庵墓誌：「陽明子曰：『嗚呼！兹橘庵文子之墓耶？』冀元亨曰：『昔陽明子自貴移廬陵，道出辰、常間，遇文子於武陵溪上，與之語三夕而不輟，旬有五日而未能去。門人問曰：「夫子何意之深耶？」陽明子曰：「人也樸而理，直而虚，篤學審問，比耄而不衰。吾聞其莅官矣，執而恕，惠而節，其張叔之儔歟？吾聞其居鄉矣，勵行飭己，不言而俗化，其太丘之儔歟？嗚呼！於今時爲難得也矣。」别以其墓銘屬，陽明子心許之而不諾。門人曰：「文子之是請也，殆猶未達歟？」陽明子曰：「達也。」曰：「達何以不諾也？」曰：「古之葬者不封不樹，銘非古也。後世則有銘，既葬而後具，豫不可也。」曰：「然則惡在其爲達也？」曰：「死生之變大，而若人晝夜視之不以諱，非達歟？蓋晉之末有陶潛者，嘗自誌其墓。」』……文子名澍，字汝霖，號橘庵。舉進士，歷官刑部郎中，出爲重慶守。已而忤時貴，改思州，遂謝病去。」

按：明清進士録：「文澍，成化二年三甲一百五十一名進士。祖籍湖廣桃源，後徙雲南金齒衛。字汝森，一字汝霖，號橘庵。歷南京刑部郎中，知重慶府，政尚寬平，有古循吏風。遷思南府，致仕。」光緒桃源縣志卷八人物志：「文澍，字汝霖，以軍籍中天順己卯科雲南鄉試舉人。登成化丙戌進士，授南京刑部主事。歷郎中，出補四川重慶府。政尚寬平，有古循吏風。歲饑，請半萬石，賑活甚衆。有劇盗嘯聚山林，諭之，使復業，盗服其誠信，隨解散。以與監司齟齬，調貴州思南府，遂告休。澍博學，爲詩文古淡，有思致。年躋耄耋，手不釋卷。居鄉以禮法自律，爲士類所欽。與王陽明友善，陽明謫龍場驛，特過其廬訪之。及殁，爲誌其墓。」文澍與蔣信比鄰而居，其當是與蔣信、冀元亨一起來見陽明。冀元亨稱「與之語三夕而不輟，旬有五日而未能去」，乃是親眼所見，可見陽明在潮音閣講學二十餘日，蓋與其在辰州龍興寺講學相仿矣。

徐愛横山遺集卷上同游德山詩叙：「正德乙亥春正月壬午，與予同游德山者十有四人，杜世榮仁夫則浙人，餘皆武陵人士也：王文鳴應奎、胡珊鳴玉、冀元亨惟乾、劉瓛德重、蔣信卿實、楊衿介誠、何鳳韶汝諧、唐演汝淵、龍起霄止之，他日從吾師陽明先生游者；徐輔汝周、楊禶介敬、楊袗介禮、冀文明汝誠，則聞風而興者。究同游之志，咸謂不得見吾師也。」

按：所謂「他日從吾師陽明先生游者」，即指正德五年來潮音閣受學者，此十餘武陵士子皆可爲陽明早年湖南弟子。四名「聞風而興」之武陵士子亦是陽明弟子，故云「咸謂不得見吾師也」。由此可見常德士子來潮音閣問學者之多。除徐愛所言諸士子外，今可考者尚有：

龍翔霄。嘉慶常德府志卷三十七：「龍翔霄，字泰渠，武陵人。父珣夢擢叢桂而生。初名飛霄，受業邑人常卿、楊褫，會王守仁謫龍場，過武陵，楊介而見之，爲易『飛』名『翔』，字潛之。賓興舉高等，遊太學，反湛若水之門。正德己卯鄉舉，任閬中令。時郡守務寬政，翔霄以有制持其平，境内大治。邑人歌之曰：『誰謂郡膴？郡有紀母。誰謂邑阜？邑有龍父。』補太和令，麗江、阿彌上變，各以修怨搆兵，所部檄翔霄亭治之，議平而解。擢南京軍車駕左主事，晋員外郎，徙南京户部郎中，出爲程番知府，郡治犬羊八番諸夷，故習剽掠，翔霄繕關梁，譏出入，完障塞，有告禦者，則坐諸夷，併力取償。有故文學卒史陰搆夷釁發，具狀收之，夷計窮，無敢犯郡。讞安順囚，平反顧氏一門寃獄。獄具，出論死者七人，徙流者數十人。金石司事起間，府屬翔霄悉徵發，示必加兵。長官石顯華懼誅，請涖治。翔霄躬臨境上，繫諸首事者，從吏議勿問其餘，事遂寢。拓學宫，布功令，嘗代督學使録六郡諸生，多得人。居九年，計吏大墨，索千金始徙官，乃自焚程書請老……翔霄之學，雖源出守仁、若水，不盡主其師説。比爲郎，善何吉陽、楊忠愍，抱方負圓，與古爲徒。子孫率以清白，承家出入，不倍其教。居建業，雅從震澤、豫章諸名家，游六書六藝，俱有師法。」按：龍翔霄當是龍起霄之弟。

楊褫、楊衸。嘉慶常德府志卷三十七：「楊褫，字介福，武陵人。中弘治壬子解首，丙辰進士，改庶吉士。歷刑、禮、兵、吏四科都給事中，多建白，有忠鯁聲。外藩以方士進，褫上疏言：『羽流幻術，不宜蠱惑聖心。』不報……在兵科時，奏免常衛孳生馬匹。遇民間利病，數遺書當路，有與鄧巡撫請賑荒書，歷久猶傳。以忤逆瑾致仕歸。搆聞山精舍，偕蔣信、冀元亨諸人講學。瑾敗，起吏科給諫，轉通政司，晉南太僕寺卿。有疏稿詩文行於世。」按楊褫乃是楊衸兄，弘治九年進士登科録：「楊褫，貫湖廣常德府武陵縣民籍，國子生，治書經。字介福，行三，年二十六，八月二十七日生。曾祖秀顯(□□□□)，祖暹，父瞻之(□□□)。母陳氏。具慶下。兄祚、禎，弟禴、祺、禫、襴、衸、禟、祐、祺、禔。娶陳氏。湖廣鄉試第一名，會試第五十一名。」錢德洪陽明先生年譜於正德九年下云：「自徐愛來南都，同志日親，黄宗明……楊杓……同聚師門，日夕漬礪不懈。」此「楊杓」當是楊衸之誤。

在潮音閣講學静坐，多有詩感懷，咏静坐體悟。

王陽明全集卷十九閣中坐雨，霽夜，僧齋。

鄧球皇明泳化類編卷四十五王陽明先生：「庚午，陞廬陵令，道常德時，冀元亨、蔣信、劉觀時諸士來謁，論知行異同，紛紛辯告。先生曰：『茲來與諸生寺中静坐，使自悟性體。』因題雨霽詩，有云：『沙邊宿鷺寒無影，洞口流雲夜有聲。靜後始知群動妄，閑來還覺道心驚。』」

按：此雨霽詩即霽夜詩，實是一首咏静坐自悟性體詩，與其與辰中諸生所云静坐自悟性體之説相合。陽明在「龍場之悟」後仍教人静坐入定、悟見性體，由此更得一證。

有詩懷湛甘泉。

王陽明全集卷十九武陵潮音閣懷元明：「高閣憑虚臺十尋，捲簾疏雨動微吟。江天雲鳥自來去，楚澤風煙無古今。山色漸疑衡嶽近，花源欲問武陵深。新春尚沮東歸楫，落日誰堪話此心？」

往遊德山，吊春申墓，登善卷臺，有詩題寺壁。

王陽明全集卷十九德山寺次壁間韵：「乘興看山薄暮來，山僧迎客寺門開。雨昏碧草春申墓，雲捲青峰善卷臺。性愛煙霞終是僻，詩留名姓不須猜。巖根老衲成灰色，枯坐何年解結胎？」

按：詩云「雨昏碧草春申墓，雲捲青峰善卷臺」，春申君即黄歇，墓在武陵德山。善卷爲上古武陵隱士，善卷臺亦在德山。德山爲道教第五十三福地，德山寺即在德山。與陽明同遊者，應即徐愛同游德山詩叙中所言十餘士子。嘉慶常德府志卷四：「武陵縣，善德山，府東十五里。原名枉山，一名柱山，一名善卷山，一名德山。」卷六：「武陵縣，善卷臺，縣東十里，即枉山孤峰頂。」「楚春申君墓，在府治前。黃歇，黔中人，戰國時爲楚相，封春申君，開元寺址，其宅墓在焉。」

過沅江，晚泊寫懷。

王陽明全集卷十九沅江晚泊二首。

晚泊江思湖，有懷甘泉。靜悟天機，有詩再咏靜坐體悟。

王陽明全集卷十九夜泊江思湖憶元明：「扁舟泊近漁家晚，茅屋深環柳港清。雷雨驟開江霧散，星河不動暮川平。夢回客枕人千里，月上春堤夜四更。欲寄愁心無過雁，披衣坐聽野雞鳴。」

同上，睡起寫懷：「江日熙熙春睡醒，江雲飛盡楚山青。閑觀物態皆生意，靜悟天機入窅冥。道在險夷隨地樂，心忘魚鳥自流形。未須更覓羲唐事，一曲滄浪擊壤聽。」

按：陽明此詩實是一首咏靜坐體悟（靜觀）之「哲理詩」，尤有意義。陽明早年靜坐體悟（靜觀，靜悟）思想來源向來不明，今由此詩（以及霽夜詩）可見陽明「靜坐體悟」思想原來本自延平、白沙之「靜觀默照，體認天理」（見前），以向內之靜心體悟天理反對朱熹向外之格物求理。陽明後來「致良知」説實從此「靜心悟理」説發展而來，錢德洪陽明先生年譜序云：「始教學者悟從靜入，恐其或病於枯也，揭『明德』、『親民』之旨，使加『誠意』、『格物』之功，至是而特揭『致良知』三字，一語之下，洞見全體，使人人各得其中。」錢德洪清楚道出了陽明由「靜觀靜悟」説向「致良知」説之思想演變歷程。

三月，至長沙，晚眺三山，宿鵝羊山道院，有詩咏。

王陽明全集卷十九三山晚眺：「南望長沙杳靄中，鵝羊只在暮雲東。天高雙櫓哀明月，江闊千帆舞逆風。花暗漸驚春事晚，水流應與客愁窮。北飛亦有衡陽雁，上苑封書未易通。」　鵝羊山：「福地相傳楚水阿，三年春色兩經過。羊亡但有初平石，書罷惟籠道士鵝。禮斗壇空松影静，步虚臺迥月明多。巖房一宿猶緣薄，遥憶開雲住薜蘿。」

按：鵝羊山即石寶山，在長沙縣。乾隆長沙府志卷五：「長沙縣，石寶山，縣北二十里，一名鵝羊山。成少卿昇仙處，道家福地第二十二。石如鵝羊，故名。」

過醴陵，再宿泗洲寺，有詩感懷。

王陽明全集卷十九泗洲寺。

陽明次韵自歎：「孤寺逢僧話舊扉，無端日暖更風微。湯沸釜中魚翻沫，網羅石下雀頻飛。芝蘭却喜棲凡草，桃李那看伴野薇。觀我未持天下箒，不能爲國掃公非。」（康熙雲夢縣志卷十二，陽明文集失載）

按：康熙雲夢縣志於陽明此詩前著録黄鞏正德己巳春過泗州寺：「孤村風雨掩柴扉，一道松篁擁翠微。地僻時聞山鳥語，江空暮卷野雲飛。斷碑歲久無文字，廢圃春深有蕨薇。又得浮生閑半日，紅塵回首幾人非？」陽明詩即次黄鞏此詩韵。黄鞏字伯固，號後峰，莆田人，弘治十八年進士。其於正德初在京任刑部主事，與陽明有交往。又康熙雲夢縣志於陽明此詩下著録章曠（子野）舟次泗州寺次陽明先生韵：「山閑野色寺閑扉，入徑從容看細微。眼觀清賞一燈晤，筆□顛來兩袖飛。夜漏懷人憐朽骨，春風遺戍採剛薇。至今惟有僧偏健，不念時艱念已非。」知陽明此詩當是題在泗州寺壁上，故章曠後來過此可次韵。

進江西境，過萍鄉，再宿武雲觀，訪濂溪祠，有次舊韵。

王陽明全集卷十九再經武雲觀書林玉璣道士壁，再過濂溪祠用前韵。

過安福，有詩感懷。

陽明過安福：「歸興長時切，淹留直到今。含羞還屈膝，直道愧初心。世事應無補，遺經尚可尋。清風彭澤令，千載是知音。」（同治安福縣志卷二十八，陽明文集失載）

按：此詩當是陽明由龍場驛赴廬陵經安福所作。「歸興長時切，淹留直到今」，是謂陽明久謫龍場驛，歸心殷切，淹留至今方出貴州而歸。「含羞還屈膝，直道愧初心」，是謂自己抗疏忤瑾，蒙羞謫龍場驛，委屈求全，未能直道而行，有愧初心。「清風彭澤令，千載是知音」，是謂自己赴任廬陵縣令，要倣法當年任彭澤縣令之陶淵明，正道直行。

過泰和，訪羅用俊、羅欽順父子，羅用俊贈詩送别。

陽明壽西岡羅老先生尊文：「早賦歸來意灑然，螺川猶及拜詩篇。高風山斗長千里，道貌

冰霜又幾年……」（詩真迹今藏上海博物館，陽明文集失載）

按：陽明此詩作於正德十一年（見後），所謂「螺川猶及拜詩篇」，即指正德五年陽明經泰和螺川拜見羅用俊，時羅欽順亦罷歸家居。

三月十八日，到廬陵任。

王陽明全集卷二十八廬陵縣公移：「正德五年三月十八日，本職方纔到任。」卷九給由疏：「正德五年三月内，蒙陞江西吉安府廬陵縣知縣。」

首頒告諭廬陵父老子弟書，整頓詞訟，肅清綱紀，勸民停争息訟，力田春農。

王陽明全集卷二十八告諭廬陵父老子弟書書一：「廬陵文獻之地，而以健訟稱，甚爲吾民羞之。縣令不明，不能聽斷，且氣弱多疾。今吾與約，自今非有迫於軀命，大不得已事，不得輒興詞。興詞但訴一事，不得牽連，不得過兩行，每行不得過三十字。過是者不聽，故違者有罰。縣中父老謹厚知禮法者，其以吾言歸告子弟，務在息争興讓。嗚呼！一朝之忿，忘其身以及其親，破敗其家，遺禍於其子孫，孰與和巽自處，以良善稱於鄉族，爲人之所敬愛者乎？吾民其思之！」

同上，告諭廬陵父老子弟書書二：「昨見爾民號呼道路，若真有大苦而莫伸者，姑一放告。

爾民之來訟者以數千，披閱其詞，類虛妄。取其近似者，窮治之，亦多憑空架捏，曾無實事。甚哉，爾民之難喻也！自今吾不復放告。爾民果有大寃抑，人人所共憤者，終必彰聞，吾自能訪而知之。有不盡知者，鄉老據實呈縣；不實，則反坐鄉老以其罪。自餘宿憾小忿，自宜互相容忍。夫容忍美德，衆所悦愛，非獨全身保家而已。」

黄綰陽明先生行狀：「庚午，陞廬陵知縣。比至，稽國初舊制，慎選里正三老，委以詞訟，公坐視其成，囹圄清虛。」

錢德洪陽明先生年譜：「先生三月至廬陵，爲政不事威刑，惟以開導人心爲本。莅任初，首詢里役，察各鄉貧富奸良之實而低昂之。獄牒盈庭，不即斷射。稽國初舊制，慎選里正三老，坐申明亭，使之委曲勸諭。民胥悔勝氣囂訟，至有涕泣而歸者。由是囹圄日清。」

災疫流行，再頒告諭廬陵父老子弟書，勸民行孝弟，遣醫生下鄉井，蠲免銀兩，以紓民困。

王陽明全集卷二十八告諭廬陵父老子弟書書二：「今災疫大行，無知之民，惑於漸染之説，至有骨肉不相顧療者……夫鄉鄰之道，宜出入相友，守望相助，疾病相扶持……中夜憂惶，思所以救療之道，惟在諸父老勸告子弟，興行孝弟。各念爾骨肉，毋忍背棄，灑掃爾室宇，具爾湯藥，時爾饘粥，貧弗能者，官給之藥。雖已遣醫生，老人分行鄉井，恐亦虛文無實，父老凡可以佐令之不逮者，悉已見告。有能興行孝義者，縣令當親拜其廬……」

同上，廬陵縣公移：「本職方纔到任，隨蒙府差該吏郭孔茂到縣守，併當拘糧里陳江等，著令領價收買……今來復蒙催辦，又在前項加派一百五兩之外……舊額三千四百九十八兩，今年增至一萬餘兩……據此欲爲備由申請間，驀有鄉民千數擁入縣門，號呼動地，一時不辨所言，大意欲求寬貸。倉卒誠恐變生，只得權辭慰解，諭以知縣自當爲爾等申諸上司，悉行蠲免，衆始退聽，徐徐散歸。」

太史張邦奇書來，慰賀陞遷。

張邦奇張文定公環碧堂集卷三寄王伯安：「去秋陸文順僉事行，奉一啓，尋即執事有移袁之命，未諗得達否？辰下伏計已抵廬陵，冬間入覲，可幸奉晤。邦奇居京塵中，無一足道，惟有懷企耳。古之人有言：『荃芷變而不芳兮，蘭蕙化而爲茅。』亦惟其根之不植，徒襲蘭蕙之芳馨，以爲己有，故一遇動摇，凋落不暇耳。夫所謂蘭蕙猶若此，況不爲蘭蕙者乎？懷企之深，亦可以想見矣。餘惟加重，不能悉。」

按：張邦奇字常甫，一字秀卿，鄞縣人。張時徹張尚書邦奇傳：「張尚書者，名邦奇，字常甫，别號甬川，越人也。世居鄞之槎湖……年十八而舉於鄉，二十而舉進士，改庶吉士，授翰林檢討……生成化甲辰，終嘉靖甲辰，凡六十有一年。」（國朝獻徵録卷四十二）按張邦奇弘治十八年進士，是年在京與陽明相識，後陽明謫龍場驛，亦有書札往返，蓋爲陽明早年弟子也。時在京任國史檢討，已知陽明將在冬間入覲，可見陽明入覲蓋在陞廬陵知縣時已定。明清進士録：「張邦奇，弘治十八年三甲一百八十三名進士。鄞縣人，字常甫，號甬川，別號兀涯。授檢討，出爲湖廣提學副使。嘉靖間，爲吏部右侍郎，以身秉公，人不可干以私。官至南京吏部尚書，改兵部，參贊機務。卒謚『文定』。躬修力踐，跬步必謹。有學庸傳、五經説、兀涯西漢書義、環碧堂集、紆玉樓集、四友亭集。」

四月，再頒告諭廬陵父老子弟書，憑驗關文，征辦銀兩，建保甲制防盜撫緝，按時交運錢糧。

王陽明全集卷二十八告諭廬陵父老子弟書書四、書五、書六、書七。

按：廬陵向多盜，陽明告諭廬陵父老子弟書書六云：「今縣境多盜，良由有司不能撫緝，民間又無防禦之法，是以盜起益橫。」陽明建保甲法，緝盜遂得實效。趙士吉寄園寄所寄卷一：「王守仁爲知州（按：當作知縣）時，賊首王和尚扳出同夥，有多應亭、多邦彦者，驍悍倍於他盜，招服已久。忽一日，應亭母於兵道告辯一紙，批准下州中，引王和尚爲證。意此必王和尚受財，許以辯脱耳。乃於後堂設案桌，桌内藏一門子，唤二盜至案前復審，預誡皂隸報寅賓館有客，公即轉出。少頃還入，則門子桌下聽得王和尚對二賊云：『且忍兩夾棍，便爲汝脱也。』三盜見事已洩，皆皇遽不復言，唯叩頭請死（遣愁集）。」

五月，鎮守府催督上交折銀，遂上公移，乞與蠲免。

王陽明全集卷二十八盧陵縣公移：「本月初七日，復蒙鎮守府紙牌催督前事，並提當該官吏，看得前項事件，既已與民相約，豈容復肆科斂？非惟心所不忍，兼亦勢有難行。參照本職自到任以來，即以多病不出，未免有妨職務。坐視民困而不能救，心切時弊而不敢言，至於物情忿激，擁衆呼號，始以權辭慰諭，又復擅行蠲免，論情雖亦紓一時之急，據理則亦非萬全之謀。既不能善事上官，又何以安處下位？苟欲全信於民，其能免禍於己！除將原發銀兩解府轉解外，合關本縣當道垂憐小民之窮苦，俯念時勢之難爲，特賜寬容，悉與蠲免。」

按：陽明三月允蠲免折銀，尚只是與民相約，自擅蠲免，至是則正式上奏，乞與蠲免。

六月，天時亢旱，火災流行，再發布告諭盧陵父老子弟書，益修火備，拓寬火巷，禁軍民互争。

王陽明全集卷二十八告諭盧陵父老子弟書書八、書九、書十。

縣治圮壞，修葺一新，有記志於戒石。

陽明重修盧陵縣署記：「盧陵縣治圮，知縣王守仁葺而新之。六月丙申，興儀門。七月，成兩廊，作監於門右，翼廡於門左。九月，拓大門之外爲東西垣，而屏其南，遂飭戒石亭及旌善、申明亭，後堂之後易民居，而闢其隘，其諸瓦甓墉棟之殘剥傾落者治之，則已十月乙酉。

工畢，志戒石之陰，以告來者，庶修敝補隙，無改作之勞。」（光緒吉安府志卷七，陽明文集失載）

嚴嵩鈐山堂集卷三觀王陽明書石刻：「作宰廬陵縣，陽明稱古風。起廢葺宫宇，節用恤瘝恫。刻辭招後來，庋石當庭中。已歎仁言博，兼憐書蹟工。來遊非在日，懷覽意何窮！」

按：民國吉安縣志卷五、民國廬陵縣志卷五上皆録陽明此記。光緒吉安府志卷七云：「正德五年，縣署圮，知縣王守仁修葺，易地廣大門外，東西列垣，南設大防，自記其事於戒石。」陽明此記原志於戒石，戒石亭亦陽明重修。

八月，劉瑾伏誅。

國榷卷四十八：「正德五年八月甲午，太監張永還自寧夏……是夕，上宴永等，劉瑾先退，永間出寘鐇僞檄，更列瑾十七罪，有反狀。上猶豫曰：『瑾負我。』永曰：『遲則變中起，奴輩虀粉矣，陛下將何歸焉？』永成等皆詆瑾，遂密發兵捕瑾……時夜且半，瑾聞喧聲，披青蟒衣出，縛下菜廠……戊申，劉瑾伏誅。」

九月，致仕王華復原南京吏部尚書官。

國榷卷四十八：「正德五年九月辛酉，復前侍郎楊守阯、王華原官。」

館閣漫録卷九：「正德五年壬戌，復致仕侍郎楊守阯、王華原職。機等以纂修會典爲瑾所裁抑，至是皆改正。」

湛甘泉寄來秋懷詩。

泉翁大全集卷四秋懷三首寄王盧陵陽明子：「秋月缺復圓，客行久不還。不還歲亦暮，念子屢長歎。歎罷繼以歌，歌盡淚如泉。何時得會晤，所懷萬一宣。涉園采桃李，持以贈所知。非貴桃李顔，不言自成蹊。豈無蘭桂好，質以香自虧。默默牛醫子，心期浩無涯。封書寄燕雁，雁不過衡陽；封書寄江魚，魚沉江水長。江水亦有竭，封書永不滅。耿耿無由宣，心緒自中結。」

按：詩云「秋月缺復圓」，「不還歲亦暮」，應作在秋九月，其時劉瑾伏誅，謫官起復，甘泉在京寄此詩，蓋有深意焉。

十月，在廬陵七閲月政成，入覲述職，發布告諭廬陵父老子弟書以別。

王陽明全集卷二十八告諭廬陵父老子弟書書十一：「諭告父老子弟，縣令到任且七月，以多病之故，未能爲爾民興利去弊。中間局於時勢，且復未免催科之擾，德澤無及於民，負爾父老子弟多矣。今茲又當北覲，私計往返，與父老且有半年之别。兼亦行藏靡定，父老其各訓誡子弟，息忿罷争，講信修睦，各安爾室家，保爾産業，務爲善良，使人愛樂，勿作凶頑，下取怨惡於鄉里，上招刑戮於有司……縣令且行矣，吾民其聽之！」

湛若水陽明先生墓誌銘：「復起尹廬陵，卧治六月，而百務具理，有聲。取入南京刑部主事。」

鄒守益集卷七懷德祠記：「正德庚午，先師陽明王公自龍場量移廬陵。時閹瑾怙權，所司震慴；獨持成憲，應之不失常態。至秋，瑾敗，而述職以行。凡八月，而邑民有百年之思。」

按：錢德洪陽明先生年譜云：「冬十有一月，入覲。」乃誤。按王陽明全集卷九給由疏明云：「正德五年十月内陞南京刑部四川清吏司主事。」又王陽明全集卷二十京師詩二十四首下亦注云：「正德庚午年十月，陞南京刑部主事。」以陽明自謂「縣令到任且七月」算之，則其斷然在十月入覲矣。前引陽明重修廬陵縣署記署作「十月乙酉」，可知陽明在十月二日（乙酉）以後入覲。

十月下旬，至京師，居大興隆寺。

王陽明全集卷二十午憩香社寺：「修程動百里，往往餉僧居。佛鼓應官急，禪牀爲客虚。桃花成井落，雲水接郊墟。不覺泥塗澀，看山興有餘。」

按：香社寺在和縣香泉鎮。正統和州志卷一：「香淋湯泉，一名平疴泉，在州北三十五里政理鄉九都，舊名太子湯。」卷二：「香社寺，在州北三十五里政理鄉九都，有香淋湯泉。宋建隆三年，惠濟禪師始建院。元末廢於兵燹。洪武六年，僧道廣爲寺。」陽明此詩應即是次由廬陵赴京入覲途經和州所作。王陽明全集定此詩爲「正德庚午三月遷廬陵尹作」，乃誤。按陽明由貴州赴廬陵任不經和州。

黄綰陽明先生行狀：「是歲冬，以朝覲入京，調南京刑部主事，館於大興隆寺。」

錢德洪陽明先生年譜：「先生入京，館於大興隆寺。」

虎谷王雲鳳寄來賀詩。

王雲鳳博趣齋稿卷十一聞伯安自貶所召至京：「一别天涯經幾載，多憂應是不勝癯。朝陽曾覲岐山鳳，明月遥歸合浦珠。報國心勞難措手，在堂親老莫捐軀。年來學道今何得，可寄微言滿紙無？」

按：國榷卷四十八：「正德五年九月庚申，國子祭酒王雲鳳被劾，乞休，改南京右通政致仕。」王雲鳳當是在南京寄詩。

甘泉湛若水、石龍黄綰來興隆寺講論學問，三人遂訂終身共學之盟。

黄綰陽明先生行狀：「以朝覲入京，調南京刑部主事，館於大興隆寺。予時爲後軍都事，少嘗有志聖學，求之紫陽、濂、洛、象山之書，日事静坐，雖與公有通家之舊，實未嘗深知其學。執友柴墟儲公爟與予書曰：『近日士夫如王君伯安，趨向正，造詣深，不專文字之學，足下肯出與之游，麗澤之益，未必不多。』予因而慕公，即夕趨見。適湛公共坐室中，公出與語，喜曰：『此學久絶，子何所聞而遽至此也？』予曰：『雖粗有志，實未用功。』公曰：『人惟患無志，不患無功。』即問：『曾識湛原明否？』來日請會，以訂我三人終身共學之盟。』明日，公令人邀予至公館中，會湛公，共拜而盟。」
黄綰集卷十一別甘泉子序：「予欲學以全夫性之道，知寡聞不足與乎大明。欲其友三年而不得，求其師六年而不遇，自謂『終焉棄德者』矣。反而視之，其身常如槁，其意常若失，得一官若負穢。或有告之曰：『越有陽明子來矣。子何不知親耶？』乃亟趨其館而見之，陽明子坐與我語，歸而猶夢之，恍若陽明子臨之，而不敢萌一毛於私。於是乃源源而見之，遂不知有我之百骸九竅矣。」
黄綰集卷二十八祭湛太夫人文：「庚午冬梢，方會京旅。志之所役，郢人漫堊而不疑匠斧；言之所會，闔户斲輪而出無不軌。談或對案以終宵，坐或聯牀而移晷。」
黄綰徐曰仁祭文：「歲在庚午，奔竄斗升，鬱悒塵埃，幸遇陽明王子於皇城之陰，燒鐙古寺，一語即契。既而明日復會湛子於王子之館，遂訂終身之約。」（横山遺集附録）

東橋顧璘來訪論學。

顧璘顧華玉集卷三十七與王伯安鴻臚：「自覲時相別，至今已五閲歲……往日談滇中之樂，於時漫爲悲喜，迺今始知味也。」
按：顧璘此書作於正德九年。所謂「覲時」即指正德五年陽明入覲之時；「談滇中之樂」，指談謫貴之事。

是月，入覲述職，陞南京刑部四川清吏司主事。

按：錢德洪陽明先生年譜云「十有二月，陞南京刑部四川清吏司主事」，乃誤。按陽明給由疏明云「正德五年十月内陞南京刑部四川清吏司主事」，王陽明全集卷二十京師詩二十四首下亦明注「正德庚午年十月，陞南京刑部主事」。蓋陽明十月入覲述職本無須多日，其述職後即陞南京刑部主事離京而去。若謂陽明在京至十二月方陞南京刑部主事，則其赴任至南京已在十二月底，然事實上陽明十二月即又陞任吏部驗封清吏司主事離南京赴京（見下），此尤可見謂十二月陞南京刑部主事爲誤。

十一月，至南京赴刑部任。王雲鳳兩次來訪論學不合，有覆書。

新刊陽明先生文録續編卷二答王應韶：「昨承枉顧，適兹部冗，未獲走謝。向白巖自關中回，亟道執事志行之高，深切企慕，惟恐相見之晚。及旌節到此，獲相見，又惟恐相别之速。以是汲汲數圖一會，正所欲請，亦承相亮，兩辱枉教，辯難窮詰，不復退讓。蓋彼此相期於道義，將講去其偏，以求一是，自不屑爲世俗諛媚善柔之態，此亦不待相喻而悉也。别去，深惟教言，私心甚有所未安者。欲候面請，恐人事纏繞，卒未有期，先以書告。其諸講説之未合，皆所未暇，惟執事自謂更無病痛，不須醫藥；又自謂不待人啓口，而已識其言之必錯，在執事之爲己篤實，决非謬言以欺世，取給以御人者，然守仁竊甚惑之。昔者夫子猶曰：『五十以學易，可以無大過。』又曰：『丘也幸，苟有過，人必知之。』未聞以爲無過也。

子路，人告之以其過則喜，未聞人之欲告以過而拒也。今執事一過之，一反焉，此非淺陋之所能測也。舜好問而好察邇言，邇言者，淺近之言也，猶必察焉。夫子曰：『不逆詐。』又曰：『不以人廢言。』今不待人之啓口，而已識其必錯者，何耶？又以守仁爲鄉醫，未曉方脉，故不欲聞其説。夫醫術之精否，不專繫於鄉國，世固有國醫而誤殺人者矣。今徒以鄉醫聞見不廣，於大方脉未必能通曉，固亦有得於一證之傳，知之真切者，寧可概以庸醫視之，兹不近於以人廢言乎？雖然，在守仁則方爲病人，猶未得爲鄉醫也。手足痿痺而弗能起，未能遠造國都，方將求鄉醫而問焉。驟聞執事自上國而來，意其通於醫也，而趨就之。乃見執事手足若有攣拳焉，以爲猶吾之痿痺也，遂疑其病，固宜執事之笑而弗納矣。伏惟執事誠國醫也，則願出一匕之藥以起其痿痺；誠亦步攣拳乎，則願相與講其受病之源，得無亦與痿痺者同乎，而將何以瘳之？泛泛揚舟，載沉載浮。既見君子，我心則休。幸執事亮此情也。」

按：王雲鳳正德五年九月改南京通政，其由京師至南京已在十月以後，陽明亦於其時到南京，即書所謂「驟聞執事自上國而來」。「白巖」指喬宇，蓋王雲鳳嘗陞陝西按察司僉事提督學校，政績頗著，王雲鳳墓誌銘：「甲子，考績，都御史楊公用寧及御史季春交薦其賢，乃復改提學關中，士子相賀曰：『王先生復來，後學得依歸矣！』於是士子益自策勵。」（國朝獻徵録卷六十三）喬宇自關中回事在正德五年七八月，陳璘喬宇行狀：「庚午，遷左侍郎，邊餉供億不乏，積弊革除無遺。春至六月不雨，漕河涸，公奉命禱祭海嶽，精誠所格……遂霖雨四沛。」（國朝獻徵録卷二十五）時陽明在十月進京師入覲，故得見喬宇而聞其説。國榷卷四十八：「正德五年十月丁亥，南京右通政王雲鳳致仕。」按朝廷致仕札下到南京已在十一月，其時王雲鳳在南京尚不知，其至十二月纔歸居虎谷（見下）。

儲巏書來論錢糧賑災事。

儲巏柴墟文集卷十四復王伯安書四：「余司勳行，曾附書，舟行恐尚未達。前狀已送南屏，人事且待頒後納上，須再一簡爲轉上也。吾鄉之災，乃至此極，哀哀元元，罹此凶歲，沴氣召之耶？抑天殺也？巏前疏宛轉許力，止得免印息馬，當事者似不欲此事出於僕，當蘇秦時，儀何敢言？民稍霑澤，巏之望足矣。免折色糧價，聖明寬大，出司計之上萬萬，但恐不能救燎眉之急。近聞遂之御史增饑民之數，發折色之價，甚强人意。今京畿粟價殊賤，若司農請發太倉積銀，召糴百萬石，每年軍餉間支一月，則三年可盡，處之有道，諒亦無流言於道路者。却留漕米五十萬石於淮，不惟此間不至傷農，兼流通太倉之錢，可以杜别項借支之弊，且又不減歲漕之數。賤極必貴，貯粟既多，又可備荒，此姑就留五十萬言之，若多多則尤善，一舉而數利得，所謂糞土中得此數十萬，以賑饑也。曾與張時行論之，時行上言，只欲將倉銀給軍糧兩月，是欲白捐三十萬兩，故司農未肯担荷。亦有書與巡撫矣，宣之謂此議如何？巡撫公各項財穀悉以便宜發之，斷無長孺所不避者，請勸之。它具別紙。蓋自視淺薄，無裨於民也。不宣。」

按：書所云「得免印息馬」，乃指儲巏乞致仕事。國榷卷四十八：「正德五年十月庚戌，起户部左侍郎儲巏管右侍郎事。」顧璘儲公巏行狀：「庚午春，以疾乞休，詔賜乘傳還，仍勑有司，候病痊奏聞起用……冬十月，仍起爲右侍郎，辭不就。」按謂「辭不就」不確，儲巏實辭而就，至正德六年二月方致仕歸，國榷卷四十八：「正德六年二月己丑，户部右侍郎儲巏引疾致仕。」儲巏爲泰州人，所謂「吾鄉」乃指南京（南直隸）一帶水災，國榷卷四十八：「正德五年十一月己未，水災，免蘇、常、松江田租有差。」書中所言「張時行」即張弘至（一作張弘治），直隸華亭縣人，時服除歸任户科都給事中，見掖垣人鑑卷十一。「宣之」即徐蕃，泰州人，時起任户科給事中，與陽明相識，見掖垣人鑑卷三，明史卷一百八十八徐蕃傳。

南京禮部主事方鵬來見，請爲其父方麟作墓表。

王陽明全集卷二十五節庵方公墓表：「蘇之崑山有節庵方翁麟者，始爲士業舉子，已而棄去，從其妻家朱氏居。朱故業商，其友曰：『子乃去士而從商乎？』翁笑曰：『子烏知士之不爲商，而商之不爲士乎？』其妻家勸之從事，遂爲郡從事。其友曰：『子又去士而從事乎？』翁笑曰：『子又烏知士之不爲從事，而從事之不爲士乎？』居久之，歎曰：『吾憤世之碌碌者，刀錐利禄，而屑爲此以矯振頹，乃今果不能爲益也。』又復棄去。會歲歉，盡出其所有以賑饑乏。朝廷義其所爲，榮之冠服，後復遥授建寧州吏目。翁視之蕭然若無與，與其配朱竭力農耕植其家，以士業授二子鵬、鳳，皆舉進士，歷官方面……顧太史九和云：『吾嘗見翁與其二子書，亹亹皆忠孝節義之言，出於流俗，類古之知道者。』陽明子曰：『古者四民異業而同道，其盡心焉，一也。士以修治，農以具養，工以利器，商以通貨，各就其資之所近、力之所及者而業焉，以求盡其心。其歸要在於有益於生人之道，則一而已……吾觀方翁「士農從事」之喻，隱然有當於古四民之義，若有激而云者……吾嘗獲交於翁二子，皆穎然敦古道，敏志於學。其居官臨民，務在濟世及物，求盡其心。吾以是得其源流，故爲之論著之云耳。』翁既殁，葬於邑西馬鞍山之麓。配朱孺人，有賢行，合葬焉。鄉人爲表其墓，曰『明贈禮部主事節庵方公之墓』。」

按：王陽明全集於此墓表題下注「乙酉」（嘉靖四年）作，乃大誤。按方鵬自撰南京太常寺卿矯亭方公鵬生壙志云：「父節庵府君諱麟，例授福寧州幕賓，贈承德郎、禮部主事，詳見大宗伯顧公鼎臣、新建伯王公守仁所爲志、表……公以成化庚寅三月二十二日生崑山南新瀆里，長以明經補縣學生。領弘治辛酉鄉薦第二……正德戊辰，與母弟鳳同舉進士，授高等，任南京禮部主事，丁外艱。服闋，改南京刑部，陞員外郎、郎中，丁内艱。」（國朝獻徵録卷七十）可見方麟卒在方鵬任南京禮部主事時，即正德五年也。唯正因此，方麟纔以子贈禮部主事。若嘉靖四年，方鵬已陞按察司副使，不得贈其父禮部主事也。又陽明稱顧鼎臣（九和）爲「太史」，按顧鼎臣弘治十八年舉進士第一，授翰林修撰，故稱其爲「太史」；然其正德六年後已陞春坊諭德，至嘉靖四年，已由吏部侍郎拜禮部尚書，若陽明此墓表作於嘉靖四年，豈能稱顧鼎臣爲「太史」？由此可知方麟卒於正德五年，陽明此墓表作於正德五年十一月。蓋陽明正德三四年尚在貴州龍場驛，唯有正德五年十一月至南京，而方鵬時亦在南京未去，故可請陽明爲其父作墓表也。陽明稱「吾嘗獲交於翁二子」，蓋方鵬弘治十四年舉鄉試（在應天府），而王華亦在弘治十四年主應天府鄉試（見陸深海日翁行狀），方鵬爲王華所取，故王華爲方鵬「座主」。方鵬矯亭存稿卷三有祭座主太宰王公：「公以簡命，校士南畿。懸鑒持衡，鬼神臨之。不斐之文，誤蒙甄拔。公曰爾來，傳我衣鉢。及歸於朝，延譽縉紳。藉手見上，自謂得人。叨忝釋褐，公聞而喜。緘書教誡，有進毋止。兹涖越城，公已上仙。未報恩私，我心缺然。何以報告，確持晚節。仰高門墻，無敢自絶。公形歸土，公神在天。」可見陽明當在弘治十四年已與方鵬相識。

方鵬矯亭續稿卷三書王陽明文集後：「昔我先妣之葬也，二泉邵公爲之銘，復具狀請陽明子表其墓。（陽明失其狀，不以告予，密與劉光禄，取二泉文稿。劉與陽明同年，又與愚兄弟友善。）劉誤以先君墓誌應之（未齋顧公所撰），遂據以爲表，專主先君，而吾母特附見焉。予展讀未竟，即卷而藏，不敢登石。他日，莊渠魏子於其文集中見之，謂予曰：『文固佳，然不類尊公，奈何！』予告之故，相與歎息而已。謹按：先君甫十幾，受學於徐孝子協祥。十四歲改從錢教授尚賓，習舉業。十七贅甫里朱氏，厭其闤闠之擾，辭歸。卒業，先外祖不許，曰：『無已，當爲郡從事。』」先君勉强從之，非其志也。適遇例整其家貲，輸穀四百斛，登名仕版。自恨出非正途，誓不再出。復遇例遥受福寧州幕賓，致仕。後以愚兄弟登朝，獲沾恩典。此其出處大略也。陽明見志中有『朱商人不聽卒業』一語，遂曰：『公始爲士，又爲商，又爲郡從事，□皆棄去。』不亦厚誣吾親哉！蓋先君未嘗一日爲商，而從事亦寄迹爾。」

周衝舉秋試，書來問學，陽明有答書。

陽明與周道通書書四：「所謂『良知』，即孟子所謂『是非之心，知也』。是非之心，人孰無有？但不能致此知耳。能致此知，即所謂充其是非之心，而知不可勝用矣。來書既云『良心發見』，而復云『不能辨理欲於疑似之間』，則所謂『良心發見』者果何物耶？『知行合一』之説，專爲近世學者分知行爲兩事，必欲先用知之之功而後行，遂致終身不行，故不得已而爲此補偏救弊之言。學者不能著體履，而又牽制纏繞於言語之間，愈失而愈遠矣。行之明覺精察處即是知，知之真切篤實處即是行。足下但以此語細思之，當自見，無徒爲之紛紛也。所寄答明公語，頗亦無失。若見未瑩澈，而輒有議論，反以晦道，不若此説之渾成，不失爲真實語也。令弟歸，草草不另。意惟勉學不怠，以慰所期。無次。守仁拜手，道通秋元道契文侍。」（王陽明先生小像附尺牘，日本天理圖書館藏，陽明文集失載）

按：周衝字道通，號静庵，常州宜興人。陽明此書題「道通秋元」，指周衝秋閶方中鄉試。按湛若水周道通墓碑銘：「正德庚午，領應天鄉薦。明年會試，中乙榜，授江西萬安訓導。」周衡正德五年秋領鄉薦，次年春即中進士，可見陽明此書必作在正德五年秋後。向來認爲周衡在正德十三年往虔始受業於王陽明，今觀此書，可知周衡與陽明早識。按陽明十月陞南京刑部四川清吏司主事，而周衡因秋試亦在南都，故兩人可在十一、十二月中見面相識，兩人通信即在其時。至次年正月陽明調吏部驗封清吏司主事進京，周衡亦同時入京赴南宮試。陽明在正德六年二月任會試同考試官，録取鄒守益、南大吉、應良等人；而周衡亦在二月會試中乙榜，故其必在京師與陽明相見，從學於陽明。書中所言「令弟歸」者，按湛甘泉鄉善士慎齋周君墓表云：「慎齋名銘……生六子：曰衍，曰衎，曰衢，曰衛，曰衝，曰衡。衝舉鄉進士，試教職，累陞唐府紀善，與庠生衢、衡，醫生衡，皆從甘泉子遊。」可見此「令弟」即周衡，早年亦從陽明學。陽明書中所言「明公」，疑即指湛若水（字元明），蓋其時周衡亦方問學於湛若水。最可注意者，陽明是書論及「良知」與「致良知」，此爲陽明生平首次論「良知」，陽明之「良知」學蓋可謂萌芽於此也。

十二月，以楊一清薦，陞吏部驗封清吏司主事。

黄綰陽明先生行狀：「又數日，湛公與予語，欲謀白巖喬公轉告冢宰邃庵楊公，留公北曹。楊公乃擢公爲吏部驗封主事。」

按：錢德洪陽明先生年譜云：「正德六年正月，調吏部驗封清吏司主事。」乃誤。黄綰明云在其與湛若水、陽明見面後數日，即與湛若水同謀請喬宇告楊一清，留陽明在北曹，則楊一清擢陽明爲驗封主事當在十一月、十二月間。考陽明徐昌國墓誌云：「正德庚午冬，陽明王守仁至京師。」（王陽明全集卷二十五）此顯可見陽明在正德五年十二月冬陞吏部驗封主事，並已赴京師（按：此所謂「王守仁至京師」，乃指陽明啓程赴京師，不是指抵達京師）。王陽明全集卷二十有古道、立春日道中短述諸詩，即是陽明是次赴京師沿途所作，古道作在冬十二月，立春日道中短述作在正德六年正月立春日（見下），尤可見陽明在冬十二月已赴京師。又陽明赴京師前必當先歸越，蓋陽明自正德二年謫貴州龍場驛以來，輾轉至是四年未得一歸越，現在南京任職，本去家已近，今又欲赴京師遠去，自必當先一歸家見老父與岑太夫人也。由此可推知陽明或在十二月上旬離南京歸越，至十二月下旬自越赴京師（見下）。

整庵羅欽順有詩送別。

羅欽順整庵存稿卷十七送王伯安入朝：「卮壚聯句佛燈前，雲散風流頓十年。曾見山東題小録，又聞瀛海遇真仙。一封朝奏心徒切，萬里生還命有懸。今日仕優乃好學，獨携書卷去朝天。」

按：國榷卷四十八：「正德五年十月庚戌，復羅欽順仍南京國子司業。」是羅欽順與陽明約在同時來南京任職。兩人十年後再見，即詩所云「雲散風流頓十年」。「曾見山東題小録」，指陽明主考山東鄉試。「又聞瀛海遇真仙」，指陽明投江遊海遇仙之經歷。「一封朝奏心徒切」，指陽明抗疏援救戴銑。

「萬里生還命有懸」，指陽明謫貴州龍場驛。凡此蓋皆陽明在南京見面相告也。

十二月下旬，自越赴京師，在道有詩。

王陽明全集卷二十古道：「古道當長阪，肩輿入暮天。蒼茫聞驛鼓，冷落見炊煙。凍燭寒無焰，泥爐濕未燃。正思江檻外，閑却釣魚船。」

按：此古道詩與立春日道中短述、公館午飯偶書排在一起，均是陽明赴京沿途所作，立春日道中短述作於正德六年正月初一立春日，則此古道作於正德五年十二月中可知，觀詩「凍燭」云云，亦在十二月，蓋是其赴京師初程所作。

一五一一　正德六年　辛未　四十歲

正月立春日，道中有詩詠懷。

王陽明全集卷二十立春日道中短述：「臘意中宵盡，春容傍曉生。野塘冰轉緑，江寺雪消晴。農事沾泥犢，羈懷聽谷鶯。故山梅正發，誰寄欲歸情？」公館午飯偶書：「行臺依獨寺，僧屋自成鄰。殿古凝殘雪，墻低入早春。巷泥晴淖馬，檐日暖堪人。雪散小巖碧，松梢掛月新。」

經嘉興，訪嘉興知府于鳳喈，遊崇玄道院，有詩贈于鳳喈。

陽明崇玄道院：「逆旅崇玄幾度來，主人聞客放舟回。小山花木添新景，古壁詩篇拂舊埃。老去鬚眉能雪白，春還消息待梅開。松堂一宿殊匆遽，擬傍鴛湖築釣臺。」（于鳳喈、鄒衡正德嘉興志補卷九，陽明文集失載）

按：崇玄道院在嘉興縣，光緒嘉興府志卷十八：「崇玄道院，在（嘉興）縣東一里。宋咸淳丁卯，里人徐寔甫捨宅，道士趙一休創建。明洪武初，地産靈芝，建玄瑞堂。永樂癸未，道士朱道真修。辛丑，增建玄帝殿。成化間，道士朱養中等重修。」嘉興爲陽明生平仕宦往返京師、南都、杭州、紹興所常經之地，故詩有「逆旅崇玄幾度來」之句。據詩云「春還消息待梅開」，作在春初，則必是正德六年正月陽明赴京師經嘉興時所作。按正德嘉興志補乃于鳳喈、鄒衡成於正德六年，故陽明作此詩當不出正德六年。正德六年于鳳喈方任嘉興知府，並與鄒衡撰寫正德嘉興志補將成。于鳳喈爲成化十七年進士，與王華爲同年，陽明與之早識，關係甚密，後來陽明爲作墓誌銘（見下）。故于鳳喈來知嘉興府，陽明過嘉興，必當往訪，詩遂被于鳳喈討去，入於正德嘉興志補中。又陽明此咏道院詩乃用當年在九華山和九柏老仙詩韵，正德嘉興志補亦將此崇玄道院與和九柏老仙詩（改名爲梅澗）一併著録，此亦必是于鳳喈、鄒衡向陽明當面所求，陽明或不欲自暴與九柏老仙（蔡蓬頭）論仙談道之迹，乃將此詩改名爲梅澗，作爲咏嘉興道院之詩贈于、鄒。

二月初，經鎮江，遊焦山，有次邃庵楊一清詩韻。

陽明遊焦山次邃庵韻：「長江二月春水生，坐没洲渚浮太清。勢挾驚風振孤石，氣噴濁浪摇空城。海門青覘楚山小，天末翠飄吴樹平。不用凌飆躡圓嶠，眼前魚鳥俱同盟。倚雲東望曉溟溟，江上諸峰數點萍。漂泊轉慚成竊禄，幽棲終擬抱殘經。巖花入暖新凝紫，壁樹懸江欲墮青。春水特深埋鶴地，又隨斜日下江亭。扁舟乘雨渡青山，坐見晴沙漲幾灣。高宇墮江撑獨柱，長流入海振重關。北來宫闕參差見，東望蓬瀛縹緲間。奔逐終年何所就，端居翻覺悔僧閑。」（張萊京口三山志卷六，陽明文集失載）

按：邃庵楊一清原雲南安寧人，徙巴陵，後移居鎮江，建待隱園。京口三山志於陽明詩下著録楊一清重遊焦山詩：「洞口孤雲面面生，百年身世坐來清。一般月色金山寺，十里煙光鐵甕城。江閣雨餘秋水潤，海門風定暮潮平。青山潦倒虚名在，耻向沙鷗問舊盟。」此即陽明所次韻詩。蓋楊一清此遊焦山詩當時多有和韻，京口三山志於楊一清詩下著録王臣遊焦山和詩二首，陸相遊焦山和詩一首。楊一清詩稱「重遊焦山」，按光緒丹徒縣志卷十碑碣著録楊一清詩碑：遊焦山二首，石淙楊一清並跋，在寶墨亭（弘治庚戌）。李石樓約遊焦山詩，右都御史致仕石淙楊一清作，在明應殿（正德庚午）。石樓山人陪邃庵先生登焦山次韻（正德庚午立石）。

可見楊一清首遊焦山在弘治三年，重遊焦山在正德五年，時楊一清以右都御史致仕家居鎮江。張萊京口三山志成於正德七年四月，故陽明此次韵詩當作於正德七年四月以前、正德五年秋以後，則必是陽明正德六年二月赴京師過焦山時所作。蓋陽明是次入京任職乃由楊一清所薦舉，故其經焦山見到楊一清詩碑，有感而和也。

陽明聽潮軒：「水心龍窟只宜僧，也許詩人到上層。江日迎人明白帽，海風吹醉掖枯藤。鯨波四面長疑動，鰲背千年恐未勝。王氣金陵真在眼，坐看西北亦誰曾？」（京口三山志卷五）

按：聽潮軒在金山，京口三山志卷一：「聽潮軒，在靈觀閣下，景泰間僧弘霔建，太常卿程南雲篆額。成化間僧安溥重修。」靈觀閣在金山南畔。詩所云「水心龍窟」應指龍洞，行海金山志略卷一：「龍洞，在朝陽之左，深不可測，俗呼珠洞。唐時常有毒龍吐氣，近者多病，因靈坦禪師降之，即去。」陽明此詩當與其遊焦山次邃庵韵作在同時，故亦被張萊收入京口三山志。

二月中旬，至京師，寓長安灰廠，與甘泉湛若水比鄰而居。自是與湛若水、黄綰三人聚會講學，剖析疑義，切磋聖學。

湛甘泉陽明先生墓誌銘：「留爲吏部驗封主事，有聲。陽明公謂甘泉子曰：『乃今可卜鄰矣。』遂就甘泉子長安灰廠右鄰居之。時講學於大興隆寺，而久庵黄公宗賢會焉。三人相歡語，合意。久庵曰：『他日天台、雁蕩，當爲二公作兩草亭矣。』後合兩爲一焉，明道一也。」

湛甘泉奠王陽明先生文：「聚首長安，辛未之春。兄復吏曹，於我卜鄰。自公退食，坐膳相以。存養心神，剖析疑義。我云聖學，『體認天理』。天理問何？曰『廓然』爾。兄時心領，不曰非是。言聖枝葉，老聃、釋氏。予曰同枝，必一根柢。同根得枝，伊尹、夷、惠。佛於我孔，根株咸二。」

按：湛甘泉默識堂記云：「陽明王公扣予曰：『天理何如？』應之曰：『天理何應？廓然大公。』陽明曰：『唯唯！』初無不同也，後門人互失其傳。」（泉翁大全集附録）即指兩人在長安灰廠講學所論。

黄綰陽明先生行狀：「楊公乃擢公爲吏部驗封主事。予三人者自職事之外，稍暇，必會講，飲食起居，日必共之，各相砥勵。」

黄綰集卷十一別甘泉子序：「陽明子曰：『有南海甘泉子者在，予友也，子豈欲見之乎？』翼日，偶於陽明子之館見之，其容簡，其心一，其示我之言蓄而盡。入其館，遂拜之。於是二子之庭，日必有予迹矣。」

與翰林編修董玘比鄰而居，講論學問，同選爲會試同考試官。

董玘董中峰先生文選卷六與王伯安：「往歲幸邇君子之居，過承教愛。」

徐階通議大夫吏部左侍郎兼翰林院學士中峰先生董公玘墓誌銘：「弘治乙丑，舉會試第一，廷試第一甲第二，授翰林院編修……改吏部考功主事……會瑾誅，還公翰林，同考辛未會試。甲戌，滿九載，遷侍讀。」（國朝獻徵録卷二十六）

按：董玘字文玉，號中峰，紹興人。董玘此與王伯安作於正德九年（見下），所謂「往歲幸邇君子之居」，即指正德六年陽明進京爲吏部驗封清吏司主事，董玘任吏部考功主事，兩人密邇相居，多有講學往來。

是月，爲會試同考試官，親録鄒守益、毛憲、萬潮、應良、梁穀多人。

天一閣藏明代科舉録選刊會試録正德六年會試録：「同考試官，吏部驗封清吏司主事王守仁伯安，浙江餘姚縣人，己未進士。」

憲章類編卷二十二會試：「正德六年二月，會試天下舉人，命大學士劉忠、學士靳貴爲考試官，取鄒守益等三百五十人。」

按：是年會試，陽明親録舉人多名，今可考者有：

鄒守益。宋儀望鄒東廓先生行狀：「辛未，王公由吏部主事同考會試。時主考得先生卷，甚喜，謂王公曰：『子素善知文，此爲誰者？』曰：『此必安福鄒某。』先生遂冠南宮，廷試及第第三人。」（鄒守益集卷二十七）耿定向東廓鄒先生傳：「是歲，王公以吏部主事司分校，主試者知王公有精鑒，出諸儁卷取裁，王公閲及先生卷，曰：『此必安福鄒某也。亡論文，其人品亦冠天下者。』遂冠南宫。廷試及第第三人。」（鄒守益集卷二十七）

毛憲。湛若水泉翁大全集卷五十七祭黄門毛古庵先生文：「余昔與陽明究此天理於長安之邸，陽明曰：『如是如是。』繼余與古庵究此天理於新泉之涘，古庵曰：『唯唯，唯唯！』古庵固陽明禮闈之門弟也，遺陽明之書曰：『吾近得宗指焉，吾得於甘泉子之體認天理矣，至矣！』」按天一閣藏明代科舉録選刊會試録正德六年會試録著録陽明對毛憲卷批語：「經義貴平正，此作雖無甚奇特，取其平正而已，録之。」可見毛憲乃陽明所親録。毛憲古庵毛先生文集卷六祭新建伯王陽明：「某始舉禮部，幸録鄙文，先生以『平正』二字許之，感承知遇。」

萬潮。國朝獻徵録卷六十二五溪萬公潮墓碑：「五溪萬公，進賢人，諱潮，字汝信……辛未，魁禮闈，陽明王公頗以不能首薦爲恨，二公固一時所謂有道君子也。」按天一閣藏明代科舉録選刊會試録正德六年會試録著録陽明對萬潮卷批語：「此卷三場皆精微該博，時出不窮，而又曲中程度。五策詞氣充溢，光焰逼人，而時務一道尤爲議論根據，識見練達，刻此亦足以見其餘矣。然五求子之言，而得其所存，常自有重於此者，則又豈必盡録其文爲哉！」「治道備，處場中，堯夔見有發揮透徹者。此作文氣頗平順，故録之。」可見萬潮乃陽明所親録。

應良。湛若水泉翁大全集卷十五贈别應元忠吉士叙：「辛未，因陽明得吾仙居應子者，又得武城王子，日夕相與議論於京邸。王子於吾言，無所不悦；應子者，忠信而篤學，其於吾與陽明也，始而疑，中而信以固，非苟信也。」明清進士録：「應良，正德六年二甲七名進士。浙江仙居人，字元忠，號南洲，官編修。王守仁在吏部，良從學焉。親老歸養，講學山中十年。嘉靖初，還任，伏闕争大禮，被廷杖。終廣東右布政使。有閑存集。」

南大吉。錢德洪陽明先生年譜：「郡守南大吉以座主稱門生，然性豪曠不拘小節，先生與論學有悟……於是闢稽山書院，聚八邑彦士，身率講習以督之。」萬曆紹興府志卷三十八：「南大吉，字元善，渭南人。性豪宕，雄於文，與康海、胡纘宗諸人齊名……當是時，王文成公講明聖學，大吉初以會試舉主稱門生，猶未能信，久之，乃深悟痛悔，執贄請益，文成曰：『人言不如自知之明，自悔之篤。』於是稍就平和，乃葺稽山書院，創尊經閣，簡八邑才俊弟子，講習其中。」按所謂「以座主稱門生」、「以會試舉主稱門生」，即是指陽明親録南大吉，故奉陽明爲會試座主。

梁穀。王陽明全集卷七梁仲用默齋説：「仲用識高而氣豪，既舉進士，鋭然有志天下之務……於是專心爲己之學，深思其氣質之偏，而病其言之易也，以『默』名庵，過予而請其方。」梁穀一中進士，即來陽明處認弟子，顯是因其爲陽明親録。梁穀字仲用，初號北厓子，改號默庵，東平人，梁覲子。黄綰集卷二十六有梁長史墓誌銘。明清進士録：「梁穀，正德六年二甲八十七名進士。山東東平人，字仲用。授吏部主事，降補壽州同知。遇洪水，城幾没，穀極力規劃，城賴以全。轉太倉知州，剿平海盜。官終德府左長史。」

馬性魯。馬性魯字進之，號壁泉，溧陽人。正德六年進士，除兵科給事中，仕終雲南尋甸軍民府知府。掖垣人鑑卷十二：「馬性魯，字進之，號□□，應天府溧陽縣人。正德六年進士。本年八月除兵科給事中，尋降浙江平陽縣丞。仕終雲南尋田軍民府知府，卒於官。」劉清惠公集卷八有尋田太守馬碧泉墓表。按馬性魯子馬一龍南都謁陽明先生小刺云：「家君舊有門下之愛，某亦通家愚小子也。」（玉華子游藝集卷一）所謂「門下之愛」，即指正德六年陽明親録馬性魯。馬一龍先妣年譜：「正德六年辛未，考四十三歲。是年大比天下士，復爲書魁第一，乃登科録。」（玉華子游藝録卷十七）明清進士録失載。

張鰲山。張鰲山字汝立，號石磐，安福人，陽明弟子，著有會稽師訓。正德六年中進士，即選爲庶吉士，國榷卷四十八：「正德六年三月丁丑，選庶吉士許成名……張鰲山……」陽明與諸門人夜話中云「翰苑争誇仙吏班，更兼少年出塵寰」，即包括張鰲山（見下）。張鰲山即在是年中進士後來問學於陽明。

王思。王思字宜學，號改齋，泰和人，陽明弟子。正德六年中進士，即選爲庶吉士，鄒守益改齋王君墓誌銘：「正德辛未，第進士，以選入翰林，讀中秘書……」（鄒守益集卷二十一）陽明與諸門人夜話中云「翰苑争誇仙吏班」，亦包括王思。

按：其他如鄭傑、王道、汪淵、王元正等，以諸人一中進士後即來問學於陽明，疑皆陽明所親録也。

穆孔暉同考禮部會試，來問學。

王道穆公孔暉墓誌銘：「丁卯，授翰林院檢討。己巳，預修孝廟實録成，忤逆瑾意，調南京禮部主事。瑾誅，還舊職。辛未，同考禮部會試。壬申，遷南京國子監司業。癸酉，以外艱歸……初留意古文詞，已嘗闖其奧矣。既知其無益，棄不復爲，乃篤志正學，研窮義理，體之身心，其所造卓然處，可與儒先君子同不謬於聖人，而公不自以爲足也。嘗謂古之人窮理盡性以至於命，今於性命之原，習其讀而未始自得之也。顧謂有見，安知非汩慮於俗思也邪？於是抉去藩蔽，力肆恢弘，經訓之外，雖世儒所斥以爲異端如佛老者，悉取其書，精擇而詳説之，以與吾聖人合，曰：『性中固無是分別相也。』久之，洞見道原，通達爲一。嘗論心學之要曰：『鑑照妍媸，而妍媸不著於鑑；心應事物，而事物不著於心。自來自去，隨應隨寂，如鳥過空，空體弗碍。』觀此，則公所得，信乎玄矣。」（國朝獻徵録卷七十）

黄佐南廱志卷二十一：「庚午召復檢討，同考辛未會試，所得多知名之士……孔暉天性好學，雖王守仁所取士，未嘗宗其説而非薄宋儒。晚年乃篤信之，深造禪學頓宗。臨歿，作偈有『到此方爲了事人』之句，論者以此窺公所詣云。」

明史卷二百八十三鄒守益傳：「先是，守仁主山東試，堂邑穆孔暉第一，後官侍講學士……孔暉端雅好學，初不肯宗守仁説，久乃篤信之，自名王氏學，浸淫入於釋氏。」

按：錢德洪陽明先生年譜將穆孔暉來受業置於正德七年之下，乃誤。穆孔暉於正德五年即起任翰林檢討，至正德七年七月改爲南京國子司業，陽明正德六年入京，穆孔暉自必首來相見。至二月兩人同爲會試同考試官，朝夕相處。故可知穆孔暉當在二月以後來問學受業，决非正德七年始來受業也。

户部左侍郎喬宇改南京禮部尚書，作序送別。

王陽明全集卷七送宗伯喬白巖序：「大宗伯白巖喬先生將之南都，過陽明子而論學。陽明子曰：『學貴專。』先生曰：『然。予少而好弈，食忘味，寢忘寐，目無改觀，耳無改聽；蓋一年而詘鄉之人，三年而國中莫有予當者。學貴專哉！』陽明子曰：『學貴精。』先生曰：『然。予長而好文詞，字字而求焉，句句而鳩焉，研衆史，覈百氏；蓋始而希迹於宋、唐，終焉浸入於漢、魏。學貴精哉！』陽明子曰：『學貴正。』先生曰：『然。予中年而好聖賢之道，弈吾悔焉，文詞吾愧焉，吾無所容心矣。子以爲奚若？』陽明子曰：『可哉！學弈則謂之學，學文詞則謂之學，學道則謂之學，然而其歸遠也。道，大路也。外是，荆棘之蹊，鮮克達矣。是故專於道，斯謂之專；精於道，斯謂之精。專於弈而不專於道，其專溺也；精於文詞而不精於道，其精僻也。夫道廣矣大矣，文詞技能於是乎出；而以文詞技能爲者，去道遠矣。是故非專則不能以精，非精則不能以明，非明則不能以誠。故曰：「惟精惟一。」精，精也；專，一也。精則明矣，明則誠矣。是故明精之爲也，誠一之基也。一，天下之大本也；精，天下之大用也。知天地之化育，而況於文詞技能之末乎？』先生曰：『然哉！予將終身焉，而悔其晚也。』」

按：國榷卷四十八：「正德六年正月庚午，户部左侍郎喬宇爲南京禮部尚書。」陽明至京師，喬宇尚未赴南都。

朝廷起復牧相爲廣西參議，除書未下已卒。

國榷卷四十八：「正德六年正月丁丑，録前都給事中趙士賢，署郎中李夢陽，主事王綸、孫磐，御史徐鈺、趙祐、楊璋、朱廷聲、劉玉，南京御史周期雍、王佩，給事中任惠、李光瀚、徐蕃、牧相、徐暹，監察御史貢安甫、史良佐、曹閔、王弘、葛浩、姚學禮、張鳴鳳、王良臣，皆劉瑾所誣陷者，至是悉録之。」

按：萬曆紹興府志卷四十一牧相傳：「瑾誅，詔復其官，尋遷廣西參議，除書至，而相已卒二日矣。年四十有六。」

楊廉楊文恪公文集卷五十祭牧時庸給事文：「唯君禀賦純明，操履堅定，從容諫垣，議論持正。逆瑾擅權，上疏力諍。兇焰熏天，忠讜弗勝。終獲保全，實賴主聖。華堂奉親，高齋養性。君飽禮經，匪宗二鄭，於張入門，兼程主敬。學無據依，一世公病，君則卓然，所造誰並？君官代予，風節甚勁，謬污簡章，愧奚以稱？蒼生無福，君不秉政，云胡溘然，修短有命。寓典陳辭，靈其幸聽！」

僚友方獻夫來受學，執贄事以師禮。

王陽明全集卷七別方叔賢序：「予始與叔賢爲僚，叔賢以郎中故，事位吾上。及其學之每變，而禮予日恭，卒乃自稱門生而待予以先覺，此非脱去世俗之見，超然於無我者，不能也。雖横渠子之勇撤臯比，亦何以加於此！」

方獻夫西樵遺稿卷七祭王陽明文：「某二十年前幸忝同官，得於先生之啓發者爲多，今猶躍然而在目……某嘗屢有辯論，先生亦不以爲非，而其意急於今之學者救病之藥。先生之志，終在道講學，一念至死不懈。」

王世貞方公獻夫傳：「王守仁時起自謫所，爲主事，官階亞於獻夫，而講學能文章有時譽。一日，獻夫與語稱服，忻然即前拜：『獻夫願受弟子職。』時人賢獻夫能師人，又賢守仁能見師人。」（國朝獻徵録卷十六）

按：吕本方公獻夫神道碑銘：「授禮部祠祭司主事，尋改吏部驗封司，歷文選諸司主事、員外郎。」是方獻夫與陽明同在吏部驗封司任職，當首來問學也。

有書致徐守誠論學，徐守誠遂來京師受學。

王陽明全集卷四答徐成之：「汝華相見於逆旅，聞成之啓居甚悉，然無因一面，徒增悒怏……向吾成之在鄉黨中，刻厲自立，衆皆非笑，以爲迂腐，成之不爲少變。僕時雖稍知愛敬，不從衆非笑，然尚未知成之之難得如此也……修己治人，本無二道，政事雖劇，亦皆學問之地……日用間何莫非天理流行，但此心常存而不放，則義理自熟，孟子所謂『勿忘勿助，深造自得』者矣。學問之功何可緩，但恐著意把持振作，縱復有得，居之恐不能安耳。成之之學，想亦正不如此。」

按：書中所云「汝華」，即鄭岳，字汝華，號山齋，莆田人，弘治六年進士，見國朝獻徵録卷四十柯維騏兵部左侍郎鄭公岳傳。按徐守誠亦弘治六年進士，萬曆紹興府志卷三十三：「弘治六年毛澄榜：餘姚徐守誠，參議。」（明清進士録失載）故徐守誠與鄭岳二人早熟識。陽明云「汝華相見於逆旅」，即指其是次赴京師途中遇見鄭岳於逆旅（疑在山東一帶）。鄭岳亦嘗任刑部主事，與陽明亦早識。萬曆紹興府志卷四十一：「徐守誠，字成之，餘姚人。少刻苦自樹，潛心理學。弘治中，登進士，授南兵部主事，嚴於稽核，戎伍以清。尋執父喪廬於墓，有馴虎甘露之異，鄉人名其山曰『慈山』。服除，補刑部，日與四方名士相討論，學益進。嘗陳時政十餘事，多見采納。出爲湖廣僉事，理獄糾墨，不避權勢。遷山東參議，以疾歸，逾年而卒。守誠孝友廉介，非其義一介不取，歷官二十年，室廬僅蔽風雨。有慈山雜著數十條，爲學者所誦。」陽明與徐守誠同鄉，兩人亦早識，所謂「補刑部，日與四方名士相討論」，實主要指與陽明討論學問。

徐禎卿數來論攝形化氣之術。

王陽明全集卷二十五徐昌國墓誌銘：「始，昌國與李夢陽、何景明數子友，相與砥礪於辭章，既殫力精思，傑然有立矣。一旦諷道書，若有所得……於是習養生。有道士自西南來，昌國與語，悦之，遂究心玄虚，益與世泊，自謂長生可必至。正德庚午冬，陽明王守仁至京師。守仁故善數子，而亦嘗没溺於仙釋。昌國喜，馳往省，與論攝形化氣之術。當是時，增城湛元明在坐，與昌國言不協，意沮去。異日復來，論如初，守仁笑而不應。因留宿，曰：『吾授異人五金八石之秘，服之，冲舉可得也。子且謂何？』守仁復笑而不應。乃曰：『吾隳黜吾昔而游心高玄，塞兑斂華而靈株是固，斯亦去之競競於世遠矣。而子猶余拒然，何也？』守仁復笑而不應。於是默然者久之，曰：『子以予爲非耶？抑有所秘耶？夫居有者，不足以超無；踐器者，非所以融道。吾將去知故而宅於埃壒之表，子其語我乎？』守仁曰：『謂吾爲有秘，道固無形也；謂吾謂子非，子未吾是也。雖然，試言之。夫去有以超無，無將奚超矣？外器以融道，道器爲偶矣，而固未嘗超乎！而固未嘗融乎！夫盈虚消息，皆命也；纖巨内外，皆性也；隱微寂感，皆心也。存心盡性，順乎命而已矣，而奚所取舍於其間乎？』昌國首肯，良久曰：『冲舉有諸？』守仁曰：『盡鳶之性者，可以冲於天矣；盡魚之性者，可以泳於川矣。』曰：『然則有之。』曰：『盡人之性者，可以知化育矣。』昌國俯而思，蹶然而起曰：『命之矣！吾且爲萌甲，吾且爲流澌，子其煦然屬我以陽春哉！』數日，復來謝曰：『道果在是，而奚以外求！吾不遇子，幾亡人矣。然吾疾且作，懼不足以致遠，則何如？』守仁曰：『悸乎？』曰：『生，寄也；死，歸也。何悸？』津津然既有志於斯，已而不見者踰月，忽有人來訃，昌國逝矣。」

徐禎卿迪功集正集卷二王員外不解參同契但索一詩許以遺我率爾戲之：「王烈持洞章，茫然不能讀。石氣銷紫煙，十年秘空籠。從來楚史識三墳，阮籍焉能辨赤文？一自華陽窺妙訣，緱山夜夜鶴相聞。」

按：徐禎卿爲「前七子」之一，其以吏部召授廷尉來京師，時李夢陽亦録用署郎中，故其來訪陽明當出於李夢陽介紹。徐禎卿卒於三月丙寅，以「已而不見者踰月」推之，可見徐禎卿始來訪陽明當在二月中。徐禎卿詩題中所云「王員外」即指陽明，蓋明代六部各設郎中、員外郎、主事，主事職位次於員外郎，亦可稱「員外」也。

潘選、潘珍、潘旦、潘鑑携四封録來訪，爲作序。

王陽明全集卷二十二潘氏四封録序：「歙潘氏之仕於朝者，户部主事君選、大理寺副君珍、户部外君旦、南大理評事君鑑，凡四人。正德五年冬，珍、旦以上三載最，選、鑑以兩宫徽號，旬月之間，皆得推恩，封其親如其官焉。於是叙八制爲録，侈上之賜以光其族裔，而來謂某曰：『德下寵浮，若之何其可？請一言以永我潘氏。』某曰：『一族而四顯，來者相望也，其盛哉……』某不爲應酬詩文餘四年矣。寺副君之爲暨陽也，予嘗許之文，未及爲而有南北之别。今兹復見於京師，而以是責償焉，故不得而辭也。」

費宏集卷十一四封録序：「婺源潘氏之子，頃歲累累以進士起家。前大理寺正、今山東按察僉事珍舉於壬戌，户部主事選及郎中旦舉於乙丑，南京大理評事鑑舉於戊辰。而兩户部皆予弘治甲子應天主試時所取士也，間手一册謁予，求叙其事。予取而閲之，其端三大字曰『四封録』，因從而質其詳。兩户部拱而對曰：『吾潘之老，頃以子貴得封者有四焉，兹録之所由名也。蓋自其輩行論之，則選之父嵩陽老人，與珍之父閒庵公爲兄弟；旦之父直庵公，與鑑之父南峰居士爲兄弟。自其封秩論之，則閒庵大理評事、階文林郎，而南峰與之同；直庵爲户部主事、階承德郎，而嵩陽與之同。自其所從得論之，則珍與旦以三年考績之最，實庚午夏秋之交；選與鑑以兩宫賜類之恩，蓋是冬之十有二月也。』又曰：『願之切者，每難於自遂；事之盛者，未易於兼全。惟潘之先，有志於用世久矣。嵩陽與南峰者，著美負屈，竟弗獲於一試。而閒庵、直庵，儲書闢塾，所以教子者尤勤。延及選等，乃始憑藉世積以克償厥願，蓋非一朝一夕之故。且珍與旦也，筮仕中朝，於貤封爲易，而喜懼之載猶不勉焉。蓋選出江山，鑑出諸暨，則何敢厚望而幸皆内徙？適遭事會，先後數月闔門受寵，而又皆具慶在堂，此於人間之事似爲極盛焉者。吾儕喜極而感，惟侈上恩而昭世德焉是圖，不自知兹録之爲誇也。』予又從而思之，其言雖出於一時，而皆發乎性情；其事雖止於一家，而實關乎名教……然則潘氏之盛，殆未可以今兹爲至，而兹録且當屢見於他日矣。」

按：潘珍字玉卿，初號朴庵，又號峨峰，晚號碧峰，亦號益以拙叟。鈐山堂集卷三十九有潘珍墓誌銘，明史卷二百零三有傳。潘選字玉選，珍從弟。明清進士録：「潘選，弘治十八年三甲一百八十名進士。安徽婺源人。由江山知縣，累擢山西按察僉事。以母老乞致仕，不允，遂棄官去。事母孝，母病思食鯽魚，急不可得，即解衣入池以取。」潘旦字希周，號石泉，珍從子。鈐山堂集卷三十八有潘旦神道碑。潘鑑字希古，旦從弟。鈐山堂集卷三十七有潘鑑神道碑。按陽明所云「寺副君之爲暨陽」，指潘珍任諸暨知縣，潘珍墓誌銘：「壬戌，登進士，授浙江紹興府諸暨縣知縣。」是陽明與潘珍在弘治十五年已相識，至正德二年陽明赴謫，即所謂「南北之别」也。

應良中進士，與黄綰同來論實踐之功、儒釋之異，陽明有答書。

王陽明全集卷四答黄宗賢應原忠：「昨晚言似太多，然遇二君亦不得不多耳……聖人之心如明鏡，纖翳自無所容，自不消磨刮。若常人之心，如斑垢駁雜之鏡，須痛加刮磨一番，盡去其駁蝕，然後纖塵即見，纔拂便去，亦自不消費力，到此已是識得仁體矣……凡人情好易而惡難，其間亦自有私意氣息纏蔽，在識破後，自然不見其難矣。古之人至有出萬死而樂爲之者，亦見得耳。向時未見得向裏面意思，此工夫自無可講處。今已見一層，却恐好易惡難，便流入禪釋去也。昨論儒釋之異，明道所謂『敬以直内』則有之，『義以方外』則未。畢竟連『敬以直内』亦不是者，已説到八九分矣。」

按：錢德洪陽明先生年譜將陽明與黄綰、應良論實踐之功置於正德五年十二月下，乃誤。王陽明全集卷四於此答黄宗賢應原忠題下明注「辛未」作。蓋應良正德六年正月方至京師應考，而陽明亦在正德六年正月下旬方到京師。應良必在二月會試以後纔能來與陽明論學，旋在三月又選爲庶吉士。國榷卷四十八：「正德六年三月丁丑，選庶吉士許成名、劉棟、張璧、應良……」故可知應良來問學當在二月中。明史卷二百八十三應良傳：「應良，字原忠，仙居人。正德六年進士，官編修。守仁在吏部，良學焉。」泉翁大全集卷十五贈别應元忠吉士叙云：「辛未，因陽明得吾仙居應子者，又得吾武城王子(王道)，日夕相與論議於京邸……應子者，忠信而篤學，其於吾與陽明也，始而疑，中而信以固，非苟信也。」

黄綰來告近思切問之功，陽明有答書。

王陽明全集卷四與黄宗賢：「所喻皆近思切問，足知爲功之密也，甚慰！夫加諸我者，我所不欲也，無加諸人；我所欲也，出乎其心之所欲，皆自然而然，非有所强，勿施於人。則勉而後能，此仁恕之别也。然恕，求仁之方，正吾儕之所有事也。子路之勇，而夫子未許其仁者，好勇而無所取裁，所勇未必皆出天理之公也。事君而不避其難，仁者不過如是。然而不知食輒之禄爲非義，則勇非其所宜，勇不得爲仁矣。然勇爲仁之資，正吾儕之所尚欠也。鄙見如此，明者以爲何如？未盡，望便示。」

按：此書題下注「辛未」作，觀其中云「所喻皆近思切問」，「望便示」，當是兩人在館中聚講討論所得，與陽明答黄宗賢應原忠約作在同時也。

黄綰薦引顧應祥來受學。

孫奇逢理學宗傳卷二十一顧箬溪：「顧應祥，號箬溪，長興人。正德初官錦衣幕，與黄綰同官，日夕講論，綰因導之見文成公。時文成公爲司封郎中，首講『顔淵問仁』章及大學格致之説，應祥偶有所見，文成是之，應祥遂受學焉。」（按：又見田倣歷代儒學存真録卷九）

按：徐中行資善大夫南京刑部尚書贈太子少保箬溪顧公應祥行狀：「顧公諱應祥，字惟賢，號箬溪，其先蘇郡長洲人也……弘治十七年，公甫弱冠，就計偕，明年乙丑，登進士……辛未，以臺諫徵至京師，以年少不應格，補錦衣衛經歷……公少嘗從陽明、增城二先生遊，然公能自得師，務在篤行實踐，不欲空談性命，嘵嘵駕説，卒至叛去也……」（國朝獻徵録卷四十八）按：以三月顧應祥已與陽明同游功德寺（見下），可見顧應祥當在正、二月至京師，即由黄綰導之來見陽明。兩浙名賢録卷十八刑部尚書顧惟賢應祥云：「應祥少從陽明、增城二先生游，然不甚傳依其説，其所持衡，足破世學之的，而不立門户。」

徐守誠入京來訪，論晦庵、象山之學，辨朱、陸異同，陽明有答書詳論。

王陽明全集卷二十一答徐成之書一：「承以朱、陸同異見詢……細觀來教，則與庵之主象山既失，而吾兄之主晦庵亦未爲得也……今輿庵之論象山曰：『雖其專以尊德性爲主，未免墮於禪學之虚空，而其持守端實，終不失爲聖人之徒；若晦庵之一於道問學，則支離决裂，非復聖門誠意正心之學矣。』吾兄之論晦庵曰：『雖其專以道問學爲主，未免失於俗學之支離，而其循序漸進，終不背於大學之訓；若象山之一於尊德性，則虚無寂滅，非復大學格物致知之學矣。』夫既曰『尊德性』，則不可謂『墮於禪學之虚空』；『墮於禪學之虚空』，則不可謂之『尊德性』矣。既曰『道問學』，則不可謂『失於俗學之支離』；『失於俗學之支離』，則不可謂之『道問學』矣。二者之辯，間不容髮。然則二兄之論，皆未免於意度也。昔者子思之論學，蓋不下千百言，而括之以『尊德性而道問學』之一語。即如二兄之辯，一以『尊德性』爲主，一以『道問學』爲事，則是二者固皆未免於一偏，而是非之論尚未有所定也，烏得各持一是而遽以相非爲乎？……以某所見，非獨吾兄之非象山、輿庵之非晦庵皆失之非，而吾兄之是晦庵、輿庵之是象山，亦皆未得其所以是也。稍暇當面悉。」書二：「昨所奉答，適有遠客酬對紛紜，不暇細論……輿庵是象山，而謂其『專以尊德性爲主』。今觀象山文集所載，未嘗不教其徒讀書窮理。而自謂『理會文字頗與人異』者，則其意實欲體之於身。其亟所稱述以誨人者，曰『居處恭，執事敬，與人忠』，曰『克己復禮』，曰『萬物皆備於我，反身而誠，樂莫大焉』，曰『學問之道無他，求其放心而已』，曰『先立乎其大者，而小者不能奪』。是數言者，孔子、孟軻之言也，烏在其爲空虛者乎？獨其『易簡覺悟』之説頗爲當時所疑。然『易簡』之説出於繫辭，『覺悟』之説雖有同於釋氏，然釋氏之説亦自有同於吾儒，而不害其爲異者，惟在於幾微毫忽之間而已……吾兄是晦庵，而謂其『專以道問學爲事』。然晦庵之言，曰『居敬窮理』，曰『非存心無以致知』，曰『君子之心常存敬畏，雖不見聞，亦不敢忽，所以存天理之本然，而不使離於須臾之頃也』。是其爲言雖未盡瑩，亦何嘗不以尊德性爲事，而又烏在其爲支離者乎？獨其平日汲汲於訓解，雖韓文、楚辭、陰符、參同之屬，亦必與之註釋考辯，而論者遂疑其玩物；又其心慮恐學者之躐等而或失之於妄作，使必先之以格致而無不明，然後有以實之於誠正而無所謬……心也者，吾所得於天之理也，無間於天人，無分於古今。苟盡吾心以求焉，則不中不遠矣。學也者，求以盡吾心也。是故尊德性而道問學，尊者，尊此者也；道者，道此者也……夫晦庵折衷群儒之説，以發明六經、語、孟之旨於天下，其嘉惠後學之心，真有不可得而議者；而象山辯義利之分，立大本，求放心，以示後學篤實爲己之道，其功亦寧可得而盡誣之？而世之儒者，附和雷同，不究其實，而概目之以禪學，則誠可冤也已！故僕嘗欲冒天下之譏，以爲象山一暴其説，雖以此得罪，無恨……」

按：陽明此二書，王陽明全集於題下注「壬午」（嘉靖元年）作，乃大誤，徐成之在正德九年已卒。錢德洪陽明先生年譜將此二書繫於正德六年之下乃是，但謂在正月則非。蓋先是陽明在正月致書徐成之，云「且欲以是求教」，故徐成之遂自餘姚來京師面論，則其至京師當已在二月無疑。書中所言「輿庵」，即王文轅，字思輿，司輿，號輿庵、黄轝，山陰人。徐成之即徐守誠，餘姚人，詳萬曆紹興府志卷四十一（參本年「有書致徐守誠論學，徐守誠遂來京師受學」條後考辯）。按徐守誠弘治五年舉鄉試，弘治六年中進士；陽明亦弘治五年舉鄉試，弘治六年會試下第。可知兩人在弘治五年已相識，故陽明稱其爲「吾兄」。

三月十六日，國子監博士徐禎卿卒，與湛甘泉往哭，爲作墓誌銘。

王陽明全集卷二十五徐昌國墓誌銘：「正德辛未丙寅，太學博士徐昌國卒，年三十三……已而不見者踰月，忽有人來訃，昌國逝矣。王、湛二子馳往哭，盡哀，因商其家事。其長子伯虬言，昌國垂殁，整衽端坐，託徐子容以後事。子容泣，昌國笑曰：『常事耳。』謂伯虬曰：『墓銘其請諸陽明。』……」

梁穀中進士，來問學，爲作默齋説。

王陽明全集卷七梁仲用默齋説：「仲用識高而氣豪，既舉進士，鋭然有志天下之務。一旦責其志曰：『於呼！予乃太早。烏有己之弗治而能治人者！』於是專心爲己之學，深思其氣質之偏，而病其言之易也，以『默』名庵，過予而請其方。予亦天下之多言人也，豈足以知默之道？然予嘗自驗之，氣浮則多言，志輕則多言。氣浮者耀於外，志輕者放其中。予請誦古之訓而仲用自取之。夫默有四僞：疑而不知問，蔽而不知辯，冥然以自罔，謂之默之愚；以不言餂人者，謂之默之狡；慮人之覘其長短也，掩覆以爲默，謂之默之誣；深爲之情，厚爲之貌，淵毒阱狠，自託於默以售其奸者，謂之默之賊。夫是之謂四僞。又有八誠焉：孔子曰：『君子恥其言而過其行。』古者言之不出，恥躬之不逮也。』故誠知恥，而後知默。又曰：『君子欲訥於言而敏於行。』夫誠敏於行，而後欲默矣。仁者言也訒，非以爲默而默存焉。又曰：『默而識之。』是故必有所識也，終日不違如愚者也。『默而成之。』是故必有所成也，退而省其私，亦足以發者也，故善默者莫如顏子。『闇然而日章。』默之積也。『不言而信。』而默之道成矣。『天何言哉，四時行焉，萬物生焉。』而默之道至矣，非聖人其孰能與此哉！夫是之謂八誠。仲用盍亦知所以自取之？」

黄綰集卷二十六梁長史墓誌銘：「登辛未進士第，慨然有用世之志。時陽明、甘泉二先生與予始講學京師，君趨陽明之門，執弟子禮，因與予及顧箬溪、王順渠諸君友講究窮研，晨夕不離。一日，陽明問：『天下何物至善？』君應曰：『惟性爲至善。』陽明稱歎。又一夕，與陽明同寢，語至夜分。陽明慨風俗日下，聖學不明，君爲泣下。其篤志如此……君行質魁偉，美鬚髯，有膂力，倜儻博物，凡陰陽圖緯、方技曲藝，以至弓馬射獵、博鞠之屬，皆精絶一時。陽明謂君『機權變化，膽智宏博，有經濟時艱、勘定過禍之才』。君初舉進士，氣鋭甚，别號北厓子。既而悟，曰：『予發太早，烏有己不治而能治人者乎？』乃改號默庵，陽明嘗爲文發其義。」

偕黄綰、鄭傑、梁穀、徐愛、王道、顧應祥、王元正諸君春游，夜宿功德寺，有詩唱酬。

王陽明全集卷二十夜宿功德寺次宗賢韵二絶：「山行初試夾衣輕，脚軟黄塵石路生。一夜洞雲眠未足，湖風吹月渡溪清。　水邊楊柳覆茅楹，飲馬春流更一登。坐久遂忘歸路夕，溪雲正瀉暮山青。」

黄綰集卷七功德寺（並序）：「昔予嘗同陽明及鄭伯興、梁仲用、徐曰仁、王純甫、顧惟賢、王舜卿諸君來遊，今忽二十餘年，而入鬼録者已過半矣。樸庵僧，亦舊人也，故及之。　九十慈親垂鶴髮，逃虚兒子念應歸。也知佛性猶人性，密語空時豈易非。　沙邊緑樹半凋殘，湖上惟存舊石壇。回首昔游今幾在，山僧問詢淚泛瀾。」　望湖亭：「誰於絶壁綴孤亭，曲蹬深林入窅冥。漠漠湖田春滿眼，水雲飛上葛衣輕。」

按：詩云「山行初試夾衣輕」，「水邊楊柳覆茅楹」，顯在春三月。功德寺在城外，光緒順天府志卷十七郭外寺觀：「功德寺，初名護聖，元刹也。在瓮山北五里青龍橋西……宣德十年，宣廟西郊省斂，駐畢於寺，因留輦仗寺中，自後遂爲駐驆之所。」按：是次隨同陽明春遊者，多爲來問學之新科進士。鄭伯興即鄭傑，襄陽人，正德六年進士，累官南京大理寺丞，見涇野先生文集卷六鹿門鄭公挽詩序。王舜卿即王元正，明清進士録：「王元正，正德六年三甲一百一十八名進士。陝西盩厔人，字舜卿。選庶吉士，授檢討，以争大禮，謫戍茂州卒。」

王道舉進士，來問學，陽明與論孟子之説。後講論不合。

王陽明全集卷四與王純甫書一：「某平日亦每有傲視行輩、輕忽世故之心，後雖稍知懲創，亦惟支持抵塞於外而已。及謫貴州三年，百難倍嘗，然後能有所見，始信孟氏『生於憂患』之言非欺我也。嘗以爲：『君子素其位而行，不願乎其外。素富貴，行乎富貴；素貧賤，行乎貧賤；素患難，行乎患難，故無入而不自得。』後之君子，亦當素其位而學，不願乎其外。素富貴，學處乎富貴；素貧賤、患難，學處乎貧賤、患難，則亦可以無入而不自得。向嘗爲純甫言之，純甫深以爲然。不審邇來用力却如何耳。」

按：陽明此書題下注「壬申」，乃作於正德七年三月（見下）。所謂「向亦嘗爲純甫言之」，即指王純甫正德六年三月中進士後來問學時所言。前考王道三月已隨同陽明遊功德寺，可見王道當是一中進士後即來問學，疑王道亦是陽明所親録。泉翁大全集卷十五贈别應元忠吉士叙云：「辛未，因陽明子得吾仙居應子者，又得吾武城王子，日夕相與論議於京邸。」此武城王子即是指王純甫。王純甫即王道，武城人。嚴嵩吏部右侍郎王公道神道碑：「吏部侍郎王公諱道，字純甫，山東武城人也……昔在正德辛未之歲，舉進士，選入中秘。時山東寇亂，欲奉祖母避地江南，上疏乞補學職，詞懇切，得應天教授。居應天學二載。」（國朝獻徵録卷二十六）按王道舉進士後先選爲庶吉士，一直在京，可常來向陽明問學。國榷卷四十八：「正德六年三月丁丑，選庶吉士應良……王道……王元正……命吏部右侍郎兼翰林學士靳貴、侍讀學士蔣冕教習。」王道在正德七年初即除應天府學教授離京而去。錢德洪陽明先生年譜以王道爲陽明弟子，謂王道正德七年來受業，皆誤。按王道學崇朱學，與陽明論學一向不合，卒至反目，不歡而散，以後與陽明再無往來，不得謂爲陽明弟子也（見下）。

石潭汪俊常來論學，有札往返討論，不合。

王陽明全集卷四答汪石潭内翰：「承批教。連日瘡甚，不能書，未暇請益。來教云：『昨日所論乃是一大疑難。』又云：『此事關係頗大，不敢不言。』僕意亦以爲然，是以不能遽已。夫喜怒哀樂，情也，既曰不可謂未發矣；喜怒哀樂之未發，則是指其本體而言，性也。斯言自子思，非程子而始有。執事既不以爲然，則當自子思中庸始矣。喜怒哀樂之與思與知覺，皆心之所發。心統情性，性，心體也；情，心用也……夫體用一源也，知體之所以爲用，則知用之所以爲體者矣。雖然，體微而難知也，用顯而易見也。執事之云不亦宜乎？夫謂『自朝至暮，未嘗有寂然不動之時』者，是見其用而不得其所謂體也。君子之於學也，因用以求其體。凡程子所謂『既思』，即是已發；既有知覺，即是動者。皆爲求中於喜怒哀樂未發之時者言也，非謂其無未發者也……吾兄且於動處加工，勿使間斷。動無不和，即静無不中。而所謂寂然不動之體，當自知之矣。未至而揣度之，終不免於對塔説相輪耳。然朱子但有知覺者在，而未有知覺之説，則亦未瑩。吾兄疑之，蓋亦有見。但其所以疑之者，則有因噎廢食之過，不可以不審也……」

按：汪俊字抑之，號石潭，弋陽人，弘治六年進士。明史卷一百九十一有傳。汪俊起復翰林編修在正德五年八月劉瑾伏誅以後，國榷卷四十八：「正德五年八月丙午，南京工部員外郎汪俊……俱復編修。」故陽明一入京都後即可與之相見論學。陽明此答汪石潭内翰題下注「辛未」作，並排在答黄宗賢應原忠之後，則其作在三月可知。明史卷一百九十一汪俊傳稱汪俊「學宗洛、閩，與王守仁交好，而不同其説」，由陽明此書概可見矣。

新刊陽明先生文録續編卷二答汪抑之書一：「昨承枉教，甚荷至情。中間定性之説，自與僕向時所論者無戾。僕向之不以爲然，殆聽之未審也。然訓旨條貫，似於前日精彩十倍，雖僕之不審於聽，亦兄之學日有所進歟？惟未發之説，則終不敢以爲然者。蓋喜怒哀樂，自有已發未發，故謂未發時無喜怒哀樂則可，而謂喜怒哀樂無未發則不可。今謂喜怒哀樂無未發，已發固已發，未發亦已發，而必欲强合於程子動亦定、静亦定之説，則是動亦動、静亦動也，非惟不得子思之旨，而於程子之意似亦有所未合歟？執事聰明絶人，其於古人之言求之悉矣，獨此似猶有未盡者。宜更詳之，勿遽云云也。」　書二：「所不避於煩瀆，求以明道也。承喻論向所質者，『乃疑思問耳，非敢遽有之也』，乃執事謙退不居之過。然又謂『度未能遽合，願且置之，恐從此多費議論』，此則大非僕之所望於吾兄者也。子思曰：『有弗問問之，弗得弗措也；有弗辯辯之，弗明弗措也。』既曰疑思問矣，而可憚於議論之費耶？橫渠有云：『凡致思，到説不得處，始復審思明辨，乃爲善學。若告子，則到説不得處遂已，更不復求。』老兄之云，無乃亦是病歟？所謂『不若據見成基業』者，雖誠確論，然詳老兄語意，似尚不以爲然者，如是而遂據之不疑，何以免於毫釐之差、千里之謬乎？始得教，有遂欲罷去不復議，顧僕於老兄不宜如此。已昏黑，將就枕，輒復云云，幸亮此情也。」

按：汪俊祭陽明先生文云：「忽謫萬里，執手贈言，誓將結茅，待子雲煙。公兹東來，曰予無樂，樂見故人，來踐舊約。旗旐央央，流水瀰瀰，公私皇皇，或卧或起。乃重訂約：其待予歸，歸將從容，山遨水嬉。」所謂「公兹東來」云云，即指陽明正德五年自龍場驛東歸，正德六年入京，與汪俊往來論學，直至正德七年陽明歸越方止。陽明此二書必亦作在正德六年、七年間。

四月十二日，劉淮奏王華等行賂劉瑾，俱贖杖釋遣，不辯。

明武宗實録卷七十四：「正德六年四月辛卯，書辦官劉淮以瑾黨繫獄，詞連原任户部尚書致仕顧佐、刑部尚書致仕屠勳、刑部尚書韓邦問、南京吏部尚書致仕王華、刑部右侍郎致仕沈鋭、先布政使降兩淮運司同知陸珩等，皆嘗托淮行賂於瑾者。命各巡按御史逮治，俱贖杖釋遣。」

國榷卷四十八：「正德六年四月辛卯，前户部尚書顧佐、刑部尚書屠勳、韓邦問、南京吏部尚書王華、刑部右侍郎沈鋭，皆賂瑾，見獄詞。各下巡按御史，論贖。」

按：楊一清海日先生墓誌銘云：「既歸，有以其同年友事誣毁之者。人謂公當速白，不然且及罪。公曰：『是焉能浼我？我何忍訐吾友？』後伯安復官京師，聞士夫論及此，將疏辯於朝，公馳書止之曰：『汝將重吾過邪？』」陸深海日先生行狀亦云：「既而有以同年友事誣毁先生於朝者，人咸勸先生一白。先生曰：『某吾同年友，若白之，是我訐其友矣。是焉能浼我哉？』竟不辯。後新建復官京師，聞士夫之論，具本奏辨。先生聞之，即馳書止之曰：『是以爲吾平生之大耻乎？吾本無可耻，今乃無故而攻發其友之陰私，是反爲吾求一大耻矣。人謂汝智於吾，吾不信也。』乃不復辯。」是乃將同年友事加諸王華，「同年友」者，指黄珣，國朝獻徵録卷二十七有南京吏部尚書黄珣傳。

五月二日，武宗旌表楚世子榮㳚，表曰「彰孝坊」，陽明上彰孝坊詩頌之。

明武宗實録卷七十五：「正德六年五月辛亥，楚府永安王奏楚世子榮㳚孝行，請旌表爲宗室勸。詔表其坊曰『彰孝』……」

國榷卷四十八：「正德六年五月辛亥，旌楚世子榮㳚孝行。性仁孝，徒跣送葬，故旌之。」

陽明彰孝坊：「金楚維南屏，賢王更令名。日星昭渙汗，雨雪霽精誠。端禮巍巍地，靈泉脉脉情。他年青史上，無用數東平。」（嘉靖湖廣圖經志書卷一，陽明文集失載）

按：彰孝坊在武昌，嘉靖湖廣圖經志書卷一：「彰孝坊，在王府端禮門外大街中。今王（按：端王榮㳚）爲世子時，克孝於親，臣上交奏，勑賜今王。」「今王」指端王榮㳚，蓋嘉靖元年吳廷舉作湖廣圖經志書時，榮㳚尚未卒，故稱「今王」。彰孝坊爲武宗賜建，明史卷一百十六諸王：「楚昭王楨……子憲王季堄……八年薨，弟康王季埱嗣。天順六年薨，再從子靖王均鈋嗣。正德五年薨，子端王榮㳚嗣，以仁孝著稱，武宗表曰『彰孝之坊』，嘉靖十三年薨。」劉武臣彰孝坊碑記詳記其事云：「弘治中，母妃有疾，王晝夜驚惶，迎醫製藥，不遺餘力，籲天求代，而疾遂愈。正德初，父母有疾，亦如之，厥疾亦籲天愈。久之，父王母妃各以天年薨。王居苫次，欒欒瘠毁，踰三年，哀猶未盡。已而父王葬，值雪，母妃葬，值雨，亦籲天，天爲開朗。自府第至塋域，跣走二舍許，攀柩長號，頓絶者幾，來觀之衆莫不興哀，聲振林谷。君子謂王備死生之義，而得天人之心焉，穆乎休哉，王得爲純孝矣！諸王曁有司以聞，下禮部議。禮部謂王克孝於母，敬皇嘗降勑褒嘉；兹王復克孝於父，宜建坊旌表，爲天下勸。皇帝可其議，乃親御宸翰，用泥金大書『彰孝』賜焉。爰命有司建巨桓於端禮門外，以示優異。」（嘉靖湖廣圖經志書卷一）按武宗御書『彰孝』及於端禮門外建彰孝坊，當時諸王宗室及在京公卿文士多有詩詠歌頌，編成巨帙，蔡潮彰孝坊詩序云：「正德辛未，潮自掖垣奉璽書主學政於楚，喜而私計曰：國有賢王，邦之人被化久矣，吾敷教不易易耶？及至楚，見國門外有綽楔焉，規飾異常制，金書大扁曰『彰孝』，問之，知爲聖製也。已而朝晏畢，出示巨帙，金舂玉應，皆宗室暨當時公卿大夫士反覆詠歌『彰孝』之義者，欲潮叙數語以著事情。輒撫卷歎曰：大哉，聖天子化天下以至要也！」（嘉靖湖廣圖經志書卷一）徐瑶彰孝坊詩序亦云：「於是永安等王洎諸司僚佐具以上聞，爰勑有司，建坊於端禮門，榜其額曰『彰孝』，誠盛典也。繼又獲覩國傳所述，亦謂王居先靖妃喪，嘗以孝聞，先帝特加褒勑，今復荷此盛典，孝可驗也……楚殿下天禀特異，表出名藩，士君子歌咏而道之，豈可不宜哉？」（嘉靖湖廣圖經志書卷一）今嘉靖湖廣圖經志書卷一正著録有宗室諸王公卿士夫咏彰孝坊詩一卷，包括永安王榮澂、通城王榮渡、通山王榮濠、江夏王榮漠、輔國將軍榮洺、榮瀁及陳金、洪鐘、劉丙、秦金、王守仁、陳鳳梧、謝廷柱、沈景、吕尚功、趙遷等人，此即蔡潮所云「宗室暨當時公卿大夫士反覆詠歌『彰孝』之義」之「鉅帙」，或是陽明曾任江西廬陵知縣，故得預詠焉。由蔡潮序可知此一「鉅帙」存放於楚王府中，故爲後來嘉靖元年吴廷舉作湖廣圖經志書所取用。吴廷舉於陽明此詩下注云：「王守仁，餘姚人，都御史。」按吴廷舉實於正德十二年開始撰湖廣圖經志書（見其續修湖廣通志序），陽明此詩當是其在正德十二年以後録入，故題爲「都御史」。

三日，有家書上父王華。

陽明寓都下上大人書：「寓都下男王守仁百拜書上父親大人膝下：前月王壽與來隆去，從祁州下船歸，計此時想將到家矣。邇惟祖母老大人、母大人起居萬福爲慰。男輩亦平安。

媳婦輩能遂不來極好，倘必不可沮，只可帶家人、媳婦一人，衣箱一二隻，輕身而行。此間決不能久住，只如去歲江西，徒費跋涉而已。來隆去後，此間却無人，如媳婦輩肯不來，須遣一人帶冬夏衣服，作急隨便船來。男邇來精神氣血殊耗弱，背脊骨作疼已四五年，近日益甚。欲歸之計非獨時事足慮，兼亦身體可憂也。聞欲起後樓，未免太勞心力，如木植不便，只蓋平屋亦可。餘姚分析事，不審如何？畢竟分析爲保全之謀耳。徐妹夫處甚平安。因會稽李大尹行，便奉報平安。省侍未期，書畢，不勝瞻戀之至。五月三日，男王守仁百拜。」（手札真迹藏中國歷史博物館，陽明文集失載）

按：此書所云「從祁州下船歸」、「徐妹夫處甚平安」，乃指徐愛曰仁時方在祁州知州任上。徐愛正德三年出知祁州，至正德七年考滿進京，劉麟長明曰仁先生徐愛：「是年舉於鄉，明年舉進士，授祁州知州……壬申，以知州考滿入京師，即同穆孔暉等朝夕受業。」（浙學宗傳）徐愛在正德七年六月離祁州進京，故可知陽明此書當作於正德六年，其中所云「只如去歲江西，徒費跋涉而已」，顯指正德五年陽明在江西廬陵知縣任上，媳婦輩亦跋涉而來，而陽明旋於十月便赴京師入覲。此尤可見陽明此書作於正德六年五月。王壽、來隆，皆爲陽明舍人與家人。「餘姚分析事」，指餘姚故居分析，各人管理（見下）。

尚寶司丞許誥來論學，不合。

尤時熙尤西川先生擬學小記卷六紀聞：「（近齋曰）予昔官國學，一日，同鄉許號田者，函谷先生（許誥）冢嗣也，謂我曰：『聞君講陽明之學。』予未有對。號田曰：『陽明與先人在同年中最厚，且同志。後相別數年，及再會，先人舉舊學相證，陽明不言，但微笑，良久曰：「吾輩此時只說自家話罷，還翻那舊本子作甚！」蓋先人之學本六經，陽明則否。』」

按：許誥與陽明爲同年，明清進士録：「許誥，弘治十二年二甲五十一名進士。河南靈寶人，字廷綸，號函谷山人。授户科給事中，劾中官苗逵貪肆，官翰林檢討。其父爲成化進士，累官至兵部尚書，忤劉瑾削籍，誥受連，謫全州判官。父喪歸，家居授徒講學。嘉靖初，遷侍講學士，官至南京户部尚書。卒謚『莊敏』。有通鑑綱目前編。」許誥亦一著名理學家，時人以爲許誥講理學與陽明齊名，王廷相内臺集卷五許誥墓誌銘：「壬午，今上改元，復起公爲南京通政司參議。公曰：『堯舜在上，夔契思奮，斯其時也。』乃起從仕。時講理學者北稱公，南稱王陽明……所著有通鑑前編、圖書管見、道統源流、詩考、易參、春秋易見、中庸本義、太極論、性學編等書……公乃論太極曰『氣理兼備』，不涉於無；論性曰『理氣渾全』，本無支離，俱不可專以理言。斯擬也，詮擇精真，解惑千古。」可見許誥理學與陽明不合。其與陽明同在弘治十二年中進士後，兩人一直同在京師任職相處，故稱「在同年中最厚」。至正德二年後，陽明謫貴州龍場驛，許誥亦貶廣西全州。直至正德六年，陽明陞吏部驗封清吏司主事入京，許誥亦起爲尚寶司丞入朝，二人再相見，即所謂「後相別數年，及再會」。許誥墓誌銘云：「久之，都御史張公檜、周公倫、陳公鳳梧、王公藎，監察御史朱君寔昌、張君鵬，交章薦公……時有詔，守正不阿，爲昔逆瑾所斥者録之，遂起公爲尚寶丞。」按武宗詔「爲昔逆瑾所斥者録之」在正德六年正月，國榷卷四十八：「正德六年正月丁丑，録前都給事中趙士賢、署郎中李夢陽……皆劉瑾所誣陷者，至是悉録之。」許誥起爲尚寶丞當亦在其時，則其入都任尚寶司丞及來見陽明論學約已在夏間。近齋即朱得之，亦陽明弟子（見後）。

虎谷王雲鳳書來論學，有答書。

王陽明全集卷四答王虎谷：「承示别後看得一『性』字親切。孟子云：『盡其心者，知其性也；知其性，則知天矣。』此吾道之幸也，喜慰何可言！『弘毅』之説極是。但云『既不可以棄去，又不可以减輕；既不可以住歇，又不可以不至』，則是猶有不得已之意也。不得已之意與自有不能已者，尚隔一層。程子云：『知之而至，則循理爲樂，不循理爲不樂。』自有不能已者，循理爲樂者也，非真能知性者，未宜及此。知性則知仁矣。仁，人心也。心體本自弘毅，不弘者蔽之也，不毅者累之也。故燭理明，則私欲自不能蔽累；私欲不能蔽累，則自無不能弘毅矣……曾子『弘毅』之説，爲學者言，故曰『不可以不弘毅』，此曾子窮理之本，真見仁體而後有斯言。」

按：王雲鳳致仕在正德五年十月，國榷卷四十八：「正德五年九月庚申，國子祭酒王雲鳳被劾，乞休，改南京左通政致仕。」王雲鳳並未赴南京左通政任，旋於十月致仕，而其離京歸虎谷已在正德六年正月陽明入京以後，兩人一見相别，即陽明此書所云「别後」。王雲鳳歸居虎谷後有書來以及陽明作此答書，約已在夏間。陽明九月作贈王堯卿序云「虎谷有君子，類無言者。堯卿過焉，其以予言質之」，此虎谷君子即指王雲鳳（見下），可見兩人一直通信往返。

徐愛書來告趙氏病，即遣夏醫往祁州，有書致慰。

陽明與徐曰仁書：「得書，驚惶莫知所措。固知老親母仁慈德厚，福禄應非至此，然思曰仁何以堪處，何以堪處！急走請醫，相知之良莫如夏者，然有官事相絆，不得遽行，未免又遲半日，比至祁且三日。天道苟有知，應不俟渠至，當已平復。不然，可奈何，可奈何！來人與夏君先發，趙八舅和兒輩隨往矣。惶遽中言無倫次，亦不能盡。守仁頓首，曰仁太守賢弟。」（三希堂法帖，陽明文集失載）

按：陽明此書中所言「老親母」，指其繼母趙氏。陸深海日先生行狀：「繼室趙氏，封夫人。側室楊氏。子四人：長守仁，鄭出，南京兵部尚書，封新建伯。次守儉，楊出，太學生。次守文，趙出，郡庠生。次守章，楊出。一女，趙出，適南京工部都水郎中同邑徐愛。」是陽明妹乃趙出，嫁與徐愛。徐愛正德四年六月除祁州知府，自是携夫人上任，而趙氏亦至祁州，或是因徐愛夫人在祁州懷孕故（見下）。陽明書云「比至祁者三日」，可見其時徐愛在祁州任職，則事當在正德六年。書中所言「趙八舅和兒輩」，趙八舅即趙氏兄，陽明上大人書中有云：「趙八田近因農民例開，必願上納，阻之不可。」此趙八即趙八舅。陽明此上大人書作在正德七年閏五月十一日（見下），可見正德七年趙八舅已回餘姚處理田産事，此尤可證陽明此與徐曰仁書作在正德六年。「兒輩」則指王守儉、王守文、王守章等，其時皆在京師。按：陽明五月三日致父王華書中尚云「母大人起居萬福」，知其時趙氏猶在紹興，則趙氏來祁州並得疾約在七八月中。

八月，太史張邦奇歸省回四明，陽明與湛甘泉皆作序送別。

湛若水泉翁大全集卷十四太史張秀卿歸省贈別：「槎湖張子與甘泉子同守太史，相善。張子將歸省，求贈言。湛子謂：『司封陽明王子曰：「夫贈言者，莫大乎講學矣。」』張子曰：『學孰爲大？』對曰：『辨爲大。』曰：『辨孰爲大？』對曰：『儒釋爲大。』曰：『孰爲儒？』曰：『知釋之所以爲釋，則知儒矣。』曰：『孰爲釋？』曰：『知儒之所以爲儒，則知釋矣。』曰：『請問所以。』曰：『儒有動靜，釋亦有動靜。夫儒之靜也體天，其動也以天，故寂感一矣。夫釋之靜也滅天，其動也違天，是故體用二矣。故聖人體天地萬物而無我，釋者外四體六根而自私。是故公私大小判矣。』張子曰：『然。』湛子曰：『然則可以別矣。』遂拜而別之。正德辛未八月。」

王陽明全集卷七別張常甫序：「太史張常甫將歸省，告別於司封王某曰：『期之別也，何以贈我乎？』某曰：『處九月矣，未嘗有言焉；期之別，又多乎哉？』常甫曰：『斯邦期之過也。雖然，必有以贈我。』某曰：『工文詞，多論説，廣探極覽，以爲博也，可以爲學乎？』常甫曰：『知之。』『辨名物，考度數，釋經正史，以爲學也，可以爲學乎？』常甫曰：『知之。』『整容色，修辭氣，言必信，動必果，談説仁義，以爲行也，可以爲學乎？』常甫曰：『知之。』曰：『去是三者而恬淡其心，專一其氣，廓然而虚，湛然而定，以爲静也，可以爲學乎？』常甫默然良久，曰：『亦知之。』某曰：『然，知之。古之君子惟有所不知也，而後能知之；後之君子惟無所不知，是以容有不知也。夫道有本而學有要，是非之辨精矣，義利之間微矣，斯吾未之能信焉。曷亦姑無以爲知之也，而姑疑之，而姑思之乎？』常甫曰：『唯。吾姑無以爲知之，而姑疑之，而姑思之。期而見，吾有以復於子。』」

張邦奇張文定公紓玉樓集卷四別陽明子序：「四明張邦奇將歸省，驗封陽明王子贈之曰：『古之君子有所不知，而後能知之；後之君子無所不知，是以容有不知也。』邦奇矍然而作，曰：『善哉！無所不知者，乃其所以爲無所知也。請爲吾陽明子極言：知之道，以祛今之惑，雖然，吾何敢言知乎哉？至神者，天也；至明者，人也；至微者，心也。吾皆未得而知之，吾何敢言知乎哉？』陽明子曰：『何謂至神者天？』曰：『天之道，明善夫天下而無視，聰善夫天下而無聽。是故天之道微顯而闡幽，非微顯而闡幽也，□於天下無顯無幽也。有聲，天聞之矣；無聲，天聞之矣。有形，天見之矣；無形，天見之矣。其何顯微之間之有？人□限於耳目者，自其所不見聞而謂之幽，天惡其若此也，故從而闡之而微之，斯其損益盈虚之理耳。』『然則何謂至明者人？』曰：『其以耳目見聞者，愚人也；達者之見聞，則同乎天矣。是故是非善惡，愚者疑而達者覺矣，覺者辨而疑者釋矣，而天下皆覺矣。是故天下之事，久而無不定。』『何謂至微者心？』曰：『念慮萌乎中，非至精者弗察也；弗察，則不能知吾心；不能知吾心，則不能知人；不能知人，則不能知天。不知天，則不知所以畏天；不知人，則不知所以畏人；不知心，則不知所以畏心。心，吾心也，而畏之猶未也，況又不知所以畏，吾何敢言知乎哉？顏氏之子有不善，未嘗不知，其自知若是其明也；唯孔子知之，曰其心「三月不違仁」，其知人若是之微也。古之君子曷爲其無不知若此？知遠之近也，知風之自也，知微之顯也，知之始也；及其知也，質諸鬼神而無疑，百世以俟聖人而不惑。』陽明子瞿然而作，曰：『善哉！至神者天，禍福係之矣；至明者人，予奪係之矣；至微者心，誠僞係之矣。吾子將進於知矣夫，其誨我以知之矣夫！』」

按：陽明正月入京師上任，至是九月，故稱「處九月」。張邦奇是次歸省，即不出，張時徹張尚書邦奇傳：「已乃乞告歸省，家猶食貧也。羹藜茹藿，徒四壁立，而日操觚牘，諷誦不休。時復從農豎於田間，治桑麻稼穡事，蓋業已甘之。」（國朝獻徵録卷四十二）

黄綰集卷二贈張太史常甫省覲：「傾蓋張太史，論道遂相親。道亦何有言，言微道將湮。孟顏古好學，知言不違仁。周程繫機要，千載重一新。荒蕪又今日，求言總迷真。醉夢錯生死，亂雜聲狺狺。掩耳豈忍聽，聽之不堪聾。予當掛冠去，結茅雲海濱。手握青桑日，坐伺滄溟塵。太史雅地望，况復富青春。暫指親庭去，終還陪紫宸。已識非予比，得此可親身。斡旋覆載中，以使風俗淳。」

爲湛甘泉父怡齋湛瑛作墓表。

王陽明全集卷二十五贈翰林院編修湛公墓表：「予讀怡庵誌而悲之。怡庵湛公英者，廣之增城人。介直方嚴，刻行砥俗，鄉之善良咸服信取則，倚以扶弱禦侮。然不辭色少貸人，面斥人過惡，至無所容……而公之子若水求濂洛之學，爲世名儒，舉進士，官國史編修。推原尋繹，公德益用表著。朝廷贈官如子，日顯赫竦耀……予悲斯人之不遇，而因重有所感也。昔者君子顯微闡幽，以明世警聵。信暴者無庸揚矣，彼忞然就抑，蒙溷垢而弗雪，其可以無表而出之！」

按：陽明全集於此墓表題下注「壬申」作，乃誤。按今猶存有「王守仁撰並書」之墓表殘存石碑，署「正德辛未八月立」（見黎業明湛若水年譜）。蓋是年朝廷贈甘泉父官如子，故湛甘泉乃請陽明撰墓表，刻石立碑。湛瑛卒於成化十二年，見陽明湛賢母陳太孺人墓碑。

湛甘泉卜居蕭山湘湖，有書來告，蓋欲與陽明洞卜鄰而居，以便聚會，共定聖學。

王陽明全集卷四與王純甫書一：「甘泉近有書來，已卜居蕭山之湘湖，去陽明洞方數十里耳。書屋亦將落成，聞之喜極。誠得良友相聚會，共進此道，人間更復有何樂！區區在外之榮辱得喪，又足掛之齒牙間哉？」

按：陽明此書題下原注「壬申」作，即作在正德七年五月（見下）。黄綰陽明先生行狀云：「壬申……湛公又欲買地蕭山湘湖之間，結廬，與予三人共之。」其即據陽明此書而以爲甘泉始結廬蕭山湘湖在壬申，乃誤。按湛甘泉正德六年九月受命出使安南，故其卜居蕭山湘湖當在是年九月以前。考九月方獻夫歸西樵，徐愛、方獻夫送別贈答詩中即已言及甘泉卜居蕭山湘湖。横山遺集卷上送友方叔賢謝滿歸西樵山：「湘湖與陽明，相望兩無處。」「湘湖」指甘泉卜居蕭山湘湖，「陽明」指陽明洞。西樵遺稿卷四别王陽明：「聞道蕭山有主人，爲尋王翰卜佳鄰。野人亦有湘湖約，何日孤舟許問津？」此即是將陽明比爲唐詩人王翰，甘泉比爲杜華，其結廬蕭山湘湖，意在與陽明卜鄰而居。陽明别湛甘泉詩亦云「結茆湖水陰，幽期終不忘。」即指甘泉結廬湘湖之陰。由此可知甘泉始結廬湘湖在正德六年九月以前（七八月間）。蓋是年正月陽明進京任職，兩人講論聖學，情好日密，甘泉遂生卜居蕭山湘湖之意，至八九月甘泉受命出使安南前夕，湘湖茅廬已在建造中。只因甘泉旋即出使安南而去，二年方歸；陽明亦陞南京太僕少卿赴南都而去，故甘泉隱居蕭山湘湖最終未成也。

東雁章達德歸雁蕩，陽明爲賦衡門之詩，並作序送別。

王陽明全集卷二十二送章達德歸東雁序：「章達德將歸東雁，石龍山人爲之請，於是甘泉子託以考槃，陽明子爲之賦衡門。客有在坐者，啞然曰：『異哉！二夫子之言，吾不能知之。夫閟爾形，無瑩爾精也，其可矣。今茲將惟職業之弗遑，而顧雁蕩之懷乎？彼章子者，雁蕩之産矣，則又可以居而弗居，依依於京師者數年而未返，是二者交相慕互其外也。夫苟遊心恬淡，而棲神於流俗塵囂之外，環堵之間，其無屏霞、天柱乎？雁蕩又奚必造而後至？不然，託蹤泉石，而利祿狃其中，雖廬常雲之頂，其得而居諸？』於是陽明子仰而喟，俯而默，卒無以應之也。志其言以遺章子，曰：『客見吾杜權焉，行矣，子毋忘客之言，亦無以客之言而忘甘泉子之託。』」

黄綰集卷十一燕市悲歌序：「燕市悲歌者，都人送東雁先生詩也。云『悲』者，抒其懷而致其感也。先生少任俠，慕荆卿、班超之爲人，欲立地作奇男子。走場屋不利，歲貢禮部，入廷試第一，應受教職。先生曰：『我豈能爲是官耶？』乃藝辟雍以俟，既二雍各論方居之，先生南人，當入南雍，曰：『我豈不可在輦轂下也？』遂不去，竟用是困。群公貴人皆知其名，但無肯援之者，先生亦無憾之。東山劉公以黨錮爲逆瑾所逐，衆愕莫敢近。先生爲經紀歸裝，送之數程。及逮繫入獄，往來獄中，伺其食卧。至戍西夏，欲與俱去，念親老而止。又欲持刃於隘，俟瑾殺之。凡在都下，落落七年，斂死者與危難無依而急之者，不知其幾。

辭受之際，雖親，一毛不妄。嗚呼！若先生者可謂倜儻丈夫，崛強塵埃者矣。是故悲歌之所作歟？雖然，物各有用，鼎不以支車，柱不以摘齒，豈終無用哉？若先生于時終不遇者，則皆天也。天有不遇，聖賢亦何能哉！自今已往，天者，時者，予亦知之，蓋將與一二同志裂冠斷帶，望雁山而託迹，先生其爲我驅虎豹、罝樵爨哉！」

按：黄綰序中所云「劉公」，即劉大夏（陽明鄉試「座主」）。「落落七年」，則章達德在弘治十八年入京師，與陽明相識或即在是年。章達德乃一豪俠之士，學荆軻欲刺劉瑾，故都人送詩稱爲燕市悲歌。陽明爲其所賦衡門之詩，當收在燕市悲歌中，今亡佚矣。湛甘泉亦爲賦考槃之詩送之，按湛甘泉在九月受命出使安南，章達德或是聞此消息，在八九月來向甘泉、陽明告別歸雁蕩，時當晚秋，故都人作「風蕭蕭兮易水寒」之燕都秋悲之歌送之。

章達德向不明爲何人，今按謝鐸集卷五十一有台雁唱酬詩序云：「弘治丁巳秋，敬所陳先生以觀郡志來過予。予方議姻於忍庵章公之子達德，達德之弟振德，先生孫婿也，遂以父兄之命參决定議，爲來秋之期。及期，敬所至，而達德與其兄愼德以試事（按：指鄉試）未歸，因留以俟。久之，乃請怡雲、止軒二叔父爲偕行，予忝以舊姻故，實從其後。既至，而達德猶在杭。忍庵公乃始主盟，成禮而退……凡三十有四日……心所不能自已者，往往於詩焉發之……得一韵四十三首，爲台雁唱酬録……卷成，遂以歸之愼德諸昆季俾藏之。」又卷五十五有忍庵記云：「忍庵公嘗謂予曰：『吾性卞急，遇事不可於意者，輒不能忍。予之從父貞肅公因以「忍」名吾所居之庵……然則兹庵之記，不子之屬而誰屬哉！』予遜避不敢當。公之諸子慎德、達德輩，固要之不已……公諱巘，字大巘，世居樂清之南閣……公之子達德，今復與予爲重親，南閣去桃溪不咫尺……」據此，知章達德爲忍庵章巘之子，樂清人，謝鐸孫婿，亦是謝鐸弟子，茶陵派中人。謝鐸在正德五年卒後，章達德仍在京不去，向甘泉、陽明問學。（謝鐸集卷四十三有至温訪達德不在有感）

九月，方獻夫告病歸西樵，陽明作序以贈，有詩送行。

王陽明全集卷七別方叔賢序：「予與叔賢處二年，見叔賢之學凡三變：始而尚辭，再變而講説，又再變而慨然有志聖人之道。方其辭章之尚，於予若冰炭焉；講説矣，則違合者半；及其有志聖人之道，而沛然於予同趣。將遂去之西樵山中，以成其志，叔賢亦可謂善變矣。聖人之學，以無我爲本，而勇以成之。予始與叔賢爲僚，叔賢以郎中故，事位吾上。及其學之每變，而禮予日恭，卒乃自稱門生而待予以先覺。此非脱去世俗之見，超然於無我者，不能也。雖横渠子勇撤皋比，亦何以加於此！獨愧予之非其人，而何以當之！夫以叔賢之善變，而進之以無我之勇，其於聖人之道也何有！斯道也，絶響於世餘三百年矣，叔賢之美有若是，是以樂爲吾黨道之。」

同上，卷二十別方叔賢四首：「西樵山色遠依依，東指江門石路微。料得楚雲臺上客，久懸秋雲待君歸。自是孤雲天際浮，篋中枯蠹豈相謀？請君静後看羲畫，曾有陳篇一字不？　休論寂寂與惺惺，不妄由來即性情。笑却殷勤諸老子，翻從知見覓虛靈。　道本無爲只在人，自行自住豈須鄰？坐中便是天台路，不用漁郎更問津。」

黄綰集卷七次韵送方吏部叔賢養病歸南海四首：「石門松路白雲依，遥隔煙雲入望微。我有丹丘風露冷，輸君不及早秋歸。　馬蹄日日逐塵浮，誰識尋山爲道謀？屈指海南方吏部，天台能共葺茅不？　乾坤秋意正惺惺，誰復人間最有情？解記北園新月夜，三人來共草堂靈叔賢常携酒邀陽明於此同坐。　西樵曾亦住何人，此去山猿詑好鄰。莫道入雲真太古，雲中路在亦通津。」

徐愛横山遺集卷上送友方叔賢謝病歸西樵山：「碧玉樓前月，翠浮山下風。月明不可間，風清如可從。從之亦何□，□無蕩塵胸。願言已在兹，微名焉足榮！　濂洛伊云遠，論議日紛陳。縛多不可解，蝟蟲自刺身。不有先覺者，孰啓我後人？多謝西樵子，窮途獨問津。　龍興自雲雨，聖作萬物睹。素約在深秋，良會續千古。湘湖與陽明，相望兩無處。盻盻若有令，默默已無語。」

按：徐愛此詩乃方獻夫離京師南下經祁州時作，時在深秋九月，故云「素約在深秋，良會續千古」。「湘湖」即蕭山湘湖，湛甘泉卜居之地；「陽明」指陽明洞，時二人皆不在其地，故云「相望兩無處」。

方獻夫西樵遺稿卷四别王陽明：「春風桃李總依依，領得春心入翠微。不是尋常掛冠去，灑然真是浴沂歸。　聞道蕭山有主人，爲尋王翰卜佳鄰。野人亦有湘湖約，何日孤舟許問津？」

按：「蕭山有主人」，指湛甘泉卜居湘湖。「王翰卜佳鄰」，唐詩人王翰恃才不羈，名重當世，杜華母崔氏云：「吾聞孟母三遷，吾今欲卜居，使汝與王翰爲鄰，足矣！」杜甫詩有云「李邕求識面，王翰願卜鄰」。此亦指湛甘泉卜鄰而居。「野人亦有湘湖約」，乃方獻夫自謂。

同上，舟中寫懷寄王陽明：「到處雲山若可依，悠悠京國望中微。何人漫費相思夢，不與秋風共載歸？　凉凉非敢絶斯人，僻性惟宜水石鄰。不識可行還可止，旁人休誘是知津。」

同上，望錢塘憶會稽寄王陽明：「東望錢塘水，南憶會稽山。錢塘之水闊如許，舉目可望不可度。會稽之山杳何處，引首見雲不見路。錢塘之水猶可航，會稽之山豈終阻？陽明洞中無主人，默默此情欲誰語？天台在山西，雁蕩在山東，會稽之山天下雄。君居此山南，我居此山北，天台雁蕩皆吾宅。噫嘻此去不可違，陽明主人何時歸？陽明主人何時歸？我欲終身夫子依。」

湛若水泉翁大全集卷五十陽明贈方吏部歸西樵四首金山出示次韻：「西樵絶壁迴無依，雲鎖千峰鳥道微。居士往來誰是伴？翳門關外一僧歸。　太虛萬事片雲浮，若有神明與道謀。請君更看羲皇上，曾有元初一畫不？　一念正時便是惺，要知念處也無情。無情知見真知見，到了參前即性靈。曾許西樵作主人，卜居雲外與天鄰。上山正在江門路，來往尋常不問津。」

按：西樵在南海縣，西樵志卷一：「西樵屬廣東廣州府南海縣……西樵在郡城西南一百二十里，高聳千仞，勢若游龍，週迴四十里，盤居簡村、沙頭、龍津、金甌四堡之間，峰巒七十有二。」卷四：「方獻夫……正德壬申（按：當作辛未），方子爲吏部文選，謝病歸。丁丑，構紫雲樓、沛然堂於此，曰『石泉精舍』。後廓之，恭貯賜書，改稱書院。」

方獻夫歸西樵之時間，錢德洪陽明先生年譜謂「是冬，告病歸西樵」。按：陽明別方叔賢四首云「久懸秋月待君歸」；徐愛送友方叔賢謝病歸西樵山云「素約在深秋」；方獻夫舟中寫懷寄王陽明云「不與秋風共載歸」，顯可見時在秋九月。其歸至西樵則在冬十月也。

與監察御史文森交遊往來，作白灣六章頌詠之。

王陽明全集卷二十白灣六章：「宗巖文先生居白浦之灣，四方學者稱曰白浦先生，而不敢以姓字。某素高先生，又辱爲之僚，因爲書『白灣』二字，並詩以詠之。浦之灣，其白漫漫。彼美君子，在水之盤。灣之浦，其白瀰瀰。彼美君子，在水之涘。雲之溶溶，于灣之湄。君子于處，民以爲期。雲之油油，于灣之委。君子于興，施及四海。白灣之渚，于遊以處。彼美君子兮，可以容與。白灣之洋，于濯以湘。彼美君子兮，可以徜徉。」

按：文森字宗嚴（一作宗巖），號白浦先生，長洲人。明清進士録：「文森，成化二十三年三甲四十三名進士。長洲人，字宗嚴。授編修，與修憲宗實録。知慶雲縣，值旱荒，疏請免田租，賑饑民，教民掘塘蓄水，民得以安。官至監察御史，以劉瑾擅權致仕。瑾敗，起，至右僉都御史。」文森以劉瑾擅權致仕，故陽明稱「某素高先生」。文森起爲監察御史之時間，文徵明文公森行狀：「庚午更化，再起爲河南道監察御史，推掌三法司事。尋奉詔刷在京五府六部各衙門文卷。正德六年辛未，考績，進階文林郎。明年壬申，陞南京太僕寺少卿。」（國朝獻徵録卷五十六）明武宗實録卷八十四：「正德七年二月己亥，陞監察御史文森爲南京太僕寺少卿。」是文森於正德五年八月劉瑾誅後起任監察御史，至正德七年二月改南京太僕寺少卿離京去，陽明在京從之遊，故稱「辱爲之僚」。陽明此詩置於別方叔賢四首（九月作）之下，寄隱巖（十二月作）之前，詩所描述亦秋天景色，可推知作在九月中。

「白浦之灣」、「白灣」即白河之灣（今白河其地猶有白灣，爲國家濕地）。天府廣記卷三十六川渠：「白河，源出邊外，經密雲縣霧靈山，爲潮河川，而富河、罾口河、七渡河、桑乾河、三里河俱於此會，名白河。南流經通州，合通惠及榆渾諸河至張家灣，總名曰潞河……白河之流，淤沙易阻……鮑丘水即潞河，俗名白河，以其兩岸皆白沙，不産青草云。」白灣當是文森致仕卜居之地。

九月三十日，湛甘泉奉命出使安南封國，作序贈別。

王陽明全集卷七別湛甘泉序：「顏子没而聖人之學亡，曾子唯一貫之旨傳之孟軻，終又二千餘年而周、程續。自是而後，言益詳，道益晦，析理益精，學益支離無本，而事於外者益繁以難。蓋孟氏患楊、墨；周、程之際，釋、老大行。今世學者，皆知宗孔、孟，賤楊、墨，擯釋、老，聖人之道，若大明世。然吾從而求之，聖人不得而見之矣。其能有若墨氏之兼愛者乎？其能有若楊氏之爲我者乎？其能有若老氏之清净自守、釋氏之究心性命者乎？吾何以楊、墨、老、釋之思哉？彼於聖人之道異，然猶有自得也。而世之學者，章繪句琢以誇俗，詭心色取，相飾以僞，謂聖人之道勞苦無功，非復人之所可爲，而徒取辯於言詞之間，古之人有終身不能究者，今吾皆能言其略。自以爲若是亦足矣，而聖人之學遂廢。則今之所大患者，豈非記誦詞章之習？而弊之所從來，無亦言之太詳、析之太精者之過歟？夫楊、墨、老、釋，學仁義，求性命，不得其道而偏焉，固非若今之學者以仁義爲不可學，性命之爲無益也。居今之時，而有學仁義、求性命，外記誦辭章而不爲者，雖其陷於楊、墨、老、釋之偏，吾猶且以爲賢，彼其心猶求以自得也。夫求以自得，而後可與之言學聖人之道。某幼不問學，陷溺於邪僻者二十年，而始究心於老、釋。賴天之靈，因有所覺，始乃沿周、程之説求之，而若有得焉。顧一二同志之外，莫予翼也，岌岌乎仆而後興。晚得友於甘泉湛子，而後吾之志益堅，毅然若不可遏，則予之資於甘泉多矣。甘泉之學，務求自得者也。世未之能知，其知者且疑其爲禪。誠禪也，吾猶未得而見，而況其所志卓爾若此！則如甘泉者，非聖人之徒歟？多言又烏足病也！夫多言不足以病甘泉，與甘泉之不爲多言病也，吾信之。吾與甘泉友，意之所在，不言而會；論之所及，不約而同，期於斯道，斃而後已者。今日之别，吾容無言？夫惟聖人之學難明而易惑，習俗之降，愈下而益不可回，任重道遠，雖已無俟於言，顧復於吾心若有不容已也，則甘泉亦豈以予言爲綴乎？正德辛未九月晦日拜手書。」

按：王陽明全集中此序未署年月，增城沙堤湛氏族譜卷二十七著録此序，末署「正德辛未九月晦日拜手書」，此序當本自陽明贈甘泉手書，兹將末句補入序中。王陽明全集於此序題下注「壬申」作顯誤，錢德洪陽明先生年譜將此序繫於「十月」，亦誤。

黄綰集卷十一别甘泉子序：「予欲學以全夫性之道，知寡聞不足與乎大明。欲其友三年而不得，求其師六年而不遇，自謂終焉棄德者矣。反而視之，其身常如槁，其意常若失，得一官若負穢。或有告之曰：『越有陽明子來矣，子何不知親耶？』乃亟趨其館而見之，陽明子坐與我語，歸而猶夢之，恍若陽明子臨之，而不敢萌一毛於私。於是乃源源而見之，遂不知有我之百骸九竅矣。陽明子曰：『有南海甘泉子者在，予友也，子豈欲見之乎？』翼日，偶於陽明子之館見之，其容簡，其心一，其示我之言蓄而盡。入其館，遂拜之。於是二子之庭，日必有予迹矣。陽明子曰：『吾將與二三子啓雪竇，帚西湖以居諸。』甘泉子曰：『吾其拂衡岳，拓西雲，行與我三人游之。』又相謂予曰：『子其揭天台，掀雁蕩，以俟夫我二人者。』予曰：『我知終身從二子游，二子有欲，我何弗勤？且我結兩草亭，各標其號，以爲二子有焉，何如？』無幾，甘泉子將帝之命，欲之於安南之國。予則憂之，曰：『聚散其自此乎？子其舍我矣。』或問曰：『何憂也？子過矣。天地之道，理以同聚，物以異散。今子三人理則同矣，物則類矣，浮游之間，何往而不與聚，而子猶疑其散耶？』曰：『吾欲之甚而易之惑也。夫自世喪道，世之君子白玉於外而中碈也，其不可與道也久矣。而吾忽得二子者，不啻景星快見而鳳凰樂睹之。今離索於此，此吾之所以爲憂也，是何過哉？』子行矣，遂書其言，投諸其笥，以蕲予之不我違也。」

十月，以楊一清薦，陞文選清吏司員外郎。

王陽明全集卷九給由疏：「正德六年正月內調吏部驗封清吏司主事；本年十月內陞本部文選清吏司員外郎。」

錢德洪陽明先生年譜：「先是先生陞南都，甘泉與黄綰言於冢宰楊一清，改留吏部。」

給事中王堯卿，因論救王崇慶忤武宗，致仕歸，作序贈別。

王陽明全集卷七贈王堯卿序：「終南王堯卿爲諫官三月，以病致其事而去，交遊之贈言者以十數，而猶乞言於予。甚哉，吾黨之多言也！夫言日茂而行益荒，吾欲無言也久矣。自學術之不明，世之君子以名爲實。凡今之所謂務乎其實，皆其務乎其名者也，可無察乎？堯卿之行，人皆以爲高矣；才，人皆以爲美矣；學，人皆以爲博矣，是可以無察乎？自喜於一節者，不足與進於全德之地；求免於鄉人者，不可以語於聖賢之途。氣浮者，其志不確；心粗者，其造不深；外誇者，其中日陋。已矣，吾惡夫言之多也！虎谷有君子，類無言者。堯卿過焉，其以予言質之。」

按：王堯卿即王元凱，號終南山人，終南人，正德六年進士。民國盩厔縣志卷六：「王元凱，字堯卿，號終南。弘治辛酉舉於鄉，與弟元正同登正德辛未進士，授兵科給事中。因主事王崇慶以諫忤繫獄，凱論救。武宗怒，詔逮對狀，凱曰：『主事部因言繫獄，元凱諫官得罪，分也。』尋釋崇慶，而凱致仕歸，立朝纔四十日耳。後因告變坐不實下獄，作抱真賦見志。旋卒。所著有天地正氣編、蟬噪録、南遊稿、庸王録。大學士楊一清爲建終南山人祠於雙溪鎮。」王元凱正德六年進士，疑亦陽明所親取録，故其來訪陽明問學，陽明特爲作序。按王元凱除給事中在八月，國榷卷四十八：「正德六年八月甲午……王元凱、劉健、馬性魯、毛憲、竇明、任忠、趙官、徐文傅爲給事中。」由八月下推三月，則在十月。王崇慶繫獄事在九月，國榷卷四十八：「正德六年九月己未，户部主事王崇慶乞復刑部主事宿進官，下獄。謫廣東壽康驛丞。」王元凱因論救王崇慶忤武宗致仕歸，陽明序有意隱去其事，祗言「以病」歸，然序中多憤激之言，實有所指。序中言「虎谷」即王雲鳳，其已歸虎谷。王元凱歸終南途經大同，故云「堯卿過焉，其以予言質之」。王元凱弟王元正，字舜卿，號玉壘，民國盩厔縣志卷六亦有傳。時任庶吉士，疑亦爲陽明所親録取，多來問學（見前）。

修撰吕柟時來問學，講論語，不合。

吕柟涇野先生文集卷六贈玉溪石氏序：「昔者予之守史官也，陽明子方在銓部，得數過從，説論語，心甚善之。後陽明子遷南太僕及鴻臚，而予再以病起。當是時，穆伯潛爲司業於南監，寇子惇爲府丞於應天，嘗寄書於二君曰：『陽明子講學，能發二程之意，可數會晤也。』比予再告，且謫，而陽明子官益尊，道益廣，講傳其説者日益衆，然視予初論於史官者頗異焉。於是日思見陽明子以質疑，而未獲也。及改官南來，而陽明逝矣。」

鄧球皇明泳化類編卷四十四吕涇野先生：「時陸伯載弘齋、鄒謙之東廓皆亟從陽明遊者，二人數以陽明之學難先生。先生曰：『予敢以陽明之學爲是乎？予敢以陽明之學爲不是乎？』二人曰：『如子之言，不幾於持兩端乎？』先生曰：『不然。昔者，先正以一言一字發人，而況陽明之學痛世俗誦章之煩，病世途勢利之争，乃窮本究源，因近及遠，而曰行即知也，知本良也，亦何嘗不是乎？但人品不同，受病亦異。好内者，不可與言禁酒也；好弈者，不可與言禁財也……若曰見守齊舉，知行並進，此惟聖人能，故陽明之學，中人以上雖或可及，中人以下皆茫無所歸。故論語不道也，亦何嘗盡是乎？雖然，自夫俗儒而言，忘其良知，而又不知以行之爲急也，其弊至於戕民而病國，陽明之學又豈可以少乎哉？……』」

按：呂柟字仲木，號涇野，高陵人，正德三年科舉狀元。國朝獻徵録卷三十七有馬汝驥涇野呂公柟行狀。明清進士録：「呂柟，正德三年一甲一名進士。陝西高陵人，字仲木，號涇野。授修撰。立朝持正敢言，不附劉瑾，引疾去。瑾誅，以薦復官。世宗朝，因争大禮，下詔獄，謫解州判官。後起尚寶司卿，南京禮部侍郎。學守程朱，與湛若水、鄒守益共主講席三十餘年。致仕歸，卒謚『文簡』。爲官三十年，家無長物，惟著述頗富，有周易説翼、尚書説要、毛詩説序、禮問、春秋説志、四書音問、宋四子鈔説、涇野詩文集等。」呂柟學宗程朱，故與陽明論多不合，明史卷二百八十二呂柟傳云：「時天下言學者，不歸王守仁，則歸湛若水，獨守程朱不變者，惟柟與羅欽順云。」

十二月，林以吉試監察御史，歸省莆田，來問學告别，有序送贈。

王陽明全集卷七贈林以吉歸省序：「林以吉將求聖人之事，過予而論學。予曰：『子盍論子之志乎？志定矣，而後學可得而論。子閩也，將閩是求，而予言子以越之道路，弗之聽也；予越也，將越是求，而子言予以閩之道路，弗之聽也。夫久溺於流俗，而驟語以求聖人之事，其始也必將有自餒而不敢當；已而舊習牽焉，又必有自眩而不能决；已而外議奪焉，又必有自沮而或以懈。夫餒而求有以勝之，眩而求有以信之，沮而求有以進之，吾見立志之難能也已。志立而學半，四子之言，聖人之學備矣。苟志立而於是求焉，其切磋講明之益，以吉自取之，尚其有窮也哉？見素先生，子諸父也，子歸而以予言正之，且以爲何如？』」

按：林以吉即林有孚，號石崖，莆田人，正德六年進士（明清進士録失載），試監察御史，歷大理丞，累官右僉都御史，總督南京糧儲。嘉靖十一年罷爲民。泉翁大全集卷二十一有贈廷尉石厓林先生應召北上序，可見林有孚後來爲湛甘泉弟子。按林有孚於是年二月舉進士，疑亦陽明所親取録，故來問學。序中所言「見素先生」即林俊，其歸莆田在十一月，國榷卷四十八：「正德六年十一月丙辰，巡撫四川右副都御史林俊辭陞賞，不允，令致仕。」林有孚試監察御史在十二月，國榷卷四十八：「正德六年十二月己丑……林有孚、李潤、朱爲試監察御史。」由此可見林有孚在十二月試監察御史，乃請歸省莆田，陽明作序送之即在十二月。

鄭一初試監察御史，因陳世傑來受學。

王陽明全集卷二十五祭鄭朝朔文：「辛未之冬，朝於京師。君爲御史，余留銓司。君因世傑，謬予是資。予辭不獲，抗顔以尸。君嘗問予：聖學可至？余曰然哉，克念則是。隱辭奥義，相與剖析。探本窮源，夜以繼日。君喜謂予：昔迷今悟，昔陷多歧，今由大路。嗚呼絶學，幾年於兹。」

泉翁大全集卷五十六紫坡子傳：「紫坡子者，潮之揭陽人也。名一初，字朝朔，世居於藍橋之里，魁辛酉鄉試，舉乙丑進士……恬於進取，卜築讀書於紫陌山之麓六年，閉門却掃，足迹不至公室。及爲御史矣，人皆揚揚，而獨首事陽明先生，以爲自得師，棄其舊學而學之，彼誠所謂自求多福者邪！而甫登第，乃以病歸，歸而遭喪。喪免，遇瑾變法，去職。瑾誅而起，起爲御史。爲御史未幾，又以病去……」

傳習録卷上：「鄭朝朔問：『至善亦須有從事物上求者？』先生曰：『至善只是此心純乎天理之極便是，更於事物上怎生求？且試説幾件看。』朝朔曰：『且如事親，如何而爲温凊之節，如何而爲奉養之宜，須求個是當，方是至善，所以有學問思辯之功。』先生曰：『若只是温凊之節、奉養之宜，可一日二日講之而盡，用得甚學問思辯？惟於温凊時，也只要此心純乎天理之極；奉養時，也只要此心純乎天理之極。此則非有學問思辯之功，將不免於毫釐千里之謬。所以雖在聖人，猶加「精一」之訓。若只是那些儀節求得是當，便謂至善，即如今扮戲子，扮得許多温凊奉養的儀節是當，亦可謂之至善矣。』」

按：鄭一初進京師時間，陽明祇云「辛未之冬」，按明武宗實録卷八十七云：「正德七年五月辛酉，授進士沈圻、劉成德、王金、劉士元、劉景宇、鄭一初……爲試監察御史……湖廣道鄭一初……」據此推算，鄭一初當在冬十二月進京。國榷卷四十八：「正德六年十二月己丑，潘鵬、張鳳儀、朱昂、李翰臣、張羽、張士龍、張鵬、屠世、許完、師存智、王相、常在、王介、屠僑、朱廷佐、盧雍、施儒、林有孚、李潤、朱爲試監察御史。」鄭一初似即在此時同林有孚等人同時入京。

一五一二　正德七年　壬申　四十一歲

春正月，徐愛入京來見，遂與黄綰、顧應祥奉陪陽明遊香山，登玉巖，有詩唱酬。

王陽明全集卷二十香山次韵：「尋山到山寺，得意却忘山。巖樹坐來静，壁蘿春自閑。樓臺星斗上，鐘聲翠微間。頓息塵寰念，清溪踏月還。」夜宿香山林宗師房次韵二首：「幽壑來尋物外情，石門遥指白雲生。林間伐木時聞響，谷口逢僧不記名。天壁倒涵湖月曉，煙梯高接緯階平。松堂静夜渾無寐，到枕風泉處處聲。」久落泥塗惹世情，柴崖丹壑是平生。養真無力常懷静，竊禄未歸羞問名。樹隱洞泉穿石細，雲迴溪路入花平。道人只住層蘿上，明月峰頭有磬聲。」

徐愛横山遺集卷上孟春與顧惟賢奉陪陽明先生遊香山夜宿林宗師房次韵：「春間出廓探幽情，楊柳迎風緑意生。最愛僧堂無俗氣，猶憐寺主有詩名。山空籟寂鯨音杳，月白煙微野色平。雲鶴來依聊一息，翛然飛去不聞聲。」登玉巖次惟賢韵：「師友同真樂，幽探豈在山?身隨塵土脱,心與野雲閑。日落荒山外,煙横碧樹間。徘徊凝望處,飛鳥倦初還。」

黄綰集卷五遊香山次陽明韵:「帝畿何處散幽情,林谷高深逸興生。不問金闈還有籍,豈圖空界尚論名?臺前春色湖天遠,閣上煙華象緯平。面壁亦能隨處静,花飛松徑不聞聲。」　卷七香山夜坐:「故山風物舊關情,異境登臨感慨生。萬竹暝煙如夢裏,千巖月色共松聲。」

按:徐愛時任祁州知州,其當是春節過年來京師見陽明。蓋祁州離京師甚近(三日程),徐愛可常來京,如湛甘泉徐曰仁祭文云:「君繼外補,陽明入部。長安卜鄰,君時亦造。」香山有香山寺,天府廣記卷三十五:「香山,在碧雲南二里許,有永安寺,舊名甘露……中有古道場曰香山,上有二大石,狀如香爐、蝦蟆。」黄綰集卷六有贈王仲肅鄭邦瑞歸越序云:「陽明、甘泉二先生曩在京國,期予同隱天台……顧因追陽明先生同遊西山,借宿僧房,月樹映室,終宵不寐,如昨日事。」即指是次香山之遊。

二月七日,湛甘泉離京,往封安南國,有詩送行。

王陽明全集卷二十别湛甘泉二首:「行子朝欲發,驅車不得留。驅車下長阪,顧見城東樓。遠别情已慘,况此艱難秋。分手訣河梁,涕下不可收。車行望漸杳,飛埃越塵邱。遲回歧路側，孰知我心憂？　我心憂以傷，君去阻且長。一別豈得已？母老思所將。奉命危難際，流俗反猜量。黄鵠萬里逝，豈伊爲稻粱？棟火及羽毛，燕雀猶棲堂。跳梁多不測，君行戒前途。達命諒何滯，將母能忘虞。安居尤阱擭，闕路非歧嶇。令德崇易簡，可以知險阻。結茆湖水陰，幽期終不忘。伊爾得相就，我心亦何傷。世艱變倏忽，人命非可常。斯文天未墜，別短會日長。南寺春月夜，風泉閑竹房。逢僧或停楫，先掃白雲牀。」

按：增城沙堤湛氏族譜卷二十八録陽明此別湛甘泉詩作三首，乃以「結茆湖水陰」以下爲第三首，或出於陽明此詩手書原稿。詩所謂「結茆湖水陰」，指卜居蕭山湘湖也（見前）。

泉翁大全集卷四十壬申二月七日出京駐通州有懷：「秉節降金臺，徘徊瞻斗杓。斗杓東迴旋，此極終不摇。下直長安西，三二骨肉交。骨肉誰忍割？矧此多危途。含悽感悲風，羞作兒女號。長弧射天狼，擁彗掃旄頭。日月會中天，聚首是何朝？各自養時晦，慎言思寡尤。」

按：泉翁大全集卷五十三有交南賦亦云：「予奉命往封安南國王晭，正德七年二月七日出京。」詩所言「三二骨肉交」，即主要指陽明。

應良奔喪歸仙居，與湛甘泉同行。

泉翁大全集卷十五贈別應元忠吉士叙：「壬申春，予奉使南行，而應子歸奔，乃與俱焉。過畏途，歷艱險，憂悲愉佚，而予莫應子違。予登金山，泛太湖，臨虎丘，訪天平，而應子莫予棄。應子者實以自信而虛以相受，予間與論充塞流行之理，感通往來之機，乃略去支離，而一歸統會。夫觀穹天者以一隙，可謂之明而不可謂之天；觀滄海者以一勺，可謂之水而不可謂之海。世固有獨立物表，渾天地以爲徒，包滄海以爲量，以遊於無窮者，此又何也？易曰：『仁者見之謂之仁，知者見之謂之知。』非明於道者，其孰能識之？中庸曰：『知者、賢者過之，愚者、不肖者不及也。』賢、知，過用其心者也；愚、不肖，小用其心者也。夫過用與小用其心之不足與於道，故必有用而不用之機，睹天地自然之體，勿忘勿助，然後可以得斯道之大全。應子曰：『然。』遂再拜而別。」

有書致湛甘泉，論體認天理，涵養之功。

陽明與湛甘泉書一：「別後，無可交接，百事灰懶，雖部中亦多不去，惟日閉門静坐，或時與純甫、宗賢閑話，有興則入寺一行而已。因思吾兩人者平日講學，亦大拘隘。凡人資稟有純駁，則其用力亦自有難易，難者不可必之使易，猶易者不可必之使難。孔門諸子問仁，夫子告之，言人人殊，烏可立一定之説，而必天下之同已。或且又自己用功悠游，而求之人者太急迫無叙，此亦非細故也。又思平日自謂得力處，亦多尚雜於氣，是以聞人毁謗輒動，却幸其間已有根芽，每遇懲創，則又警勵奮迅一番，不爲無益。然終亦體認天理欠精明，涵養功夫斷續耳。元忠於言語尚不能無疑，然已好商量。子莘極美質，於吾兩人却未能深信。舟次講學，不厭切近，就事實上説。孔子云：『言忠信，行篤敬，雖蠻貊之邦，行矣。』要之，至理不能外是，而問者亦自有益。蓋卓爾之地，必既竭吾才，而後見養深者自得之耳。良心易喪，習氣難除，牛羊斧斤日以相尋，而知己又益漸遠，言之心驚氣咽，但得來人便，即須頻惠教言，庶有所警發也。」（嘉靖增城縣志卷十七外編雜文類，陽明文集失載）

按：書所言「别後」，即指正德七年二月陽明送别湛甘泉出使安南。「純甫」即王道，「宗賢」即黄綰，「元忠」即應良，「子莘」即馬明衡。王道在三月一日改應天府教授離京，陽明作此書時王道猶在京中，故可確知陽明此書作在二月下旬中。

三月初一，王道改應天府教授，陽明作序送别，論教學教法。

王陽明全集卷七别王純甫序：「王純甫之掌教應天也，陽明子既勉之以孟氏之言。純甫謂『未盡也』，請益曰：『道未之嘗學，而以教爲職，鰥官其罪矣。敢問教何以哉？』陽明子曰：『其學乎！盡吾之所以學者而教行焉耳。』曰：『學何以哉？』曰：『其教乎！盡吾之所以教者而學成焉耳。古之君子，有諸己而後求諸人也。』曰：『剛柔淳漓之異質矣，而盡之我教，其可一乎？』曰：『不一，所以一之也。天之於物也，巨微修短之殊位，而生成之，一也。惟技也亦然，弓冶不相爲能，而其足於用，亦一也……是故立法而考之，技也，各詣其巧矣，而同足於用；因人而施之，教也，各成其材矣，而同歸於善……』曰：『然則教無法乎？昔之辯者則何嚴也？』曰：『無定矣……聖人不欲人人而聖之乎？然而質人人殊。故辯之嚴者，曲之致也。是故或失則隘，或失則支，或失則流矣。是故因人而施者，定法矣；同歸於善者，定法矣。因人而施，質異也；同歸於善，性同也。夫教，以復其性而已。自堯、舜以來未之有改，而謂無定乎？』」

按：明武宗實録卷八十五：「正德七年三月丙午朔，授翰林院庶吉士王道爲應天府教授，道奏乞便養故也。」國榷卷四十八：「正德七年三月丙午朔，翰林院庶吉士王道改應天教授，便養。」王陽明全集於此序題下注「辛未」作，乃誤。

黄綰集卷十一送王純甫序：「王純甫將至應天教，過石龍子，言曰：『向吾與子友，朝夕相觀以心，雖不言可也。今吾將別去，子亦俟時而遁，宜有以贈我哉！』石龍子諾而問曰：『今有人外刻行工辭，博記志專，爲聖人務先知誦古言，求探幽頤，不逃隻字，自謂已造乎事理之至而足乎性命之真；考其居則笥焉而弗化，其弊也支離，而身不與者衆矣，可以謂之善學乎？』曰：『不可。』曰：『惡可哉？』曰：『敬斯可矣。』曰：『今有人知敬爲要，而守惟玄靈之府，持之不暴，悔之不遺，藏能反其本矣；求其至則涼乎弗類，其弊也禪，而内外兩離矣，可以謂之善學乎？』曰：『不可。』曰：『又惡可哉？』純甫曰：『子奚謂可？』曰：『察斯可矣。』純甫曰：『然，吾嘗聞諸陽明先生矣。』石龍子曰：『雖然，子亦聞内外之辯乎？以瓦摳者巧，以鈎摳者憚，以黄金摳者惛。爲其重内而輕外也，而巧生焉；爲其重外而輕内也，而憚與惛生焉。夫技，一也。余之所大懼也，而願與子察之。察之以不倦，其庶幾乎！今純甫篤志聖賢，舍榮盛而就寂寞，而余猶以此進之何居？』」

與王道别後，多有書往來論學論政，不合。

王陽明全集卷四與王純甫書一：「别後，有人自武城來，云純甫始到家，尊翁頗不喜，歸計尚多牴牾。始聞而惋然，已而復大喜。久之，又有人自南都來者，云純甫蒞任，上下多不相能。始聞而惋然，已而復大喜。吾之惋然者，世俗之私情；所謂大喜者，純甫當自知之。吾安能小不忍於純甫，不使動心忍性，以大其所就乎？譬之金之在冶，經烈焰，受鉗錘，當此之時，爲金者甚苦，然自他人視之，方喜金之益精鍊，而惟恐火力錘煆之不至；既其出冶，金亦自喜其挫折煆鍊之有成矣。某平日亦每有傲視行輩，輕忽世故之心，後雖稍知懲創，亦惟支持抵塞於外而已。及謫貴州三年，百難備嘗，然後能有所見，始信孟氏『生於憂患』之言非欺我也。嘗以爲：『君子素其位而行，不願乎其外。素富貴，行乎富貴；素貧賤，行乎貧賤；素患難，行乎患難，故無入而不自得。』後之君子，亦當素其位而學，不願乎其外。素富貴，學處乎富貴；素貧賤患難，學處乎貧賤患難，則亦可以無入而不自得。向嘗爲純甫言之，純甫深以爲然，不審邇來用力却如何耳。近日相與講學者，宗賢之外，亦復數人，每相聚輒歎純甫之高明。今復遭時磨勵若此，其進益不可量，純甫勉之！汪景顔近亦出宰大名，臨行請益。某告以變化氣質，『居常無所見，惟當利害，經變故，遭屈辱，平時憤怒者到此能不憤怒，憂惶失措者到此能不憂惶失措，始是能有得力處，亦便是用力處。天下事雖萬變，吾所以應之不出乎喜怒哀樂四者。此爲學之要，而爲政亦在其中矣』。景顔聞之，躍然如有所得也。甘泉近有書來，已卜居蕭山之湘湖，去陽明洞方數十里耳。書屋亦將落成，聞之喜極。誠得良友相聚會，共進此道，人間更復有何樂！區區在外之榮辱得喪，又足掛之齒牙間哉？」

按：王道與陽明在京講論不合，其任應天府教授赴南都後，即與崇朱學者魏校、余祐、夏尚樸輩打成一片，與陽明弟子展開朱陸論辯，乃至最終與陽明斷交。太常寺卿魏公校傳謂魏校在南都「與余公子積、夏公敦夫、王公純甫講明聖賢之學」（國朝獻徵録卷七十），此所謂「聖賢之學」即朱學也。

横山遺集卷上與許立升書：「昨聞應天庠生有讎其師而誣訟其隸人，欲因以中傷其師者，始聞而駭，然既知執事者已受理，則又大喜。蓋謂至意有在，將使悖妄無耻者無不顯被沮喪，而師生之大義遂得大明於天下也。然外人猶竊未明執事之旨，洶洶有議，謂教授王道必自此蒙譴，某則何敢訊焉？雖然，不敢不告。夫王道者，愛之同門友也。其心行愛所素知，敢以一日之故，而爲飾詞以欺執事者哉？其始之辭清近而就此，固非欲籍此而故以自逞其驕蹇慢上與剛肆虐下之非，徒取上下之怨怒爲也。故其志之刻厲向上與行之不苟，雖衆人既皆知之矣。而其行事之容有過中失正者，則或其質之所偏，識之未瑩而然，然不可謂非善人之流耳矣……執事固剛明、正大、高遠而公恕，務以成物爲心者，又今司風化之職，故能信之，必不欲譴正道以挫善人，屈其師以伸頑弟子之私也。夫譴不譴，固無加損於執事與王道，而愛猶以告者，蓋同年知厚之私，亦效忠之意，非但爲王道游説已也。伏惟亮之，頓首。」

按：此書所云應天庠生「欲以中傷其師者」，即陽明書中所云「純甫已莅任，上下多不相能」。庠生誣訟王道隸人，或已在是年下半年，而徐愛上書許立升，或亦受陽明之托也。

是月，陞吏部考功清吏司郎中，自是四方士子來問學受業者日衆。

王陽明全集卷九給由疏：「正德七年三月內，陞本部考功清吏司郎中。」

横山遺集卷上同志考叙：「自尊師陽明先生……遷江右之廬陵，凡閲三載，召入京師。居又歲餘，中間從遊者甚衆，予自一二夙契與邂逅之外，莫之知也。乃癸酉春，侍先生自北來南，檢簡牘中，始觀，多皆未識者……某叨先門下，責則奚辭？乃以義起此卷，奉留先生左右，俾將來者，皆得繼書姓名於端。次紀字，便稱謂也；次紀地，表厥自也；次紀年歲，以叙齒也；次紀及門時，志所始也。予前所紀數人無序者，追志者也。來者請讀書，不必空次。間有知而爲代書者，聽，欲無遺也；欲番録者，聽，示匪私也……爰題其端曰『同志考』，而叙其由以告。」

錢德洪陽明先生年譜：「正德七年三月，陞考功清吏司郎中。按同志考，是年穆孔暉、顧應祥、鄭一初、方獻科、王道、梁穀、萬潮、陳鼎、唐鵬、路迎、孫瑚、魏廷霖、蕭鳴鳳、林達、陳洸及黄綰、朱節、蔡仲兗、徐愛同受業。」

按：錢德洪謂此諸多士子皆在正德七年來受業，乃誤。前考如穆孔暉、顧應祥、鄭一初、王道、梁穀、萬潮、應良、黄綰等，皆在正德六年已來受學。又如方獻科（即方獻夫）在正德六年秋九月即歸西樵，無正德七年來受學之事。蓋徐愛同志考原是將正德六年與七年來學同志一併叙述，錢德洪錯誤理解，均併置正德七年之下叙述。除上述諸人之外，其餘今可考者如下：

陳鼎。掖垣人鑑卷十二：「陳鼎，字大器，山東登州衛籍，直隷宣城縣人。弘治十八年進士。正德四年六月除禮科給事中，以言事免歸。十六年奉詔起原職，尋陞陜西右參議。仕終應天府尹，卒於官。」明史卷一百八十八陳鼎傳：「陳鼎，字大器，其先宣城人。高祖尚書迪，死惠帝之難，子孫戍登州衛，遂占籍焉。鼎舉弘治十八年進士。正德四年，授禮科試給事中。鎮守河南中官廖堂，福建人也，弟鵬之子鎧冒籍中河南鄉試，物議沸騰，畏堂莫敢與難。鼎上章發其事，鎧遂除名，堂、鵬大恨。

會流寇起，鼎陳弭盜機宜。堂屬權幸摘其語激帝怒，下詔獄掠治。謂鼎前籍平江伯資產，附劉瑾增估物價，疑有侵盜。尚書楊一清救之，乃釋爲民。世宗立，復故官，遷河南參議。妖人馬隆等爲亂，鼎督兵誅之。改陝西副使，擢浙江按察使，廉介正直，不通私謁。召爲應天府尹，未任卒。」按國榷卷四十八：「正德六年六月丁亥，禮科給事中陳鼎削籍，鼎言事忤吏部，謫漢州判官。中旨謂附瑾侵物價（前籍平江伯陳熊居第），下獄。蓋鼎劾廖鎧冒舉賈忌也。」是陳鼎在正德六年六月以後已謫官離京，其來受學必在正德六年六月之前。

路迎。明清進士録：「路迎，正德三年二甲五十九名進士。山東汶上人，字賓暘。出王守仁門。由南京兵部主事，歷知襄陽、松江、淮安三府，治績稱最。累知兵部尚書，以疏乞休忤旨，罷歸。」國朝獻徵録卷三十九兵部尚書路公迎傳略：「舉正德戊辰進士，授南京兵部主事，與堂邑穆孔暉、武城王道同師事王守仁，專務講學，以相切劘……卒年八十。」按路迎正德三年舉進士，先在京師任職，至正德七年方授南京兵部主事，又與穆孔暉、王道同時受學陽明。故陽明在正德六年進京任驗封清吏司主事時，路迎即來受學。

陳洸。掖垣人鑑卷十二：「陳洸，字世傑，號□□，廣東潮陽縣人，正德十六年進士。本年八月除户科給事中。嘉靖二年，陞吏科右。三年，陞湖廣僉事，尋復原職，陞户科左。四年，爲事解任聽勘。」按陽明祭鄭朝朔文云：「辛未之冬，朝於京師。君爲御史，余留銓司。君因世傑，謬予是資。」是陳洸與鄭一初同在正德六年冬十二月來受學。

林達。明清進士録：「林達，正德九年二甲四十一名進士。福建莆田人，字志道，號愧吾。歷官南京吏部考功郎中。善書，能詩文，有自考集。父俊，舉成化進士。」光緒莆田縣志卷十七：「（林俊）子達，字志道，正德甲戌進士。歷官南京吏部考功郎中，與冢宰争謁禮，掛冠都門歸。工篆隸，能古文，有自考集。」按前考林俊在正德六年十一月致仕歸莆田，林俊姪林有孚亦隨歸莆田，陽明於序中云「見素先生，子諸父也，子歸而以予言正之」，疑林有孚歸莆田後即向林俊告陽明之言，林達隨即赴京來受學，時已在正德七年正月。

朱節。按陽明寄希淵書二云：「往歲希顔居鄉，而守忠客祁。」此書作於正德七年，所謂「客祁」乃指徐愛知祁州，朱節往依客居。由此可知朱節約在正德七年春間自祁來京受學，旋即歸山陰。

蔡宗兖。按陽明寄希淵書一云：「希淵歸計良是，但稍傷急迫。若再遲二三月，託疾而行，彼此形迹泯然，既不激怒於人，亦不失己之介。」書二云：「向得林蘇州書，知希淵在蘇州，其時守忠在山陰矣。近張山陰來，知希顔已還山陰矣，而守忠又有金華之出。」二書皆作於正德七年（王陽明全集卷四），由此可見蔡仲兖與朱節同在正德七年春間來京受學；隨後蔡仲兖往蘇州依林守，朱節則歸山陰；不久蔡仲兖又歸山陰（似與林守有矛盾），而朱節又往依金華。季本蔡公墓誌銘：「歲庚午，丁父憂。丁丑，始赴春官。」蔡仲兖丁憂服闋在正德六年，故其來京師見陽明必在正德七年也。

蕭鳴鳳。按蕭鳴鳳山陰人，十七歲即問學陽明，弘治十七年中鄉舉，至正德九年方舉進士。其間家居山陰，亦多來見陽明。前引陽明寄希淵書二有云：「知希顔已還山陰矣……外是子雍、明德輩相去數十里，决不能朝夕繼見，希淵無亦有獨立無與之歎歟？」由此可見蕭鳴鳳與蔡仲兗乃是同來京師見陽明問學，後又同歸山陰，蓋蕭鳴鳳與蔡仲兗同爲山陰人，兩人早熟識。

唐鵬、孫瑆、魏廷霖、唐鵬。按唐鵬字文舉，號南溟，武進人，見唐鼎元唐氏先世著述目録。孫瑆、魏廷霖，俱無考。陽明寄梁郡伯手札云：「有庠生孫瑆、魏廷霖者，門生也，未審曾有進謁否？」（見下）則孫瑆、魏廷霖皆紹興府學庠生。三人疑皆在正德七年來受學。

陽明與諸門人夜話：「翰苑争誇仙吏班，更兼年少出塵寰。敷珍摛藻依天仗，載筆抽毫近聖顔。大塊文章宗哲匠，中原人物仰高山。譚經無事收衙蚤，得句嘗吟對酒間。羽飛皦雪迎雙鶴，硯洗玄雲注一灣。諸生北面能傳業，吾道東來可化頑。久識金甌藏姓字，暫違玉署寄賢關。通家自愧非文舉，浪許登龍任往還。　與諸門人夜話，陽明山人王守仁。」（石渠寶笈三編第一〇七八册延春閣藏四十元明書翰，陽明文集失載）

按：觀此詩所述，當是陽明在京師與諸門人夜話。陽明在京師任職而始有衆多弟子來學者，正在正德七年，且有不少門人即在京任職。陽明詩中所述皆實有所指。如穆孔暉授翰林檢討，鄒守益授翰林編修，應良、王道、王元正、張鰲山、王思中進士，均選爲庶吉士，即此詩所云「翰苑争誇仙吏班，更兼年少出塵寰」。王元凱、王元正兄弟雙舉進士，即此詩所云「羽飛皦雪迎雙鶴」。王道由庶吉士出爲應天府學教授，即此詩所云「久識金甌藏姓字，暫違玉署寄賢關」。陽明任會試同考試官，親録取多名舉子，即此詩所云「通家自愧非文舉，浪許登龍任往還」。他如顧應祥徵至京師，補錦衣衛經歷，梁穀陞吏部考功主事，徐愛任祁州知州等，即此詩所云「諸生北面能傳業，吾道東來可化頑」也。

徽州知府熊世芳新建紫陽書院成，遣程曾、畢珊來求紫陽書院集序，陽明爲作紫陽書院集序，有詩贈程曾、畢珊。

陽明紫陽書院集序：「豫章熊君世芳之守徽也，既敷政其境内，迺大新紫陽書院，以明朱子之學，萃士之秀而躬教之。於是七校之士懼政之弗繼也，教之或湮也，而程生曾集書院之故，復弁以白鹿之規，遺後來者，使知所敦。刻成，畢生珊來，致其合語，請一言之益。予惟爲學之方，白鹿之規盡矣；警勸之道，熊君之意勤矣；興廢之詳，程生之集備矣，又奚以予言爲乎？然吾聞之：德有本而學有要，不於其本而泛焉以從事，高之而虚寂，卑之而支離，流蕩失宗，勞而靡所得矣。是故君子之學，惟以求得其心，雖至於位天地，育萬物，未有出於是心之外也。孟氏所謂『學問之道無他，求其放心而已』者，一言以蔽之。故博學者，學此也；審問者，問此也；慎思者，思此也；明辨者，辨此也；篤行者，行此也。心外無事，心外無理，故心外無學也。是故於父子盡吾心之仁，於君臣盡吾心之義；言吾心之忠信，行吾心之篤敬；懲心忿，窒心慾，遷心善，改心過；處事接物，無所往而非求盡吾心以自慊也。譬之植焉，心，其根也；學也者，其培壅而灌溉之者也，扶衛而删鋤之者也，無非有事於根焉爾已。朱子白鹿之規，首之以五教之目，次之以爲學之叙，又次之以修身之要，又次之以處事之要、接物之要，若各爲一事而不相蒙者，斯殆朱子平日之意，所謂隨時精察而力行之，庶幾一旦貫通之妙也歟？然而世之學者，往往遂失之支離瑣屑，色莊外馳，而流入於口耳聲利之習。故吾因諸士之請，而特原其本以相勖，庶乎操存講習之有要，亦所以發明朱子未盡之意也。」（朱子實紀卷十一）

按：王陽明全集卷七有紫陽書院集序，與朱子實紀中著録之紫陽書院集序差異甚大，其中尤無「刻成，畢生珊來，致其合語」等句，至不知程、畢爲何人。按朱子實紀刊刻於正德八年，顯可見朱子實紀中之紫陽書院集序當爲原稿，王陽明全集中之紫陽書院集序爲後來潤改稿。

羅玘重建紫陽書院記：「徽之紫陽山，鄉先生徽國文公講學處也。後人作院祀之，因以山名。宋穆陵特賜額焉，然屢遷矣。入我國初，始得還於歙之學，以面是山，屬僧寺，其後勝藏於冥，望氣者言宜院於斯，賓面於主，士後當有冠天下者。正德庚午，豫章熊侯來知府事，拜公院下，曰：『是弗稱。』出而望，得寺焉，曰：『可院也。』推官張鵬以御史冼君圖而弗果，告侯，狀上之，報可。侯喜，徙僧撤寺，而始事之。越壬申三月，院成，則中爲祠像公，左則勉齋黄公配，西向，配後定宇陳公、林隱程公、環谷汪公，亦西向；右則西山蔡公配，配後雲峰胡公、道川倪公、東山趙公，亦東向祀之……侯又喜曰：『可教也。』乃拔七校士合四十人，入肄其中……侯名桂，字世芳，前大理正，有聲。在徽以師帥自任，而其效若此，有民人焉者，其有激也夫！侯走院士陳有容越湖山來，督記予於留都，先受狀，迺發而次其事爲記，授之歸，俾勒焉，以告於世世。」（朱子實紀卷十一）

楊廉楊文恪公文集卷二十一紫陽書院題名記：「紫陽，徽之名山也。世以紫陽稱朱子，猶以濂溪稱周子、伊川稱程子、横渠稱張子也。生於斯，居於斯，稱於斯，當矣。朱子生於閩，卒於閩，何取於徽也？徽蓋父母之邦也。自韋齋寓閩，以『紫陽書堂』刻其印章，而朱子復以名其所居，其眷眷於徽如此，則夫道朱子之道，心朱子之心，烏得而不紫陽之也哉？徽之有紫陽書院也，始於宋韓守補，自時厥後，遷徙不一。乃正德庚午復建於熊侯世芳，所以祀朱子者，一仍其舊，而又選於庠序，得若干人，以講學其中。久之，出爲鄉魁，爲廷魁，舉有其人。侯謂不可不鑱其姓名於石，於是遷生員程廷贊、畢珊謁予爲記。二生蓋講學其中者也。予惟侯之意，豈特彰其學者，得雋於科第而已哉？正欲要之異時，以見無愧於學朱子之學與否，以爲勸戒焉耳。書院之建也，復爲二堂，曰尊德性，曰道問學，兼是二者，此其所以爲朱子之學歟！論者謂象山陸氏以尊德性爲主，謂朱子道問學之功居多，此不知朱子者也。朱子之學，主敬以立其本，窮理以致其知，存心於齊莊静一之中，窮理於學問思辨之際，所謂尊德性、道問學，孰有加於此哉？侯蓋有以識此矣。侯又取朱子白鹿洞教條，刻置二堂之間，其望學者學朱子之學爲何如哉！雖然，江山如舊，締構維新。昔明道程子賦顏樂亭詩云：『井不忍廢，囿不忍荒。』嗚呼！正學其何可忘？予於紫陽書院亦云。若夫科第一事，果能爲朱子之學，雖中王佐榜，求又或在孫山之外，亦何慊乎哉？否則，朱子不曰：『學俗儒作文字，縱攫取大魁，已自輸了一著。』請以是爲諸生告。侯名桂，世芳其字，別號石厓。予同郡新建人，治行爲南圻第一。」

王陽明全集卷二十與徽州程畢二子：「句句糠粃字字陳，却於何處覓知新？紫陽山下多豪俊，應有吟風弄月人。」

按：王陽明全集中紫陽書院集序題下注「乙亥」作（正德十年），而將此與徽州程畢二子詩歸入「南都詩」，云「正德甲戌年四月陞南京鴻臚寺卿作」，皆大誤。熊世芳重建紫陽書院在正德七年三月，羅玘記已明言之。朱子實紀卷十有紫陽書院落成率諸生釋菜告文云：「維正德七年，歲次壬申二月丙子朔，直隸徽州府知府熊桂等敢昭告於先師徽國朱文公……」又忌日諸生釋奠告文云：「維正德七年壬申，春三月丙午朔，越有九日甲寅，鄉後學生王舜臣等敢昭告於太師徽國朱文公先生……」又卷十一於陽明紫陽書院集序下有汪愈刻朱子實紀後序云：「朱子實紀凡十二卷……正德丙寅編成，自爲序。越二年而先生卒。又五年，乃今正德癸酉，歙鮑雄以道氏始板行焉……下元日，後學婺源汪愈拜書。」朱子實紀刻板於正德八年，其中已録有陽明紫陽書院集序，此尤可證陽明此紫陽書院集序作於正德七年。

熊桂字世芳，號石崖，新建人。明清進士録：「熊桂，弘治十二年三甲一百四十四名進士。江西新建人，字世芳，號石崖。由大理評事，進寺副、寺正，奏疏守宗制，禁濫刑，帝納之，免刑者以萬計。遷知徽州府，累官至山東布政司左參政。有石崖稿。」是熊桂與陽明爲同年，兩人早識。程曾字師魯，畢珊字友梅，二人皆歙縣人，邑庠弟子。王畿集卷十四友梅畢君八袠序：「歙之北城，有友梅君者，予聞其人矣。自幼穎異倜儻，長通毛氏詩，補邑庠弟子員，屢試不售，泊然不以得失爲念。正德間，聞陽明先生講學於南都，徒步往受業焉，與聞古人爲學之旨。久之，若有所得，將歸卒業。先生嘉其志，賦風月章以期之，所謂『紫陽山下多豪俊，應有吟風弄月人』者是也……今年壽八袠，仲冬三日，值其懸弧辰……以予與君爲同門，乞言於予……」陽明後在南都時，畢珊又徒步往受學，亦一陽明弟子也。畢珊著有新安畢氏會通族譜（正德四年刻本），今存。

四月，湛甘泉出使安南過錢塘，訪王華，遊陽明洞，有詩寄懷。

泉翁大全集卷四十錢塘觀潮：「乘月步層臺，獨立倚長塔。逍遥望東海，天地歸吐納。夜潮殷如雷，濤頭雪山立。病骨怯虚寒，四月欺緼納。」過錢塘江將訪大冢宰王先生有懷陽明：「迢迢涉江去，江介生凄風。涉之將奚爲？南湖采芙蓉。美人在遠道，我心憂忡忡。登山足夔魅，蹈海多魚龍。俯仰天地内，去子誰予從？」訪陽明洞天：「道經蓬萊館，溪窮到陽明。下看東南峰，蒼蒼入青冥。不詣此真境，焉知非虛名？躕躇步巖石，山高豈無靈？子喬不可見，佇立魂屏營。草木若有識，欣欣向予榮。采之欲寄誰？歲晏難爲情。」

按：泉翁大全集卷五十二寄題海日樓詩云：「予與陽明子共盟斯道，如兄弟也，曾侍其家尊太宰海日翁遊陽明洞。海日翁少讀書於姚江龍泉山，陽明子嘗即其地構樓以望海日，其姪孫秋官君正思能世其美，爲予道海日之勝。」卷二十九偶書蕭山行窩小記：「王生仁其弟誠築書堂於湘湖，名曰『會道』……吾昔與陽明公相期於壬申，啣命過浙，訪陽明洞，經蕭山，令尹王子瑋出迓，言湘湖之勝，龜山治之，返棹遊焉，入得幽處，語瑋爲『行窩』，他年居焉。夜則可以放舟訪陽明於山陰，相與大中至正之道。今誠所築乃其地，此心豁然……」可見湛甘泉是次專訪陽明洞、湘湖，乃受陽明之託，來探卜居之地也。

長松何春闢觀善巖，讀書講學其中，來請序，爲作觀善巖小序。

康熙雩都縣志卷十四陽明觀善巖小序：「善，吾性也；曰觀善，取傳所謂『相觀而善』者也。陽明山人王守仁。」

何春觀善巖記：「弘治壬戌遊羅田，閱及三先生祠石。正德辛未，始獲其故址，建廟立主焉。尋拓斯巖，題名『觀善』，搆數楹以藏書遊息。數十年景仰之心乃遂，爲之記曰：仰觀法乎天，俯觀法乎人，泛觀法乎萬物，以善乎其身、家、天下及後世，夫是之謂止於至善。羅巖別號『善山』，取『相觀而善』以發其義，是故冠之以『觀』也。又明年，陽明先生嘉惠以大書、小序。自廷仁、正之來，余復何言？論者以爲立意命詞，懸如合圭，咸無心也。可見天下之道一，人性之善，皆可以爲堯舜。且記斯舉之本末也。長松山人何春謹題。」

按：觀善巖即羅田巖，在雩都縣，今雩都羅田巖上猶有陽明小序與何春記摩崖石刻，上方陰刻「觀善巖」正書三字，即何春記所云「大字」；陽明序文四行二十四字，即何春記所云「小序」。何春字元之，號長松，雩都人，陽明弟子。康熙雩都縣志卷九何春傳：「何春，字元之，廷仁兄。弘治甲子舉人。自幼意嶽嶽，不肯效今人。嘗曰：『世無周、程諸君子，吾不當在弟子之列。』及王公守仁開府虔南，春謂弟廷仁曰：『此孔孟嫡派也，吾輩當北面矣。』乃偕弟師事焉。」何春在正德六年闢觀善巖，日與同志談學，康熙雩都縣志卷一：「羅田巖，距縣五里，一名善山，兩旁有巖相通，古稱華嚴禪院。左爲仕學山房，屋巖下右曰觀善巖，陽明先生題筆，邑孝廉何春所闢也……學士大夫談道者集巖中。」何春記中所云「廷仁」即何秦，字性之，號善山，何春弟；「正之」即黃弘綱，字正之，號洛村。二人皆陽明弟子。按正德六年陽明在京師吏部任職，爲會試同考試官，受學弟子日多，疑是年何春、何秦、黃弘綱皆來京師參加會試，得識陽明，次年遂來請陽明寫「觀善巖」大字及小序矣。

有札致父王華，談論家事國事，有「改南都」之圖。

陽明上海日翁大人札：「父親大人膝下：毛推官來，□大人早晚起居出入之詳，不勝欣□。弟恙尚不平，而祖母桑榆暮□，不能□。爲楊公所留，養病致仕皆未能遂，殆亦命之所遭也。人臣以身許國，見難而退，甚所不可，但於時位出處中，較量輕重，則亦尚有可退之義，是以未能忘情；不然，則亦竭忠盡道，極吾心力之可爲者死之而已，又何依違觀望於此，以求必去之路哉！昨有一儒生，素不相識，以書抵男，責以『既不能直言切諫，而又不能去，坐視亂亡，不知執事今日之仕爲貧乎？爲道乎？不早自決，將舉平生而盡棄，異日雖悔，亦何所及』等語，讀之良自愧歎。交遊之中，往往有以此相諷者，皆由平日不務積德，而徒竊虛名，遂致今日。士大夫不考其實，而謬相指目，適又當此進退兩難之地，終將何以答之？反己自度，此殆欺世盜名者之報，易所謂『負且乘，致寇至』也。近甸及山東盜賊奔突，往來不常。河南新失大將，賊勢愈張。邊軍久居內地，疲頓懈弛，皆無鬥志，且有怨言，邊將亦無如之何。兼多疾疫，又乏糧餉，府庫內外空竭，朝廷費出日新月盛。養子、番僧、伶人、優婦居禁中以千數計，皆錦衣玉食。又爲養子蓋造王府，番僧崇飾塔寺，資費不給，則索之戚里之家，索之中貴之家；又帥養子之屬，遍搜各監內臣所蓄積；又索之皇太后。又使人請太后出飲，與諸優雜劇求賞；或使人給太后出遊，而密遣人入太后宮，檢所有盡取之。太后欲還宮，令宮門毋納，固索錢若干，然後放入。太后悲咽不自勝，復不得哭。又數數遣人請太后，爲左右所持，不敢不至；至即求厚賞不已。或時賂左右，間得免請爲幸。宮苑内外，鼓噪火炮之聲，晝夜不絶，惟大風或疾病，乃稍息一日二日。臣民視聽習熟，今亦不勝駭異。永齋用事，勢漸難測，一門二伯，兩都督，都指揮、指揮十數，千百户數十，甲第、墳園、店舍，京城之外，連亘數里，城中卅餘處，處處門面，動以百計。谷、馬之家，亦皆稱是，榱角相望，宮室土木之盛，古未有也。大臣趨承奔走，漸復如劉瑾時事，其深奸老滑甚於賊瑾，而歸怨於上，市恩於下，尚未知其志之所存，終將何如。春間黄河忽清者三日，霸州諸處一日動地十二次，各省來奏山崩地動、星隕災變者，日日而有。十三省惟吾浙與南直隸無盜。近聞□中諸□頗黠桀，按兵不動，似有乘弊之謀，而各邊謀將又皆頓留内地，不得歸守疆場，是皆有非人謀所能及者。七妹已到此，初見悲咽者久之，數日來喜極，病亦頓減，顔色遂平復。大抵皆因思念鄉土，欲見父母兄弟而不可得，遂致如此，本身却無他疾；兼聞男有南圖，不久當得同歸，又甚喜，其恙想可勿藥而愈矣。又喜近復懷妊，當在八月間。曰仁考滿在六月間。曰仁以盜賊難爲之，故深思脱離州事。但欲改正京職，則又可惜虚却三年歷俸；欲遷陞，則又覺年資尚淺。待渠考滿後，徐圖之。曰仁决意求南，此見亦誠是。男若得改南都，當遂與之同行矣。邃庵近日亦若求退事，勢亦有不得不然。蓋張已盛極，决無不敗之理，而邃之始進，實由張引，覆轍可鑒，能無寒心乎？中間男亦有難言者，如啞子見鬼，不能爲旁人道得，但自疑怖耳。西涯諸老，向爲瑾賊立碑，槌磨未了，今又望塵莫及張德功，略無愧耻，雖邃老亦不免。禁中養子及小近習與大近習交搆，已成禍變之興，旦夕叵測，但得渡江而南，始復是自家首領耳。時事到此，亦是氣數，家中凡百皆宜預爲退藏之計。弟輩可使讀書學道，親農圃樸實之事，一應市囂虛詐之徒，勿使與接，親近忠信恬淡之賢，變化氣習，專以積善養福爲務，退步讓人爲心。未知三四十年間，天下事又當何如也。凡男所言，皆是實落見得如此，異時分毫走作不得，不比書生據紙上陳迹，騰口漫説。今時人亦見得及，但信不及耳。餘姚事，亦須早區畫，大人決不須避嫌，但信自己惻怛之心、平直心、退步心，當時了却，此最灑脱，牽纏不果，中間亦生病痛。歸侍雖漸可期，而歸途尚爾難必，翹首天南，不勝瞻戀。男守仁拜書。外山市及包頭二封。」（式古堂書畫彙考書考卷二十五，陽明文集失載）

按：此札爲陽明在京師致歸居紹興之父王華。札中所言「楊公」、「邃庵」、「邃老」，指楊一清，所謂「爲楊公所留」，即錢德洪陽明先生年譜所云「正德六年十月……甘泉與黄綰言於冢宰楊一清，改留吏部」。陽明以楊一清薦得留京師，然其時朝政敗亂，又逾劉瑾時，故陽明萌生去意。札中所言「永齋」、「張」，即張永；「谷、馬」，即谷大用與馬永成。張永以除劉瑾立大功，勢焰熏天；「一門二伯」者，明史卷三百零四張永傳：「英國公張懋、兵部尚書王敞等，奏永輯寧中外，兩建奇勳，遂封永兄富爲泰安伯，弟容爲安定伯。」札中所言事，多發生在正德六年冬至正德七年春之間，如云「春間黄河忽清者三日，霸州諸處一日動地十二次」，按國榷卷四十八：「正德六年八月壬寅，霸州地連震……十二月丙申，黄河清，自清口至柳浦，凡九十餘里，連三日，甲午、乙未、丙申……正德七年正月丁未朔，濮州地震有聲……戊申，彰德地震有聲……丙寅，寧夏地震有聲……二月丙戌，蒲州華陰同官地震……三月戊申，渭南地震有聲……己酉，鄜州地震……丁巳，太原地震……」札中特言及「河南新失大將，賊勢愈張」，按國榷卷四十八：「正德七年三月庚午，盗圍河南三日，副總兵都督僉事舒城馮楨及時源參將神周迎擊之。參將姚信失利先遁。禎敗死，贈洛南伯，謚襄愍。子大金襲陞都督僉事。」據此，陽明是札應作於正德七年四月中。又札中所言「養子」，指「義子」，國榷卷四十八：「正德七年九月丙申，賜義子百二十七人國姓，皆中官蒼頭及市猾，偶當上心，輒云『義子』。永壽伯朱德、都督朱寧、朱安外，朱國、朱福、朱剛並都督。朱春、朱翥、朱增、朱斌、朱政、朱海、朱岳、朱昇、朱晟、朱彪、朱鏞、朱鈁並都指揮使。朱欽等指揮。朱璋等千百户、鎮撫或旗舍，列籍錦衣，騰驤諸衛。而朱採、朱静、朱濤、朱恩、朱寬，皆亡虜，亦至千户。自後賜姓日廣。」「西涯」，指李東陽。「皇太后」，指孝宗張皇后，明史卷一百十四孝宗孝康張皇后傳：「孝宗孝康皇后張氏，興濟人……孝宗即位，册立爲皇后……武宗即位，尊爲皇太后。」皇太后張氏遭虐待事，史皆無載。札中又言及「七妹已到此……又喜近復懷妊，當在八月間。曰仁考滿在六月間」，按徐愛於正德七年六月祁州任考滿進京，陽明作是札時，七妹已先進京候徐愛，而徐愛尚在祁州未行。札中最後言「餘姚事」，即指餘姚故居分析事。前寓都下上大人書中已云「餘姚分析事，不審如何？畢竟分析爲保全之謀耳」，知餘姚秘圖故居分析始於正德六年，至是實已事成。此札爲陽明所寫最長之家書，所述朝政國事，皆陽明在都下所親見親聞，正史不載，直可補明史之闕，亦爲研究陽明思想之寶貴資料。陽明是年卒起「南圖」之念，急於離都，改任南京太僕寺少卿，其真實原因由此書揭明。

五月，汪景顔來問學三月，授大名縣令而去，陽明有言贈别。

王陽明全集卷四與王純甫書一：「汪景顔近亦出宰大名，臨行請益。某告以變化氣質，『居常無所見，惟當利害，經變故，遭屈辱，平時憤怒者到此能不憤怒，憂惶失措者到此能不憂惶失措，始是能有得力處，亦便是用力處。天下事雖萬變，吾所以應之不出乎喜怒哀樂四者。此爲學之要，而爲政亦在其中矣』。景顔聞之，躍然如有所得也。」

黄綰集卷八贈汪景顔：「景顔學於陽明先生，三月而去，爲大名令。同游之士數人，爲醴酒而告之，曰：『育下事上之宜若是哉！軌物析争之宜若是哉！備災捍患之宜若是哉！』云云未已。石龍子起而謂之曰：『子學於先生何耶？先生教子何耶？古者君子學道，即心無不通。且鵂鶹善巢，蜾蠃善房，人使之歟？抑生之然歟？子自謂一蟲孰賢？子但盡子之心，堅子之志，則先生之道在子矣。予何言，予何言！』」

横山遺集卷上送汪景顔尹大名：「時平衆競仕，意氣輕臯夔。一或遭險巇，惶惑失所持。哀哉中無主，此心任物移。君獨志賢聖，力學同余師。天子命出宰，人恺君自怡。時務良艱難，一心運有餘。莫析政與學，皆當去支離。燕雀無遠懷，卑卑戀堂階。鴻鵠出塵埃，矯矯凌漢逵。霜雪鮮存木，請看松柏來。」

按：陽明此與王純甫書中有云「甘泉近有書來」，按陽明二月下旬有書致甘泉（見前），甘泉回書則在四五月間（見下），可見陽明此與王純甫書約作在五月中，汪景顔即在五月出宰大名。汪景顔向不知何人，今按民國大名縣志卷十四「縣令」下有云：「正德，汪淵，大名，上饒進士。」卷十三：「汪淵，江西上饒人。正德六年進士，知大名縣。政事精鍊，以才能調沂水，擢監察御史。官至大理少卿。邑民以賦役入京者，委曲處分，每遇新除大名令，必以利弊告之，其拳拳於大名如此。」由此可知汪淵字景顔，上饒人，正德六年進士，亦陽明弟子。國朝獻徵録卷六十八有楊騏大理寺左寺丞汪公淵墓誌銘，叙汪淵仕歷甚詳，然竟不言其字號里籍，致後世不知其人即汪景顔也。疑汪淵亦是正德六年陽明所親録取，故來問學三月，徐愛詩因稱「力學同余師」。徐愛此詩或即是汪景顔赴大名縣任途經祁州時作。

再致書湛甘泉，告講學之況與在朝無奈處境。

陽明與湛甘泉書二：「別後，屢得途中書，皆足爲慰。此時計在增城已久，衝冒險阻之餘，憫時憂世，何能忘懷；然回視鄙人，則已出世間矣。純甫得應天教授，别去亦復三月，所與處惟宗賢一人，却喜宗賢工夫驟進，論議多所發明，亦不甚落寞也。往時朝夕多相處，觀感之益良多，然亦未免悠悠度日。至於我字亦欠體貼，近來始覺少親切，未知異時回看今日，當復何如耳。習氣未除，此非細故，種種病原，皆從此發。究竟習氣未除之源，却又只消責志。近與宗賢論此，極爲痛切，兄以爲何如耶？太夫人起居萬福，慶甚！聞潮、廣亦頗有盜警。西湖十居之興，雖未能決，然扁舟往還之約，却亦終不可忘也。養病之舉，竟爲楊公所抑，在告已踰三月。南都之説，忍未能與計，亦終必得之。而拘械束縛，眼前頗不可耐耳。如何，如何！沉痾泊去，燈下草率，言莫能既，偶遇風毋惜。」（嘉靖增城縣志卷十七外編雜文類，陽明文集失載）

按：書云「純甫得應天教授，别去亦復三月」，王道在三月一日除應天府教授而去，可見陽明此書作在五月。又書云「養病之舉，竟爲楊公所抑，在告已踰三月」，按其上海日翁大人札亦云「爲楊公所留，養病致仕皆未能遂」，「楊公」即楊一清。此當先是在二月陽明有上乞歸養之請，楊一清不允，乃在三月陞其爲考功清吏司郎中，即所謂「竟爲楊公所抑」。由二月至五月，即書所云「在告已踰三月」。所謂「南都之説，忍未能與計」，乃指陽明在京，目睹朝中危機四伏，不勝危懼，數欲求調往南都任職而未成，然卒在十二月得陞南京太僕寺少卿而去，即書所云「亦終必得之」也。至所云「西湖十居之興，雖未能决，然扁舟往還之約，却亦終不可忘也」，乃指兩人卜居杭州西湖之約，然因甘泉出使安南而去，歸後湛母又卒，丁憂歸西樵；而陽明亦陞都察院左僉都御史赴江西，此「扁舟往還之約」終成空夢。

是月，上疏自劾不職，以明聖治事，不報。

王陽明全集卷二十八自劾不職以明聖治事疏：「臣聞之：主聖則臣直，上易知而下易治。今聖主在上，澤壅而未宣，怨積而不聞。臣等曾無一言，是甘爲容悦，而上無以張主之聖，下無以解於百姓之惑也。伏惟陛下神明英武，自居春宫，萬姓仰德。及登大寶，四夷向風。不幸賊臣劉瑾，竊弄威柄，流毒生靈，潛謀僭逆，幾危郊社。賴祖宗上天之靈，俾張永等早發其奸，陛下奮雷霆之斷，誅滅黨與，剗滌兇穢，復祖宗之舊章，吊黎元之疾苦，任賢修政，與民更始。天下莫不懽忻鼓舞，謂陛下固愛民之主，而前此皆賊瑾之荼毒；知陛下固有爲之君，而此前皆賊瑾之蒙蔽。日早跂足延頸，以望太平。奈何積暴所加，民痍未復，餘烈所煽，妖孽連興，幾及二年，愈肆愈横。兵屯不解，民困日深。賊勢相連殆遍，財匱糧竭，旦夕洶洶。臣等備位大臣，不能展一籌以紓患害，寬一縛以蘇倒懸。撫心反己，自知之罪，莫可究言。至其暴揚於天下，訾詈於道途，而尤難掩飾者，大罪有三，請自陳其略，以伏厥辜：

「夫朝以出政，政以成事。陛下每月視朝，朔望之外，不過一二。豈不以臣等分職於下，事苟無廢，不朝奚損乎？然群臣百司，願時一睹聖顔而不獲，則憂思徬徨，漸以懈弛。遠近之民，遂疑陛下不復念其困苦，而日興怨讟；四方盜賊，亦謂陛下未嘗有意剪除，而益猖獗。夫昧爽臨朝，不過頃刻，陛下何憚而不爲？所以若此，則實臣等不能備言天下洶洶之情，以悟陛下，是其大罪一也。

「陛下日於後苑訓練兵事，鼓噪之聲，震駭城域。豈不以寇盜未平，思欲奮威講武乎？然此本亦將卒之事，兼非宮禁所宜。況今前星未耀，震位猶虛，而乃勞力於掣肘，耗氣於馳逐，群臣惶惑，兩宮憂危，宗社大本，無急於是。而臣等不能力勸陛下蓄精養神，以衍皇儲之慶，思患預防，以爲燕翼之謀，是其大罪二也。

「夫日近儒臣，講論道德，涵泳義理，以培養本原，開發志意，則耳目日以聰明，血氣日以和暢，窮天地之化，盡萬物之情，優游泮渙，以與古先神聖爲伍，此亦天下之至樂矣。陛下苟知此，則將樂之終身而不能以須臾舍，奚暇遊戲之娱乎？今陛下自即位以來，經筵之御，未能四五，而悦心於騎射疲勞之事，皆由臣等不能備陳至樂，以易陛下之所好，是其大罪三也。

「……伏願陛下繼自今昧爽以視朝，勵精而圖治。端拱玄默以養天和，正關雎之風，毓麟趾之祥。日御經筵，講求治道，務義理之悦心，去遊宴之敗度。正臣等不職之罪，罷歸田里，舉耆德宿望之賢，與共天職。使天下曉然皆知陛下憂憫元元之本心，由臣等不能極言切諫，以至於斯。自兹以往，務在修養生息，無復有所騷擾。躬修聖政，以弭天下之艱屯；廣聖嗣，以定天下之危疑；勤聖學，以立天下之大本。其餘習染，以次洗刷。則民生自遂，若陽氣至而萬物春；寇盜自消，若白日出而魍魎滅。上以承祖宗之鴻休，下以垂子孫之統緒；近以慰臣庶之憂惶，遠以答四方之觀向……」

按：陽明是次重要上疏，向來無人言及，錢德洪陽明先生年譜不載其事，遂成一大懸案，隱晦不明。今按陽明此疏云「積暴所加」，「幾及二年，愈肆愈横」，劉瑾伏誅在正德五年八月，以「幾及二年」推算，則此疏上在正德七年八月前不久。此疏提及「經筵之御，未能四五」，「後苑訓練兵事，鼓噪之聲，震駭城域」等，均是正德七年四五月間事，已有大臣疏論。國榷卷四十八：「正德七年五月辛酉，吏部尚書楊一清等，以修省言：『陛下每月視朝不過一二，非所以聞於外夷，訓後世也。又常宿豹房，駐宿累日，後苑練兵，鼓砲之聲，震駭城市。以宗廟社稷之聲，不自慎惜，此群臣所以夙夜不能安也。』報聞。」按陽明乃由楊一清薦留京師任吏部文選清吏司員外郎，又在楊一清屬下任職陞考功清吏司郎中，故楊一清上疏論武宗事，陽明亦當上疏以相呼應也。又按陽明此疏與其四月所寫上海日翁大人札論事内容相同，連用語也一樣，如上海日翁大人札云：「宫苑内外，鼓噪火炮之聲，晝夜不絶」，臣民「不勝駭異」。可以説陽明凡於疏中不便明言之事，已俱在上海日翁大人札中盡言之；而在上海日翁大入札中，陽明已吐露其上疏抗論之决心，札云：「昨有一儒生，素不相識，以書抵男，責以『既不能直言切諫，而又不能去，坐視亂亡，不知執事今日之仕爲貧乎？爲道乎？不早自決，將舉平生而盡棄，異日雖悔，亦何所及』等語，讀之良自愧歎。交遊之中，往往有以此意相諷者，皆由平日不務積德，而徒竊虛名，遂至今日。」所云「有以此意相諷者」，疑即楊一清。陽明顯即在此人「相諷」下，及某「儒生」以書抵責下，遂於五月上疏。陽明上此疏不報，然其旋在十二月出任南京太僕寺少卿，或與其上此疏批評武宗有關。

閏五月，聞廿四叔卒，再致札父王華，論家事國事。

陽明上大人書：「寓都下男王守仁百拜上父親大人膝下：杭州差人至，備詢大人起居遊覽之樂，不勝喜慰。尋得書，迺有廿四叔□□□□□□固自有數，胡迺適□□時，信乎樂事不常，人生若寄。古之達人所以適情任性，優遊物表，遺身家之累，養真恬曠之鄉，良有以也。伏惟大人年近古稀，期功之制，禮所不逮，自宜安閑愉懌，放意林泉，木齋、雪湖詞老，時往一訪；稽山、鑑湖諸處，將出一遊。洗脱世垢，攝養天和，上以增祖母之壽，下以垂子孫之福，慶幸，慶幸。男等安居如常，七妹當在八月，身體比常甚佳。婦姑之間，近亦頗睦。曰仁考滿亦在出月初旬，出處去就，俟曰仁至，計議已定，然後奉報也。河南賊稍平，然隱伏者尚難測；山東勢亦少減，而劉七竟未能獲；四川諸江（西）雖亦時有捷報，而起者亦復不少。至於糧餉之不繼，馬匹之乏絶，邊軍之日疲，流氓之愈困，殆有不可勝言者。而廟堂之上，固已晏然，有坐享太平之樂，自是而後，將益輕禍患，愈肆盤遊，妖孽並興，讒諂日甚，有識者復何所望乎！守誠妻無可寄託，張妹夫只得自行送回。大娘子早晚無人，須搬渠來男處，將就同住。六弟聞已起程，至今尚未見到。聞餘姚居址亦已分析，各人管理，不致荒廢，此亦了當一事。今年造册，田業之下瘠者，親戚之寄託者，惟例從刊省，拒絶之爲佳。時事如此，爲子孫計者，但當遺之以安，田業鮮少，爲累終寡耳。趙八田近因農民例開，必願上納，阻之不可。昨日已告通狀，想亦只在倉場之列。不久，當南還矣。九弟所患，不審近日如何？身體若未壯健，誦讀亦且宜緩，須遣之從黄司輿遊，得清心寡欲，將來不失爲純良之士，亦何必務求官爵之榮哉！守文、守章，亦宜爲擇道德之師，文字且不必作，只涵詠講明爲要。男觀近世人家子弟之不能大有成就，皆由父兄之所以教之者陋而望之者淺。男人來，説守文質性甚異，不可以小就待之也。因便報安，省侍未期，書畢，不勝瞻戀。閏五月十一日，守仁百拜書。」（此書有陽明手迹石刻拓本藏貴州省博物館，另有拓本藏日本九州大學圖書館，蓬累軒姚江雜纂著録，陽明文集失載）

按：正德七年有閏五月。此書承前上海日翁大人札而來，相隔一月，叙事相接。如云「七妹當在八月」，是謂陽明妹妊娠在八月。「曰仁考滿在出月初旬」，出月初旬即六月初旬，時徐愛仍未進京。「聞餘姚居址亦已分析，各人管理」，是謂餘姚故居分析事已辦成。札中所及之人，「趙八」即趙八舅；「木齋」爲謝遷，字于喬；「雪湖」爲馮蘭，字佩之，皆餘姚人。「六弟」爲王守温，「九弟」爲王守儉。「黄司輿」當爲王司輿之誤。王司輿名文轅，號黄轝子，山陰人。「廿四叔」，按王倫（竹軒先生）生五子：長子王榮（半巖先生），次子王華（德輝），又次王袞（德章，易直先生），又次王德聲（廿一叔），又次即此二十四叔，不知名字。其於是年卒，後皆不言及。

六月，徐愛以祁州知州考滿進京，來論學受業。

錢德洪陽明先生年譜：「正德七年壬申，與徐愛論學。愛是年以祁州知州考滿進京，陞南京工部員外郎。」

黄綰徐曰仁祭文：「惟子在祁，數書來慰，情愛綢繆。既又踰歲，湛子使南，子來考績。乃相與選幽擇勝，交相設榻，晝談夕憩，盡究二子所得之奥。如是者，凡數月而返，余亦遂東歸。」

周汝登聖學宗傳卷十三徐愛傳：「壬申，愛以知州考滿入京師，即同穆孔暉等朝夕受業。冬，陞南京工部員外郎。」

按：陽明上大人書云「曰仁考滿亦在出月初旬」，可見徐愛考滿進京在六月上旬。自六月至十二月歸越，徐愛在都下朝夕受業達半年之久，是徐愛受學陽明時間最長之一次，歸越前夕遂編定傳習録（今傳習録卷上前半），故可知其傳習録實主要記正德七年在京受學之語録，其傳習録題辭云「愛朝夕炙門下」者，即主要指其是年在京朝夕受教也。

徐愛父徐璽亦隨徐愛進京來問學，吕柟特爲作古真先生傳。

吕柟涇野先生文集卷三十四古真先生傳：「古真先生，姓徐氏，名璽，字克用，浙江餘姚人也。生而介特嚴正，不習淫媚。嘗爲吏，亦不能吏行，終亦棄吏不仕，安於貧賤。乃叙曰：『璽行年十七，與從兄某庵君讀書積慶寺，爲進士學以求榮。忽有司檄令監戍，徙之漁陽，乃推案慟哭而去。曆二年，得脱死而歸。自是家門多故，家人强起吾爲吏，遂罷進士學。吾之爲吏也，吾終身耻之，人或以爲僞；吾之不得取進士科也，吾終身憾之，人或以爲妄；吾志不欲貧賤，然不能術去而智解也，故吾終身貧賤，人或以爲愚；吾志不欲孤獨，然不能肩脇而面從也，故吾終身孤獨，人或以爲假；吾志不欲鄙陋，人或以爲固，世之謂不知變者曰「古真」，今皆以古真目吾，故吾遂自號爲「古真翁」，作古真歌以自艾……』初，先生年且幼稚，奉祖柩自外來，舟宿沇，野狐村舍作鬼事，火起延舟，舟人皆迷，先生神色自若。厥後既從事兵曹，比滿空槖，假貸而歸。舟轉孟津，阻風彌月，浹旬禾爨，侍者愠見，先生曰：『命可死，不特饑餓，此江風亦不能殺人。』熙如也。後既謁選天曹，遇王考功伯安，與語，大悦，乃遂不復仕矣。當其吏藩司也，得假省親，會父嬰嗽疾，身侍不去。人曰：『此風病耳，可無稽爾事爲。』曰：『棄湯藥，以親簿書，璽不忍也。』居數月而父卒。在兵曹時，感噩夢，便理裝欲歸，至而母適訃，人以爲孝念之先覺也。生一子，曰愛，予同年進士也。愛六歲時，嘗携行由間，愛有所指曰：『吾後必得之。』即厲聲嗔曰：『小子即思黷貨耶？』比謁選時，以伯安講明濂洛之學，遂遣愛師事之。愛舉進士，出知祁州，適天下多故，廉能大聞於畿甸。而先生至祁，儉樸滋甚。人或語及貧富事，曰：『昔人教兒諂世且嗤之，吾將教兒貪耶？』」

按：文稱「王考功伯安」，乃是吕柟作此傳時陽明任考功清吏司郎中。文稱「先生至祁」，則徐璽亦在祁州，自隨徐愛一同進京，吕柟乃爲作傳也。

祁生傅鳳亦隨徐愛進京，來受學。

王陽明全集卷八與傅生鳳：「祁生傅鳳，志在養親而苦於貧。徐曰仁之爲祁也，憫其志，嘗育而教之。及曰仁去祁，生乃來京師謁予，遂從予而南。」

秋中，山陰令張焕考滿進京，告知蔡宗兗歸山陰，朱節赴金華，有札致慰。

王陽明全集卷四寄希淵書一：「近遇如此，希淵歸計良是，但稍傷急迫。若再遲二三月，託疾而行，彼此形迹泯然，既不激怒於人，亦不失己之介矣。聖賢處末世，待人應物，有時而委曲，其道未嘗不直也……區區叨厚禄，有地方之責，欲脱身潛逃固難。若希淵所處，自宜進退綽然，今亦牽制若此，乃知古人掛冠解綬，其時亦不易值也。」書二：「向得林蘇州書，知希顔在蘇州，其時守忠在山陰矣。近張山陰來，知希顔已還山陰矣，而守忠又有金華之出。往歲希顔居鄉而守忠客祁，今茲復爾，二友之每每相違，豈亦有數存焉邪……外是子雍、明德輩相去數十里，決不能朝夕繼見，希顔無亦有獨立無與之歎歟？曩評半圭，誠然，誠然。方今山林枯槁之士，要亦未可多得，去之奔走聲利之場者則遠矣……」

横山遺集卷上思賢叙：「予同年進士張侯五奎，來令山陰，獨樸然將以古道化民。予嘗因陽明先生善其治民曰黄文轅司輿、王琥世瑞者，二子之抱道懷才，不干聲利，予既信之。昔者，親眂侯以賓禮延二子，相與揖讓，獻酬於稽山書院之中，左右亡不惶汗駭顧，以爲嘗所未見於侯之屈，而二子之抗也，君子曰古之道也。張侯，賢侯也；二子，賢民也。衰薄之世，然而侯獨焉其難矣。然山陰之賢，不止二子，蓋予未之盡識而聞之。禮亡，不眂二子而加焉。侯之擢安吉而去也，集山陰之賢而在下者，爲文章歌詩，各致其慕念之意以贈別，殆成巨册。予因覽焉，既歎侯之得士心，輒題其端曰『思賢』……」

按：「張山陰」即山陰令張焕，字五奎，萬曆紹興府志卷二十八：「山陰令，張焕，正德五年。」卷三十八：「張焕，字主奎（按：當作五奎），太和人。正德中，知山陰。有雅量，政先大體。丁卯秋，海溢，死者相枕藉。焕躬詣巡省，吊死問生，力請當道寬其賦，且賑之。比歲登，令民築塘捍海，復於上流建匾拖閘，蓄泄以時，自是水少患。尤勤於造士，修復稽山書院，至今緝續恢弘，實其所更始也。」據此，可知張煥當是在正德七年考滿進京，來見陽明，徐愛乃爲其思賢詩卷作叙。張煥爲正德三年進士（明清進士録失載），與徐愛爲同年，故陽明與張煥當早識。「半圭」即許璋，蓋是王文轅、王琥一類抱道懷才之「賢民」也。

編修陸深充副使封淮王，道訪王華，游陽明洞天。

陸深海日先生行狀：「深辱與新建公游處，出入門墻最久。每當侍側講道之際，觀法者多矣。正德壬申秋，以使事之餘，迂道拜先生於龍山里第。扁舟載酒，相與遊南鎮諸山，乃休於陽明洞天之下。執手命之曰：『此吾兒之志也。大業日遠，子必勉之。』臨望而別。」

按：許讚陸公深墓表：「壬辰（按：當作壬申），與經筵展書。充副使捧册封淮王，義不受餽。」（國朝獻徵録卷十八）知是年陸深充副使往封淮王，乃迂道訪王華。陸深亦陽明弟子，常侍側講道，其專訪王華或亦受陽明之託耶？

九月，黄綰謝病歸天台，作序贈之，有詩送别。

王陽明全集卷七別黄宗賢歸天台序：「君子之學以明其心。其心本無昧也，而欲爲之蔽，習爲之害。故去蔽與害而明復，匪自外得也。心猶水也，污入之而流濁；猶鑒也，垢積之而光昧。孔子告顔淵『克己復禮爲仁』，孟軻氏謂『萬物皆備於我』，『反身而誠』。夫己克，而誠固無待乎其外也。世俗既叛孔、孟之説，昧於大學『格致』之訓，而徒務博乎其外，以求益乎其內，皆入污以求清，積垢以求明者也，弗可得已。守仁幼不知學，陷溺於邪僻者二十年。疾疢之餘，求諸孔子、子思、孟軻之言，而怳若有見，其非守仁之能也。宗賢於我，自爲童子，即知棄去舉業，勵志聖賢之學。循世儒之説而窮之，愈勤而益難，非宗賢之罪也。舉之難易失得也有原，吾嘗爲宗賢言之。宗賢於吾言，猶渴而飲，無弗入也，每見其溢於面。今既豁然，吾黨之良，莫有及者。謝病去，不忍予別而需予言。夫言之而莫予聽，倡之而莫予和，自今失吾助矣，吾則忍於宗賢之別而容無言乎？宗賢歸矣，爲我結廬天台、雁蕩之間，吾將老焉，終不使宗賢獨往也。」

同上，卷二十贈別黄宗賢：「古人戒從惡，今人戒從善。從惡乃同污，從善翻滋怨。紛紛嫉娼興，指摘相非訕。自非篤信士，依違多背面。寧知竟漂流，淪胥亦污賤。卓哉汪陂子，奮身勇厥踐。拂衣還舊山，霧隱期豹變。嗟嗟吾黨賢，白黑匪難辯。」

横山遺集卷上送黄宗賢謝病歸天台：「送子歸天台，天台深九重。一從主人出，赤城紫霞封。桃花笑溪洞，猿鶴哀長松。今日倦游詣，仰首望歸鴻。晨光雖已微，秋色還正濃。遠迹匪沉寂，適意良自充。山風出幽谷，海月流澄空。美人吹玉笛，渺渺碧霄中。知君已仙舉，羽翼亦有同。送我到祁陽，伊祁流正長。淳樸會已散，儉嗇猶自將。憶當於變日，不識是陶唐。勝此巍巍力，浮雲度空蒼。我亦何人斯，分治此一方。未能扉心量，焉足希小康？猶將負平生，感此良堪傷。悠哉潁濱叟，邈矣箕山郎。巍巍陽明山，千古秘禹穴。靈藏自鬼護，杳杳無敢祭。孰知此山翁，精誠密求覓。皇天真有感，神啓不勞掘。雲雷震三日，龍虎互吼嚙。須臾古函開，迺一渾淪物。書文不可讀，字畫俱滅没。山翁一長嘯，群山灑晴雪。君如欲見之，耶溪訪秋月。

緬念無懷詩，澹然靡同異。古道嗟既遠，玄酒日無味。紛紛嗜穠華，高者逐名譽。如心本無非，却迺競其是。孰知天地化，渾渾原一氣。有我未爲開，無我未爲閉。而況長短間，卑卑亦可繫。艾草能除根，秋瓜看落蒂。

吾心含萬化，不潛亦不形。世人窺其隙，往往好立名。名亦玄癡人，因名復求情。易簡理既昧，支離從此生。誰知扣真學，而不觀音聲。」

同上，送黃宗賢謝病歸天台詩叙：「宗賢少業舉子，最博且精，自足發策決科，以趨世俗之所榮，而乃灑然棄之，就補祖父之蔭。既而官後軍爲都事，以誠意才德受知於國師，言聽計從，足以得志行道，而乃決然違之，獨遂歸山之志。此其識量之弘毅，出處之正大，邈然非予所及，然而宗賢未嘗自有也。蓋予在陽明先生門下，而宗賢亦時聞教論，於是有以知志之所存與學之所居，有不約而同者。乃相與歡然契合者幾三月，而遂告别夫子，與宗賢似可亡言矣，而猶有言乎哉？傳曰：『書不盡言，言不盡意。』宗賢固得其意於予言之外者，則亦可謂亡言矣。」

黄綰祭徐曰仁文："子來考績，乃相與選幽擇勝，交相設榻，晝談夕憩，盡究二子所得之奥。如是者，凡數閱月而返，余亦遂東歸。子則假金贈詩，以壯其行。將謂王子得請共邀湛子及同志數人，結廬山中，大明斯道，以俟天下後世之知。"

李一瀚黄公綰行狀："凡三年，疏乞養病歸田，與王公守仁、湛公若水訂終身盟，講明絶學，共扶世教，一意恬退。儲公巏、喬公宇、張公元楨咸以台之先哲、方正學者稱之，家居幾十年。"

黄綰陽明先生行狀："壬申冬，予以疾告歸，公爲文及詩送予，且託予結廬天台、雁蕩之間而共老焉。"

按：徐愛詩云"秋色還正濃"，"耶溪訪秋月"，"秋瓜看落蒂"，顯時在秋九月。徐愛又云"相與歡然契合者幾三月"，由六月下推三月，亦在秋九月。黄綰云"壬申冬，予以疾告歸"，當是指其歸至天台在冬十月。

黄綰集卷八留别三友："石龍子將歸天台，舜卿（王元正）、仲用（梁穀）、惟賢（顧應祥）二三子握其手，曰：『子去，我若何？』石龍子曰：『陽明先生在矣，子日親之，其終染乎！』曰：『先生志去，又將奈何？』曰：『離合，迹也；在離合矣而不爲離合者，神也。二三子其爲迹乎？其爲神乎？爲其迹，愛而得之，一臂掉而失之，其能忍不悲乎？爲其神，六合之内以及乎六合之外，千古之上與千古之下，何往而非神哉！夫神，心之所存，理之發也。心存則神存，神存故動而天，隨天則一而無不同，無不同故彼此齊而離合亡矣。其不同者，雖𠠝卓鷙，人各其私，如面不一，或勢或利，或名或技，拘而從之。方其從也，聯席而寢，並匏而飲，口面與與，腹臟䨲䨲，轉項背而秦越分矣，矧去萬里而猶望有同哉？今二三子惟求之於心，切而弗懈，誠之以天，弗妄以人，則二三子與我與先生，皆將神契矣。神契則常而不變，二三子將何所不師先生而友予哉！况先生尚留數月，二三子勉以親之，毋徒戚戚！』」

按：黄綰此文尤值得注意，文中云「先生志去」，「先生尚留數月」，可見陽明去意亦早决，其時已知將陞南京太僕少卿而去，黄綰亦知其數月後歸省回越，蓋是兩人所共約也。

十月，與南京户部左侍郎儲巏通書論學。

王陽明全集卷二十一答儲柴墟書一：「盛价來，適人事紛紜，不及細詢比來事。既還，却殊怏怏……喻及交際之難，此殆謬於私意……仁者，心之德，人而不仁，不可以爲人。輔仁，求以全心德也，如是而後友。今特以技藝文辭之工，地勢聲翼之重，而驁然欲以友乎賢者，賢者弗與也……伊尹曰：『天之生斯民也，使先知覺後知，使先覺覺後覺。予，天民之先覺也，非予覺之而誰也？』是故大知覺於小知，小知覺於無知；大覺覺於小覺，小覺覺於無覺。夫已大知大覺矣，而後以覺於天下，不亦善乎？……雖然，君子有諸己而後求諸人，僕蓋未嘗有諸己也，而可以求諸人乎？」書二：「昨者草率奉報，意在求正，不覺蕪冗。承長箋批答，推許過盛，殊增悚汗也。來諭責僕不以師道自處，恐亦未爲誠心直道……往時僕與王寅之、劉景素同遊太學，每季考，寅之恒居景素前列，然寅之自以爲講貫不及景素，一旦執弟子禮師之。僕每歎服，以爲如寅之者，真可爲豪傑之士……曾子病革而易簀，子路臨絶而結纓，橫渠撤虎皮而使其子弟從講於二程，惟天下之大勇無我者能之。今天下波頽風靡，爲日已久，何異於病革臨絶之時，然又人是己見，莫肯相下求正。故居今之世，非有豪傑獨立之士的見性分之不容已，毅然以聖賢之道自任者，莫之從而求師也。」

按：儲巏在正德七年正月出爲南京户部左侍郎，次年正月即卒。國榷卷四十八：「正德七年正月壬戌，改養籍户部左侍郎儲巏於南京。」儲巏復王伯安書二云：「使來，承手翰，屢辱嘉惠，感感。」是札作於正德七年十二月（見下），所云「手翰，屢辱嘉惠」，即指陽明此二書，由此可知陽明此二書作在十月、十一月間。

河南參政何孟春書來問祭禮，有答書。

王陽明全集卷二十一答何子元：「古者天子有日官，諸侯有日御。日官居卿以底日，日御不失日以授百官之朝，豈有當祭之日而尚未知有日食者？夫子答曾子之問，竊意春秋之時，日官多失其職，固有日食而弗之知者矣。堯命羲和，敬授人時，何重也！仲康之時，去堯未遠，羲和已失其職，迷於天象，至日食罔聞知，故有胤之征。降及商、周，其職益輕。平王東選，政教號令不及於天下。自是而後，官之失職，又可知矣。春秋所書日食三十有六，今以左傳考之，其以鼓用牲幣於社及其他變常失禮書者三之一，其以官失其職書者四之二，凡日食而不書朔日者，杜預皆以爲官失之，故其必有考也……古之祭者，七日戒，三日齋，致其誠敬以交於神明，謂之『當祭而日食』，則固已行禮矣。如是而中輟之，不可也。接者，疾速之義。其儀節固已簡慢，接祭則可兩全而無害矣。况此以天子嘗禘郊社而言，是乃國之大祀。若其他小祭則或自有可廢者，在權其輕重而處之。若祭於太廟，而太廟火，則亦似有不得不廢者。」

按：羅欽順燕泉何公孟春墓誌銘：「丁母憂。壬申，擢河南左參政……入爲太僕少卿……戊寅，由太僕卿陞右副都御史，巡撫雲南。」（國朝獻徵録卷五十三）國榷卷四十九：「正德八年正月甲申，太僕寺少卿（何）孟春爲右僉都御史，巡撫宣府。」據此，知何孟春在正德七年上半年服闋陞河南左參政，下半年入爲太僕寺少卿。何孟春應是在河南參政任上致書來問禮，約在八九月間。

貴陽諸生書來問候，有答書。

新刊陽明先生文録續編卷一寄貴陽諸生：「諸友書來，間有疑吾久不寄一字者。吾豈遂忘諸友哉？顧吾心方有去留之擾，又部中亦多事，率難遇便；遇便適復不暇，事固有相左者，是以闊焉許時。且得吾同年秦公爲之宗主，諸友既得所依歸，凡吾所欲爲諸友勸勵者，豈能有出於秦公之教哉？吾是可以無憂於諸友矣，諸友勉之！吾所以念諸友者，不在書之有無，諸友誠相勉於善，則凡晝之所誦，夜之所思，孰非吾書札乎？不然，雖日至一書，徒取憧憧往來，何能有分寸之益於諸友也？爲仁由己，而由乎人哉？諸友勉之！因便拾楮，不一。」

按：陽明此書所言「吾同年秦公」，即秦文，其時來任貴州提學副使，故陽明稱其「爲之宗主」。秦文字從簡，號蘭軒，臨海人，弘治五年舉鄉試，六年中進士。陽明亦是弘治五年中浙江鄉試，故稱秦文爲同年。秦文來任貴州提學副使之時間，嘉靖貴州通志卷五將秦文放在陳恪之後，陳恪任貴州提學副使在正德五年，國榷卷四十八：「正德五年九月癸酉，議復謫籍五十三人，皆復官録用……副使劉遜、陳恪……」秦文繼陳恪來任，鄭度秦先生文墓誌：「正德中服闋，始還刑部廣西司郎中……未幾，遷貴州提學副使。」據嘉靖貴州通志卷五著録「正德間副使秦文重建貴州按察司記：『皇帝五年，按察使、今巡撫湖廣都御史安福劉公至，初建大門，尋以遷秩，弗果訖工……六月，按察使滇南朱君璣至……以七年三月二十三日經始……越六月成。』」可見秦文此記作在九十月中。其時陽明亦方有去京師、歸南都之心，所謂「男有南圖」（詳下考），此即寄貴陽諸生所云「顧吾心方有去留之擾，又部中亦多事」。至十二月則乘舟歸越矣。故可知陽明此書作在十月中。

黄綰歸天台途中有書來問學。

黄綰集卷十八寄陽明先生書一：「登舟月餘，默驗此心，惟宿根難去，時或鬱鬱不樂，竟不知爲何事。此道在人，誠不易得。苟非直前担當，難行能行，非忍能忍，惡可得哉！相去日遠，疑將誰質？行將誰考？言之不覺淚下。世事如此，先生歸計，亦宜早決。嘗見世之父兄責子弟以榮勢，至死心猶不滅。堂堂天地，如此人品，古今有幾？不求自成，真可惜也！臨風，不勝瞻戀。」

十一月，徐愛陞南京兵部員外郎，編定傳習録成。陽明再書告父王華，送呈傳習録。

陽明又上海日翁大人札：「男守仁百拜父親大人膝下：會稽易主簿來，得書，備審起居萬福爲慰。男與妹壻等俱平安。但北來邊報甚急，昨兵部得移文，調發鳳陽諸處人馬入援，遠近人心未免倉皇。男與妹壻只待滿期，即發舟而東矣。行李須人照管，禎兒輩久不見到，令渠買畫絹，亦不見寄來。長孫之夭，骨肉至痛，老年懷抱，須自寬釋。幸祖母康强，弟輩年富，將來之福尚可積累。道弟近復如何？須好調攝，毋貽父母兄弟之愛念。錢清陳倫之回，草草報安。小録一册奉覽，未能多寄。梁太守一册，續附山陰任主簿。廿八日，男守仁百拜。」（式古堂書畫彙考書考卷二十五，陽明文集失載）

按：蕭鳴鳳徐愛墓誌銘云：「壬申冬，陞南京兵部車駕員外郎……乙亥冬，陞南京工部都水郎中。」錢德洪陽明先生年譜謂「以祁州知州考滿進京，陞南京工部員外郎」，乃誤。今按横山遺集卷下應詔陳言上下同心以更化善治奏議即云「南京兵部車駕清吏司員外郎臣徐愛奏」，奏末亦署「南京兵部車駕清吏司員外郎臣徐愛」。顯可見蕭鳴鳳爲是，錢德洪爲非。黄宗羲明儒學案卷十一郎中徐横山先生愛云：「出知祁州，陞南京工部員外郎，轉南京工部郎中……緒山傳云『兵部』及『告病歸』，皆非。」其説亦誤。徐愛墓誌銘及諸家傳均籠統云徐愛壬申冬陞南京兵部員外郎，今據陽明此書，决可知徐愛乃在冬十一月陞南京兵部員外郎。蓋陽明此書作於十一月廿八日，所謂「男與妹壻只待滿期，即發舟而東」，「昨兵部得移文」，是謂其時徐愛陞南京兵部員外郎命已下，而陽明陞南京太僕寺少卿命尚未到，故尚在整裝以待；而徐愛因已陞南京兵部員外郎，故得見兵部移文也。

徐愛編定傳習録時間，歷來皆以爲是在徐愛與陽明同舟歸越之時所編，錢德洪陽明先生年譜云：「與先生同舟歸越，論大學宗旨，聞之踴躍痛快，如狂如醒者數日，胸中混沌復開。仰思堯、舜、三王、孔、孟千聖立言，人各不同，其旨則一，今之傳習録首卷是也。」其説誤甚。按徐愛傳習録跋分明云：「愛始聞先生之教，實是駭愕不定……其後思之既久，不覺手舞足蹈。」是言其多年受教，久有感悟而手舞足蹈，非是在歸越舟中受教時如醉如狂，「手舞足蹈」。又徐愛傳習録題辭亦分明云：「愛朝夕炙門下……故愛備録平日之所聞，私以示夫同志，相與考而正之。」是傳習録乃備録平日多年傳習所聞（按：主要爲正德七年六月至十一月傳習所聞），並非記録歸越舟中所聞論大學宗旨語。今據陽明此書，决可知徐愛編定印刻傳習録在十一月中，書中所云「小録」即指傳習録，蓋是録僅徐愛所記一卷（今傳習録卷上前半，五千餘字），故稱「小録」。後乃陸續增補他人所記語録。此徐愛編定傳習録一卷，可謂是陽明正德貶謫龍場驛以來思想之記録也。

書中所言之人，「易主簿」即易祉，萬曆紹興府志卷二十八：「會稽主簿，易祉。」「任主簿」即任頤，萬曆紹興府志卷二十八：「山陰丞，任頤。」「陳倫」與王華同年，萬曆紹興府志卷三十三：「成化十七年王華榜，餘姚陳倫，員外。」「梁太守」即紹興知府梁喬（見下）。「道弟」疑即王守道。「長孫之夭」，疑指徐愛子之夭亡。按陽明謂七妹妊娠在八月，然其後未見生子。至錢德洪作壽徐横山夫人五十序，云：「已而聞諸其家，孺人王，少寡而無子。」王華祭徐曰仁文亦祇云：「寡妻在室，何所瞻依？……我今葺理東邊房屋數楹，以居汝妻，以奉養汝父母。」可見徐愛確無子嗣，則當是八月其夫人妊娠生子後，即夭亡。

徐愛傳習録序：「門人有私録陽明先生之言者。先生聞之，謂之曰：『聖賢教人如醫用藥，皆因病立方，酌其虚實温涼陰陽内外而時時加減之，要在去病，初無定説。若拘執一方，鮮不殺人矣。今某與諸君不過各就偏蔽箴切砥礪，但能改化，即吾言已爲贅疣。若遂守爲成訓，他日誤己誤人，某之罪過可復追贖乎？』愛既備録先生之教，同門之友有以是相規者，愛因謂之曰：『如子之言，即又拘執一方，復失先生之意矣。孔子謂子貢，嘗曰「予欲無言」，他日則曰「吾與回言終日」，又何言之不一邪？蓋子貢專求聖人於言語之間，故孔子以無言警之，使之實體諸心，以求自得；顔子於孔子之言，默識心通無不在己，故與之言終日，若決江河而之海也。故孔子於子貢之言不爲少，於顔子終日言不爲多，各當其可而已。今備録先生之語，固非先生之所欲，使吾儕常在先生之門，亦何事於此？惟或有時而去側，同門之友又皆離群索居，當是之時，儀刑既遠而規切無聞，如愛之駑劣，非得先生之言時時對越警發之，其不摧墮靡廢者幾希矣。吾儕於先生之言，苟徒入耳出口，不體諸身，則愛之録此，實先生之罪人矣；使能得之言意之表，而誠諸踐履之實，則斯録也，固先生終日言之之心也，可少乎哉？』録成，因復識此於首篇以告同志。門人徐愛序。」

徐愛傳習録題辭：「先生於大學『格物』諸説，悉以舊本爲正，蓋先儒所謂誤本者也。愛始聞而駭，既而疑，已而殫精竭思，參互錯綜以質於先生，然後知先生之説若水之寒，若火之熱，斷斷乎百世以俟聖人而不惑者也。先生明睿天授，然和樂坦易，不事邊幅。人見其少時豪邁不羈，又嘗泛濫於詞章，出入二氏之學，驟聞是説，皆目以爲立異好奇，漫不省究。不知先生居夷三載，處困養静，精一之功固已超入聖域，粹然大中至正之歸矣。愛朝夕炙門下，但見先生之道，即之若易而仰之愈高，見之若粗而探之愈精，就之若近而造之愈益無窮，十餘年來竟未能窺其藩籬。世之君子，或與先生僅交一面，或猶未聞其謦欬，或先懷忽易憤激之心，而遽欲於立談之間，傳聞之説，臆斷懸度，如之何其可得也？從遊之士，聞先生之教，往往得一而遺二，見其牝牡驪黄而棄其所謂千里者。故愛備録平日之所聞，私以示夫同志，相與考而正之，庶無負先生之教云。門人徐愛書。」

十二月八日，陞南京太僕寺少卿。

王陽明全集卷九給由疏：「正德七年三月内陞本部考功清吏司郎中。本年十二月初八日，蒙陞南京太僕寺少卿。」

國榷卷四十八：「正德七年十二月戊申，吏部郎中王守仁爲南京太僕寺少卿。」

十二月中旬，便道歸省，與徐愛同舟返越。有書告南京户部左侍郎儲巏。

儲巏柴墟集卷十四復王伯安書二：「使來，承手翰，屢辱嘉惠，感感！絮艾護膝，尤荷遠念。嚴冬切骨，跪拜之餘，當益感故人之貺也。坐冗未得治筆研，卷子久留齋中，愧愧！近不幸哭一未彌月嬰兒，至今情思惝怳，使者又徒回。想公聞之，且爲我惋惻，姑置稽遲不問也。聞使旆已出齊魯之境，諸寺僚先趣出之矣。時事日新，遞中多邸報，不具。奉瞻不遠，已寒珍嗇。不宣。」

按：儲巏作此書，已在陽明出齊魯、進入徐淮之時，故稱「奉瞻不遠」，「諸寺僚先趣出之」。「卷子」，疑即傳習録。柴墟集卷十四另有與黄綰秀才云：「近世士大夫如蔡君介夫、王君伯安，皆趨向正，造詣深，講明義理，不專爲文字之學。今介夫致仕歸泉州，伯安雅有山水之樂，計不久亦歸越中。以足下卓識高才，服闋後間出，往從之游，所得當益勝矣。」可見其時陽明與儲巏多有通信往返，故儲巏稔知其行踪。

陽明是次歸越，徐愛之外，亦多有弟子侍行。如陽明祭鄭朝朔文云：「幾年於兹，孰沿就繹？……當是之時，君疾已構，忍痛扶孱，精微日究。人或勸君：盍亦休只？君曰何哉？夕死可矣。君遂疾告，我亦南行。君與世傑，訪予陽明。君疾亦篤，遂留杭城。」可見鄭一初、陳洸一同陪侍陽明歸越，訪游陽明洞，然後告别，留居杭城。又陽明與傅生鳳云：「及曰仁去祁，生乃來京師謁予，遂從予而南。聞予言，若有省，將從事於學。」是傅鳳亦隨陽明歸越。

一五一三　正德八年　癸酉　四十二歲

正月，歸經彭城，胡伯忠來會，别後有答書。

王陽明全集卷四與胡伯忠：「某往在京，雖極歆慕，彼此以事未及從容一叙，别去以爲憾。期異時相遇，决當盡意劇談一番耳。昨未出京，即已預期彭城之會，謂所未决於心，在兹行矣。及相見又復匆匆而别，别又復以爲恨。不知執事之心亦何如也。君子與小人居，决無苟同之理，不幸勢窮理極而爲彼所中傷，則安之而已。處之未盡於道，或過於疾惡，或傷於憤激，無益於事，而致彼之怨恨讎毒，則皆君子之過也。昔人有言：『事之無害於義者，從俗可也。』君子皆輕於從俗，獨不以異俗爲心耳。『與惡人居，如以朝衣朝冠坐於塗炭者』，伯夷之清也；『雖袒裼裸裎於我側，彼焉能浼我哉』，柳下惠之和也。君子以變化氣質爲學，則惠之和，似亦執事之所宜從者。不以三公易其介，彼固未嘗無伯夷之清也。『德輶如毛，民鮮克舉之』，『我儀圖之，惟仲山甫舉之』。愛莫助之，僕於執事之謂矣。正人難得，正學難明，流俗難變，直道難容。臨筆罔然，如有所失，言不盡意，惟心亮。」

經南都，會儲巏、穆孔暉及太僕寺諸同僚。

按：儲巏復王伯安書二云「諸寺僚先趣出之」，「奉瞻不遠」，故陽明至南都必當見儲巏及諸寺僚。又穆孔暉其時先來爲南京國子司業，國榷卷四十八：「正德七年七月庚子，翰林檢討穆孔暉爲南京國子司業。」兩人必當相見。他如南京禮部尚書喬宇、南京太常寺少卿羅欽順、南京刑部右侍郎郭紳等，亦必當相見。故陽明在南都當逗留待時甚長也。（按：儲巏於是年七月卒）

經丹陽，訪雲谷湯禮敬，爲祝壽作序。

王陽明全集卷二十二壽湯雲谷序：「至是正德癸酉某月，予自吏部徙官南太僕，再過丹陽，而雲谷已家居三年矣。訪之，迎謂予曰：『尚憶「眉間」之説乎？吾信吾之心，而不若子之見吾貌，何也？今果十年而始出於泥塗，是則信矣。然謂古之庶幾也，則貌益衰，年益逝，去道益遠，猶是若未之盡然耳。』予曰：『乃今則幾矣。今吾又聞子之言，見子之貌矣，又見子之廬矣，又見子之鄉人矣。』雲谷曰：『異哉！言貌既遠矣，廬與鄉人亦可以見我乎？』曰：『古之有道之士，外槁而中澤，處隘而心廣，累釋而無所撓其精，機忘而無所忤於俗。是故其色愉愉，其居于于，其所遭若清風之披物，而莫知其所從往也。今子之步徐髮改，而貌若益憊，然而其精藏矣；言下意懇，而氣若益衰，然而其神守矣；室廬無所增益於舊，而志意擴然，其累釋矣；鄉之人相忘於賢愚貴賤，且以爲慈母，且以爲嬰兒，其機忘矣。夫精藏則太和流，神守則天光發，累釋則怡愉而静，機忘則心純而一，四者道之證也。夫道無在而神無方，安常處順，其至矣，而又何人間之脱屣乎？』雲谷云：『有是哉！吾信吾之心，乃不若子之見吾廬與鄉人也。』於是雲谷年七十矣。是月，值其懸弧，鄉人方謀所以祝壽者。聞予至，皆來請言。予曰：『嘻，子之鄉先生既幾於道，而尚以壽爲賀乎？夫壽不足以爲子之鄉先生賀。子之鄉而有有道之士若子之鄉先生者，使爾鄉人之子弟皆有所矜式視效，出而事君，則師其道以用世；入而家居，則師其道以善身。若射之有的，各中乃所向。則是先生之壽，乃於爾鄉之人復有足賀也已。』明年三月，予再官鴻臚，而鄉之人復以書來請，遂追書之。」

經毗陵，鄭善夫來問學。

鄭善夫少谷集卷二十上陽明先生書：「善夫蒙天不棄，癸酉歲得假毗陵之謁，猥承至教。

奈以天質凡下，無有其地，因循歲年，幸再私淑諸人，稍知向道，是雖及先生之門，然竊念先生之恩，信與生我者同死不忘也。」

横山遺集卷上與鄭繼之書：「疇昔聞仰天假毗陵之會，過辱傾蓋之誼，且訂約別後麗澤，喜慰以來，常愧歉負，雖時從士夫問達，何益也。今時士大夫皆知高執事，愚竊謂高之淺矣。彼所謂高者，誠以執事文以粹然、行之卓然也。然執事豈以是自高者？登東山者，魯人望之則以爲高，躡其巔者則不自以爲高，以見泰山之在前者。執事固望泰山者也。舍枝葉而務本根，抑華博而歸淵塞，不越身心之間，而有超乎文行之外者，此固執事之今之志。然則時之高執事者，不爲淺也耶？執事以爲何如，便間不惜示教，以開未至。」

按：鄭善夫字繼之，號少谷，閩縣人。明清進士録：「鄭善夫，弘治十八年三甲一百八十二名進士。閩縣人，字繼之，號少谷。授户部主事，以清操聞，後棄官去，築室金鰲峰下。起禮部主事，進員外郎，諫南巡受杖。明年，力請歸。嘉靖初，起南吏部郎中，便道游武夷，風雪絶糧，得病死。善夫敦行誼，所交盡名士。工畫，作詩力摹少陵。有經世要録、少谷山人集。」鄭善夫弘治十八年中進士，當在其時與在京陽明相識。林鉞少谷鄭公繼之墓碑云：「正德改元，纂修蘇松常鎮實録成，隨繼居内外艱。積六年，起銓户部主事，出理滸市關譏閘，不敗名，商人利之。」滸市關即滸墅關，在吴縣。按黄綰少谷子傳云：「少谷子爲户部主事，督税吴江之滸墅。予過而遇之，握手與予語，竟日而別。」（黄綰集卷二十三）又黄綰家訓云：「鄭少谷善夫，字繼之，閩人也。予爲後軍告病歸，過滸墅，始會繼之。繼之時爲户部主事，督税滸墅，之舟中一拜，遂定交。」（洞山黄氏宗譜卷一）可見鄭善夫乃在正德七年起任户部主事，來毗陵督税滸墅關。陽明正德八年自京歸經毗陵，鄭善夫遂來見問學，徐愛時亦在場也。

經蘇州，嘉定縣令王應鵬來問學，爲其書卷題言。

王陽明全集卷八書王天宇卷：「徐曰仁數爲予言天宇之爲人，予既知之矣。今年春，始與相見於姑蘇，話通宵，益信曰仁之言。天宇誠忠心者也，才敏而沉潛者也。於是乎慨然有志於聖賢之學，非豪傑之士能然哉！出兹卷，請予言。予不敢虚，則爲誦古人之言曰：『聖，誠而已矣。』君子之學以誠身。格物致知者，立誠之功也。譬之植焉，誠，其根也；格致，其培壅而灌溉之者也。後之言格致者，或異於是矣。不以植根而徒培壅焉、灌溉焉，敝精勞力而不知其終何所成矣。是故聞日博而心日外，識益廣而僞益增，涉獵考究之愈詳而所以緣飾其奸者愈深以甚。是其爲弊亦既可覩矣，顧猶泥其説而莫之察也，獨何歟？今之君子或疑予言之爲禪矣，或疑予言之求異矣，然吾不敢苟避其説，而内以誣於己，外以誣於人也。非吾天宇之高明，其孰與信之！」

按：王應鵬字天宇，號定齋，鄞縣人。明清進士録：「王應鵬，正德三年三甲二百一十三名進士。鄞縣人，字天宇。知嘉定縣，律己廉慎，鋤强扶弱，均傜役，寬賦税，擢御史，直聲大著。嘉靖中，進左副都御史，因建言忤帝，下詔獄。」陽明此文題下原注「甲戌」作，顯誤。正德九年春陽明在滁州，决無往蘇州之事。國朝獻徵録卷五十五有都察院右副都御史定齋王公應鵬家傳云：「戊辰，登進士，出宰嘉定（按：嘉定縣屬蘇州府）……吴郡通判、縣丞索長税金，公白之當道，發其贓巨萬……明年，流賊兵至狼山，吏民駭竄，公諭安之，築城拒守，三日而成，患捍俗熙，民有遺思。涖任三年，徵拜監察御史。」劉六、劉七於狼山兵敗被殺在正德七年八月，王應鵬在嘉定任三年，正德十年陞監察御史入京。故可知陽明在蘇州見王應鵬必在正德八年春。且王應鵬與徐愛爲同年，兩人關係至密，王應鵬祭徐曰仁文云：「鵬於曰仁同舉於鄉，同試於春官，曰仁不予棄也，而復同之以道誼……」（横山遺集附録）故陽明、徐愛經蘇州，王應鵬必來見也。

二月，歸至紹興。

横山遺集卷上同志考叙：「癸酉春，侍先生自北來南。」

錢德洪陽明先生年譜：「二月，至越。」

居陽明洞，鄭一初、陳洸來訪。鄭一初旋以疾告歸。

王陽明全集卷二十五祭鄭朝朔文：「君遂疾告，我亦南行。君與世傑，訪予陽明。君疾亦篤，遂留杭城。」

横山遺集卷上別鄭朝朔諸友：「絶學世不講，于今凡幾年？有志頗尋繹，時流辨蚩妍。自非豪傑士，鮮不遭踣顛。諸君總英特，立幟三軍前。成名還遜學，得師開心天。鸞鳳出霄漢，飄飖自高騫。安能顧鳥雀，聚口相咄喧。我本朽劣姿，追陪後群賢。輝光才接膝，離别俄當筵。匪爲兒女輩，窮素良足歎。　南山有一泉，千溪從此出。脉絡總分明，晝夜流不息。我於上四望，群派了然晰。攬艇試一弄，去來無順逆。有人不知源，却從下流覓。流急不可止，退易進無力。涕泣向千歧，眩亂終何適？」

同上，贈陳世傑：「桃李競芳晨，零落隨東風。芝蘭媚空谷，馨香惟自榮。豈無名業志？顧未根基崇。豺狼梗當道，風波阻長江。念歸匪不切，求道義獨降。黄鳥鳴嚶嚶，悠然感微衷。　登覽卧龍山，奇峰四森列。江海滸回互，仰見陽明穴。穴中有仙子，揚言出雲月。自稱將帝命，仙籍恣披閲。姓名一一存，天機未敢泄。佳期不遠時，群仙會屬兹。天心諒無爽，有情當自期。　師言領至要，歸求秉遐心。心屬固宜得，功進當自今。有待即爲間，上帝不二臨。切磋復琢磨，可憚勤勞深。垂弦苟不更，焉希太古音？」

按：鄭一初因疾别陽明歸揭陽，後途中因疾篤，遂滯留杭城，卒在杭病故。

黄綰歸居紫霄山中，行辟穀之方，寄詩來告。

黄綰集卷二病中習辟穀寄陽明甘泉二首：「伏痾久未愈，乃試辟穀方。山深易松柏，日採頗不忙。終朝未一粒，三咽充我饑。神爽絶超越，肝肺忽已香。從兹謝葷穢，並遣人間糧。瓊英與玉液，脱履皆堪嘗。邀我若耶子，招手西雲郎。與鋤三徑草，白日游玄荒。遁世亦何有，辟穀諒可常。澹泊本素志，質性有相當。當年赤松子，遺我出世方。緬懷燧人上，煙火多未遑。今胡有玉食？草木猶足將。去去雲磴深，及此春日長。」

按：詩云「及此春日長」，當作在春間。「若耶子」指陽明，蓋黄綰辟穀於紫霄山與陽明養病於陽明洞遥相感應也。「西雲郎」，即湛甘泉。

三月，傅鳳疾危歸祁，書言贈别。

王陽明全集卷八與傅生鳳：「及曰仁去祁，生乃來京師謁予，遂從予而南。聞予言，若有省，將從事於學。然痛其親之貧且老，其繼母弟又瞽而愚，無所資以爲養，乃記誦訓詁，學文辭，冀以是干升斗之禄。日夜不息，遂以是得危疾，幾不可救。同門之士百計寬譬之，不能已，乃以質於予。予曰：『嘻！若生者亦誠可憐者也。生之志誠出於孝親，然已陷於不孝而不之覺矣。若生者亦誠可憐者也。』生聞之悚然，來問曰：『家貧親老，而不爲禄仕，得爲孝乎？』予曰：『不得爲孝矣。欲求禄仕而至於成疾，以殞其軀，得爲孝乎？』生曰：『不得爲孝矣。』『殞其軀而欲讀書學文以求禄仕，禄仕可得乎？』生曰：『不可得禄仕矣。』曰：『然則爾何以能免於不孝？』於是泫然泣下，甚悔，且曰：『鳳何如而可以免於不孝？』予曰：『保爾精，毋絶爾生；正爾情，毋辱爾親；盡爾職，毋以得失爲爾惕；安爾命，毋以外物戕爾性。斯可以免矣。』其父聞其疾危，來視，遂欲携之同歸。予憐鳳之志而不能成也，哀鳳之貧而不能賑也，憫鳳之去而不能留也，臨别，書此遺之。」

蕙皋徐天澤來問學。

光緒餘姚縣志卷二十三徐天澤傳：「徐天澤，字伯羽，號蕙皋。弘治十五年進士，授南京工部主事。時劉瑾柄政，千户石文義附瑾，爲其伯父太監踰例求厚葬，天澤持不與。尋轉吏部驗封司郎中，遷知廣西太平府。太平去京師萬里，夷僮雜處，天澤興學校，明禮讓，俗爲丕變。土官偃蹇，不就徵調，諭以忠義恩信，皆歡呼就道。江州黄清爲亂，帥府懸賞急捕，累歲弗得。天澤定計，説土官伏兵誅之。御史以才薦，調桂林，會撫、按不協，方薦而劾，遂歸。天澤自幼豪鋭，博聞强記，侃侃思表見於世。既歸，杜門讀書，遇佳山水輒留品題。時王守仁以道學倡東南，從弟從之遊，天澤數與辯難。既見守仁於會稽，親聞良知之教，喟然曰：『吾生平勞精竭慮，博求於外，今反諸吾心，坦然有餘也。』錢德洪曰：『蕙皋近年進道甚鋭，同志賴以奮發。惜不假年，以竟其成也。』卒年三十五。」

按：萬曆紹興府志卷三十二：「舉人，弘治十四年，餘姚徐天澤，順天中式。」卷三十三：「進士，弘治十五年康海榜，餘姚徐天澤，知府。」徐天澤弘治十五年舉進士，其在京師任吏部驗封司郎中時，陽明亦任兵部武選清吏司主事，兩人或已相識。徐天澤約在正德七年自太平府任上劾歸餘姚家居，其來從學陽明，傳稱「見守仁於會稽」，則必在正德八年陽明自京師歸會稽以後，約三四月中。陽明寄薫皋書札中已談及邀徐天澤共遊四明，此書作於正德八年七月（見下），徐天澤因疾未能來遊四明，可見其在三月來問學，於四月即回餘姚。

無錫修復東林書院成，縣令高文豸遣人來請記，爲作東林書院記。

王陽明全集卷二十三東林書院記：「東林書院者，宋龜山楊先生講學之所也。龜山没，其地化爲僧區，而其學亦遂淪於佛老、訓詁詞章者且四百年。成化間，今少司徒泉齋邵先生始以舉子復聚徒講誦於其間。先生既仕，而址復荒，屬於邑之華氏。華氏，先生之門人也，以先生之故，仍讓其地爲書院，以昭先生之迹，而復龜山之舊。先生既已紀其廢興，則以記屬之某。當是時，遼陽高君文豸方來令兹邑，聞其事，謂表明賢人君子之迹，以風勵士習，此吾有司之責，而顧以勤諸生則何事？爰畢其所未備，而亦遣人來請……夫龜山没，使有若先生者相繼講明其間，龜山之學，邑之人將必有傳，豈遂淪入於老佛、詞章而莫之知？求當時從龜山遊不無人矣，使有如華氏者相繼修葺之，縱其學未即明，其間必有因迹以求道者，則亦何至淪没於四百年之久？又使其時有司有若高君者，以風勵士習爲己任，書院將無因而圮，又何至化爲浮屠之居而蕩爲草莽之野？是三者，皆宜書之以訓後。若夫龜山之學，得自程氏，以上接孔、孟，下啓羅、李、晦庵，其統緒相承，斷無可疑……先生樂易謙虚，德器溶然，不見其喜怒。人之悦而從之，若百川之趨海，論者以爲有龜山之風，非有得於其學，宜弗能之。然而世之宗先生者，或以其文輪之工，或以其學術之邃，或以其政事之良，先生之心其殆未以是足也。從先生遊者，其以予言而深求先生之心，以先生之心而上求龜山之學，庶乎書院之復不爲虚矣。書院在錫百瀆之上，東望梅村二十里而遥，周太伯之所從逃也。方華氏之讓地爲院，鄉之人與其同門之士争相趨事，若耻於後。太伯之遺風，尚有存焉，特世無若先生者以倡之耳，是亦不可以無書。」

按：「泉齋邵先生」，即邵寶，時方以户部左侍郎歸養家居。「遼陽高君文豸」，無錫縣令，正德常州府志續集卷二：「無錫縣知縣，高文豸，字廷直，遼東都司籍，山東黄縣人。由進士，正德六年十一月二十六日任。」按陽明正德六年二月任會試同考試官，高文豸或是陽明親取録耶？「華氏」，即華雲，康熙常州府志卷二十三：「華雲，字從龍，無錫人。師事邵文莊，遊王文成之門。嘉靖舉進士，権税九江，秋毫無染。時嚴嵩用事，雲疏請改南，陞刑部郎中，遂乞休。雲家故饒於貲，乃能因之以行義，由親逮疏，凡有窘急，悉需以濟。其於庶弟寡妹，恩禮尤篤，外家貧甚，日廪給之。晚歲仿范文正公義莊事，捐田千畝以贍族，肖先世孝子像其中，築真休園於宅傍，法書名畫，充牣其中。暇則放舟谿墅，倡咏忘歸。」國朝獻徵録卷四十九有王慎中補庵華君雲壙誌。華雲爲邵寶門人，亦爲陽明弟子。高崖東林書院志卷十七著録邵寶憶東林精舍示華生雲：「東林寺裏舊書堂，三十年來野草荒。百囀未忘初鳥韵，一枝猶剩晚柑香。山懷龍阜神俱遠，水問梅村脉故長。寄語雲生爲磨石，客中新記已成章。」「新記」應即指陽明作東林書院記。按陽明記中稱邵寶「以記屬之某」，則當是陽明正月經毗陵時與邵寶有一見，邵寶當面以記相囑，故陽明歸紹興後，高文豸即遣人來請記。

五月，訪日東正使了庵和尚堆雲桂悟，作序送歸國。

陽明送日東正使了庵和尚歸國序：「世之惡奔競而厭煩拏者，多遯而之釋焉。爲釋有道，不曰清乎？撓而不濁；不曰潔乎？狎而不染。故必息慮以浣塵，獨行以離偶，斯爲不詭於其道也。苟不如是，則雖皓其髮，緇其衣，梵其書，亦逃租繇而已耳，樂縱誕而已耳，其於道何如耶？今有日本正使堆雲桂悟字了庵者，年踰上壽，不倦爲學，領彼國王之命，來貢珍於大明。舟抵鄞江之滸，寓館於駟。予嘗過焉，見其法容潔修，律行堅犖，坐一室，左右經書，鉛朱自陶，皆楚楚可觀愛，非清然乎？與之辯空，則出所謂預修諸殿院之文，論教異同，以並吾聖人，遂性閑情安，不譁以肆，非净然乎？且來得名山水而遊，賢士大夫而從，靡曼之色不接於目，淫哇之聲不入於耳，而奇邪之行不作於身，故其心日益清，志日益浄，偶不期離而自異，塵不待浣而已絶矣。兹有歸思，吾國與之文字以交者，若太宰公及諸紳輩，皆文儒之擇也，咸惜其去，各爲詩章，以艷飾迥躅，固非貸而濫者，吾安得不

序！皇明正德八年歲在癸酉五月既望，餘姚王守仁序。」（伊藤松鄰交徵書初篇卷一，陽明文集失載）

按：堆雲桂悟爲日本一著名高僧與詩僧。鄰交徵書於陽明是序下云：「桂悟，謚佛日，住南禪寺，退居大慈院，院在東福寺。永正中，爲足利氏使入明。按籌海圖編，正德五年八月，夷船三隻，使僧桂悟貢方物，是也。」鄰交徵書二篇卷二有徐楓岡送即休師歸國序云：「昔專使了庵公，詩才爲日域之冠，盛名播於遐邇。其徒即休師，嘉靖己亥來貢天子……其文之懿學，得了庵之傳也。」又三篇卷一有黄隆日本東福了庵和尚語録序，對堆雲桂悟述之尤詳：「余聞日本東福和尚曰了庵者，乃大疑禪師之法子也。自八歲薙髮受本師業，抵今六十餘年。潛心遜志，於前道無不究竟。不涉聲利，不住形相。朝夕競競，罔敢逸怠。一玉之潔潤，而丹紫莫能渝其質；一松之堅勁，而雪霜莫能摧其操。其鐵中之錚錚歟？爰有了庵之社友東歸座元，大明成化甲辰歲，承彼國命，浮海越舟，而來貢我皇上……今年乙巳返邸四明，言旋而歸……東歸座元命僮持一帙來，展之，即了庵和尚平日語録也……後之人觀兹語録，則知了庵之爲人；觀了庵之爲徒，則又足以見大疑之爲師矣。遂書之以爲序。大明成化乙巳歲孟秋既望，賜進士出身、中憲大夫、四川按察副使四明黄隆序。」成化二十年堆雲桂悟已六十餘歲，則其正德中出使來明進貢當已九十餘歲，故陽明序稱其「年踰上壽」。按堆雲桂悟實嘗兩次出使來明，一在正德六年，一在正德八年。鄰交徵書初篇卷二有楊端夫詩云：「日本了庵禪師膺使命來我皇明，館於姑蘇，幾半載。凡士大夫之相與者，無不敬且重焉，以其齒德既高且學亦稱是故耳。昔王摩詰所謂『色空無得，而不物物；語默無際，而不言言』者，似爲今日禪師道也。予接遇日久，因賦二詩以贈，一以詠號，一以送行云……正德七年四月望日，姚江楊端夫稿。」此詩作在四月望日，以「半載」算，則堆雲桂悟應是在正德六年十月來明，館於姑蘇，其歸國亦有諸多縉紳文士作詩相送。第二次在正德八年初，鄰交徵書二篇卷一有黃相日東了庵禪師轉職育王寺疏並序云：「了庵，異域叢林之彥也。僧臘八十餘，龐眉鶴髮，動止雅恂，尤不苟於言笑，清齋習静之餘，默究經典秘義而已。初在本國，大檀越征夷大將軍以瑞龍山南禪寺丈室乏人，特命主之，緇流允服。頃啣國王之命，遠使中華，得窺聲名文物之盛。聞寧波有育王寺，琳宫梵宇，金壁焜煌，乃轉職此寺而居者。久之，大修教典，寺之歡騰，寧波府衛諸官僚，亦喜其能不墜迦葉而像教之中有人矣……日本乃扶桑之鄰壤，而徐仙託蓬島以潛形，間生異士，今在了庵。飛錫瑞龍山，究一乘五律之道；浮杯育王寺，了八藏三篋之文……袖裏千年鐵柱骨，本自西來；手中萬歲胡孫藤，行將東去。謹疏。正德八年癸酉四月吉日，賜進士出身、奉訓大夫、提督浙江司舶司事、華人黃相書於雙柏亭。」可見堆雲桂悟是次來明，嘗轉職寧波育王寺，大修教典，待時甚長。其歸國時間，鄰交徵書三篇卷一有張迪了庵語録後跋云：「叢林中佛印之風致或可少，而了庵能專對以不辱君命，其才與德則不可無。若其語録，則有定評，然亦無庸深較。正德癸酉歲，蒲月望後二日，四明山人、習齋居士張迪文訓跋。」「蒲月」即五月，此跋作於陽明作此序後一日，疑堆雲桂悟在五月因歸國事嘗自寧波來紹興，陽明遂得知往訪，即序所言「予嘗過焉」。蓋堆雲桂悟進京朝貢，爲朝臣文士所矚目，陽明自早有所知。堆雲桂悟離京歸國，都下朝臣文士多作詩相送，即陽明序中所云「若太宰公及諸縉紳輩……咸惜其去，各爲詩章」。「太宰公」即楊一清，時爲吏部尚書。陽明此序，顯即寫在此送別詩卷之上，故云「各爲詩章……吾安得不序」。

偕徐愛赴餘姚龍泉山，避暑於清風亭，弟子皆來集，將作天台、雁蕩之遊。

横山遺集卷下游雪竇因得龍溪諸山記：「正德癸酉夏，予從陽明北歸，過龍泉，避暑於清風亭。王世瑞、許半圭、蔡希顔、朱守中偕自越來，矢遂厥遊。」

六月，偕弟子從上虞入四明，觀白水，尋龍溪之源，登杖錫，至雪竇，上千丈巖，至大埠，從寧波買舟還餘姚。

王陽明全集卷四與黄宗賢書二：「僕到家，即欲與曰仁成雁蕩之約，宗族親友相牽絆，時刻弗能自由。五月，終決意往，值烈暑，阻者益衆且堅，復不果。時與曰仁稍尋傍近諸小山，其東南林壑最勝絶處，與數友相期，候宗賢一至即往。又月餘，曰仁憑限過甚，乃翁督促，勢不可復待。乃從上虞入四明，觀白水，尋龍溪之源；登杖錫，至於雪竇；上千丈巖，以望天姥、華頂，若可睹焉。欲遂從奉化取道至赤城，適彼中多旱，山田盡龜裂，道傍人家傍徨望雨，意慘然不樂，遂從寧波買舟還餘姚。往返亦半月餘……」

横山遺集卷下游雪竇因得龍溪諸山記：「客星燭溪，沿永樂寺，澄江峻（巍）壁，松高氣爽。

諏雪竇所由路，人莫能識。衆欲泛江，而希顔疾，乃返棹。月夜，乘潮上通明。明日，達上虞，半圭、希顔辭去。詢道，虞人指羊厄嶺，實陰沮之也。予輩乃夜踰金沙、黄竹，曉入四明山。環區沃曠，中據數鳩族，意匪劉樊故地。晉訪汪叔憲，出游白水宫，觀巖瀑潔涼瀉下，仍有三台屏風環之，幽好深静，真仙隱也。再詢羊厄，人皆迂之，乃徑妲溪。先生曰：『吾遠族居也，往焉。』世瑞欲返不得，而叔憲偕行。踰大嶺，經下館，抵溪口。西峽峭峰三，遥詑中峰下爲浮屠，就眡乃石筍。南控仙橋洞，佇賞久之，午餔於族之新居，宗人咸來會。晚循溪上，止於祖居。泉石衝激，溪山環折，如鳳翔龍盤，勢睽而情麗。祖居前兩溪流匯，折東北，出湘渭。登石屋，望峽外峰，芒赤浮動，詢乃三龍潭，爲溪西源。東源靡窮，期返雪竇探之。既相與濯溪枕石，各賦詩識樂。叔憲歎曰：『奇乎幽哉！此溪乃于世泯泯。』先生亦以謝腥濕氣於隘爲勝。世瑞鄙妲溪之名，宜更名曰『文溪』。先生曰：『然。不如名「龍溪」。』衆僉曰：『善。』龍潭，厥源也，稱龍溪自此始矣。明日，叔憲、世瑞以誤食石撞骨病結，世瑞猶强與闞往龍潭，芒鞋行十里，足焦，午餮（餐？）面頳發喘，趨憩茆舍，亦勿竟。予獨矢曰：『必竟！』拂杖從先生，路益險，悸悸達下潭。潭圓廣，類立甑。東壁梯石下，掬泉驚齒，西壁飛瀑濺雪，寒氣逼人。須臾而出，兩潭尚隔絶巘，人稱『三潭』，中獨勝，以顛嵌横石，飛瀑瀉下，石空應響，如瓊宫珠箔，外聆鈞韵，不可即矣。復遵磵緣藤，度棧上二里許，阻廢磴，半武苔没，逼峭壁，深淵莫測。予股慄止，先生坦然而去，予自恨弗及，有詩曰：『息養期三年，神完復高飛。』志咎也。憩陰崖久之，仰見先生自上飛下，且危且羨，由是益愛龍溪。次日，過祖居，西北有面溪，地稍平完，謀諸族人，乃定卜棲計。時先生困暑，守中傷足，衆復閧然欲沮雪竇之游，先生獨不撓。守中艴然曰：『犯烈履險非樂，溺志老游非學。』先生莞爾而笑曰：『知樂知學，孰非樂非學也？』然予既疲茶，不可强留，任守中、世瑞歸，獨二人成游。乃弗西往考石林、太平諸迹，遂東渡溪登嶺，十里躋巔，巔復平疇，稼穡彌望，因族居止宿焉。居前溪折出北崖，瀑下仙姑洞。明發，望走馬岡，午食于孔石沈氏。孔石十五里西達四明，世傳石窗所在者，鄮越之稱本此，故古以『四明山心』銘諸巖。恨路迷，竟趨韓採巖。巖西石嶠名釣魚臺，俗歸嚴子陵、韓湘子，未有考也。泉出石磴，入溪，覆石榧，坐濯不忍去。既行，下溪，溪色盡赤，夾之丹壁。予輩方樂甚，忽有樵子望而歌曰：『群鶩之飛飛，不如我棲棲。女行爍火中，我在霞天湄。』招欲與語，不顧竟去。暮渡溪，林深嶺絶，兩過泉鳴，聲類蛟吼。陟頂，見荒殿，榜曰『杖錫寺』。峰溪環抱如城池，俯眡四垂極險，絶人迹。僧困誅侵盡逋，新得吾邑僧文江來主，留余輩宿。夜忽風露作，寒寢不成寐。晨，南下無路，冥行深茆間，露沾蝮螫，賴江僧引達蜘蛛嶺，落徐鳧巖。午，抵石橋，東望大仙岰，樓臺與雲松參差者，云雪竇寺也。牧童引渡橋梯石下數百步，觀隱潭。潭龍最靈，祀禱輒應。潭上三峰離立，嘗於江南豪家見之，巍怪弗及矣。中峰北闕爲瀑，南闕爲道。然自此六七里，山皆龐厚若大陸，勢欲南伏，獨北有巨峰列障。西下峻阪，入橋亭，咸謂弗睹梵宇，何殊曠野，不意即雪竇也。蓋自萬峰南下，飫目倦思之餘，未愜所聞，悵然入寺少息，啜茗數碗，乃出周覽。始自東溪之源，發杖錫百餘里，隨山南奔，底雪竇，折而匯西溪。由西溪上雪竇，出橋峽東，瀌瀌有聲下巖，是爲千丈巖。巖瀑輝映天日，蓋飛雪亭之勝也。橋内金鏡池已廢。寺後西峰之特高者，曰妙高峰；東衍而忽平起者，曰乳峰。寺前環小阜，曰珠林。東北林中隱屋數椽，曰玉泉庵。庵外塘水澄碧，荷花爛漫。乃歎曰：『未始不奇觀也！』蓋邈然其夷曠，淡然其冲穆矣。先生乃坐叔憲而論曰：『今日畢，素懷已中。所歷佳勝比比，獨不彰於古昔，乃今得與二三子觀焉。夫永樂諸山，可備游觀者也；四明，可居者也。龍溪，可以避地者也，然而近隘矣；杖錫者，可以隱德也，然而幾絶矣。乃若隱顯無恒，俯仰不拘，近而弗褻，遠而弗乖，可以致遠，可以發奇者，其惟雪竇乎！諸君耳目之所接，心志之所樂，其於山水已乎？』叔憲曰：『唯唯。』乃下山，至大埠，買舟泛江而歸，七月二日也。」

横山遺集卷上游永樂次陽明先生韵：「放舟始尋寺，師友興何長。古樹雲蘿濕，閑心夏日涼。江流隨地合，海色接天蒼。宴坐清茶罷，悠然月滿廊。」

按：陽明游永樂寺詩今佚。

同上，游白水宫殿次王世瑞韵：「四明山秀似千巒，飛舞回翔不盡看。白水巖根看瀑溜，劉仙祠下坐松寒。同心更喜麋群共，得意寧辭鳥道難？雲壑豈徒乘興到，結茆深處始身安。」龍溪次世瑞韵：「性乖適俗耽林壑，况入名山眼更明。獨有神龍潭底蟄，已無凡鳥樹頭鳴。清溪白石經文水，翠壁丹崖結綺城。師友相將齊出處，卜棲兼得重宗盟。」至杖錫有懷諸友：「松懸古洞蔓寒藤，隱地平開嶺上層。採藥巖前問韓子，釣魚臺下憶嚴陵。楓林忽聽丹溪鶴，逸興如騣碧海鵬。幽賞正思仙侣共，那堪杖錫晚重登。」夜宿杖錫：「飛錫開山舊有名，林深草合路今生。巖溪萬疊盡圍寺，雷雨一番初放晴。石溜泠泠侵夜枕，風蟬歷歷動秋聲。夢魂迴與塵寰隔，煮茗焚香僧亦清。」寺困侵誅因復次叔憲韵識感：「百里何須訪寺名，峰頭時有白雲迎。雨來霧氣連天動，月霽溪光映海明。試問新參荒殿閣，爲言舊榻傍江城。相逢猶説山僧好，松竹蕭蕭意自清。」夢懷王世瑞朱守中次前韵：「清夢叫回松頂鸞，披衣静倚竹窗看。天空星影摇秋白，地迴風聲動夜寒。一日芳尋真不易，百年嘉約會應難。猿啼鶴嘯猶求侣，怪得通宵睡未安。」巘雪竇道中漫興：「□□□朝來厭勞，還能披霧出林梢。雲歸蒼海峰皆列，秋入深山葉未凋。牛卧閑聞吹牧笛，溪清故得飲漁瓢。輿人亦解山游樂，相和迎風過石橋。」題雪竇：「肩輿飛下四明尖，衣拂林梢暑却炎。山盡南天開雪竇，水鍾西嶂結冰簾。長風萬里來江雨，濕霧千重出曉簷。耽僻山人亦何意，隱潭元自有龍潛。」

陽明詠釣臺石筍：「雲根奇怪起雙峰，慣歷風霜幾萬冬。春去已無斑籜落，雨餘唯見碧苔封。不隨衆卉生枝節，却笑繁花惹蝶蜂。借使放梢成翠竹，等閑應得化虬龍。」（黄宗羲四明山志卷一，陽明文集失載）

陽明遊雪竇：「平生性野多違俗，長望雲山歎式微。暫向溪流濯塵冕，益憐蘿薜勝朝衣。林間煙起知僧往，巖下雲開見鳥飛。絶境自餘麋鹿伴，況聞休遠悟禪機。　窮山路斷獨來難，過盡千溪見石壇。高閣鳴鐘僧睡起，深林無暑葛衣寒。壑雷隱隱連巖瀑，山雨森森映竹竿。莫訝諸峰俱眼熟，當年曾向畫圖看。　僧居俯瞰萬山尖，六月凉颸早送炎。夜枕風溪鳴急雨，曉窗宿霧卷青簾。開池種藕當峰頂，架竹分泉過屋檐。幽谷時常思豹隱，深更猶自愧蛟潛。」（嘉靖寧波府志卷六，陽明文集失載）

王陽明全集卷二十四明觀白水二首，杖錫道中用張憲使韵，又用曰仁韵，書杖錫寺。

七月二日，自寧波歸餘姚，居永樂寺，弟子再來聚。

鄭滿勉齋先生遺稿卷三永樂寺同王伯安許半珪夜話二首：「曲曲江流小小山，禪房掩映茂林間。早潮晚汐舟來去，坐得清時不省還。　黄葉滿山秋後雨，青燈一夜樹聲中。連牀話到忘言處，寥廓長天陣陣風。」　早秋即事二首次王伯安年兄韵：「香銷晝永閲遺經，目轉松陰影半庭。雨後碧天渾似洗，南窗遥見數峰青。晝静閑觀山水經，白雲晴日照空庭。半生寂寞憑誰語，惟有好山來送青。」

按：詩作在初秋七月。許半珪在六月始游四明時即辭歸，是次當是陽明游四明歸止永樂寺時，其再來聚。徐愛遊雪竇因得龍溪諸山記云「至大埠，買舟泛江而歸，七月二日也」，陽明與黄宗賢書二云「遂從寧波買舟還餘姚」，陽明是次游四明、雪竇，蓋可謂始發於永樂寺，而終歸於永樂寺也。鄭滿，字守謙，慈谿人。弘治五年舉鄉試，主教山東臨清，歷官道州、濮州知州。其當亦是陽明游四明、雪竇歸止永樂寺時來見。陽明亦弘治五年舉鄉試，故稱「年兄」。勉齋先生遺稿後附勉齋府君家傳云：「府君諱滿，字守謙……其舉弘治壬子鄉試也，布政司使劉大夏首拔入闈，文行與餘姚孫燧、王守仁等齊名。」

自餘姚歸紹興。八月，黄綰遣使來問，有答書。

王陽明全集卷四與黄宗賢書二：「使至，知近來有如許忙，想亦因是大有得力處也……遂從寧波買舟還餘姚，往返亦半月餘，相從諸友亦微有所得，然無大發明。其最所歉然，宗賢不同兹行耳。歸又半月，曰仁行去，使來時已十餘日。思往時在京，每恨不得還故山，往返當益易，乃今益難。自後精神意氣當日不逮前，不知回視今日，又何如也！念之可歎可懼。留居之説，竟成虚約。親友以曰仁既往，催促日至，滁陽之行，難更遲遲，亦不能出是月。

聞彼中山水頗佳勝，事亦閑散。宗賢有惜陰之念，明春之期，亦既後矣。此間同往者，後輩中亦三四人，習氣已深，雖有美質，亦消化漸盡。此事正如淘沙，會有見金時，但目下未可必得耳。」

朱節遞來蔡宗兗手札，有答書，勸其一出赴南宮試。

王陽明全集卷四寄希淵書三：「希顏煢然在疚，道遠無因一慰。聞友朋中多言希顏孝心純篤，哀傷過節，其素知希顏者，宜爲終身之慕，毋徒毀傷爲也。守忠來，承手札喻及出處，此見希顏愛我之深，他人無此也……牽於世故，未能即日引決，爲愧爲怍……向見季明德書，觀其意向甚正，但未及與之細講耳。『學問之道無他，求其放心而已』，蓋一言而足……樓居已完否？餬口之出非得已，然其間亦有説。聞朋友中多欲希顏高尚不出，就中亦須權其輕重。使親老饘粥稍可繼，則不必言高尚，自不宜出。不然，却恐正其私心，不可不察也。」

按：季本蔡公宗兗墓誌銘：「庚午，丁父憂。丁丑，始赴春官。」陽明書所云「哀傷」、「毀傷」，即指蔡宗兗丁父憂，時已服闋，故陽明勸其一出赴南宮試。朱節其時來見陽明，蓋亦爲赴南宮試也。

蕙皋徐天澤書至，有答書，論楚魏交惡事。

陽明寄蕙皋書札：「四明之興甚劇，意與蕙皋必有數日之叙，乃竟爲冗病所奪。承有歲暮湯餅之期，果得如是，良亦甚至願，尚未知天意何如耳。喻及楚之詆魏，近亦頗聞其事。然魏之樸實，人亦易見，上司當有能察之者。况楚有手筆可覆，誠僞終必有辨也。魏在薄惑，乃蒙垂念若此，彼此均感至情。楚亦素相愛，不意其心思至此，殊不忍言，可恨，可恨！使還，草草致謝，不盡。九日，守仁頓首，蕙皋郡伯道契兄文侍。六弟同致意。餘素。」（天香樓藏帖，陽明文集失載）

按：書所云「九日」，當指八月九日。「楚」指餘姚縣令楚書，「魏」指餘姚縣丞魏珊。萬曆紹興府志卷二十八：「餘姚縣令，楚書，寧夏人，嘉靖四年（按：當作正德四年），邑志有傳。」又：「餘姚縣丞，魏珊，揚州人，正德中。」時徐天澤方自太平府知府任上劾歸餘姚，故書稱其爲「郡伯」。

黄宗明來問學，書語贈別。

王陽明全集卷四與黄誠甫書一：「立志之説，已近煩瀆，然爲知己言，竟亦不能舍是也。志於道德者，功名不足以累其心；志於功名者，富貴不足以累其心。但近世所謂道德，功名而已；所謂功名，富貴而已。『仁人者，正其誼不謀其利，明其道不計其功』。一有謀計之心，則雖正誼明道，亦功利耳。諸友既索居，曰仁又將遠别，會中須時相警發，庶不就弛靡。誠甫之足，自當一日千里，任重道遠，吾非誠甫誰望邪？臨别數語，彼此闇然，終能不忘，乃爲深愛。」

按：黄誠甫即黄宗明，號致齋，鄞縣人。霍韜致齋黄公宗明神道碑：「黄致齋，諱宗明，字誠甫。先祖薛姓，至致齋，乃復姓曰黃……迨登第正德甲戌歲，首疏復黃姓。」（國朝獻徵録卷三十五）明清進士録：「黃宗明，正德九年二甲五十九名進士，鄞縣人，字誠甫，號致齋。授南京兵部主事，進員外郎，從王守仁論學。宸濠反，上防江三策。武宗南征，亢疏力諫。官終禮部侍郎。」黃宗明爲鄞縣人，則當是七月陽明自寧波歸時，黃宗明隨其來紹興受學。所謂「曰仁又將遠别」，乃指徐愛歸餘姚，可見陽明此臨别贈言作在八月。王陽明全集將此文歸入書札，未當。蓋黃宗明受此陽明臨别贈言激發，歸家即赴南宫試而中舉矣。

九月，應良丁憂歸仙居，書來請作墓銘，陽明有答書。

陽明寄原忠太史：「歲欲一訪廬下，少伸問慰，遂爲天台、雁蕩之遊；而冗病相縛，竟不得行。今伯載之往，又弗克偕，徒有悵怏而已，可如何！如何！邇惟孝履天相，讀禮之餘，孰非進德之地？今冬大事克舉否？執紼之役，未能自決，則相見之期，亦未可先定也。離懷耿耿，病筆不能具，伯載當亦略能悉。九月三日，守仁拜手，原忠太史道契。兄大孝莫次，令先翁墓文不敢違約，病患中望少遲之，然稽緩之罪已知不能逭矣。别録二册奉覽。餘素。」（鄒顯吉湖北草堂藏帖第一册王陽明先生守仁柬，陽明文集失載）

按：應良正德六年舉進士，授翰林院編修，故陽明稱「太史」。所謂「遂爲天台、雁蕩之遊；而冗病相縛，竟不得行」，即指正德八年欲遊天台、雁蕩而未成行。是年應良丁憂歸居仙居，遣人來請陽明作墓銘，此「伯載」即往返於紹興、仙居者，疑即金克厚。民國台州府志卷一百零五：「金克厚，字宏載，號竹峰，仙居人。尚志砥行，困於科舉。聞王守仁之學，往事之。篤行力學，若水趨壑。嘉靖元年，守仁父華卒，使門人子弟紀其喪，因材分任，克厚得監厨。是年舉與鄉，明年成進士。語人曰：『我學得司厨大益，且私自以取科第耳。』授六合知縣，應大猷爲序送之。」金克厚字宏載，或一字伯載。陽明此書所言「别録二册」，指徐愛所編傳習録。

有秋興詩寄浮峰詩社。

王陽明全集卷二十寄浮峰詩社：「晚凉庭院坐新秋，微月初生亦滿樓。千里故人誰命駕？百年多病有孤舟。風霜草木驚時態，砧杵關河動遠愁。飲水曲肱吾自樂，茆堂今在越溪頭。」

按：王陽明全集將此詩歸入「滁州詩」，乃誤。此詩云「晚凉庭院坐新秋」、「風霜草木驚時態」，則作在秋九月中。陽明正德八年冬十月至滁州，正德九年夏四月回南京，故此詩非在滁作顯而易見。按此詩云「飲水曲肱吾自樂，茆堂今在越溪頭」，分明是陽明歸越時作，顯在正德八年九月也。浮峰即牛峰。浮峰詩社，指山陰文士與蕭山文士結詩社於浮峰吟詩作賦者，中多陽明弟子故友。或是聞甘泉與陽明其時欲卜居蕭山湘湖，蕭山文士亦結詩社於浮峰，有詩寄陽明，陽明作此詩寄答。詩云「千里故人誰命駕」，即指甘泉（遠赴安南）；「百年多病有孤舟」，即陽明自謂（時在陽明洞歸養），蓋是告以不能來蕭山湘湖之緣故也。按陽明在蕭山多有弟子，今可考者有來弘振，民國蕭山縣志卷十五：「來弘振，字汝剛，號半山。年十一而孤，執喪禮如成人。長而輕財喜客，嘗遇醉者於西陵，持弘振手大詈，索長跪請謝，欣然從之。無何，醉人死，以忍辱得不坐。親友以急告，破産相賙，不恤也。陽明講學東南，陞其堂，爲高弟子。陽明殁，主教天真書院二十餘年。平居持論，以實修爲真悟，頓教爲色取。嘗語弟子曰：『先行二字，一生受用不盡。』人以善學王氏者也。卒年六十九。著有一無長集。」魏直，民國蕭山縣志卷十五：「魏直，字廷豹。能詩，以醫聞吴越間，治痘疹奇驗。所著有博愛心鑑一書。」浮峰詩社成員，蓋皆此輩文士也。

熊彰來問學，有詩贈別。

王陽明全集卷二十贈熊彰歸：「門徑荒凉蔓草生，相求深愧遠來情。千年絶學蒙塵土，何處澄江無月明？坐看遠山凝暮色，忽驚廢葉起秋聲。歸途望嶽多幽興，爲問山田待耦耕。」

按：王陽明全集將此詩亦歸入「滁州詩」，謂「正德癸酉年到太僕寺作」，顯誤。按陽明正德八年冬十月到滁，次年四月即離滁陞南京鴻臚寺卿。此詩云「忽驚廢葉起秋聲」，作在秋九月，尚未赴滁州。熊彰其時別歸，蓋因陽明即將赴滁州任之故也。

舟中生日，弟子賦詩侑觴。

横山遺集卷上九月晦舟中值陽明壽日賦以侑觴：「水落江湖秋氣清，仙舟忽動紫鸞笙。本來超出風塵客，漫道循環甲子更。絶學争新瞻北斗，瑶天更喜焕南星。天將興道多情在，海嶽還教起鳳鳴。」　和諸友舟中寫懷用韵：「春風浩蕩釀和平，絶勝時時聽管笙。岸菊行殘霜九月，江楓坐落露三更。静窮妙道忘辭説，默識真文見日星。已得舟師操舵法，欲尋海窟看龍鳴。」

按：陽明生日與弟子載舟遊宴，陽明與黄宗賢書二云「親友以曰仁既往，催促日至，滁陽之行，難更遲遲，亦不能出是月」，蓋是次舟中遊宴後，徐愛即回餘姚赴南京兵部任。

十月二十二日，到滁州任，督馬政，諸生皆來集受學。

王陽明全集卷九給由疏：「蒙陞南京太僕少卿，正德八年十月二十二日到任。」雷禮南京太僕寺志卷十五王守仁：「癸酉，陞南京太僕寺少卿。值留坰多暇，專以良知之旨訓後學，隨方而答，必暢本原。恒語諸生曰：『不患外面言誘，唯患諸生以身謗。拳拳以孝悌禮讓爲貴，即閭閻小豎咸歆嚮慕，思有所表，則欲殊於俗，滁水之上洋洋如也。』又因寺址距滁城二里，萑葦蔽塈，令軍民於馬場隙地自置房屋住。設總甲聯之，論丁巡警。及流賊蝟起，復即滁城尼寺改爲寺倉，建官廳所，而擘畫所遺，莫非遠慮。」　卷九：「官倉，在滁城南門内左所右。初爲宋乾明尼寺。正德九年，因流賊之變，本寺少卿王守仁廢寺爲太僕寺倉，建官廳一所，以備入滁憩息之地。」「新街……街俱牧監點馬舊地。正德七年（九年？），流賊蝟起，本寺少卿王守仁因寺居滁城外二里孤懸，招集軍民二百餘家，自置房屋居住，立總小甲，屬之照户，按日巡警防護，本寺免其地租。」

錢德洪陽明先生年譜：「冬十月，至滁州。滁山水佳勝，先生督馬政，地僻官閑，日與門人遨遊瑯琊、瀼泉之間。月夕則環龍潭而坐者數百人，歌聲振山谷。諸生隨地請正，踴躍歌舞。舊學之士皆日來臻，於是從遊之衆自滁始。」

按：南京太僕寺設在滁州，萬曆滁陽志卷六：「太僕寺，在城南龍潭東北。洪武六年建寺城中龍興寺東，十一年改建今址。」南京太僕寺志卷二：「國初，都金陵，設太僕寺董牧事。以江北諸郡縣限於長江，馬至京難；又滁多曠土，饒薦草，莽水泉，利河牧，洪武六年，建寺於滁，領滁陽等八監驌驦等十八群，令近京軍民養母馬一匹，歲課息，蠲其科賦。」按陽明之來滁督馬政，實出於南京太僕寺少卿文森上馬政之疏，文徵明文公森行狀：「壬申，陞南京太僕寺少卿。於時民方苦科駒、賣駒、徵銀及追陪倒死諸弊政，公移文諸屬，條列古今厩牧之法與今之利病所宜興革者，大略言：今日馬政，除補足種馬之外，上之所須，獨備用一事而已，豈有科賣徵解諸擾民之令哉？奈何有司沿故習而憚改革，以失事機，援例變賣之文屬於途，聽民自便之條束於閣，妄傳點視，而使期集之不暇，虛稱拘刷，以示科需之有名。是致一牝常隨兩駒、三駒之多，而一駒或養三年、四年之久。群醫牙販則請賣駒於官，以謀撓法；吏書庫役則請收銀於官，以遂己私。不知官賣之際，多估則買者陪販，而厩牧愈受其殃；少估則賣者虧損，而市井共饕其利。負欠或遭勢豪之手，徵求難免捶楚之刑，甚而官吏私相貿易，而馬於是乎併去矣。此賣駒於官之弊也。官收之時，法重有秤頭之積出，較閱有火耗之羨餘，券票有紙筆之需，伺候通攙先之賂，甚至上下轉相交代，而利於是乎併失矣，此收銀於官之弊也。况名雖補輳備用，而全科併派之數實不開除，陽雖變賣不堪，而倒失虧欠之逋，陰加併斂。凡所言，皆切中當時之弊。」（國朝獻徵録卷五十六）可見陽明實即按文森之説來滁督馬政，兩人同爲南京太僕寺少卿，關係至密。

穆孔暉、寇天叙來論學。

涇野先生文集卷六贈玉溪石氏序：「陽明子遷南太僕及鴻臚，而予再以病起。當是時，穆伯潛爲司業於南監，寇子惇爲府丞於應天，嘗寄書於二君曰：『陽明子講學，能發二程之意，可數會晤也。』」

按：其時穆孔暉任南京國子司業，寇天叙任應天府丞。黄佐南廱志：「穆孔暉，字伯潛，山東堂邑人……壬申，陞本監司業……癸酉，改北監，罹艱歸。」穆孔暉陞南京國子司業在正德七年七月，其改北監時間，據國榷卷四十九：「正德八年十月癸卯，翰林檢討汪偉爲南京國子司業。」汪偉乃接替穆孔暉任，可知穆孔暉改北監在十一月，則穆孔暉、寇天叙之來論學當在十、十一月中。寇天叙，吕柟寇公天叙墓誌銘：「公諱天叙，字子惇，姓寇氏，别號涂水……同予舉正德戊辰進士，筮仕南京大理寺評事。」明清進士録：「寇天叙，正德三年三甲四十五名進士。山西榆次人，字子惇，號涂水。授南京大理評事，累擢應天府丞。武宗南巡，江彬等怙寵爲虐，天叙力與之抗。嘉靖初，以禦敵功，擢刑部右侍郎，改兵部卒。」陽明陞南太僕少卿，寇天叙即來論學；至陽明回南京任鴻臚寺卿，穆孔暉已去，而寇天叙猶爲應天府丞，更可來論學，故吕柟云「陽明子遷南太僕及鴻臚」也。

工部員外郎戴德孺搉蕪湖，經南京來相見，别後有答書。

王陽明全集卷四與戴子良：「汝成相見於滁，知吾兄之質，温然純粹者也……匆匆别來，所欲與吾兄言者百未及一。沿途歆歎雅意，誠切怏怏。相會未卜，惟勇往直前，以遂成此志是望。」

按：戴子良即戴德孺，明清進士録：「戴德孺，弘治十八年三甲一百八十八名進士。浙江臨海人，字子良。授工部員外郎，監蕪湖税，有清名，累遷臨江知府。宸濠反，遣使收府印，德孺斬之，誓死守，旋與王守仁共滅宸濠。以憂去。世宗以德孺馭軍最整，獨贈三秩。爲雲南布政使，舟次徐州，覆水死，贈光禄寺卿。」戴德孺來監蕪湖税之時間，明史卷二百戴德孺傳祇云「歷工部員外郎，監蕪湖税，有清名。再遷臨江知府」。今按横山遺集卷上有送戴工部搉蕪湖歸序云：「予督逋江湖，自信吉、彭蠡、洞庭、瀟湘、荆漢諸巨商，所由靡不至，所至靡不聞，頌戴使君之搉諸蕪湖，必以寬政也。比其返也，遘曩之商者、行者、宿者、歌者、哭者，胥載於道。」徐愛督逋江湖在正德九年，此序作在正德十年。由此可見戴德孺在正德八年十月出監蕪湖税，途經南京與陽明相見，然後戴德孺南下赴蕪湖，陽明北上往滁州。書所謂「匆匆别來」，即指兩人在南京匆匆相見而别；「沿途歆歎雅意」，即指陽明别後在往滁州途中思念德孺也。

有書致黄綰，邀其與應良來滁論學。

王陽明全集卷四與黄宗賢書三：「滁陽之行，相從者亦二三子，兼復山水清遠，勝事閑曠，誠有足樂者。故人不忘久要，果能乘興一來耶？得應原忠書，誠如其言，亦大可喜。牽制文義，自宋儒已然，不獨今時……自歸越後，時時默念年來交遊，益覺人才難得，如原忠者，豈易得哉？京師諸友，邇來略無消息。每因己私難克，輒爲諸友憂慮一番。誠得相聚一堂，早晚當有多少砥礪切磋之益……」

十一月，汪汝成、梁用仲、王舜卿、蘇天秀、陳佑卿、顧惟賢、陳一鴻、劉觀時、孫存皆來問學。

王陽明全集卷四與戴子良：「汝成相見於滁……學之不明已非一日，皆由有志者少。好德，民之秉彝，可謂盡無其人乎？然不能勝其私欲，竟淪陷於習俗，則亦無志而已。故朋友之間，有志者甚可喜，然志之難立而易墜也，則亦甚可懼也。吾兄以爲何如？宗賢已南還，相見且未有日。京師友朋如同年陳佑卿、顧惟賢，其他如汪汝成、梁用仲、王舜卿、蘇天秀，皆嘗相見，從事於此者。其餘尚三四人，吾兄與諸友當自識之。自古有志之士，未有不求助於師友……」

王陽明全集卷二十別易仲：「辰州劉易仲從予滁陽……久之，辭歸。」

按：陽明此詩作於正德九年正月（見下），既稱「久之」，則劉觀時當在正德八年十一月即來滁。

夏東巖先生詩集卷六：「滁學陳一鴻以詩見餉，次韵復之。陽明官太僕時，一鴻輩從之講學官舍。杏壇盟遠未應寒，也信從來取友端。道在吾心元自足，事當爲處敢辭難？漱殘芳潤方知孔，語欠精詳或病韓。寄語同袍二三子，知行並進始能安。」

按：陽明與戴德孺十月相見於南京（見前考），此致戴書作於十一月。書中所及之人，除顧惟賢、梁用仲前有考外，其餘可考如下：

汪汝成，即汪玉。明清進士録：「汪玉，正德三年二甲七十五名進士。鄞縣人，字汝成，號雷峰，一號嘿休。授刑部主事，擢至湖廣按察司僉事。宸濠反，陷九江，防禦有功。累陞僉都御史，巡撫奉天。楊恭倡亂，玉以方略擒之。尋乞休歸。有四書粹義、書經存疑、雜録記、敝篋留稿。」按張邦奇汪公玉墓誌銘：「戊辰舉進士，授刑部江西司主事。轉雲南司員外郎，訊覈精敏，爲同輩所推服。甲戌，陞湖廣按察司僉事。」據此，汪玉當是在陞湖廣按察司僉事之前，嘗歸省回鄞縣，途經滁州來問學。

蘇天秀，即蘇民，與戴德孺爲同年。明清進士録：「蘇民，弘治十八年三甲一百四十八名進士。浙江遂昌人，祖籍陝西秦州，字天秀，號乙峰。授榆次知縣，有惠績，徵爲兵部主事。劉瑾構之，落職爲梓潼驛丞，從剿叛蠻有功。瑾誅，復官工部主事。累遷南京兵部右侍郎。考滿入都，道經榆次，百姓邀迎入縣，遮道不得行。旋補刑部右侍郎卒。」蘇民當是赴南京兵部右侍郎任途經滁州來見陽明。

王舜卿，即王元正，王元凱(堯卿)之弟。明清進士録：「王元正，正德六年三甲一百一十八名進士。陝西盩厔人，字舜卿。選庶吉士，授檢討。以争大禮，謫戍茂州卒。」明史卷一百九十二有傳，簡略不明。按民國盩厔縣志卷六：「王元正，字舜卿，號玉壘。生四歲始言，十五歲善屬文。從兄元凱，淹通今古。正德丁卯，與弟元亨舉於鄉。時劉瑾竊政，羅致關中名士，正因避南山，不應公車。及瑾誅，與兄元凱登辛未進士。凱受兵科給事中，正受翰林院檢討，侍經筵。武宗幸宣大，駐蹕榆林，群臣累請，不報。正獨述尚書五子之歌以諫……亡何，帝旋蹕。寧庶人陰蓄異謀，賂江彬，誘帝南巡。群臣極言利害，言愈激，帝愈怒，言者多死。正更申前疏，卒收前詔……嘉靖甲申，會議大禮，與楊慎遮留群臣金水橋南，曰：『萬世瞻仰，在此一舉。』既而收繫八臣，乃撼奉天門大哭，聲振禁中，遂廷杖四十。有旨自陳悔過者不究，正毅然不屈，再杖四十……謫戍茂州。至則卜築灌口，鐵衣視事，凡講武，皆從帥辭免之，勿能得。正精韜略，善射，將士咸服。暇則講學，從而問業者如雲……居茂二十年，竟卒……所著有玉堂集、四樂同聲集，修四川總志、威茂通志、貢禹集要等書。」

陳佑卿，無考。陽明謂其與戴德孺爲同年，按弘治十八年所舉進士有二名姓陳者：陳璋與陳鼎。明清進士録：「陳鼎，弘治十八年三甲一百一十名進士。山東蓬萊人，字大器。爲禮科給事中，奏劾廖堂子侄寅緣鄉薦。後以條陳弭盗機宜，忤權璫，斥歸。嘉靖初，用薦起授陝西參議。累遷應天府卒。鼎廉介剛正，爲時推服。」陳鼎爲陽明弘治十七年在山東所親録士，時斥歸家居，故可來滁問學。疑陳鼎即陳佑卿，蓋其一字佑卿也。

孫存。按孫存字性甫，號豐山，滁州人，邑庠生，故陽明一至滁，其即來受學。孫存是年秋中鄉試，即在冬十二月赴南宫試，陽明託其偕書致楊廉，胡松河南左布政使孫公存行狀：「諱存，字性甫。生而慧穎，力學强記。甫冠，督學黄侍御如金試其文最，極加稱賞。正德癸酉年二十有三，領鄉薦。甲戌，賜進士出身，授禮部祠祭司主事……」（國朝獻徵録卷十二）按孫存楊公廉行狀云：「癸酉冬，存北上，陽明王先生附書抵公，稱爲『君子有用之學者』以此。」（國朝獻徵録卷三十六）所謂「北上」，即指孫存北上赴南宫試。而陽明託其携書抵楊廉，蓋以孫存爲門下士也。

與汪玉遊玉泉，論學大悟，爲其格物卷題言。

王陽明全集卷八書汪汝成格物卷：「予於汝成『格物致知』之説、『博文約禮』之説、『博學篤行』之説、『一貫忠恕』之説，蓋不獨一論再論，五六論、數十論不止矣。汝成於吾言，始而駭以拂，既而疑焉，又既而大疑焉，又既而稍釋焉，而稍喜焉，而又疑焉。最後與予遊於玉泉，蓋論之連日夜，而始快然以釋，油然以喜，冥然以契。不知予言之非汝成也？不知汝成之言非予言也？於戲！若汝成，可謂不苟同於予，亦非苟異於予者矣。卷首汝成之請，蓋其時尚有疑於予；今既釋然，予可以無言也已，叙其所以而歸之。」

以静坐教諸生，常往龍潭静坐講學。

王陽明全集卷二十龍潭夜坐：「何處花香入夜清，石林茅屋隔溪聲。幽人月出每孤往，棲鳥山空時一鳴。草露不辭芒屨濕，松風偏與葛衣輕。臨流欲寫猗蘭意，江北江南無限情。」

按：詩云「草露不辭芒屨濕」，則作在十月陽明初到滁州時。太僕寺在城南龍潭東北，甚近，故陽明常偕諸生往龍潭靜坐講學，即錢德洪所云「月夕則環龍潭而坐者數百人，歌聲振山谷。諸生隨地請正，踴躍歌舞」。南滁會景編卷二有多首次韻陽明龍潭夜坐之詩，著録於下：

高澄次韻龍潭夜坐：「再過靈秋干氣清，春潮猶帶夜來聲。潭雲影□□□卧，野燒痕青馬欲鳴。竹葉幾巡詩思湧，梅花三弄□風輕。滁陽二月飛鴻盡，誰寄天南宦客情？」汪宗元次韻龍潭夜坐：「郁郁松陰入坐清，重巖幽壑聽泉聲。壇高水碧龍何在？葉落林稀鳥自鳴。覽勝不辭安屐遠，衝寒猶覺晏裘輕。他鄉歲暮頻高望，燕北湘南總繫情。」王交次韻龍潭夜坐：「龍池百尺見澄清，金石刊詞尚有聲。古柏舊經飛輦駐，春禽猶似上林鳴。靈含澤雨臨淵迥，地接煙雲轉蓋輕。總是垂髫看已遠，未忘惆悵百年情。」涂鉉次韻龍潭夜坐：「寥落秋岡雨後清，松風斜度遠潮聲。潭龍欲化還深蟄，山鳥歸飛且自鳴。樹繞蒼蘿雲影瘦，苔封石徑屐痕輕。賞心已入環滁趣，不是閑牽物外情。」

同上，梧桐江用韻：「鳳鳥久不至，梧桐生高岡。我來竟日坐，清陰灑衣裳。援琴俯流水，調短意苦長。遺音滿空谷，隨風遞悠揚。人生貴自得，外慕非所臧。顏子豈忘世？仲尼固遑遑。已矣復何事，吾道歸滄浪。」

按：此詩據詩意乃咏高岡梧桐，故題「梧桐江用韻」當是「梧桐用江韻」或「梧桐岡用韻」之誤（按：滁州並無梧桐江）。梧桐岡在龍潭，故南滁會景編卷二著録此詩，題作坐龍潭梧桐岡用韵，蓋此詩亦爲龍潭静坐之咏也。

傳習録卷下：「一友静坐有見，馳問先生。答曰：『吾昔居滁時，見諸生多務知解，口耳異同，無益於得，姑教之静坐。一時窺見光景，頗收近效。久之，漸有喜静厭動，流入枯槁之病。或務爲玄解妙覺，動人聽聞。故邇來只説致良知。良知明白，隨你去静處體悟也好，隨你去事上磨鍊也好，良知本體原是無動無静的，此便是學問頭腦。我這個話頭自滁州到今，亦較過幾番，只是致良知三字無病。』」

錢德洪與滁陽諸生書並問答語跋：「滁陽爲師講學首地，四方弟子從遊日衆……當時師懲末俗卑污，引接學者多就高明一路，以救時弊。既後漸有流入空虛，爲脱落新奇之論。在金陵時，已心切憂焉。」（王陽明全集卷二十六）

錢德洪刻文録叙説：「先生之學凡三變，其爲教也亦三變……自滁陽後，多教學者静坐……先生曰：『吾昔居滁時，見學者徒爲口耳同異之辯，無益於得，且教之静坐。一時學者亦若有悟，但久之漸有喜静厭動，流入枯槁之病。故邇來只指破致良知工夫。學者真見得良知本體昭明洞徹，是是非非莫非天則，不論有事無事，精察克治，俱歸一路，方是格致實功，不落却一邊，故較來無出致良知話頭無病。何也？良知原無間動静也。』」（王陽明全

集卷四十一）

滁州士子朱勛、蕭惠、姚瑛均來受學。

萬曆滁陽志卷十二朱勛傳：「朱勛，字汝德，指揮原中子。少從王陽明先生遊，涵養沉邃。應正德十六年貢入都，上喬太宰瘦馬吟曰：『歷盡風沙古戰場，骨高毛竦減精光。櫪間斗粟何由飽，市上千金未許償。戀主肯辭勞汗血，逢人多是計驪黄。天寒日暮燕臺下，嗚向孫陽也自傷。』一時傳播縉紳間。授安福訓導，掌白鹿洞事。歷陞泉州府教授，致仕歸。二十年執吟社牛耳，諸冏寺牧守及臺使者咸禮於其廬。所著有養生秘訣、金剛經解、遜泉詩集，爲世所傳誦。」

王陽明全集卷二十答朱汝德用韵：「東去蓬瀛合有津，若爲風雨動經旬……青鸞眇眇無消息，悵望煙花又暮春。」

按：陽明此詩作於正德九年春三月，可知朱勛來受學約在正德八年十一二月間。

萬曆滁陽志卷十二蕭惠傳：「蕭惠，庠生，從陽明先生遊。甘貧嗜學，篤於倫理。素厭塵俗，時詣栢子潭樓趺坐。一日，衣冠而逝，立於水上，人皆異之。」

傳習録卷上：「蕭惠好仙、釋，先生警之曰：『吾亦自幼篤志二氏，自謂既有所得，謂儒者爲不足學。其後居夷三載，見得聖人之學若是其簡易廣大，始自歎悔錯用了三十年氣力。大抵二氏之學，其妙與聖人只有毫釐之間。汝今所學乃其土苴，輒自信自好若此，真鴟鴞竊腐鼠耳！』惠請問二氏之妙，先生曰：『向汝説聖人之學簡易廣大，汝却不問我悟的，只問我悔的！』惠慚謝，請問聖人之學，先生曰：『已與汝一句道盡，汝尚自不會。』……蕭惠問死生之道，先生曰：『知晝夜即知死生。』問晝夜之道，曰：『知晝則知夜。』曰：『晝亦有所不知乎？』先生曰：『汝能知晝？懵懵而興，蠢蠢而食，行不著，習不察，終日昏昏，只是夢晝。惟「息有養，瞬有存」，此心惺惺明明，天理無一息間斷，才是能知晝。這便是天德，便是通乎晝夜之道，而知更有甚麽死生？』」

按：蕭惠爲庠生，故可知其當是陽明一至滁州即來受學。傳習録卷上中有關蕭惠語録，顯是正德八年十一月至正德九年三月所記之語録。

萬曆滁陽志卷十二姚瑛傳：「姚瑛，少凝重，不苟言笑。歷諸委俱有聲，尋佩印，不苟一介取予。已領漕，當道知其賢，欲大用，以母老辭。休日杜門，與其弟友稱觴，食飲自娱。陽明先生爲太僕，聞嘉之，贈詩曰：『滁陽姚老將，有古孝廉風。流俗無知者，藏身隱市中。』以壽終。」

按：陽明此贈詩，載孟津編良知同然録上册。

光緒滁州志卷七之二：「姚成，唐姚鳳裔。洪武初，扈駕渡江。後討川廣，凱旋，上授滁州衛指揮使，卒，謚忠懿，傳世職。萬曆間（按：當作正德間），瑛襲爵居家，以孝友著，莅官多政績。漕撫都御史蔡公上其事，欲大用之，詔至，瑛以母老致仕，闔門不出，日與其弟稱觴母前。時太僕寺卿王陽明先生與瑛交最善，贈以詩云：『滁陽姚老將，有古孝廉風。流俗無知者，藏身隱市中。』復贊云：『世胄之家，鮮克有禮。後之人有聞姚之名而興起者乎！』」

按：其時來滁受學諸生甚多，如王陽明全集卷二十中提及鄭伯興、德觀、王嘉秀、蕭琦、王性甫，卷七中提及劉韶等，皆在其時來見陽明，陽明瑯琊題名云「門人蔡宗兗、朱節輩二十有八人壺榼攜至」，即指此輩來學諸生也。

孟源、孟津兄弟同來受學。

鄒守益集卷七陽明先生書院記：「陽明先生官滁陽，學者自遠而至。時孟友源伯生，偕弟津伯通，預切磋焉。逾四十年，而伯通令黄州之黄岡，以所聞師友者，與兩庠來學及諸縉紳宣暢之……而中丞方近沙任，舊學於予也，謀於諸縉紳曰：『陽明公歸自貴陽，諸生郭慶、吴良吉輩及門受學……』」

王陽明全集卷八書孟源卷：「向在滁陽論學，亦懲末俗卑污，未免專就高明一路開導引接。蓋矯枉救偏，以拯時弊，不得不然；若終陋習者，已無所責。其間亦多興起感發之士，一時趨向，皆有可喜。」

按：所謂「專就高明一路開導引接」，即以静坐教諸生也，見下。

錢德洪陽明先生年譜：「冬十月，至滁州……於是從遊之衆自滁始。孟源問：『靜坐中思慮紛雜，不能强禁絶。』先生曰：『紛雜思慮，亦强禁絶不得，只就思慮萌動處省察克治，到天理精明後，有個物各付物的意思，自然精專無紛雜之念，大學所謂「知止而後有定」也。』」

萬曆滁陽志卷十二孟津傳：「孟津，字伯通（號兩峰）。端方嗜學，少同伯兄源師事王陽明先生。辛卯舉於鄉，授温縣令。尋調黄岡，並有聲。陞寶慶同知，慶志謂其古貌古心，實德實政。歸，結咏歸亭，歌咏自適，絶不以牘於有司。與冏臺諸名公爲真率會，闡明良知之學，矜式一時。著有兩峰集。」

按：南滁會景編卷六有孟津次韵詩云：『髫年曾此侍吾師，忽與仙郎共謁祠。』是孟津正德八年來受學陽明時方在髫齡。

崔伯欒、姚惟芹約在其時來問學，爲作悔齋説與書東齋風雨卷後。

王陽明全集卷二十四悔齋説、書東齋風雨卷後。

按：崔伯欒，無考。東齋主人，即姚惟芹，字惟誠，號東齋，嘉善人。正德三年貢春官，卒業太學，吏部待選。嘉靖五年病卒，年四十八。工書畫，嘗手書祖綬墨迹勒石。有東齋稿略傳世，後附有姚君志銘。

十二月，蔡宗兗、朱節赴南宫春試，來滁陽問學。

王陽明全集卷二十送蔡希顔三首：「正德癸酉冬，希淵赴南宫試，訪予滁陽，遂留閲歲。」

同上，送守中至龍盤山中：「未盡師生六日情，天教風雪阻西行。茅堂豈有春風坐，江郭虚留一月程。」

按：據陽明瑯琊題名，朱節在正德九年正月四日以後離滁陽赴京，以「留一月程」算，則朱節、蔡宗兖當在正德八年十二月上旬來滁陽。蓋明代士子赴南宫春試，多在前一年冬十二月啓程。正德九年南宫春試有不少陽明弟子舉進士，中如馬明衡、應典、林達、蕭鳴鳳、黄宗明等，疑皆在赴南宫春試前來滁陽見陽明。

王道書來論學，有答書。

王陽明全集卷四與王純甫書二：「純甫所問，辭則謙下，而語意之間，實自以爲是矣……吾初不欲答，恐答之亦無所入也。故前書因發其端，以俟明春渡江而悉。既而思之，人生聚散無常，純甫之自是，蓋其心尚有所惑而然，亦非自知其非而又故爲自是以要我者，吾何可以遂已？故復備舉其説以告純甫……純甫平日徒知存心之説，而未嘗實加克治之功，故未能動静合一，而遇事輒有紛擾之患。今乃能推究若此，必以漸悟往日之墮空虚矣。故曰純甫近來用功得力處在此，然已失之支離外馳而不覺矣。夫心主於身，性具於心，善原於性，孟子之言性善是也。善即吾之性，無形體可指，無方所可定，夫豈自爲一物，可從何處得來者乎？故曰受病處亦在此。純甫之意，蓋未察夫聖門之實學，而尚狃於後世之訓詁，以爲事事物物，各有至善，必須從事事物物求個至善，而後謂之明善……夫在物爲理，處物爲義，在性爲善，因所指而異其名，實皆吾之心也。心外無物，心外無事，心外無理，心外無義，心外無善。吾心之處事物，純乎理而無人僞之雜，謂之善，非在事物有定所之可求也。處物爲義，是吾心之得其宜也，義非在外可襲而取也。格者，格此也；致者，致此也。必曰事事物物上求個至善，是離而二之也……若區區之意，則以明善爲誠身之功也。夫誠者，無妄之謂；誠身之誠，則欲其無妄之謂；誠之之功，則明善是也……誠身之始，身猶未誠也，故謂之明善；明善之極，則身誠矣。若謂自有明善之功，又有誠身之功，是離而二之也，難乎免於毫釐千里之謬矣。」

按：王道時爲應天府學教授，所謂「俟明春渡江而悉」，是説至明年春由滁州渡江回南京來面論。可見此書當作於正德八年十二月間。

孫存入京赴南宫試，託其致書順天府尹楊廉，楊廉有答書。

孫存南京禮部尚書贈太子少保謚文恪楊公廉行狀：「公諱廉，字方震，姓楊氏，號月湖，一號畏軒，世家豫章之豐城……成化丁酉，舉鄉試第一……丁未，魁會試進士……辛未冬，陞順天府尹……癸酉冬，存北上，陽明王先生附書抵公，稱爲『君子有用之學者』以此。平生著述有月湖稿七卷，奏議、劄記、家規、新增伊洛淵源録、先天後天圖學考證、太極圖纂要、分類程氏遺書外書、二程年表、西銘旁通、皇極經世啓鑰、象山語類、洪範纂要、深衣纂要、大學衍義節略一卷，類有發明於志道者；皇明名臣言行録、皇明理學名臣言行録各一部，皆有補於據德者；禮樂書選註、風雅源流、唐詩詠史絶句、白沙定山詩、星略、算學發明、綴算舉例、醫學舉要、明醫録各一卷，皆有裨於游藝者。」（國朝獻徵録卷三十六）楊廉楊文恪公文集卷四十六與王伯安書一：「論學難，論政亦難。大抵政事卑陋，皆由學術膚淺，爲世道計，不能不爲之憂也。門下近日可語者何人？留意收拾，使此道果明於下，則異日必有行之於上者。許大乾坤，豈終絶望也哉？吾人此後相見，皆未敢必。風便，幸無金玉是禱。」

一五一四　正德九年　甲戌　四十三歲

春正月，大雪，旱象解除，遂與太僕少卿文森登龍潭、瑯琊、豐山望祭。與門人浴沂詠歌而歸。

陽明瑯琊題名：「正德癸酉冬旱，滁人惶惶。迺正月乙丑雪，丁卯大雪。太僕少卿、白灣文宗嚴森與陽明子王守仁，同登龍潭之峰以望。再明日霽，又登瑯琊之峰以望，又登豐山之峰以望。見金陵、鳳陽諸山皆白，喜是雪之被廣矣。迴臨日觀，探月洞，憇了了堂。風日融麗，泉潏鳥嚶，意興殊適。門人蔡宗兗、朱節輩二十有八人壺榼携至，遂下飲庶子泉上，及暮既醉，皆充然有得，相與盥濯，詠歌而歸，庶幾浴沂之風焉。」（南滁會景編卷八，陽明文集失載）

按：「望」者，望祭也，登山以祭山川。

王陽明全集卷二十瑯琊山中三首：「草堂寄放瑯琊間，溪鹿巖僧且共閑。冰雪能回草木死，春風不化山石頑。六經散地莫收拾，叢棘被道誰刊删？已矣驅馳二三子，鳳圖不出吾將還。狂歌莫笑酒杯增，異境人間得未曾。絶壁倒翻銀海浪，遠山真作玉龍騰。浮雲野思春前動，虚室清香静後凝。懶拙惟餘林壑計，伐檀長自愧無能。風景山中雪後增，看山雪後亦誰曾？隔溪巖犬迎人吠，飲澗飛猱踔樹騰。歸騎林間燈火動，鳴鐘谷口暮光凝。塵踪正自韜籠在，一宿雲房尚未能。」

按：此三詩即陽明登瑯琊山望祭與門人「歌詠」之作，故南滁會景編卷八録此三詩，題作雪後遊瑯琊用韵。

南滁會景編卷八朱勛陽明先生雪中登瑯琊山從遊次韵：「愛山豪興雪中增，立雪吟風舊有曾。落地瓊花渾粲爛，漫天柳絮亂飛騰。鳥投林樹迷雲暗，馬度溪橋怯凍凝。莫厭衝寒登絶頂，晴郊遊衍是人能。」

按：朱勳應即陽明所云「門人二十八人」之一。

王陽明全集卷二十棲雲樓坐雪二首：「纔看庭樹玉森森，忽漫階除已許深。但得諸生通夕坐，不妨老子半酣吟。瓊花入座能欺酒，冰溜垂簷欲墮針。却憶征南諸將士，未禁寒夜鐵衣沈。　此日棲雲樓上雪，不知天意爲誰深。忽然夜半一言覺，又動人間萬古吟。玉樹有花難結果，天機無線可通針。曉來不覺城頭鼓，老懶羲皇睡正沈。」

按：陽明瑯琊題名云：「正德癸酉冬旱，滁人惶惶。迺正月乙丑雪，丁卯大雪。太僕少卿、白灣文宗巖森與陽明子王守仁，同登龍潭之峰以望。」此詩云「纔看庭樹玉森森，忽漫階除已許深」，則作在正月丁卯。棲雲樓，應即在龍潭。「諸生」，即瑯琊題名所云「門人蔡宗兗、朱節輩二十有八人」也。詩云「却憶征南諸將士，未禁寒夜鐵衣沈」，指其時南方正調兵征戰，國榷卷四十九：「正德九年正月乙丑朔，刑部左侍郎黃珂改兵部尚書，南京刑部右侍郎鄧璋爲兵部右侍郎，右副都御史周南爲右都御史，總督兩廣軍務兼巡撫。丙寅，命兩京大臣科道及外撫按各舉將才……甲戌，四川左布政使蔣昇爲右副都御史，巡撫南、贛、汀、漳。」蓋其時陽明已關注南、贛、汀、漳戰事矣。

朱節赴南宮試，蔡宗兗因疾歸山陰，皆有詩送行。

王陽明全集卷二十送守中至龍盤山中：「未盡師生六日情，天教風雪阻西行。茅堂豈有春風坐，江郭虛留一月程。客邸琴書燈火靜，故園風竹夢魂清。何年穩閉陽明洞，榾柮出爐賚石羹。」龍蟠山中用韵：「無奈青山處處情，村沽日日辨山行。真慚廪食虛官守，只把山遊作課程。谷口亂雲隨騎遠，林間飛雪點衣輕。長思淡泊還真性，世味年來久絮羹。」贈守中北行二首：「江北梅花雪易殘，山窗一樹自家看。臨行掇贈聊數顆，珍重清香是歲寒。　來何匆匆去何遲，來去何心莫漫疑。不爲高堂雙雪鬢，歲寒寧受北風欺？」同上，送蔡希顏三首：「正德癸酉冬，希淵赴南宮試，訪予滁陽，遂留閱歲。既而東歸，問其故，辭以疾。希淵與予論學瑯琊之間，於斯道既釋然矣，別之以詩……」

同上，別希顏二首。

劉觀時歸辰州，有詩送之。

王陽明全集卷二十別易仲：「辰州劉易仲從予滁陽，一日問：『道可言乎？』予曰：『啞子喫苦瓜，與你說不得。爾要知我苦，還須你自喫。』易仲省然有悟。久之，辭歸，別以詩。　迢遞滁山春，子行亦何遠。纍然良苦心，惝恍不遑飯。至道不外得，一悟失群闇。秋風洞庭波，遊子歸已晚。結蘭意方勤，寸草心先斷。末學久仳離，頹波竟誰挽？歸哉念流光，一逝不復返。」

德觀歸省回山陰，贈詩送別。

王陽明全集卷二十送德觀歸省二首：「雪裏閉門十日坐，開門一笑忽青天。茅簷正好負暄日，客子胡爲思故園？椿樹慣經霜雪老，梅花偏向歲寒妍。瑯琊春色如相憶，好放山陰月下船。　瑯琊雪是故園雪，故園春亦瑯琊春。天機動處即生意，世事到頭還俗塵。立雪浴沂傳故事，吟風弄月是何人？到家好謝二三子，莫向長沮錯問津。」

按：德觀，無考。據詩云「瑯琊春色如相憶，好放山陰月下船」，可見其爲山陰人。滁州一冬無雪旱甚，至正月初一下雪方解旱情，此詩云「雪裏閉門十日坐」，則作在正月初十日。又詩云「立雪浴沂傳故事」，與瑯琊題名同，可見德觀爲「門人二十八人」之一。

鄭傑謝病還鹿門，有詩送別。

王陽明全集卷二十鄭伯興謝病還鹿門雪夜過別賦贈三首：「之子將去遠，雪夜來相尋。秉燭耿無寐，憐此歲寒心。歲寒豈徒爾，何以贈遠行？聖路塞已久，千載無復尋。豈無群儒迹？蹊徑榛茆深。濬流須尋源，積土成高岑。攬衣望遠道，請君從此征。　濬流須有源，植木須有根。根源未濬植，枝派寧先蕃？謂勝通夕話，義利分毫間。至理非外得，譬猶鏡本明，外塵蕩瑕垢，鏡體自寂然。孔訓示克己，孟子垂反身。明明賢聖訓，請君勿與諼。　鹿門在何許？君今鹿門去。千載龐德公，猶存棲隱處。潔身非亂倫，其次乃避地。世人失其心，顧瞻多外慕。安宅舍弗居，狂馳驚奔騖。高言詆獨善，文非遂巧智。瑣瑣功利儒，寧復知此意？」

按：鄭伯興即鄭傑，襄陽人。詩云「雪夜來相尋」，則作在正月可知。

王嘉秀、蕭琦歸辰陽，贈詩送別。

王陽明全集卷二十門人王嘉秀實夫蕭琦子玉告歸書此見別意兼寄聲辰陽諸賢：「王生兼養生，蕭生頗慕禪。迢迢數千里，拜我滁山前。吾道既匪佛，吾學亦非仙。坦然由簡易，日用匪深玄。始聞半疑信，既乃心豁然。譬彼土中鏡，闇闇光內全；外但去昏翳，精明燭媸妍。世學如剪彩，妝綴事蔓延。宛然具枝葉，生理終無緣。所以君子學，布種培根原，萌芽漸舒發，暢茂皆由天。秋風動歸思，共鼓湘江船。湘中富英彥，往往多及門。臨岐綴斯語，因之寄拳拳。」

從內兄諸用文以部運過南京，來滁相見，爲其書卷題字，並屬徐愛作叙，有詩送別。

橫山遺集卷上宜齋叙：「陽明先生之從內兄有曰諸用文。用文既興崇仁幕，乃多閱練，益知人事之不可有違，違者，乃我與處之之道有未盡也。故欲求其宜，既以『宜』名齋以自勖。頃以部運過金陵，間過滁，爲卷請陽明先生題且叙之。先生既題其端，而謂序可以屬諸門人愛者。用文遂具以述，且白其意于予曰：『君毋以頌也，其以規乎！』予既弗能辭，則告之曰：『予固不知頌，亦焉知規？講言宜不宜之故，而用文自擇焉，可乎？』夫人所以不宜於物者，私害之也。是故吾之私得以加諸彼，則忮心生焉。忮心，好勝之類也，凡天下計較、忌妒、驕淫、狠傲、攘奪、暴亂之惡，皆從之矣。吾之私得以藉諸彼，則求心生焉。求心，好屈之類也，凡天下阿比、諂佞、柔懦、燕溺、污辱、吮咀之惡，皆從之矣。二私交於中，則我所以爲應感之地者，非公平正大之體矣……夫天下之道，莫大於五倫；天下之惡，莫大於二私。致私由於一貪，致貪由於三欲。今人誠能省三欲，抑一貪，以絶天下之大惡，成天下之大道，亦在反之本心而已矣。本心既得，而雖以處天下，有弗宜者乎！」

按：諸用文即諸緝。徐愛二月即行部江南出南都，故可知諸用文之來滁在正月中。

王陽明全集卷二十諸用文歸用子美韻爲別：「一别煙雲歲月深，天涯相見二毛侵。孤帆江上親朋意，樽酒燈前故國心。冷雪晴林還作雨，鳥聲幽谷自成吟。飲餘莫上峰頭望，煙樹迷茫思不禁。」

按：滁陽正月始降大雪，此詩云「冷雪晴林還作雨」，顯作在正德九年正月。王陽明全集將此詩歸入「南都詩」，謂「正德甲戌年四月陞南京鴻臚寺卿作」，誤甚。

黄岡郭慶、吴良吉來滁受學。

鄒守益集卷七陽明先生書院記：「陽明先生官滁陽，學者自遠而至……中丞方近沙任，舊學於予也，謀於諸縉紳曰：『陽明公歸自貴陽，諸生郭慶、吴良吉輩及門受學，請尸祝公爲矜式。』」

按：錢德洪陽明先生年譜云正德九年五月陽明至南京後，郭慶來受學，乃誤。鄒守益明言陽明在滁時郭慶、吴良吉來受學，則當在正德九年春間。郭慶字善甫，黄岡人。吴良吉字仲修，黄岡人。王陽明全集卷七有贈郭善甫歸省序云：「郭子自黄來學，踰年而告歸。」是序作於正德十年，可見郭慶後又隨陽明至南京再受教，至正德十年方歸。問津書院志稱郭慶正德丁卯舉於鄉，「聞王陽明倡道東南，徒步往，從之三年。講學問津，充然有得。」謂「從之三年」乃誤。耿定向先進遺風卷下：「郭孝廉慶字善甫者，敦樸篤行人也，從先生遊最久。既歸，則以其聞諸先生者接引里中後生。里有茂才吴良吉，字仲修，性資視孝廉頗高明，因發志鬻産爲資，附孝廉舟往越中謁先生。」按傳習録欄外書有云：「黄岡郭善甫挈其徒良吉，來越受學。」可見吴良吉原爲郭慶弟子，兩人多次來受學於陽明。

薛侃研幾録：「先生奚廢書乎？昔者郭善甫見先生於南臺，善甫嗜書者也，先生戒之曰：『子姑静坐。』善甫坐餘月，無所事，復告之曰：『子姑讀書。』善甫憝而過我曰：『吾滋惑矣。始也教慶以廢書而静坐，終也教慶以廢坐而讀書，吾將奚適矣？』侃告之曰：『是可思而入矣。』」

按：薛侃於是年五月來南京受學於陽明，此記蓋其親所見也。

光緒黄州縣志卷十九儒林：「郭慶，字善甫。正德丁卯舉人，質方力學。時王守仁倡道東南，慶徒步往從之。三年始歸，充然有得也。授清平知縣，有冰檗，稱勤於撫字，捐俸給貧民牛種。後乞休歸，民不忍舍，爲立祠祀之。家居不治垣屋，澹泊自守，戚里有困匱，輒賙給焉。耽吟詠，每詩成，常自削稿，故著述不多見云。吳良吉，字仲修，號石梁。師事王守仁，講良知學。家貧，授生徒，槃籆嶷然，而純粹可掬，學者暱就之。作詩歌，有邵堯夫風。孟津宰黄岡，延之書院。有暮夜懷金請間者，力却之。及卒，耿定向借棺斂之，爲作傳。知府瞿汝稷誌其墓。著有居湖集。」

嘉定縣令王雲鵬書來論學，陽明有答書。

王陽明全集卷四答王天宇書一：「書來，見平日爲學用功之概，深用喜慰！……天宇自謂『有志而不能篤』，不知所謂志者果何如？其不能篤者又誰也？謂『聖賢之學能静，可以制動』，不知若何而能静？静與動有二心乎？謂『臨政行事之際，把捉摸擬，强之使歸於道，固亦卒有所未能，然造次顛沛必於是』者，不知如何其爲功？謂『開卷有得，接賢人君子便自觸發』，不知所觸發者何物？又『賴二事而後觸發』，則二事之外所作何務？當是之時，所謂志者果何在也？凡此數語，非天宇實用其力不能有。然亦足以見講學之未明，故尚有此耳。或思之有得，不厭寄示。」

二月，湛甘泉奉使安南歸，經滁陽來見，論儒釋之道。

湛若水陽明先生墓誌銘：「陽明公遷貳南太僕，聚徒講學，有聲。甘泉子還，期會於滁陽之間。夜論儒釋之道。」

湛若水奠王陽明先生文：「奉使安南，我行兄止。兄遷太僕，我南兄北。一晤滁陽，斯理究極。兄言迦、聃，道德高博，焉與聖異？子言莫錯。我謂高廣，在聖範圍，佛無我有，中庸精微；同體異根，大小公私，斁叙彝倫，一夏一夷。夜分就寢，晨興兄嘻。夜談子時，吾亦一疑。分呼南北，我還京圻。」

湛若水陽明先生墓誌銘：「人或告曰：『陽明公至浙，沉於江矣，至福建始起矣。登鼓山之詩曰：「海上曾爲滄水使，山中又拜武夷君。」有徵矣。』甘泉子聞之笑曰：『此佯狂避世也。』故爲之作詩，有云：『佯狂欲浮海，説夢癡人前。』及後數年，會於滁，乃吐實。彼誇虚執有以爲神奇者，烏足以知公者哉！」

按：湛甘泉是次自安南歸，沿途所行甚緩慢。泉翁大全集卷四十有詩癸酉除夕寓貴溪道中，可見其正德八年除夕方至貴溪。又有詩甲戌正月十七日潘仲魯黄門諸友遊金華雙龍赤松諸洞二首：「念彼同懷子，睽别令心傷。天地尚迴轉，日月會有常。咫尺乃千里，何況道路長。滁雲耿懸榻，婺雨暗山房。摩挲舊題句，中夜夢連牀。」可見其正德九年正月十七日方至金華，以是推之，湛甘泉至滁陽而與陽明相會當在二月中旬。

泉翁大全集卷四十北都自嚴寄陽明子：「玉臺有名果，成之三千春。當其未成時，凡品不足珍。持以贈世人，澀口反見嗔。白璧按劍起，青蠅止棘頻。聖人誠囊括，明哲貴保身。雲龍會有時，感應豈無因？不惜知音寡，所惜不能琴。」

按：湛甘泉三月到京，此詩即其到京師後所作。詩將陽明比之爲玉臺名果，「雲龍會有時」，蓋針對陽明時下跼蹐滁陽而言也。

三月，朱勛渡海赴東瀛，有答韵送之。

王陽明全集卷二十答朱汝德用韵：「東去蓬瀛合有津，若爲風雨動經旬。同來海岸登舟在，俱是塵寰欲渡人。弱水洪濤非世險，長年三老定誰真？青鸞眇眇無消息，悵望煙花又暮春。」

按：是次朱勛之出處行踪不明。按詩云「東去蓬瀛合有津」，是謂東赴日本，「同來海岸登舟在」，是謂日本有使來朝貢，「弱水洪濤非世險」，是謂浮海東渡。故可知朱勛是次別陽明當是爲渡海赴東瀛。所謂「同來海岸登舟在」，疑指宋素卿或堆雲桂悟之輩來朝貢。按宋素卿原名朱縞，鄞縣人。後逃入日本，爲日本國王女壻，改名宋素卿，正德中常來明入貢經商。朱氏爲鄞縣名族（如其時鄞縣亦有名朱源及其子名朱勛者，見康熙鄞縣志），疑此滁陽士子朱勛（字汝德）祖籍即鄞縣人，甚或與朱縞有宗族關係，故得知日本有使自寧波入貢，亦欲隨使自寧波渡海赴東瀛，所謂「同來海岸」，必是指從寧波出入下海也。萬曆滁陽志中朱勛傳，自其正德九年從陽明遊至正德十六年貢入都，爲一大段空白，令人啓疑，今可知其必是此時渺渺渡海去東瀛，其後自隱其事，世人遂不知此一段經歷也。

冀元亨歸武陵，有詩送別。

王陽明全集卷二十送惟乾二首：「獨見長年思避地，相從千里欲移家。慚予豈有萬間庇？借爾剛餘一席沙。古洞幽期攀桂樹，春溪歸路問桃花。故人勞念還相慰，回雁新秋寄彩霞。

簦笈連年愧遠求，本來無物若爲酬。春城驛路聊相送，夜雪空山且復留。江浦雲開廬嶽曙，洞庭湖闊九疑浮。懸知再鼓瀟湘柁，應是芙蓉湘水秋。」

橫山遺集卷上送冀惟乾二首：「同心離居，羈懷若惘，興言幽期，已動歡襟。人有心盟，天靡爽鑒，君子所貴遠慮，寧以近憂？諒在有道，能概斯情。故次韵二首，不妨贈行云。

飄泊乾坤吾未定，憐君風雨獨還家。愁聽雙雁遺寒侶，更看孤鷗度遠沙。道未探真觀逝水，身猶浮世歎飛花。金華亦是仙人地，莫問桃源沮落霞。

嚶嚶山鳥亦何求，幽谷喬遷願已酬。江上扁舟知我始，滁陽三月羨君留。陳良先得北方學，尼叟曾思東海浮。明月洞庭如有約，送君飛下楚天秋。」

太僕少卿文森刻文山別集，爲作序。

王陽明全集卷二十二文山別集序：「文山別集者，宋丞相文山先生自述其勤王之所經歷，後人因而採集之以成者也……古之君子之忠於其君，求盡吾心焉以自慊而已，亦豈屑屑言之，以蕲知於世？然而仁人之心忠於其君，亦欲夫人之忠於其君也。忠於其君，則盡心焉已。欲夫人忠於其君，而思以吾之忠於其君者啓其良心，固有人弗及知之者，非自言之，何由以及人乎？斯先生之所爲自述，將以教世之忠也……先生之裔孫，今太僕少卿公宗巖（按：史書多作「宗嚴」，惟陽明多作「宗巖」。），復刻是集而屬某爲之序。某之爲廬陵也，公之族弟某（按：即文澍）嘗以序謀，玆故不可得而辭。」

丹陽湯禮敬書來請補作壽序，爲書壽湯雲谷序。

王陽明全集卷二十二壽陽雲谷序：「明年三月，予再官鴻臚，而鄉之人復以書來請，遂追書之。」

按：陽明陞南京鴻臚寺卿，到任在四月，此處稱「三月予再官鴻臚」，蓋陞南京鴻臚寺卿命下在三月也。

三月二十四日，與張俅、李校、徐愛、單麟再遊瑯琊，遂題名刻石，與諸生春遊滁山，有詩感懷。

陽明瑯琊題名：「後三月丁亥，御史張俅、行人李校、員外徐愛、寺丞單麟復同遊，始刻石以紀。餘姚王守仁伯安題。」（南滁會景編卷八，陽明文集失載）

王陽明全集卷二十山中示諸生五首：「路絶春山久廢尋，野人扶病强登臨。同遊仙侶須乘興，共探花源莫厭深。鳴鳥遊絲俱自得，閑雲流水亦何心。從前却恨牽文句，展轉支離歎陸沉。　滁流亦沂水，童冠得幾人？莫負詠歸興，溪山正暮春。　桃源在何許？西峰最深處。不用問漁人，沿溪踏花去。　池上偶然到，紅花間白花。小亭閑可坐，不必問誰家。　溪邊坐流水，水流心共閑。不知山月上，松影落衣斑。」

商貢士受學歸浮山，有詩送別。

王陽明全集卷二十與商貢士二首：「見説浮山麓，深林遶石溪。何時拂衣去，三十六巖棲。　見説浮山勝，心與浮山期。三十六巖内，爲選一巖奇。」

按：此詩在王陽明全集中置於「滁州詩」之末，則當作在四月陽明離滁赴南京鴻臚寺卿任前夕。浮山在桐城，嘉靖安慶府志卷五：「桐城東九十里曰浮山，又曰浮渡山。自地視之如灊，自江視之如浮。不峻不麗，其中巖壑相屬，多石，多屈曲可觀。其崖三百有五十，其最著者三十有六，其峰七十有二。」浮山志卷一：「吴一卞代甑山張老師刻王陽明先生二詩於朝陽洞，詩題云：『桐城生高上舍來訪，談浮山之勝，書此。』」商貢士，康熙安慶府志卷七：「明貢士，望江商佑，成安主簿。」

有書致應天府學教授王道，論辯朱陸二學，不合。

王陽明全集卷四與王純甫書二：「得曰仁書，知純甫近來用工甚力，可喜，可喜！學以明善誠身，只兀兀守此昏昧雜擾之心，却是坐禪入定，非所謂『必有事焉』者矣。聖門寧有是哉？但其毫釐之差，千里之謬，非實地用功，則亦未易辨别。後世之學，瑣屑支離，正所謂採摘汲引，其間亦寧無小補？然終非積本求原之學。句句是，字字合，然而終不可入堯舜之道也。」

按：此書題下原注「甲戌」作。蓋其時王道在南都任應天府學教授，徐愛在南都任兵部車駕清吏司員外郎，故熟知王道情況。陽明則在滁而不在南都，故徐愛寫信來告知王道情況。由此可知陽明此書作在正德九年春在滁之時。王道崇信朱學，時在南都與魏校講論朱學，與陽明思想漸行漸遠。陽明此書真意即在批評王道之好朱學，書所謂「後世之學，瑣屑支離」，即暗指朱學，而所謂「句句是，字字合」，則微諷王道之規規朱説也。陽明後在與黄宗賢中云：「僕在留都，與純甫住密邇，或一月一見，或間月不一見，輒有所規切，皆發於誠愛懇惻，中心未嘗懷纖毫計較。純甫或有所疏外，此心直可質諸鬼神。其後純甫轉官北上，始覺其有恝然者。」可見陽明在南都已察覺王道受魏校影響轉向朱學。故可説陽明在南都對王道（旁及魏校）之批評，乃是後來魏校、王道在京與陽明弟子展開朱陸論戰之前奏曲（見下），亦是促使陽明作朱子晚年定論之真正動因與背景也。

是月，編定手書遊海詩一卷，授門人孫允輝。

季彭山先生文集卷四跋陽明先生遊海詩後：「此陽明先生記遊海時所作也。正德丁卯，先生以言事謫官龍場，病於杭之勝果寺，云有二青衣者至，欲擒之沈於江，漂於海，海神曰吳君高者救之，得生。於是入建陽，遊武夷，歷廣信，而復歸於杭。往來數千里之間，距其初行，纔七日耳。所至之地，必有題詠；所遇之人，必有唱酬，篇章累積，不可勝紀。既畢之暇，則手書一卷，以授其徒孫君允輝，允輝以授余。是歲，余携之遊南雍。時同舍孫君朝信，平湖人也，異而愛之，中分之而各取其半，此其所存也。嗚呼！遊海之事茫昧幽渺，世所罕有，豈先生忠義之氣有所感歟？不然，或其有爲而自託焉，未可知也。然詞翰瀟灑，飄然出塵，則固有不易得者矣。」

按：季本遊南雍在正德九年五月。考季彭山先生文集卷三祭同年薛尚謙文云：「惟公時起嶺南……及遊南雍，見聞彌廣。惟時先師，教鐸方響，分合知行，如指諸掌……余與公同學鴻臚之舍，同登丁丑之榜……」所謂「同學鴻臚之舍」，即指季本正德九年與薛侃同入南雍，時陽明任南京鴻臚寺卿，故二人同居鴻臚之舍受教也。據薛侃行狀，薛侃是歲赴南宮不第，聞陽明官南京鴻臚寺卿，遂來就南雍師事于陽明（參見饒宗頤薛中離年譜）。實則季本亦是是歲赴南宮試不第，乃來遊南雍，受教於陽明。錢德洪陽明先生年譜：「正德九年五月，至南京。自徐愛來南都，同志日親，黃宗明、薛侃……季本……同聚師門，日夕漬礪不懈。」此即是指季本、薛侃來遊南雍，得以日夕受教也。孫允輝，當是陽明早年弟子，隱居不仕者。據陽明與徐曰仁書云：「黃與阿覩近如何？……世瑞、允輝、商佐、勉之、半珪凡越中諸友，皆不及作書。」（見下）可見孫允輝爲山陰人，是如山陰王文轅（黄轝子）、許璋（半珪）、王琥（世瑞）一類好道之士，故陽明特將遊海詩授孫允輝也。此必是正德九年春孫允輝嘗自山陰來滁見陽明，得受陽明遊海詩而歸。而季本因南宫試失利亦歸山陰，得見孫允輝所有遊海詩，遂携之往遊南雍。蓋陽明忽於其時手定遊海詩舊稿，乃受湛甘泉之激發。二月湛甘泉來滁見陽明，論儒釋之異，湛甘泉當面談及陽明「遊海」之説乃「佯狂避世」，「説夢癡人前」。陽明亦不得不「吐實」，承認「遊海」之説乃虚構妄造；然猶認爲釋迦、老聃道德高博，與儒聖不異，依舊不以「遊海」之説爲非。故湛甘泉一去，便編定手書遊海詩，以授「抱道之士」孫允輝。其後不久陸相來見陽明，陽明更向其詳細口授「遊海」故事，陸相遂作陽明山人浮海傳廣傳矣。陸相陽明山人浮海傳之廣傳於世，何以陽明不置一詞，陽明衆多弟子亦無異議，蓋皆心知肚明故也。

孫朝信，即孫璽。號峰溪道人，平湖人。兩浙名賢録卷三十七山西按察僉事孫朝信璽：「孫璽，字朝信，平湖人。正德戊辰進士，初授興化縣知縣。四年，陞揚州府同知。轉南京宗人府經歷，居艱。起復，陞山東按察司僉事，提督京畿屯餉。調雲南僉事，坐撫、按搆怨，奏逮二司。時璽已陞山西參議矣，仍落山西僉事。無何，入覲，以年老罷歸。前後仕途二十八年，歸十年而卒，年七十有一。璽爲人寬厚持重，内剛而外和，其所居官，不擇劇易，不計利害智巧所避，毅然任之。其有蹉跌，亦不悔。自爲令時，即力芟大豪。及在薊州、洱海、大同，倥傯盗賊，蠻夷反側，兵戈之間，而勘皇莊地土，則尤以一文吏，與貂璫肺腑争氣力上下，璽處之未嘗不辨，竟以不能俯仰，故不至大官……爲山東僉事時，以屯田居京師。張永嘉爲相，故交也，而同年桂萼爲冢宰，未嘗一私向其門……平生自俸資外，無所取。卒之日，篋笥敝衣而已。性尤喜詩，自罷歸居閑，則詩益多。有雲山履歷稿，藏於家。」按孫璽與徐愛爲同年，正德九年其任南京宗人府經歷，與徐愛、陽明自關係甚密，季本稱「同舍孫君朝信」，則孫璽當亦常來問學陽明可知矣。

四月二十一日，陞南京鴻臚寺卿。

王陽明全集卷九給由疏：「至正德九年四月二十一日止，歷俸六個月。本日到任吏部劄付，蒙陞南京鴻臚寺卿，本月二十五日到任。」

按：館閣漫録卷十：「正德九年二月己巳，陞南京太僕寺少卿王守仁爲南京鴻臚寺卿。」此説當有所據，然查是年二月無己巳，而三月六日爲己巳，則此「二月」當是三月之誤。蓋是次朝廷命除陽明南京鴻臚寺卿在三月六日，吏部劄到南京則在四月二十一日。憲章類編卷三十七則云：「正德九年正月，陞南京太僕寺少卿王守仁爲南京鴻臚卿。」此云「正月」當爲三月之誤。大致陽明是次陞南京鴻臚寺卿，朝廷命下在三月六日（己巳），吏部劄到滁陽在四月二十一日，陽明到南京鴻臚寺卿任在四月二十五日。錢德洪陽明先生年譜謂「四月，陞南京鴻臚寺卿。五月，至南京」，亦誤，陽明明言四月二十五日到南京鴻臚寺卿任，非在五月。蓋滁陽與南京僅一江之隔，到南京毋須一日程也。

滁陽諸生送至江浦，有詩相別。

王陽明全集卷二十滁陽別諸友：「滁陽諸友從遊，送予至烏衣，不能別。及暮，王性甫汝德諸友送至江浦，必留居，俟予渡江。因書此促之歸，並寄諸賢，庶幾共進此學，以慰離索耳。

滁之水，入江流，江潮日復來滁州。相思若潮水，來往何時休？空相思，亦何益？欲慰相思情，不如崇令德。掘地見泉水，隨處無弗得。何必驅馳爲，千里遠相即。君不見，堯羹與舜墻；又不見，孔與跖，對面不相識。逆旅主人多殷勤，出門轉盼成路人。」

按：此「烏衣」指滁陽烏衣渡，萬曆滁陽志卷一：「烏衣河渡，八都……烏衣河南岸屬州，北岸屬來安縣。居民稠密，絡繹往來。」

五月，在南都，門人學子來聚，日夕講學不懈。

王陽明全集卷二十七與顧惟賢：「陸（澄）與潮人薛侃皆來南都從學，二子並佳士……向在南都相與者，曰仁之外，尚有太常博士馬明衡、兵部主事黄宗明、見素之子林達，有御史陳傑，舉人蔡宗兗、饒文璧之屬，蔡今亦舉進士，其時凡二三十人，日覺有相長之益。」

錢德洪陽明先生年譜：「自徐愛來南都，同志日親，黄宗明、薛侃、馬明衡、陸澄、季本、許相卿、王激、諸偁、林達、張寰、唐愈賢、饒文璧、劉觀時、鄭騮、周積、郭慶、欒惠、劉曉、何鰲、陳傑、楊杓（按：當作楊礿）、白説、彭一之、朱箎輩，同聚師門，日夕漬礪不懈。」

按：自陽明陞南京鴻臚寺卿，四方學子遂多來聚南都，講論學問。今傳習録卷上後半部，即由陸澄、薛侃其時在南都受教所記録，全面反映了陽明在南都任鴻臚寺卿時講學之況。大致其時來受學者包括五類人：一類爲是年科舉中進士而來南都任職者，如黃宗明、林達等；一類爲是年科舉落第而來南都受學者，如薛侃、陸澄、季本等；一類爲昔日弟子而再來南都問學者，如唐愈賢、楊礿、劉曉等；一類爲由原弟子或友人介紹新來受學者，如馬明衡、郭慶、何鰲等；一類爲原即在南都任職者，如穆孔暉、王道等。錢德洪所述不全，具體來學時間亦不明。下多有詳考。

多有書致甘泉。中峰董玘有書來，講論學問。

董中峰先生文選卷六與王伯安：「往歲幸邇君子之居，過承教愛。顧以蹇劣，不能有所請益，至今負慊。比從元明所見華札，兩及賤名，尤荷惓惓。所諭責己責人之説，甚公平，且欲守默，若有戒於議論之多者，益見近日所養大異也。南都視滁雖覺少煩，鴻臚多暇，實育德之地，歸計宜可暫止也。元明此來，遂東處終月，不能再會，思疇昔往返之適，殊不可得。尊聞守知，要有不必同者，善貴相觀，竊不能無所憾耳。便中草草。」

按：時董玘已陞爲侍讀，故書云「遂東處終月，不能再會」。陽明四月至南京鴻臚寺卿任，甘泉則三月到京，可見董玘此書作在五月中，從中可知甘泉別陽明回京後，陽明多有書寄甘泉，今皆亡佚矣。

揭陽薛侃南宫下第，來遊南雍，師事陽明。

薛僑中離公行狀：「先生諱侃，字尚謙，薛氏其姓也。陽明公因其質虛，贈號曰中離……中庚午亞魁，刻文以傳。主司爭欲先生爲首選者，及見先生，曰：『大才即宜北上。』時年二十有五。越甲戌，赴南宮不第，聞陽明先生官南畿鴻臚，講孔孟周程之學，遂就南監師事焉。」（薛侃集附録三）

何維柏中離薛君傳：「庚午，舉於鄉。甲戌，赴南宮不第，聞陽明先生講學，往師焉。」（天山草堂存稿卷六）

季彭山先生文集卷三祭同年薛尚謙文：「惟公時起嶺南，昂藏倜儻……及遊南雍，見聞彌廣。惟時先師，教鐸方響。分合知行，如指諸掌。公在門墻，朝諏夕訪。豈徒空言，力行不漭。芟削枝條，抹殺伎倆。一登靈臺，八窗始敞。」

王陽明全集卷二十五祭國子助教薛尚哲文：「潮陽在南海之濱，聞其間亦有特然知向之士，而未及與見。間有來相見者，則又去來無常。自君之弟尚謙始從予於留都，朝夕相與者三年。」

季本來遊南雍，得遊海詩卷，居鴻臚舍受學。

季彭山先生文集卷四跋陽明先生遊海詩後：「既畢之暇，則手書一卷以授其徒孫君允輝，允輝以授余。是歲，余携之遊南雍。時同舍孫君朝信，平湖人也，異而愛之，中分之而各取其半。」

同上，卷三祭同年薛尚謙文：「及遊南雍，見聞彌廣。惟時先師，教鐸方響……余與公同學鴻臚之舍，同登丁丑之榜。」

陸澄南宮不第，來南都居鴻臚舍受學。

横山全集卷下送陸子清伯行序：「始客有語清伯於科舉之學，蚤作夜思，食忘味，寢忘寐，出忘容，對客忘言，博考精會，非徒欲獵近義，繪時文，其專有如此者；以六經之義奧，非專門莫究，乃不耻屈己以師同輩焉，其謙有如此者。予曰：『惜哉！何不務是以求道？』客曰：『彼將有所利也。今之言道，莫陽明夫子若，而世方閧然訕議，彼苟有慕，人將畏而違之，何利焉？』予曰：『不然。清伯且來，未可知。不曰專乎？專者，志之聚也，專而不達，不變；不曰謙乎？謙者，氣之虚也，謙而弗應，必反。夫道也者，虚其體也，一其用也。唯克己可以致虚，故謙者，克之萌也；唯凝神可以致一，故專者，凝之漸也。其機則然，故曰清伯且來。』越數日，清伯果齋潔執弟子禮，來叩陽明夫子之門，夫子納焉。先定之以立志，次培之以濯□，見乃密之以存養省察之功。自天地之變化，群言之同異，雖靡所不辯，而恒化□以不言之教。久之，清伯憮然曰：『微夫子，幾不喪吾生！』」

王陽明全集卷七贈陸清伯歸省序：「或曰：『清伯始見夫子，一月一至；既而旬一至；又既而五六日、三四日而一至；又既而遷居於夫子之傍；後乃請於夫子掃庚下之室而旦暮侍焉……』」

按：所謂「庚下之室」，即指鴻臚寺倉。

傳習録卷上：「澄在鴻臚寺倉居，忽家信至，言兒病危，澄心甚憂悶不能堪。先生曰：『此時正宜用功。若此時放過，閑時講學何用？人正要在此等時磨鍊。父之愛子，自是至情。然天理亦自有個中和處，過即是私意。人於此處多認做天理當憂，則一向憂苦，不知已是有所憂患，不得其正。大抵七情所感，多只是過，少不及者。才過便非心之本體，必須調停適中始得……』」

按：陸澄字清伯，一字原静，歸安人，明史列傳卷六十八有傳。今傳習録卷上下半部，主要即陸澄居鴻臚寺倉所記。

兩浙名賢録卷四陸元静先生：「陸澄，字元静，歸安人。始謁文成於留都，月一至。已益親，後請掃庚下之堂而旦暮侍焉。性故豪邁，後日雍默自持，慊慊自以爲不足也。其記文成語，首云：『持志如心痛，一心在痛上，豈有工夫説閑話、管閑事？』蓋其篤也，已欲屏絶文字，專於學。文成曰：『此恐志不堅定，爲世習所撓之故而云然。使在我果無功利之心，雖錢穀兵甲，搬柴運水，何往而非實學？何事而非天理？况子、史、詩、文之類乎？使在我尚存功利之心，雖日講道德仁義，亦直功利之事，况子、史、詩、文之類乎？願一洗俗見，還復初志，當釋然融解矣。』」

永嘉王激南宫下第，來南都受學。

光緒永嘉縣志卷十五王激傳：「王激，字子揚，號鶴山，鉦次子。天姿英邁，丰儀秀偉，書過目成誦。正德丁卯，以春秋舉省試第二人。初嗜仙釋氏語，後與陽明高弟徐曰仁、金汝白諸君子相友善切磨，而張純、項喬又從激受業。嘉靖癸未，以詩經成進士，授吉水知縣，不恃文法，民自從令。擢吏部文選司主事。戊子，主廣東鄉試。庚寅，遷考功郎中，振拔幽滯，黜陟惟允。滿考，擢南京通政司右通政。尋召主謄黄。未幾，改國子祭酒，經筵講官。因親老，屢疏乞歸養。海鹽鄭端曉爲張文忠孚敬所嫉，激爲陰掖之。及激卒，曉爲位而哭，並爲之傳。激風致魁岸，過於澡潔，視一切委瑣若有所浼。方際通顯，而力於求退，不欲以親援爲口實也。詩文操筆立就，爲藝林推重。所著有文江集、鶴山文集若干卷。（萬曆志，甌東録）」

同上，王澈傳：「王澈，字子明，號東厓，鉦長子，與弟激並負時望。正德癸酉舉於鄉，授禮部司務，歷遷兵部武庫司郎中。時母舅張少師孚敬秉鈞，乃退然斂抑，陰扶善類，縉紳至今稱之。張延齡之獄，少師力争，其端自激發之，而少師長子遜志贊成之，人莫知也。以親老歸省。擢福建布政司左參議，不赴，林居二十年。性寬容莊重，與人誠意懇至，望之知爲長者。推贏振乏，敦禮舉義，創宗祠，修譜牒，著族約，凡鄉鄰急難及境内利病，力所能爲者，悉以身肩之。乙巳歲大饑，減價出糶，仍廣施糜粥，日就食者千餘人，兩月而罷。嘉靖卒，年七十九。（萬曆府志）」

按：錢德洪陽明先生年譜祇泛云王激是年來受學。今按王激正德二年舉鄉試，以後五次赴南宫試俱不第；而王澈正德八年舉鄉試，則王澈與王激當於正德九年春同赴南宫試，而二人皆南宫落第，乃皆來南都受學於陽明。錢德洪所叙，遺漏王澈其人。

項喬書文江集後：「文江集者，喬同年羅達夫集予師王子揚先生令文江時所作也。先生舉業，足以早發科，而晚方登第；詞章足以晉儲翰苑，而出令外邑……然先生素有希聖之志，又得與陽明高弟徐公曰仁、朱公守忠、蔡公希顔、高公汝白、應公邦升及與王定齋、許杞山諸公素相友善切磨，宜其弸諸中而彪諸外，自有不可掩之實也。」（光緒永嘉縣志卷二十八）

張時澈鶴山詩文序：「鶴山先生者，永嘉王子揚氏也。少負奇質，於書無所不讀。方頭未角也，而騁鶩藝林，傲睨宇内，學士先生已心下之矣。正德丁卯，發解有司。已乃五絀春官，衆咸異之。嘉靖癸未，始舉進士……時余甫弱冠，未有聞也。一日，公騎馬過之，曰：『子知所以來乎？』澈平生無泛交，若殷近夫、朱守忠、許台仲、高汝白、應邦升，則所嘗與出肺腑者也……』公嘗自言曰：『鶴山之勝，煙霞在户，松栝流蔭於尊前，鶯燕弄聲於几上，繁花雜卉，四時不歇，游斯息斯，可以忘老。』每下第歸，則倒槖中金，買鶴揚州以歸。蒼頭報至，乃翁未之見也，輒曰：『吾兒又載鶴來乎？』故自號『白鶴山人』。」（光緒永嘉縣志卷二十八）

按：觀序中云「五絀春官」，「每下第歸，則倒槖中金，買鶴揚州以歸」，尤可見王激乃是正德九年南宫春試下第後來南都受學於陽明。今按跋、序中所提及之人如高汝白、應邦升、王定齋、許杞山等，實皆在是年南宫試後來南都問學於陽明，錢德洪陽明先生年譜多遺漏。如高汝白，即金賁亨，字汝白（原姓高）。明清進士録：「金賁亨，正德九年二甲五十五名進士。台州臨海人，字汝白，號一所，初姓高。官至江西提學副使。著台學源流，自宋徐中行迄明方孝孺、陳選，各爲其傳。另有道南録、學易記、一所詩文集等。」可見王激當是同金賁亨同赴南宫試，又南宫試後同來南都見陽明（金賁亨是中進士後歸省），故王激稱與金賁亨「素相友善切磨」者。又如應邦升，即應大猷，明清進士録：「應大猷，正德九年二甲一百一十二名進士。浙江仙居人，字邦升。歷官刑部尚書……隆慶、萬曆兩詔存問。」再如應典，明清進士録：「應典，正德九年二甲二十一名進士。浙江永康人，字天彝。性沉篤，刻志學問。授職方司主事，與友論學有悟，引疾歸。與應良、黄綰相講切，又從王守仁講致良知之旨，建書院於壽山，集諸生講學。再起車駕司主事，以母病不起。」王定齋、許杞山見下。

杞山許相卿來受學。

許相卿雲村集卷七家則序：「吾幼志於學，長從陽明先生遊。」

按：錢德洪陽明先生年譜謂許相卿正德九年來南都受學。今按許聞造（許相卿子）禮科給事中許公相卿行述：「諫議年十六，受詩鄞人張先生福。正德二年舉於鄉，十二年成進士，告歸。」（國朝獻徵録卷八十）明清進士録：「許相卿，正德十二年二甲一百一十二名進士。浙江海寧人，字伯台，一字台仲，號雲村。世宗時，授兵科給事中。宦官張鋭、張忠有罪論死，帝欲寬之，相卿切諫，言天下望陛下爲孝皇，陛下應自處以正德。帝又蔭中官張欽義子李賢爲錦衣世襲指揮，相卿言于謙子止錦衣千户，王守仁子止錦衣百户，若近幸奴，誰不解體？言皆切至。爲給事三年，所言皆不聽，遂謝病歸。有史漢方駕、革朝志、雲村文集等。」許相卿正德二年舉鄉試，以後每届南宫春試皆赴考，卒至正德十二年成進士。可見當是正德九年許相卿赴南宫春試下第，乃來南都受學於陽明。項喬所謂王激與許杞山諸公「相友善切磨」，張時澈所謂王激與許台仲相交「與出肺腑」者，即在其時也。

永嘉張璁南宫試不第，南歸過南京來謁，有詩韵唱和。

張璁咏萬詩：「品物形容别，君門萬里多。藏三生幾許，掛一漏如何？對策言難盡，封侯户豈過？獨欣歌聖壽，列國似星羅。陽明先生有咏一之作，書於畫面，余得之珍重，復咏『萬』以和之。羅峰。」（見唐長孺跋明張璁書扇，學林漫録十一集；又張璁集詩文輯佚）

按：張璁咏萬詩不見張璁集中，係書於泥金扇面手迹，唐長孺得之於北京琉璃廠肆，乃作跋明張璁書扇以記其事。今人或以爲張璁來南京謁陽明在正德十一年，乃非。今按：細審咏萬詩，「品物形容別」，指品彙萬物；「君門萬里多」，指疆土萬里；「藏三生幾許」，指三生萬歲；「掛一漏如何」，指掛一漏萬；「對策言難盡」，指萬言對策；「封侯户豈過」，指封萬户侯；「獨欣歌聖壽」，指萬壽無疆；「列國似星羅」，指萬國來朝。詩乃以「萬」字頌揚武宗聖朝，而又自咏其正德九年南宫春試未舉也。國榷卷四十九：「正德九年正月戊寅，上御奉天殿，大宴群臣夷使，至暮，駕始臨，席各舉燭。」張璁即有朝奉天殿詩云：「三朝日暖開宫殿，五色雲深舞鳳凰。答謝無言慚草莽，隨朝有例雜冠裳。珠簾高映天顔近，玉漏稀聞晝刻長。明試從容忘晏罷，聖明原只愛忠良。」（張璁集詩稿卷一）此詩即咏萬詩所言「獨欣歌聖壽」，二詩咏意全同，可見張璁來南京謁陽明作咏萬詩當在正德九年五月。蓋正德九年陽明有衆多弟子赴南宫試，張璁可與之相識，其來南京謁陽明或即陽明弟子介紹。如蕭鳴鳳即於是年中進士，授御史。明史卷一百九十六張璁傳：「張璁，字秉用，永嘉人。舉於鄉，七試不第。將謁選，御史蕭鳴鳳善星術，語之曰：『從此三載成進士，又三載當驟貴。』」按張璁與蕭鳴鳳即在正德九年春在都下相識，張璁之來謁陽明或即出於蕭鳴鳳介紹。

沅溪何鰲南宫不第，來南都受學。

王畿集卷十九祭何阮溪文：「弱冠奮庸，筮仕刑曹……緊走與公，先後師門。此志相應，臭味相同。」

按：錢德洪陽明先生年譜祇泛云何鰲是年來聚師門。今按李本沅溪何公鰲墓誌銘：「公諱鰲，字巨卿，工部尚書、贈太子少保諱詔之次子也……既長，穎異絶倫，父子間自爲知己。正德癸酉舉於鄉，丁丑進士第。初授刑部主事。」（國朝獻徵録卷四十五）何鰲正德八年舉鄉試，則次年當赴南宫試，蓋科舉失利歸山陰，途經南都，遂來見陽明受學。至正德十二年再赴南宫試，遂中進士（與陸澄同）。

黄宗明、林達中進士，赴南都任職，皆來受學。

明清進士録：「黄宗明，正德九年二甲五十九名進士。鄞縣人，字誠甫，號致齋。授南京兵部主事，進員外郎，從王守仁論學。宸濠反，上防江三策。武宗南征，亢疏力諫。官終禮部侍郎。」「林達，正德九年二甲四十一名進士。福建莆田人，字志道，號愧吾。歷官南京吏部考功郎中。善書能詩文。有自考集。父俊，舉成化進士。」

按：傳習録卷上中有「志道問」（志道即林達）與「黄誠甫問」語録，即其時在南都所記。

全椒戚賢來南都問學。

王畿集卷二十刑科都給事中南玄戚君墓誌銘：「君諱賢，字秀夫，别號南山，晚年更號南玄……嘉靖壬午，補學生。乙酉中南畿鄉試。丙戌，會試，三原馬公理賞其文，遂舉進士……先是，陽明先師爲滁州太僕少卿，君嘗於諸生中旅見，未信其學。甲申歲，有傳先生論學諸書，讀之，有契於心。」

同上，卷十九祭戚南玄文：「兄未第時，嘗見先師於南都。及官歸安，復拜於越。」

按：王陽明全集卷六與戚秀夫云：「追憶留都之會，恍若夢寐中矣。」此即指正德九年戚賢來南都問學。王畿謂「陽明先師爲滁州太僕少卿，君嘗於諸生中旅見」，此當是戚賢正德九年春先來滁見陽明，至四月則隨陽明回南都再問學也。

臨川饒瑄南宮下第，遂遊南雍，來南都受學。

陳九川明水陳先生文集卷四造士行齋饒先生墓誌銘：「先生諱瑄，字文璧，世爲臨川人。後以字易名，復字德温，號行齋以厲志，學者稱爲行齋先生……弱冠，始以一經爲弟子員……從遊甚衆，諸生競以時文雜説，以資剽竊，先生悉火之，使自抽新意。時皆倣李西涯俗書，先生刻蘭亭帖以易之，一時文體字學爲之一變。正德己巳，先生年二十八，開講於南郊西塔寺，相傳爲臨汝書院遺址也……明年，川始受業於兹，五歲未嘗去門……正德癸酉賓興，川也實從其後，因侍以北。先生下第，入南雍，川始離師門，凡粗有所悟，實皆先生發之。初，先生宗考亭格物之訓，凡天文地理、律曆算數、兵法丹經、陰陽醫卜諸書，莫不廣購而精究之，已乃覺其博而寡要，乃獨體服禮經，善横渠之教，曰：『如有用我，執此以往。』已復覺其器而不通，慕邵子之静坐百源，乃捐書習静，澄心立本以應變，若有得也。猶覺甚判而不一，在南雍聞陽明先生講聖學於鴻臚，遂執弟子禮，勇就正焉。即涣然契悟合一，知萬化生於心，始有定見矣。自是歸山，絶意仕進，不復會試。日尊象山之學，信從者益衆，争相延致。先生隨地教授，多先之以静坐，四方遊門者，因材而成之。」

王畿集卷十四贈前峰羅公壽言：「陽明先師開講鴻臚，時公之鄉先生饒文璧者從之遊。歸，以所學訓其鄉之後進。公得聞所未聞，師友淵源，有自來矣。」

羅汝芳集貳文集類卷四先府君前峰公行狀：「時聞臨川饒行齋先生得良知心傳於東越，乃命先君負笈走百里相從。行齋悦其篤實，因就敝鄉龍池山中館居年餘，日以德誼訓迪。」

白悦、白誼來受學。時白圻重修應天府儒學，爲作記。

陽明敬齋白公墓誌銘：「正德丁丑十月二十二日，右副都御史白公卒。戊寅秋，其子説、誼卜葬於邑烏龍岡之原，得庚辰二月之甲申，奉其母何淑人之命，具疏狀走數千里來虔，請銘於守仁。昔公先公康敏君，京師與家君爲比鄰，及余官留都，又與公居密邇，説、誼皆嘗及門，通家之好三世矣，銘而可辭？乃爲之銘。」（皇明名臣墓銘，陽明文集失載）

按：陽明陞鴻臚寺卿至南都時，白圻方爲應天府尹，兩人相居密邇，有通家之誼，故可知陽明一至南都，白圻即遣白説、白誼二子來受學。陽明白説字貞夫説云：「敬齋曰：『是兒也，嘗辱子之門，又辱臨其冠，敢請字而教諸。』」「嘗辱子之門」即指白説正德九年來受學。又白説白洛原遺稿卷八有復陽明中丞云：「宗黨之欲加侮於孤者，則又曰：『二孤昔師於王中丞，今中丞且子之矣！』」此亦指白説、白誼正德九年來受學。錢德洪陽明先生年譜祇謂白説是年來受學，蓋遺漏白誼也。白圻，字輔之，號敬齋，武進人，成化二十年進士。國朝獻徵録卷五十九有王鏊白公圻神道碑。白説，字貞夫，號洛原，登嘉靖十一年進士。王維禎洛原白公悦墓碑銘：「嘉靖壬午，白公舉順天鄉試，推廕與弟。又十年，舉壬辰進士。」此「弟」即指白誼。按天一閣藏明代科舉録選刊登科録四函嘉靖十一年進士登科録：「白悦，貫錦衣衛官籍，直隸録，常州府武進人，國子生。治詩經。字貞夫，行六。年三十四，十二月二十五日生。曾祖珂（教諭，贈光禄大夫、柱國、太子太保、刑部尚書），祖昂（光禄大夫、柱國、太子太傅、刑部尚書致仕，贈特進太保，謚康敏），父圻（通議大夫、都察院右副都御史），母何氏（封淑人）。永感下。兄諫（監生）、詔（鴻臚寺序班）、詡（監生）、訑（監生），弟誨（監生）、怡（官生）、譜（監生）。娶鄭氏，繼娶楊氏。順天府鄉試第二十名，會試第十八名。」又嘉靖十一年進士同年序齒録：「南直隸，白悦，字貞夫。治詩經。己未年十二月二十五日生。錦衣衛籍。武進縣人（觀都院政，授主事，改禮部。歷員外郎中，改左司）。壬午鄉試二十名（直謫通判，陞經歷南吏部郎中、尚寶司丞）。號洛原。會試十八名。……」均未言及其弟白誼，或白誼後來夭亡。

王陽明全集卷二十三應天府重修儒學記：「應天，京兆也。其學爲東南教本，國初以爲太學。洪武辛酉，始改創焉。再修於正德之己酉。自是而後，浸以敝圮。正德壬申，府尹張公宗厚始議新之，未成而遷中丞以去。白公輔之相繼爲尹，乃克易朽興頹，大完其所未備，而又自以俸餘增置石欄若干楹於櫺星門之外。於是府丞趙公時憲亦悉心贊畫，故數十年之廢一旦修舉，煥然改觀。師模士氣亦皆鼓動興起，廟學一新。教授張雲龍等與合學之士二百有若干人撰序二公之績，徵予文爲記。予既不獲辭，則謂之曰：多師多士，若知二公修學之爲功矣，亦知自修其學以成二公之功者乎？……聖賢之學，心學也。道德以爲之地，忠信以爲之基，仁以爲宅，義以爲路，禮以爲門，廉耻以爲垣墻，六經以爲户牖，四子以爲階梯。求之於心，而無假於雕飾也，其功不亦簡乎？措之於行，而無所不該也，其用不亦大乎？……應天爲首善之地，豪傑俊偉，先後相望。其文采之炳蔚，科甲之盛多，乃其所素餘，有不屑於言者。故吾因新學之舉，嘉多師多士忻然有維新之志，而將進之聖賢之學也，於是乎言。」

馬明衡中進士，由鄭善夫薦，來南都受學。

鄭善夫少谷集卷二十上陽明先生書：「善夫蒙天不棄，癸酉歲得假毗陵之謁，猥承至教。奈以天質凡下，無有其地，因循歲年。幸再私淑諸人，稍知向道，雖未及先生之門，然竊念先生之恩，信與生我者同死不忘也。第恨立志不堅，時作時輟。比來業不加修，病不加少，恐一旦即死，與草木同朽，不及終志門下，不無負無涯之憾矣。去秋擬出門，再沮於大病，至今未復。區區傴趨，寸忱未有一日放下也。子莘往，敬布下意，萬冀不棄絶於門下，不勝幸甚！」

明清進士録：「馬明衡，正德九年三甲一百零五名進士。福建莆田人，字子莘，授太常博士。世宗時，官御史，以論救鄧繼曾及争慈壽太后誕辰免朝事得罪，終身廢棄。初受業於王守仁，閩中有王氏學，自明衡始。有尚書疑義。父思聰，中弘治進士。」

按：明史卷二百零七有馬明衡傳，謂「明衡登正德十二年進士」，誤甚。

傳習録卷上：「馬子莘問：『修道之教，舊説謂「聖人品節，吾性之固有，以爲法於天下，若禮樂刑政之屬」。此意如何？』先生曰：『道即性即命，本是完完全全，增減不得，不假修飾的，何須要聖人品節？却是不完全的物件。禮樂刑政是治天下之法，固亦可謂之教，但不是子思本旨。若如先儒之説，下面由教入道的，緣何舍了聖人禮樂刑政之教，别説出一段戒慎恐懼工夫，却是聖人之教爲虚設矣。』子莘請問，先生曰：『子思性、道、教，皆從本原上説：天命於人，則命便謂之性；率性而行，則性便謂之道；修道而學，則道便謂之教。率性是誠者事，所謂自誠明謂之性也；修道是誠之者事，所謂自明誠謂之教也。聖人率性而行，即是道；聖人以下，未能率性於道，未免有過不及，故須修道。修道，則賢知者不得而過，愚不肖者不得而不及，都要循着這個道，則道便是個教。此「教」字與「天道至教，風雨霜露無非教也」之「教」同。「修道」字與「修道以仁」同。人能修道，然後能不違於道，以復其性之本體，則亦是聖人率性之道矣。下面「戒慎恐懼」便是修道的工夫，「中和」便是復其性之本體，如易所謂『窮理盡性以至於命』，中和位育便是盡性至命。』」

按：此一則重要語録，即是正德九年馬明衡來南都受教所記。馬明衡爲莆田人，鄭善夫爲閩縣人，鄭善夫書云「子莘往，敬布下意」，可見當是馬明衡正月自莆田赴南宮試，經閩縣得鄭善夫書，携入京師；至科舉中進士，授南京太常博士，遂來南都見陽明受學，並呈上鄭善夫書也。詹仰庇明文林郎山東道監察御史師山馬公墓誌銘：「二十三舉薦書，越年第進士，官太常。時王文成倡學東南，侍御公往從講業。及丁忠節公憂服除，如京，復取道卒業文成。」（馬忠節父子合集附録）

朱篪南宮失利，來南都受學。

按：錢德洪陽明先生年譜祇云朱篪正德九年來南都受學，其人不明。今按萬曆紹興府志卷三十二：「舉人，正德八年，山陰朱篪，導之子……正德十一年，山陰朱簠，篪之兄。」卷三十三：「進士，嘉靖五年，山陰朱簠，見父導傳。朱篪，御史，見父導傳。」卷四十五：「朱導，字顯文，山陰人。弘治己酉領鄉薦，仕終通江令。力敦孝友，以義方訓其子弟。二子簠、篪及猶子節、簦，併取科第，爲顯官。而雍雍和睦，長幼内外無間言，居鄉儉樸，非公事不入城府。山陰稱孝義之族者，必曰白洋朱氏云。」據此，知朱篪山陰人，朱導子，與朱節爲堂兄弟。其正德八年舉鄉試，則次年當與朱節一起赴南宮試。朱節中進士，朱篪則落第，遂南歸至南都受學於陽明。

西安欒惠來南都受學，後有詩送歸。

王陽明全集卷二十次欒子仁韵送別四首：「子仁歸，以四詩請用其韵答之，言亦有過者，蓋因子仁之病而藥之，病已則去其藥。　從來尼父欲無言，須信無言已躍然。悟到鳶魚飛躍處，工夫原不在陳編。　操持存養本非禪，矯枉寧知已過偏？此去好從根脚起，竿頭百尺未須前。　野夫非不愛吟詩，才欲吟詩即亂思。未會性情涵詠地，二南還合是淫辭。　道聽塗傳影響前，可憐絶學遂多年。正須閉口林間坐，莫道青山不解言。」

傳習録卷上：「子仁問：『「學而時習之，不亦説乎？」先儒以學爲效先覺之所爲，如何？』先生曰：『學是學去人欲，存天理；從事於去人欲，存天理，則自正。諸先覺考諸古訓，自下許多問辨、思索、存省、克治工夫，然不過欲去此心之人欲，存吾心之天理耳。若曰效先覺之所爲，則只説得學中一件事，亦似專求諸外了。「時習」者，坐如尸，非專習坐也，坐時習此心也；立如齋，非專習立也，立時習此心也。「説」是「理義之説我心」之「説」，人心本自説理義，如目本説色，耳本説聲，惟爲人欲所蔽所累，始有不説。今人欲日去，則理義日洽浹，安得不説？』」

按：欒惠字子仁，西安人。泉翁大全集卷三十一答問：「甘泉子反自交南，過蘭溪，西安欒生惠子仁遇之，請學焉，往從於浙之滸。甘泉子問曰：『子之學也，將爲鄉善人乎？將爲聖人乎？』欒生默然久之，曰：『固將爲聖人也。』甘泉子曰：『欲將爲聖人也，必將求變化氣質也。』欒生曰：『有要乎？』

曰：『有。子欲問學，須學樹木，先之以立根，次之以培灌。根不立，灌焉者死矣；根雖立，而不灌焉者死矣。是故君子敬以立其本，問學以滋其生，生則不息，不息則不可禦，不可禦則變，變則化。君子者以此盛德而生大業。孔子曰：「立則見其參於前也，在輿則見其倚於衡也。」其基之之類乎？易曰：「君子多識前言往行，以畜其德。」其灌之之類乎？内外夾持，上達天德，夫然後優入聖域。』」湛甘泉到蘭溪在正月十七日（見前），由此可知欒惠先在正月邂逅湛甘泉於蘭溪，得學聖人之要，歸西安後，即赴南都受學於陽明。兩浙名賢録卷六欒子仁惠：「欒惠，字子仁，西安人。師事王文成，潛心理學。事父母曲盡孝道，母嘗患瘋疾，手足拘攣者十三年。惠温衾扇枕，飲食撫摩必躬必親，始終不怠。及父母相繼卒，與妻吴氏負土襄事，廬墓三載，朝夕哭奠，衰絰頃刻不去身。一夜風雨，虎入其廬，馴擾若畜犬然。服闋，南胄移書，請爲六堂學長，辭不赴。時龍遊水北梗化，郡邑申之監司，請惠往布行鄉約，梗化者革心。自是深居寡出，而四方學者雲集，無慮數百人。以壽卒於家。」

党以平舉進士，授户部廣西司主事，管倉淮安，清理餉事，來南都受學。

傳習録卷上：「守衡問：『大學工夫只是誠意，誠意工夫只是格物。修齊治平，只誠意盡矣。又有「正心之功，有所忿懥好樂，則不得其正」，何也？』先生曰：『此要自思得之，知此則知未發之中矣。』守衡再三請。曰：『爲學工夫有淺深。初時若不着實用意去好善惡惡，如何能爲善去惡？這着實用意便是誠意。然不知心之本體原無一物，一向着意去好善惡惡，便又多了這分意思，便不是廓然大公。書所謂無有作好作惡，方是本體，所以説「有所忿懥好樂，則不得其正」。正心只是誠意工夫裏面體當自家心體，常要鑑空衡平，這便是未發之中。』」

按：「守衡」即党以平，字守衡，號潁東，禹州人，正德九年進士。明清進士録：「党以平，正德九年二甲九十九名進士。河南鈞州人，字守衡，號潁東。授户部主事，官至右副都御史，有按邊功。卒年八十餘。」在傳習録中，此條守衡問語録由薛侃、陸澄記録，與劉觀時、蕭惠同時。今按張鼎文潁東党公以平行狀：「十三歲入郡庠。十六，學憲王公勑餼公歲廪。尋取入大梁書院讀書，視如己子。王公以道學倡中原，大抵以虚静爲宗，公得其性命道德之傳，遂抗志古人，闊視天下，窮深極微，慨然有求道之志，然而去舉業遠矣。學正取古今書，令熟誦之，反求六經。大參藩馬公紀勤學强記，與太淑人中表之親。公同研席，夙夜討習，博綜精詣，計所讀，牛馬勝載。繇是文思日進……二十二，以尚書中河南鄉舉。正德甲戌，第進士，授户部廣西司主事，管倉淮安，餉事清簡，日與諸生講學論文，東南高士多從游者。」（國朝獻徵録卷五十五）可見党以平舉進士後，授户部廣西司主事，即來淮安管倉清餉，遂得至南京問學於陽明（其來淮安管倉清餉，當駐南京），所謂「日與諸生講學論文，東南高士多從游者」，即包含党以平問學於陽明及與陽明弟子交游講論在其中矣。

南京太常少卿羅欽順多來論學，不合。

羅欽順困知記附録與王陽明書：「某無似，往在南都，嘗蒙誨益。第苦多病，怯於話言，未克傾吐所懷，以求歸於一是，恒用爲歉。」

按：陽明正德五年過螺川與羅用俊、羅欽順父子有一見。正德七年八月羅欽順任南京太常少卿。故陽明一到南京任鴻臚寺卿，羅欽順必當來訪論學，即所謂「往在南都，嘗蒙誨益」也。羅欽順直至正德十一年三月纔解南京工部事歸居（見整庵履歷記），故兩人在南都當多有往返論學。

劉曉任新寧令，過南都來受學。爲其竹江劉氏族譜作跋，贈詩送歸。

王陽明全集卷二十送劉伯光：「五月茅茨静竹扉，論心方洽忽辭歸。滄江獨棹衝新暑，白髮高堂戀夕暉。謾道六經皆注脚，還誰一語悟真機？相知若問年來意，已傍西湖買釣磯。」

郭景昌吉州人文紀略卷一理學：「布衣劉公文敏，字宜充，號兩峰，安福人……從子曉，見陽明王公於南都歸，得所録論學語數條，喫緊於格物致知，與宋儒異……」

按：明儒學案卷十九縣令劉梅源先生曉：「劉曉，字伯光，號梅源，安福人。鄉舉爲新寧令，見陽明於南京，遂禀受焉。陽明贈詩：『謾道六經皆注脚，還誰一語悟真機？』歸，集同志爲惜陰會，吉安之多學者，先生爲之五丁也。」可見劉曉乃在赴新寧令前，先來南都見陽明，蓋欲請陽明爲竹江劉氏族譜作跋也。

王陽明全集卷二十四竹江劉氏族譜跋：「劉氏之盛，散於天下。其在安成者，出長沙定王發。今昔所傳，有自來矣。竹江之譜，斷自竹溪翁而下，不及於定王……若竹江之譜，其可以爲世法也哉！孔子曰：『斯民也，三代之所以直道而行。』充是心，雖以復三代之淳可也。且竹溪翁之後，其聞於世者歷歷爾；至其十一祖敬齋公而遂以清節大顯於當代，録名臣者以首廉吏。敬齋之孫南峰公又以清節文學顯，德業聲光，方爲天下所屬望。竹江之後，祖敬齋而宗南峰焉，亦不一足矣，况其世賢之多也，而又奚必長沙之爲重也夫！」

費宏集卷十四竹江劉氏族譜序：「安成多大族，劉姓居十五焉……今工部右侍郎兼都察院右僉都御史南峰先生文煥之族，則世居邑東之竹江，而宋宣教竹溪翁則其始遷之祖也……初竹江有世系圖、宗派録，南峰十一世族祖梅所翁蓋嘗修之。學古欲蹟爲未竟，而以命南峰昆季。南峰昆季亦以遊宦故，久未及成。頃受制命，贈敬齋、學古皆如南峰今官，南峰慨念慶源，冀流澤之遠也，乃取其譜輯之。其圖與録一從歐例，有史諸名公序之，亦既詳矣。於是南峰以使節往來荆、蜀，復使人自鄂渚走鵝湖，督予言。豈以予忝同年，有世講之好，不可以無言耶？……嗚呼！立如敬齋，吾信其死而不朽矣。南峰父子又克從而振之。爲其後者，盍思所以嗣續於無窮，以爲斯譜重乎？」

按：敬齋即劉實，字嘉秀，號敬齋、堅白，安福人。南峰即劉丙，字文煥，劉實孫。明清進士録：「劉丙，成化二十二年三甲一百六十四名進士。江西安福人，字文煥。累官右副都御史，巡撫湖南，討平貴州等處苗亂，官至工部侍郎。丙操履清介，所至嚴明，法令修舉。卒謚『恭襄』。祖父實，舉進士。」明史卷一百七十三有傳，國朝獻徵録卷五十九有工部右侍郎劉丙傳。王陽明全集於此跋題下注「甲戌」作，按費宏所云「南峰以使節往來荆、蜀」，指劉丙以右副都御史巡撫湖廣，明史本傳云：「正德六年，以右副都御史巡撫湖廣。所部鎮溪千户所、筸子坪長官司與貴州銅仁、四川酉陽、梅桐諸土司，犬牙相錯……連攻破之。前後擒童保等三百人，斬首八百九十餘級。」可見費宏序與陽明跋同作在正德九年。按劉曉亦安福人，竹溪劉氏族人，故可斷定此南峰竹溪劉氏族譜當是劉曉携來至南都，請陽明作跋。費宏序中云南峰「復使人自鄂渚走鵝湖」，此「使人」應即劉曉。大致南峰遣劉曉先至鉛山鵝湖，請費宏作序；然後由鵝湖再至南都，請陽明作跋。

江山周積卒業南雍，來受學。

趙鏜德府左長史周公積行狀：「公諱積，字以善，别號二峰……公幼受業家庭，稍長，慨然有志於學。元峰心異之，挾公偕遊蘭溪章先生之門。後之官莆田，復遣公受易學於晉江蔡先生。二先生當代大儒，盛有所稱許。公歸自晉江，遂以易學擅於鄉。歲庚午，領鄉薦。次年，卒業南雍。聞陽明先生倡道東南，亟師事之。初聞知行合一之説，不能無疑。及先生反覆示以立誠之道，且悔且喜，遂超然有悟。」（國朝獻徵録卷一百零五）

兩浙名賢録卷四周以善先生：「蚤師章楓山，繼受業於蔡虚齋。舉鄉薦，師王陽明。其友王龍溪序其文集曰：『君子之學貴於聞道。君於楓山得其曠，於虛齋得其博，於先師得立誠之旨，多所發明，可謂信道有聞者也。』著讀易管見、啓奥録、山中日録圖説、二峰摘稿諸集。歷南安推官，沅州知州，皆有惠愛於民，民爲立石頌德，仕至長史。」

莆田陳傑陞南京湖廣道監察御史，來南都受學。

柯維騏南京湖廣道御史陳傑傳：「陳傑，字國英，號方巖……登正德戊辰進士，授景寧縣知縣，潔己惠民，民咸戴之……甲戌，徵拜南京湖廣道監察御史……時王陽明講學南都，傑從之遊……其語諸生曰：『辨義利，審真僞，斯爲聖賢實學。彼科舉，特筌蹄耳。』……既滿考，念父暮齡，遂疏病歸養……家居凡九年，卒，得年僅五十有六。陽明嘗稱其『篤信好學，高潔自守』，其不誣矣。」（國朝獻徵録卷六十六）

石川張寰來受學，爲其書卷題言。

歸有光通政使司右參議張公寰墓表：「公姓張氏，諱寰，字允清，世爲蘇州崑山人……公登嘉靖辛丑進士，明年知濟寧州……自陽明殁後，學者稍稍離散。公嘗遊其門，至是吉水鄒謙之、餘姚錢德洪以師門高弟，會講懷玉之山，公欣然赴之。欲以明年爲大嶽之遊，而遘疾不起矣，實嘉靖四十年正月二十四日，年七十有六。」（國朝獻徵録卷六十七）

按：歸有光謂張寰嘉靖二十年進士，乃誤。明清進士録：「張寰，正德十六年二甲七十一名進士。

江蘇昆山人，字允清，號石川。授濟寧知州。官至通政司右參議。有兩山遊録。」

王陽明全集卷八書石川卷：「先儒之學得有淺深，則其爲言亦不能無同異。學者惟當反之於心，不必苟求其同，亦不必故求其異，要在於是而已……某之於道，雖亦略有所見，未敢盡以爲是也；其於後儒之説，雖亦時有異同，未敢盡以爲非也。朋友之來問者，皆相愛者也，何敢以不盡吾所見？正期體之於心，務期真有所見，其孰是孰非而身發明之，庶有益於斯道也。若徒入耳出口，互相標立門户，以爲能學，則非某之初心，其所以見罪之者至矣。」

王嘉秀再來南都受學，爲其書卷題言，並有詩韵唱酬。

王陽明全集卷八書王嘉秀請益卷：「仁者以天地萬物爲一體，莫非己也，故曰：『己欲立而立人，己欲達而達人。』……君子之學，爲己之學也。爲己故必克己，克己則無己。無己者，無我也。世之學者執其自私自利之心，而自任以爲爲己；漭焉入於隳墮斷滅之中，而自任以爲無我者，吾見亦多矣。嗚呼！自以爲有志聖人之學，乃墮於末世佛、老邪僻之見而弗覺，亦可哀也夫！……『恕』之一言，最學者所喫緊。其在吾子，則猶對病之良藥，宜時時勤服之也。『見賢思齊焉，見不賢而内自省。』夫能見不賢而内自省，則躬自厚而薄責於人矣，此遠怨之道也。」

同上，卷二十用實夫韵，題王實夫畫。

按：唐愈賢、楊礿、劉觀時與王嘉秀皆辰州人，疑在同時來南都再受學。

歙縣畢珊、洪侹來南都受學。

王畿集卷十四友梅畢君八袠序：「歙之城北，有友梅君者，予聞其人矣，自幼穎異倜儻，長通毛氏詩，補邑庠弟子員，屢試不售，洎然不以得失爲念。正德間，聞陽明先生講學於南都，徒步往受業焉，與聞古人爲學之旨。久之，若有所得，將歸卒業，先生嘉其志，賦風月章以期之。」

按：據「屢試不售」，似畢珊是年赴南宮春試不第，遂再來南都受學。

王陽明全集卷二十送徽州洪侹承瑞：「平生舉業最疏慵，挾册虚煩五月從。竹院檢方時論藥，茆堂放鶴或開籠。憂時漫有孤忠在，好古全無一藝工。念我還能來夜雪，逢人休説坐春風。」

按：嘉靖徽州府志卷十二：「歲貢，洪侹，字廷瑞，歙人。豐城教諭。」洪侹與畢珊皆歙縣人，疑同在五月來南都。

東所張詡除南京通政司左參議，來南都見陽明，别後有詩寄懷。

王陽明全集卷二十寄張東所次前韵：「遠趨君命忽中違，此意年來識者稀。黄綺曾爲炎祚出，子陵終向富春歸。江船一話千年闊，塵夢今驚四十非。何日孤帆過天目，海門春浪掃漁磯。」

黄佐南京通政司左參議張公詡傳：「張詡，字廷實……成化甲辰登進士……北上授户部主事。尋丁艱歸，隱居二十餘年……正德初，御史程材、王昊上前後疏：詡少從陳獻章講學，祖濂洛正脉，爲嶺南學者所宗，師友淵源，踐履純篤……詡復辭……癸酉，御史高公韶疏詡『學有體用，不爲一偏之行』以聞，有旨起用之。甲戌，拜南京通政司左參議。檄下，趨上道。先是具疏辭，遂抱疾赴南畿，謁孝陵而歸。抵家不閲旬，卒，年六十。」（國朝獻徵録卷六十七）

按：張詡南海人，白沙弟子，故爲陽明所重。據黄佐傳，當是正德八年冬高公韶疏薦張詡，張詡遂在正德九年春赴南畿，至南都見陽明當已在五月。詩「千年闊」當是「十年闊」之誤。

顧璞舉進士第，授南京工部主事，顧璘有書來薦其弟顧璞受學門下。

顧華玉集卷二十七息園存稿文八與王伯安鴻臚：「自覲時相别，至今已五閲歲，僅僅一通書問。痛念人生能得幾回别也！璘往年過杭，不欲與達者將迎，因止湖上寺中。後聞執事在城中，亦不敢復通，執事或不知璘在外也，遂失良晤，於今爲悔。謫來頗與静便，唯思親一念，唯曰耿耿，正思執事往日談滇中之樂，於時漫爲悲喜，迺今始知其味也。南都甚優裕，第長才重望，不得久安。即今諸相知，幾人得聚？遠方不相聞，亟欲知之。家尊書來，道執事下眷甚勤，感不可言。家弟璞亦稍知所向，倘得侍左右，何任通家之愛也！」

按：書所謂「自覲時相别」，指正德五年冬陽明入覲，與顧璘一見而别。下推五閲歲，則在正德九年。所謂「往年過杭」，「遂失良晤」，指正德八年二月顧璘謫授廣西全州知州過杭，時陽明亦歸省回越經杭，兩人未能一見。京學志南京刑部尚書顧公璘傳：「正德庚午，出知河南開封府。癸酉，謫授廣西全州知州。丙子，起知浙江台州府。」故書所謂「謫來頗與静便」，「遠方不相聞」，即指其遠謫在廣西全州，顧璘此書乃發自全州。按顧璞是年舉進士，來南京任工部主事，遂可受學於陽明，所謂「得侍左右」也。明清進士録：「顧璞，正德九年二甲七十名進士。江蘇蘇州人，一作南京人，字英玉。歷南京兵部郎中、河南副使，以正直爲同官所惡，罷歸。居一小樓，教授自給，縱酒無度。然時有客豪飲，使樂雜作，呼璞，璞終不赴，其孤介如此。有松寒齋稿。」按顧璘號東橋，顧璞號横涇，祖籍吴縣，移居上元（南京）。陳舜仁河南憲副顧横涇先生璞小傳：「先生清介端毅人也。仲兄東橋，文章事業，一時名流之冠。先生韶年崛起，一往便詣，時稱『江東雙玉』……先世蘇之吴縣人……年十八，補弟子員，每督學者校士，輒首先生。莆田黄公帛書『天下奇才』表先生門，其賞識如此。正德甲戌，舉進士，授南京工部主事，旋改兵部。」（國朝獻徵録卷九十二）顧璞之來問學陽明，即在其來南京任工部主事與兵部主事時。

監察御史劉天和謫金壇縣丞，三月政成，創金壇縣志，使來請序，爲作金壇縣志序。

王陽明全集卷二十二金壇縣志序：「麻城劉君天和之尹金壇也，三月而政成。考邑之故而創志焉……志成，使來請序。吾觀之，秩然其有倫也，錯然其有章也……夫經之天文，所以立其本也；紀之地理，所以順其利也；參之食貨，所以遂其養也；綜之官政，所以均其施也；節之典禮，所以成其俗也；達之學校，所以新其德也；作之選舉，所以用其才也；考之人物，所以辨其等也；修之宮室，所以安其居也；通之雜志，所以盡其變也。故本立而天道可睹矣，利順而地道可因矣，養遂而民生可厚矣，施均而民政可平矣，俗成而民志可立矣，德新而民性可復矣，才用等辨而民治可久矣，居安盡變而民義不匱矣。修此十者以治，達之邦國天下可也，而况於邑乎？故曰：君子可以觀政矣。」

按：劉天和字養和，號松石，麻城人。王陽明全集於此序題下注「乙亥」作，乃誤。按國榷卷四十九：「正德九年正月戊子，監察御史劉天和謫金壇縣丞，王廷相贛榆縣丞。太監廖堂鎮陝西贓横，屢裁之，被訐，下鎮撫獄。法司論贖，中旨謫降之。蓋廖堂厚結同輩，得其助也。」是劉天和謫金壇縣丞在正德九年正月，三月政成，陽明作序則在五月以後。

六月，與汪尚和遊歲寒亭，有詩贈别。

王陽明全集卷二十題歲寒亭贈汪尚和：「一覺紅塵夢欲殘，江城六月滯風湍。人間炎暑無逃遯，歸向山中卧歲寒。」

按：歲寒亭在南京瞻園，中山王徐達府邸，傳爲朱元璋與徐達下棋處。「一覺紅塵夢欲殘」，蓋憑吊悼歎徐達也。汪尚和字節夫，號紫峰，休寧人。程尚寬新安名族志前卷汪氏：「休寧，汊口……恒之子曰尚文，性孝，居父喪，寢地得腹疾而歿；曰尚忠，邑庠生；曰尚和，號紫峰，鋭意聖學，師友王陽明、謝木齋、章楓山、湛甘泉、吕涇野，嘗創柳溪書院。著有紫陽道脉録、家訓八篇、蓄德録、師友格言、存忍録、新安藝文志、汪氏足徵録。」按汪尚和與汪循同爲休寧汪氏名族，汪循與王鴻臚有云「比者族弟尚和歸自南都，備道執事所以教誨之至」（汪仁峰先生文集卷四），陽明答書稱「首春令弟節夫往」，「鄙懷節夫當能道」，可見汪尚和字節夫，乃是汪循薦來南都受學，實亦陽明弟子也。

弟王守儉歸越，歌楚聲送別。

王陽明全集卷十九守儉弟歸曰仁歌楚聲爲别予亦和之：「庭有竹兮青青，上喬木兮烏嚶嚶，妹之來兮，弟與偕行。竹青青兮雨風，烏嚶嚶兮西東，弟之歸兮，兄誰與同？江雲闇兮暑雨，江波渺渺兮愁予。弟别兄兮須臾，兄思弟兮何處？景翳翳兮桑榆，念重闈兮離居。路修遠兮崎嶇，沮風波兮江湖。山有洞兮洞有雲，深林窅窅兮澗道曛。松落落兮葛纍纍，猿啾啾兮鶴怨群。山之人兮不歸，山鬼晝嘯兮下上煙霏。風嫋嫋兮桂花落，草萋萋兮春日遲。葺予屋兮雲間，荒予圃兮溪之陽。驅虎豹兮無踐我藿，擾麋鹿兮無駭我場。解予綬兮鍾阜，委予佩兮江湄。往者不可追兮，歎鳳德之日衰。將沮溺其耦耕兮，孰接輿之避予？回予駕兮扶桑，鼓予枻兮滄浪。終擕汝兮空谷，採三秀兮徜徉。」

按：詩中所云「妹」指徐愛妻七妹，「弟」指王守儉。所謂「妹之來兮，弟與偕行」，當是指正德八年冬徐愛偕妻赴南京兵部員外郎任，王守儉護送隨行。至正德九年五月陽明亦至南京，得與徐愛夫婦及弟王守儉相處。不久王守儉即告歸越，詩云「江雲闇兮暑雨」，則別在六月也。

朱克明南宮試不第，遊南雍來受學，作贈言送歸蒙化。

陽明贈朱克明南歸言：「朱光霽，字克明，廉憲朱公之子也。嘗與其兄光弼從學於予，舉於鄉，來遊太學，已而歸省，請學之要。予曰：『君子之學，以變化氣質。其未學也，粗暴者也，貪鄙者也，虛誕者也，矜夸者也，輕躁者也；及其既學，粗暴者變而爲温良，貪鄙者變而爲廉介，虛誕者變而爲忠信，矜夸者變而爲謙默，輕躁者變而爲重厚，夫然後謂之學。其未學也，猶夫人也；及其既學，亦猶夫人也，則亦奚貴乎學矣？于是勉夫！』光霽曰：『敢問何以知其氣質之偏而去之？』予曰：『手足之疾痛，耳目之聵昏，無弗自知也；氣質之偏，猶假於人乎弗思耳。故有隱淪於臟腑，潛汨於膏肓而不能自知者，非有名醫爲之切脉觀色，酌之以良劑，蔑由濟矣。』曰：『有弗能自知也乎？』『弗思耳。吾語子以劑：温良者，粗暴之劑也，能温良則變其粗暴矣；廉介者，貪鄙之劑也，能廉介則變其貪鄙矣；忠信者，虚誕之劑也，能忠信則變其虚誕矣；謙默者，矜夸之劑也，能謙默則變其矜夸矣；重厚者，輕躁之劑也，能重厚則變其輕躁矣。醫之言曰：「急則治其標，緩則治其本。」凡吾之言，猶治其標本者也。若夫科第之舉，文藝之美，子之兄弟有餘才也，吾固不屑爲二子道也。吾所言五病，雖亦一時泛舉，然今之學者能免於是，亦鮮矣！』道經湖、貴，從吾遊者多，或有相見，其亦出此致勉勵之意。」（蒙化志稿卷八，蒙化府朱氏家譜卷首，陽明文集失載）

按：陽明此文後有朱應登跋云：「督學朱公應登跋之云：陽明子送其門人朱子克明文，併所書二程語録。凌溪子讀之，作而歎曰：『是道也，人有之，弗思耳矣。夫有之而弗思者，棄也；思之而不求其要者，是弗思也。』克明曰：『請問之。』凌溪子曰：『自不妄始。』李元陽贈别詩云：『乾坤落地一浮漚，江草江花又上樓。千里停雲誰命駕？百年舊雨得同舟。辭官不受一錢去，掛杖還尋五嶽遊。鷲嶺鷄峰留不住，重來明歲又春秋。』」凌虚子即朱應登，字升之，寶應人，弘治十二年進士，與陽明爲同年。李元陽西安府同知朱公光霽墓誌銘：「癸酉，領雲貴鄉薦，上南宫弗利。嘉靖壬辰，授重慶府通判……公生以弘治壬子，卒以隆慶庚午。」又蒙化府朱氏家譜中載有朱光霽作朱璣墓表跋云：「先君仕至貴州按察使，正德癸酉乞休，召諸子光遠等，謂曰：『吾若身際國恩，與汝曹忝京官，俱獲進文階二品。』不幸辛巳詔下，翁已是夏殂……嘉靖六年歲次丁亥，孟春望日，孤哀子光遠、光弼、光霽泣血拜謹識。」據此，知先是正德八年朱璣乞休歸，朱光霽在秋間舉鄉試；次年朱光霽赴南宮試不第，遂來遊南雍，受學於陽明，陽明乃作贈言送歸省。

七月，鄭一初卒於杭城，作祭文馳奠。

王陽明全集卷二十五祭鄭朝朔文：「維正德九年，歲次甲戌，七月壬戌朔，越十有六日丁丑，南京鴻臚寺卿王守仁馳奠於監察御史亡友鄭朝朔之墓……辛未之冬，朝於京師，君爲御史，余留銓司。君因世傑，謬予是資；予辭不獲，抗顔以尸。君嘗謂余：聖學可至？余曰然哉，克念則是。隱辭奥義，相與剖析，探本窮原，夜以繼日。君喜問予：昔迷今悟，昔陷多歧，今由大路。嗚呼絶學，幾年於兹。孰沿就繹？君獨奮而。古稱豪傑，無文猶興，有如君者，無愧斯稱。當是之時，君疾已構，忍痛扶孱，精微日究。人或勸君：盍亦休只？君曰何哉？夕死可矣！君遂疾告，我亦南行。君與世傑，訪予陽明。君疾亦篤，遂留杭城。天不與道，善類云傾……時予祖母，亦嬰危疾，湯藥自須，風江阻涉。君喪遂行，靡由一訣！扶櫬而南，事在世傑。負恨負愧，予復何説！墓草再青，甫兹馳奠。」

按：陽明此奠文末云「墓草再青，甫兹馳奠」，則鄭一初當卒在正德八年七月，陽明蓋周年祭奠也。歷來以爲鄭一初卒在正德九年七月朔，乃誤。

泉翁大全集卷五十六紫坡子傳：「紫坡子者，潮之揭陽人也。名一初，字朝朔，世居於藍橋之里。魁辛酉鄉試，舉乙丑進士。授雲南道監察御史，告病歸，卒於杭，年三十有八。甘泉子曰：余與龔南村舊遊江門，爲余道朝朔之爲人。余故與朝朔同舉進士，視之信然。朝朔蓋口若不能道其詞，其志謹確，必有所不爲。雖自謂賁育，莫能奪之矣……朝朔不汲汲於富貴，廉介名節自勵，篤行孝友，得祖禰歡心。居喪，水漿不入。昆弟無私蓄，却請託千金而麾之，所謂作善非邪？及恬於進取，卜築讀書於紫陌山之麓六年，閉門却掃，足迹不至公室。及爲御史矣，人皆揚揚，而獨首事陽明先生，以爲自得師，棄其舊學而學之，彼誠所謂自求多福者邪？而甫登第，乃以病歸，歸而遭喪。喪免，遇瑾變法，去職。瑾誅而起，起爲御史。爲御未幾，又以病去，而客死夭扎。湯粥不給，囊無斂資，於有司殯……或曰：『朝朔歸柩甫及岸，而他舟覆於颶，略無存者，非平生積善之報乎？』或曰：『其長子大崑遊於庠，其仲大崙舉於鄉，未艾也，庶其見天之將定也已！』大崙從甘泉子遊，亦有志於學。太史公曰：『余觀紫坡子之爲人，殆孔子所謂忠信者與！』」

弟王守文來受學，爲作立志説授之。

王陽明全集卷七示弟立志説：「予弟守文來學，告之以立志。守文因請次第其語，使得時時觀省；且請淺近其辭，則易於通曉也。因書以與之。夫學，莫先於立志。志之不立，猶不種其根而徒事培擁灌溉，勞苦無成矣……聖人之所以爲聖人，惟以其心之純乎天理而無人欲，則我之欲爲聖人，亦惟在於此心之純乎天理而無人欲耳；欲此心之純乎天理而無人欲，則必去人欲而存天理；務去人欲而存天理，則必求所以去人欲而存天理之方；求所以去人欲而存天理之方，則必正諸先覺，考諸古訓，而凡所謂學問之功者，然後可得而講……自古聖賢因時立教，雖若不同，其用功大指無或少異。書謂『惟精惟一』，易謂『敬以直內，義以方外』，孔子謂『格致誠正』、『博文約禮』，曾子謂『忠恕』，子思謂『尊德性而道學問』，孟子謂『集義養氣』、『求其放心』，雖若人自爲說，有不可强同者，而求其要領歸宿，合若符契。何者？夫道一而已，道同則心同，心同則學同。其卒不同，皆邪説也。」

按：王陽明全集於此文下注「乙亥」作，乃誤。按鄒守益王陽明先生圖譜：「正德九年甲戌夏，陞南京鴻臚寺卿。弟守文來學，作立志説。」王陽明全集卷二十有守文弟歸省攜其手歌以别之云：「昨秋童蒙去，今夏成人歸。」此詩作於正德十年夏，是謂王守文正德九年秋來學，至正德十年夏歸去。

南京大理寺卿于鳳喈卒，爲作墓誌銘。

陽明于廷尉鳳喈墓誌銘：「正德甲戌六月癸巳，南京大理寺卿于公卒。踰月，公弟自萊陽來奔喪，外姻及客之弔者畢至。乃舉殯歸葬，聚謀所以銘其墓者，求其家，唯詩文稿存焉，餘則罔有證。公子天錫踊且泣曰：『孤未即死，懵然喪迷。先君則又未嘗以公事言於家，莫可得知也。』公弟鳳噰泣曰：『吾先兄事吾父母，孝待吾友，吾知是而已，然猶不能舉其辭，他尚何知？』惟諸舅氏實圖公之壻孫宥曰：『吾聞諸公之爲郎也，嘗雪久冤之獄，其人懷數十金以報，潛投公家而逸。公封其金於官，家人莫知也。』公廉若是，是可以銘矣。公之壻許仁曰：『公之守嘉興也，仁實從。嘗歲饑，流莩者日以千數。公發廪，量地遠近，授成法，使人分行屬縣大賑，活者八萬有餘。』公仁惠若是，是可以銘矣。公諱鳳喈，字世和，世家登之萊陽。年十九，舉於鄉，連登進士，授行人。擢刑部員外郎、郎中，出知嘉興府，參政雲南，轉太僕寺少卿，遷南太僕卿，又陟大理卿。中外凡八遷，年三十載，壽五十三。」（民國萊陽縣志卷三，陽明文集失載）

按：國榷卷四十九：「正德九年六月癸巳，南京大理寺卿于鳳喈卒。萊陽人，成化辛丑進士。勤敏，有治才。」于鳳喈與王華爲同年，故王華、陽明與之早識，正德六年于鳳喈在嘉興府任上撰寫正德嘉興志補，即取陽明崇玄道院詩入志。正德九年陽明陞南京鴻臚寺卿，于鳳喈亦任南京太僕卿、大理寺卿，兩人關係更密，故于鳳喈子特來請陽明作墓誌銘。志銘所及之人皆無考，唯許仁其人，弘藝録卷二十六有泉州府德化縣惠政記，謂許仁字元夫，號竹厓，杭州人。正德中鄉舉，知郾城，調德化，政績甚著。調同安，罷去。許仁邃於經學，所論著皆折衷六經。

滁陽劉韶來受學，爲作約齋説。

王陽明全集卷七約齋説：「滁陽劉生韶既學於陽明子，乃自悔其平日所嘗致力者泛濫而無功，瑣雜而不得其要也，思得夫簡易可久之道而固守之，乃以『約齋』自號，求所以爲約之説於予。予曰：子欲其約，乃所以爲煩也，其惟循理乎！理一而已，人欲則有萬其殊。是故一則約，萬則煩矣。雖然，理亦萬殊也，何以求其一乎？理雖萬殊，而皆具於吾心；心固一也，吾惟求諸吾心而已。求諸心而皆出乎天理之公焉，斯其行之簡易，所以爲約也已……然而世之知約者鮮矣。孟子曰：『學問之道無他，求其放心而已。』其知所以爲約之道歟！吾子勉之，吾言則亦以煩。」

方鵬服闋，陞南京刑部主事，作矯亭説贈之，方鵬有答書。

陽明矯亭説：「君子之行，順乎理而已，無所事於偏。偏於柔者，矯之以剛，然或失則傲；偏於慈者，矯之以毅，然或失則刻；偏於奢者，矯之以儉，然或失則陋。凡矯而無節，則過；過則復爲偏。故君子之論學也，不曰矯，而曰克，克以勝其私，無過不及矣。矯猶〔未〕免於意、必也，意、必亦私也。故言矯者，未必能盡克己也。矯而復其理，亦克己之道矣。行其克己之實，而以矯名焉，何傷乎？古之君子也，其取名也廉；後之君子，實未至而名先之，故不曰克而曰矯，亦矯世之意也。秋卿方君時〔舉〕以『矯』名亭，嘗請家君爲之説，輒爲書之。」（陽明矯亭説手迹，今藏上海博物館）

按：王陽明全集卷七有矯亭説，題下注「乙亥」，蓋後來改定稿。此所引上海博物館藏矯亭説手迹，乃陽明手書原稿，嘗刻入王文成公書矯亭説真迹（光緒戊申秋仲颿山草堂石印），題云：「係陽明先生代其父海日公作，而陽明先生之手書也。」實則此矯亭説原爲王華作，陽明書之贈方鵬；至正德十年陽明修改定稿，遂爲己作。方鵬之請王華作矯亭説，蓋因王華爲方鵬「座主」，弘治十四年應天府鄉試嘗親自取録方鵬（見前考）。按方鵬自撰矯亭方公鵬生壙志：「正德戊辰，與母弟鳳同舉，進授高等。任南京禮部主事，丁外艱。服闋，改南京刑部，陞員外郎、郎中，丁内艱。服闋，改南京職方道。聞逆藩之變，兼程赴難……」方鵬任南京刑部主事、員外郎、郎中在正德九年前後，而陽明亦於正德九年五月至南京鴻臚寺卿任，故可知此文約作於正德九年五月以後。方鵬時猶在南京刑部任，故稱其爲「秋卿」。或因是文寫漏「未」、「舉」等字，又對「矯」字論述不圓（似講「克」而否定「矯」），故於次年再重寫矯亭説予方鵬（此即收入集中之矯亭説），蓋爲贈方鵬丁内艱歸居也。矯亭在崑山，矯亭存稿卷三有矯亭箴：「予有六病，傷生伐性。在善醫者，曰矯斯性。暴則矯之以和，狂則矯之以敬，褊則矯之以容，躁則矯之以静，露則矯之以默，懦則矯之以勁。但當矯以就中，不可矯而過正。守一字之秘方，來百福之類應。」王華、陽明皆反其意而用之，隱有以「克」伐「矯」之意矣。

矯亭存稿卷四與王陽明：「昨承雄文賜教，非造理精到，用工純熟，必不能吐詞落筆謹嚴正大若是其至也！某惟凡民之生，有幸與不幸存焉，使黄叔度幸而生於聖人之世，惡知其不爲顔子、游、夏之徒？不幸而不游於聖人之門，惡知其不爲後世之文人而已也？徐君警敏之質，固自夙成，而又得執事爲之師友，日夕與之游處，以潛養而默成之，雖欲不爲聞人，不可得也。某自蚤歲没溺於科舉無用之學，及其長也，昏迷頽惰，至於衰病而將老矣，雖欲不爲庸人，亦不可得也。然得執事緒論，雖多未能卒解，非躬詣而面質之，恐有記録傳聞之誤。謹俟請告。家居，則趨侍有日矣。不備。」

八月，族太叔王克彰歸餘姚，作詩送之，别後致書論學。

王陽明全集卷二十别族太叔克彰：「情深宗族誼同方，消息那堪别後荒。江上相逢疑未定，天涯獨去意重傷。身閑最覺湖山静，家近殊聞草木香。雲路莫嗟遲發軔，世塗崎曲盡羊腸。」

同上，卷二十六與克彰太叔：「别久缺奉狀，得詩，見邇來進修之益，雖中間詞意未盡純瑩，而大致加於時人一等矣。願且玩心高明，涵泳義理，務在反身而誠，毋急於立論飾辭，將有外馳之病。所云『善念纔生，惡念又在』者，亦足以見實嘗用力，但於此處須加猛省，胡爲而若此也，無乃習氣所纏耶？自俗儒之説行，學者惟事口耳講習，不復知有反身克己之道。今欲反身克己，而猶狃於口耳講誦之事，固宜其有所牽縛而弗能進矣。夫惡念者，習氣也；善念者，本性也。本性爲習氣所汩没者，由於志之不立也。故凡學者爲習所移，氣所勝，則惟務痛懲其志，久則志亦漸立，志立而習氣漸消。學本於立志，志立而學問之功已過半矣。此守仁邇來所新得者，願毋輕擲。若初往年亦常有意左、屈，當時不暇與之論，至今缺然。若初誠美質，得遂退休，與若初了夙心，當亦有日。見時爲致其意，務相砥勵以臻有成也。人行，遽不一一。」

按：别族太叔克彰一詩，在王陽明全集置於正德九年詩中。與克彰太叔云「(立志)此守仁邇來所新得者，願毋輕擲」，即指陽明爲王守文作立志説，故可知陽明送别王克彰歸餘姚當在正德九年八九月中。疑王克彰與王守文同在七月來南都受學，一月而歸，「新得者」，蓋去七月不遠也。王克彰，錢德洪於與克彰太叔下題云：「克彰號石川，師之族叔祖也。聽講就弟子列，退坐私室，行家人禮。」可見王克彰雖爲太叔，亦是陽明「弟子」也。按陽明太叔輩中，有王世昌生四子：王瑞、王臣、王澤、王豪，疑王克彰即此王瑞。王陽明全集卷二十六另有又與克彰太叔，作於正德十五年，可見陽明與王克彰關係尤密。

九月，南京兵部主事路迎北上入京，有書贈之。

陽明與路賓陽書一：「賓陽質美近道，固吾素所屬望。昨行，必欲得一言，此見賓陽好學之篤，然淺鄙之見平日已爲賓陽盡之矣。君子之學，譬若種植然，其始也，求佳種而播之，沃灌耘耔，防其淺收，去其蟊蝨，暢茂條達，無所與力焉。今嘉種之未播，而切切然日講求於苗秀實獲之事，以望有秋，其於謀食之道遠矣。賓陽以爲何如？北行見甘泉，遂以此意質之。外書三紙，煩從者檢入。守仁頓首，賓陽司馬道契文侍，九月八日。餘空。」(玉虹鑑真續帖卷八王守仁與賓陽司馬書四通，陽明文集失載)

按：國朝獻徵録卷三十九有兵部尚書路公迎傳略：「路迎，字賓陽，汶上人。舉正德戊辰進士，授南京兵部主事。與堂邑穆孔暉、武城王道同歸事王守仁，事務講學，以相切劘。累至本部郎中，歷知襄陽、松江、淮安三府。」路迎正德七年以來一直任南京兵部主事，陽明此書所言「司馬」，即指路迎任南京兵部主事。按湛甘泉正德九年在京任職，正德十年丁憂回西樵，由此可知陽明此書必作在正德九年九月。由書中言「淺鄙之見平日已爲賓陽盡之」，可見陽明與路迎在南京多有講論，即傳所云「專務講學，以相切劘」也。

泉翁大全集卷十五贈兵曹路君賓陽還南都序：「古之爲道也，渾渾爾也；今之爲道也，斷斷爾也。夫道，天下之公，四達之逵也。今夫適道，自東至者，或以西至爲非，而不知亦猶西之視東也，其可乎？自南至者，或以北至爲非，而不知亦猶北之視南也，其可乎？夫自達觀大道者，其至一爾，故言有殊立而無殊理，行有異入而無異至。古之學者，傳而不議，行而致同。色相受也，意相傳也，善相觀也，和相飲也，德相化也，殊途而同歸，百慮而一致，故曰渾渾爾。夫道，一而已矣。視聽言動，皆心也。情性微顯，同原也；內外動靜，一理也。是故知而至之存乎智，默而成之存乎德，化而裁之存乎義，體而盡之存乎心，溥而通之存乎公，遁而無悶存乎蘊，誘而相之，正而不歧，存乎師友。故夫斷斷者各就其方，自其私見言之，未睹乎大道者也。吾友路君賓陽宦學於南都，志篤而行確，與甘泉子相遇於金臺，今歸而南也。南中多學者，然吾懼其斷斷，故有以贈賓陽，庶聞吾言者，斷斷之說或息。斷斷之説不息，渾渾之道不見。」

按：「金臺」指北京。此序即路迎北上入京見湛甘泉後，湛甘泉送其南歸所作，蓋亦意在答陽明書問也，故後陽明見其序，又特爲作跋以答之(見下)。

舫齋李貢遣人送書文來，有答書。

陽明致舫齋書：「侍生王守仁頓首啓舫齋先生尊丈：執事去冬教後，隨作一書，申數年閑闊之懷。盛价行促，不及奉。自是俗冗相仍，其書留至今夏，修緝敝寓，始失之。心雖懸懸，而求諸形迹之間，則失禮實甚，惶懼，惶懼！令尊久寓寺中，亦不之知，偶逢僧人道及，將往訪，適又趨庭自通，還辱過布盛情，知尚未棄絶，不任喜愧。又承教墨，重以雄筆，益增悚荷。公素厚德長者，寧復以此責人？顧自不能爲情，聊言之耳。雄作熟翫數過，極典重潤密，真金石之文，非諳歷久，涵蓄厚，不能有此，別有聲光照人耳目者，不得論，至於精微所造，於此亦復少窺一二，受教多矣！守仁南竄後，流離道途，舊業廢盡，然亦自知無外於身心，不復念惜，一二年來稍有分寸改圖之志，廼無因請正於有道，徒耿耿也。人還，先謝簡寬之罪，所欲求正，顧得繼是請，伏惟尊照。侍生守仁載拜，伯安九月廿八日。餘空。」(葛嗣浵愛日吟廬書畫續録卷二王守仁張璁行書尺牘合册，陽明文集失載)

按：前考「舫齋」即李貢，字惟正，蕪湖人，卒於正德十一年。書所云「執事去冬教後」，指正德八年冬十月陽明由越赴滁州任，途經蕪湖與李貢一見，可見陽明此書作在正德九年九月廿八日。書所言「令尊久寓寺中」，乃指李貢父李永，字懷永，號恒齋（見太平府志）。

黄綰紫霄山中草庵並二亭建成，寄書及詩來告。

黄綰集卷十八寄陽明先生書二：「辱教，知近況，甚慰。甘泉有書，云其鄉士風之薄，難以久居。綰謂士風之薄，實與吾學無妨，且吾人出處以義，豈因士風之薄爲之進退！綰之居鄉，亦甚不易，今亦自孚。近於山中構一庵，更結二亭，各標尊號，以俟二君子共之。偶成小詩數首，敢録請教。」

同上，卷七紫霄懷陽明甘泉二首：「我庵新構紫霄間，萬壑松煙翠自環。却憶曾盟騎鶴侶，兩京寥落幾時還？　草庵初與兩亭完，二妙高明落此山。怪我蒲團終日望，天涯人遠掩松關。」　吾廬：「寒山過雨青猶潤，野樹經霜葉已疏。日暮誰歌紫芝曲，台雲深處是吾廬。」

按：黄綰草庵成於深秋九月。黄綰集卷十八有寄湛甘泉書二云：「元忠遞至金華書，聞太夫人壽履康健，尤慰。仍奉北上，固知非先生之得已。古有迹溷衆人之中，心超萬物之表，此理在人自知，毫釐之間，天壤懸隔，亮不在喋喋。承喻鄉族難處，敝鄉尤甚。綰方喜於此鍛鍊，不知久當何如？叔賢謂陽明此時不宜仕，論恐未瑩。君子出處，何必盡同？但要此心終無不同耳。」即黄綰此寄陽明先生書二所云「甘泉有書，云其鄉士風之薄」。

十月，諸陞往遊嶽麓，有詩送別。

陽明別諸伯生：「予妻之姪諸陞伯生將遊嶽麓，爰訪舅氏，酌別江滸，寄懷於言。風吹大江秋，行子適萬里。萬里豈不遥，眷言懷舅氏。朝登嶽麓雲，暮宿湘江水。湘江秋易寒，嶽雲夜多雨。遠客雖有依，異鄉非久止。歲宴山陰雪，歸橈正遲爾。正德甲戌十月初三日，陽明居士伯安書於金陵之静觀齋。至長沙見道巖，遂出此致意也。」（中國歷代書法大觀（上），真迹原件今藏臺北「故宫博物院」，陽明文集失載）

按：陽明娶介庵諸讓之長女爲妻，故與諸氏家族關係甚密。大致諸讓生子諸經（用明），諸經生二子諸階、諸陽；諸緝（用文）生子諸陞（伯生）；諸忠生子諸數，諸數生子諸偁（揚伯）。前考諸偁正德九年正月以部運過金陵，疑諸陞乃與諸偁同來金陵，留至十月遂往遊嶽麓。道巖爲長沙一禪僧，黄虞稷千頃堂書目卷二十八著録：「道巖玉峰集，字魯訥。」知道巖字魯訥，號玉峰。在正德九年以前，陽明唯在正德三年赴貴州龍場驛時嘗經過長沙，陽明與道巖相識即在是年。郭良翰問奇類林卷九載陽明題静觀樓：「放一毫過去非静，收萬物回來是觀。」此静觀樓即静觀齋，此是對陽明「静觀」思想之最好解説。

十一月，馬一龍自京師歸溧陽，經南都，投刺來受學。

馬一龍玉華子游藝集卷一南都謁陽明先生小刺：「王生勉之退與某遇大中橋，欲分以進。頭忽觸風，想作痛，不能俱，再力某來見二三矣，豈知識來有此心哉？家君舊有門下之愛，某亦通家愚小子也。昔者互鄉，猶得將命，恃此冒昧以干下執事者，伏候次入跪而請益焉。」

按：馬一龍父馬性魯爲陽明門人（見前考），故書稱「家君舊有門下之愛」。所謂「昔者互鄉，猶得將命」，是説當初馬性魯即已面命馬一龍受學於陽明，故稱「某亦通家愚小子」。李春芳南京國子監司業孟河馬公一龍墓誌：「公名一龍，字負圖，號孟河，別號玉華子，溧陽人也……碧溪公性魯，正德辛未進士，授兵科給事中……許孺人生於河東之里，以有龍祥，因名『龍』。性資穎異，垂髫能詩，讀尚書輒解。聲牙語長，而博綜群籍，涉獵諸子百家。詩類太白，文類莊、孟。恥模擬前人糟粕，故所作直寫胸中所自得，意趣天然。尤精書法，作字懸腕運肘，落管如飛，頃刻滿幅，縱橫闔闢，惟意所向，初覽若不可辨，細玩則條理脉絡具可尋識，非苟然者，謂懷素以後一人。」大中橋在南京，一名白下橋，地處六朝白下城之東門。按玉華子游藝集卷十七有考妣年譜云：「正德九年甲戌，考四十六歲，在兵科……妣四十五歲，家居。命不肖仍事舊師，增廣館穀，集章儒之有聲名者，相與麗澤。是年春，不肖冠。冬，治裝歸。」是正德九年冬馬一龍自京師歸溧陽，蓋是受父命來南都受學於陽明。後其在竹居薛先生文集序中云：「當世道學之宗，有陽明王公者。其後門人，吾所交游，王龍溪畿、錢緒山德洪傳於越州，歐陽南野德、鄒東廓守益傳於洪州，二薛中離侃、竹居僑傳於廣州。天下一時倡明斯道，賢士大夫以致良知爲學，而得所見性真道體……」（玉華子游藝集卷二十四）隱然以陽明早年弟子自居。又石渠寶笈三編第一〇七八册延春閣藏四十元明書翰著録陽明與諸門人夜話行書手迹，下有馬一龍題詩云：「昔有籠鵝客，今當問字人。出詞天地合，説法鬼神驚。禮樂宗三代，簪纓重萬鈞。吾儒全屬望，斯教邁群倫。題王夫子卷後，史氏馬孟河。」奉陽明爲「夫子」，更自認爲陽明弟子矣。

十二月，六合縣儒學重修成，爲作記。

王陽明全集卷二十三重修六合縣儒學記：「六合之學，敝久矣……正德甲戌，縣尹安福萬廷瑆氏既和輯其民，始議拓而新之。維時教諭長興徐丙氏來就圮舍，日夜砥新厥士，尹因謂曰：『子爲我造士而講肄無所，斯吾責，何敢不力？顧兵荒之餘，民不可重困，吾姑日積月累而徐圖焉，其可乎？』……提學御史張君適至，聞其事而嘉之，衆益趨以勸。十月辛卯，尹乃興事……修大成殿，修兩廡神厨；庫前爲戟門，又前爲欞星門，又前爲泮宮，坊皆以石；殿後爲明倫堂，爲東西齋，又後爲尊經閣；明倫堂之左爲三廨，以宅三師，前區三圃，圃前爲名宦祠，又前爲鄉賢祠，又前爲崇文倉；明倫堂之右爲致齋所，又右爲饌房，又右爲射圃，而亭其圃之北，曰『觀德』；致齋之外爲宰牲所，又前爲六號。凡爲屋百九十有七楹。十二月丁巳，工告畢役，未逾時也……吾聞徐諭之教六合，不數月而士習已爲之一變。使由此日遷於高明廣大，以洗俗學之陋，則夫興起聖賢之學以爲天下之倡者，將又不在於六合之士邪？」

一五一五　正德十年　乙亥　四十四歲

春正月，與南京吏部侍郎石珤游雞鳴寺，登憑虛閣，有詩唱酬。

王陽明全集卷二十登憑虛閣和石少宰韵：「山閣新春負一登，酒邊孤興晚堪乘。松間鳴瑟驚棲鶴，竹裏茶煙起定僧。望遠每來成久坐，傷時有涕恨無能。峰頭見説連閶闔，幾欲排雲尚未曾。」

按：憑虛閣在雞籠山雞鳴寺，吕律憑虛閣記略：「憑虛閣在雞鳴山之陽，山高三十丈餘，而閣駕出其上。國初，建佛寺，以崇寶志公祠事，兹閣未有。宣德間，始構焉。而規制弱小。至成化中，已垂敝矣。時吾鄉康敏白公來尹兹土，乃廣之，爲間凡五，軒豁爽塏，迄今屹然。緣崖插壁，平臨木杪，俯看山麓，空聳若寄太虚然。」（金陵梵刹志卷十七），故登憑虛閣實即游雞鳴寺也。「少宰」指吏部侍郎，國榷卷四十九：「正德十年五月戊戌，南京吏部左侍郎石珤爲禮部右侍郎。」由此可以確知陽明此詩作於正德十年春正月。

監察御史凌相將葬其母，來請母銘，爲作墓誌銘。

王陽明全集卷二十五凌孺人楊氏墓誌銘：「孺人之夫爲封監察御史凌公石巖諱雲者也……子僉憲相，予同年，賢也；地官員外郎楷，又賢也。孺人之慈訓存焉，相嘗爲予言：『孺人之賢，十餘年矣。』與今石巖之狀同也。吾鄉之士遊業於通者以十數，稱通之巨族以凌氏爲最，凌氏之賢以石巖爲最，則因及於孺人之内助，其所稱舉與今之狀又同也……孺人之生以正統丁卯十二月九日，卒於正德癸酉十一月九日，壽蓋六十七。男四：長即相；次即棋，早卒；次即楷；次栻……相將以乙亥正月内丙寅附葬孺人於祖塋之左，而格於其次，乃以石巖之狀來請銘，且問葬……予曰：『附也，則祖爲之尊，左陽右陰也。陽兼陰而主變者也，陰從陽而主常者也。陽在左則居左，而在右則居右；陰在左則從左，而在右則從右。其虚右而從左乎？』於是孺人之葬虚右而從左。」

按：凌相字忠甫，號芹溪，南通州人，與陽明爲同年。明清進士録：「凌相，弘治十二年三甲六十五名進士。南通州人，字忠甫。知沂水縣，治聲大起，徵拜御史。擢廣東兵備僉事，討平惠湖亂。官終湖廣巡撫。弟楷，中正德進士。」「凌楷，正德三年二甲一百零四名進士。南通州人，字端甫。官户部主事，監税江西，性剛直不阿。終户部郎中。」按崔桐凌公相墓誌銘：「登己未進士，授山東沂水知縣……尋擢南京廣西道監察御史……辛未，遷廣東按察司僉事……丁丑，以内艱」是正德六年以後凌相一直在南京任職，與陽明當多有交往。

二月，湛甘泉丁母憂，扶柩南還至南京，陽明逆吊於龍江關，兩人辯論「格物」，陽明進呈大學古本及格物諸説，論盡心一章。時陳九川適來問學，亦會於龍江關。

王陽明全集卷二十五湛賢母陳太孺人墓碑：「湛子之母卒於京師，葬於增城。陽明子迎而吊諸龍江之滸，已，湛子泣曰：『若水之辱於吾子，蓋人莫不聞。吾母殁而子無一言，人將以病子。』陽明子曰：『名者，爲之銘矣；表者，爲之表矣。某何言？雖然，良亦無以紓吾情。吾聞太孺人之生七十有九，其在孀居者餘四十年，靖靖嚴潔如一日。既老，雖其至親卑幼之請謁見之，未嘗踰閾也，不亦貞乎？績麻舂粱，教其子以顯，嘗使從白沙之門，曰：「寧學聖人而未至也。」不亦知乎？恤其庶姑與其庶叔，化厲爲順，撫孤與女，愛不違訓，不亦慈乎？已膺封錫，禄養備至，而縞衣疏食，不改其初，不亦儉乎？貞知慈儉，老而彌堅，不亦賢乎？請著其石曰「湛賢母之墓」。』湛子拜泣而受之。既行，人曰：『湛母之賢，信矣。若湛子之賢，則吾猶有疑焉。湛子始以其母之老，不試者十有三年，是也。復出而取上第，爲美官，則何居？母亦老矣，又去其鄉而迎養，既歸復往，卒於旅，則何居？』陽明子曰：『是烏足以疑湛子矣！夫湛子純孝人也，事親以老於畎畝，其志也；其出而仕，母命之也；

其迎之也，母欲之也；既歸而復往，母泣而强之也，是能毋從乎？無大拂於義，將東西南北之惟命。彼湛子者，亦豈以之譽毁於外者，以易其愛親之誠乎？』曰：『湛子而是，則湛母非歟？』曰：『烏足以非湛母矣！夫湛父之早世也，屬其子曰：「必以顯吾世。」故命之出者，行其夫之志也；就之養者，安其子之心也；强之往者，勉其子之忠，以卒其夫之願也。昔者孟母斷機以勵其子，蓋不歸者幾年，君子不以孟子爲失養，孟母爲非訓。今湛母之心亦若此，而湛子又未嘗違乎養也。故湛母，賢母也；湛子，孝子也。然不免於世惑，吾雖欲無言也，可得乎？』」

按：王陽明全集於是碑文題下注「甲戌」作，乃誤。按湛甘泉母卒於正月三十日，湛甘泉扶柩南歸至南京約在二月底。

湛甘泉陽明先生墓誌銘：「又明年，甘泉子丁憂，扶母柩南歸。陽明公時爲南大鴻臚，逆吊於龍江關。」（王陽明全集卷三十八）

奠王陽明先生文：「遭母大故，扶柩南歸。迓吊金陵，我戚兄悲。」（王陽明全集卷四十）

王陽明全集卷四答甘泉：「向在龍江舟次，亦嘗進其大學舊本及格物諸説，兄時未以爲然，而僕亦遂不復强聒者，知兄之不久自當釋然於此也。乃今果獲所願。」

泉翁大全集卷八先次與陽明鴻臚：「昨承面諭大學格物之義，以物爲心意之所著，荷教多矣。但不肖平日所以受益於兄者，尚多不在此也。兄意只恐人舍心求之於外，故有是説。不肖則以爲人心與天地萬物爲一體，心體物而不遺，認得心體廣大，則物不能外矣。故格物非在外也，格之致之之心又非在外也，於物若以爲心意之著見，恐不免有外物之病。幸更思之。」

傳習録卷下：「正德乙亥，九川初見先生於龍江，先生與甘泉先生論格物之説，甘泉持舊説。先生曰：『是求之於外了。』甘泉曰：『若以格物理爲外，是自小其心也。』九川甚喜舊説之是。先生又論盡心一章，九川一聞却遂無疑。後家居，復以格物遺質先生。答云：『但能實地用功，久當自釋。』山間乃自録大學舊本讀之，覺朱子格物之説非是，然亦疑先生以意之所在爲物，『物』字未明。」

羅洪先明水陳公九川墓誌銘：「乙亥，師陽明公於虔（按：誤，當作南都龍江），有所聞，盡火舊所爲周易、春秋、詩、禮諸書。」（國朝獻徵録卷三十五）

洪垣湛甘泉先生墓誌銘：「乙亥二月，丁母憂……初爲『體認天理』，後覺有未盡，復加『隨處』二字，動静物我内外始終無起處，亦無止時，與陽明先生『致良知』之説交證於天下。先生嘗曰：『吾之所謂「隨處體認天理」者，格物爾，即孔子「求仁造次顛沛必于是」、曾子所謂「仁以爲己任，死而後已」者也。孔子稱顔子好學，曰：「不遷怒，不貳過。」都在心性上用功，則古人所謂學者可知矣。豈若後儒尋行數墨，如春蠶作繭絲一層，即自蔽一層，斃斃焉不知天地四方，爲可哀也。』又曰：『造次顛沛不違，欲人於本上用，貫通只一理。若無此本，只於制行上便了，則必信必果者，夫子何以謂之小人？孟子何以有由仁義行、非行仁義之辨？……』又曰：『人心與萬物爲一體，心體物而不遺。認得心體廣大，則物不能外矣。格物非在外也，格之致之之心不在外也。』故答陽明先生書云：『物者，天理也。即「言有物」、「舜明於庶物」之「物」，即道也。格則造詣之義，格物即造道也。知行並進，博學審問慎思明辨篤行，皆所以造道也。意身心一齊俱到，誠正修功夫皆於格物上用了……』」

是月，烏思藏使者綽吉我些兒請其徒爲正副使，還居烏思藏，如大乘法王例入貢，並請國師，設廣茶。陽明疏論不聽，南京給事中潘棠再抗辯，被罷，陽明有詩送歸武陵。

國榷卷四十九：「正德十年二月丁酉，保安寺大德法王綽吉我些兒，本烏思藏使者，以秘術得幸，出入宮禁。至是請其徒領占綽節兒、綽供劄失還居烏思藏，如大乘法王例入貢，且請國師，設廣茶。禮部尚書劉春言：『烏思藏在西遠，性頑獷，雖設闡教王、護教王、闡化王、贊善王撫治，而入貢有節，令毋盜邊耳。今猝往，萬一詐誘羌胡，妄有求請，不從失彼意，從則生事端，害滋甚。願罷之。』不聽，仍予誥，罷設茶敕。時上好異，習胡語，自名『忽必列』；習回回食，自名『沙吉敖爛』；習西僧教，自名『領占班丹』。近幸張銳、張雄、錢寧等日治刹，糜帑無算。」

明武宗實録卷一百二十一：「正德十年二月戊戌，保安寺大德法王綽吉我些兒，本烏思藏使也，上留之，得幸。至是欲遣其徒領占綽節兒、綽供劄失爲正副使，還居烏思藏，比大乘法王例入貢，且爲兩人請國師命，及入番設廣茶。下禮部尚書劉春議，不可，且爲□□茶法，騷擾道路。有旨令復議，春執奏：烏思藏遠在西方，性極頑獷，雖設四王撫化，而其未貢，必爲之節之，務令各安其所，不爲邊患而已。若遣僧齎茶以往，給之誥勅，萬一假上旨以誘羌胡，妄有所請求，欲因以自利，不從，便爲失異俗意；從之，則無益事，與其害有不可勝言者。詔仍與誥命，而罷設茶勅。是時上誦習番經，崇尚其教，常被服如番僧，演法内廠。綽吉我些兒輩出入豹房，與諸權貴雜處。及兩人乘傳歸，輜重相屬於道，所過煩費，行道避之無貴賤，皆稱兩人『國師』云。」（按參見明史卷三百三十一烏斯藏）

泉翁大全集卷八先次與陽明鴻臚：「老兄仁者之心，欲立人達人甚切，故不免急迫，以召疑議。在易之咸，以無心感物，物之感也深。『九四，貞吉悔亡，憧憧往來，朋從爾思。』其上六：『咸其輔、頰、舌，騰口説也。』感人以心且不可，況以頰舌乎？此不肖與老兄當共戒之。」　卷九與王陽明先生鴻臚：「相去漸遠……道途人心洶洶，切爲老兄危之，獨有此念而已。遯世無悶，不見是而無悶，溥博淵泉而時出之，古人尚韜晦亦未盡，蓋涵養本源深厚，自能爾也。幸惟此義。」　寄陽明王先生：「潘希召黄門肯直言，自是益友，乃老兄禁中汲長孺也，且欲親之。」

按：錢德洪陽明先生年譜於正德十年叙事最爲顛倒舛誤，如將陽明當兩京考察例上疏定在正月，實則在四月；將擬上諫迎佛疏定在八月，實則在十一月（見下），由此遂將陽明二月疏論烏斯藏大德法王事與擬上諫迎佛疏事混爲一談，致使陽明二月上疏論大德法王事成千古之秘，不得其詳。今按陽明身任鴻臚寺卿，乃一禮官，明史卷七十四職官志：「鴻臚，掌朝會、賓客、吉凶儀禮之事。凡國家大典禮、郊廟、祭祀、朝會、宴饗、經筵、册封、進曆、進春、傳制、奏捷，各供其事。外吏朝覲，諸蕃入貢，與夫百官使臣之復命、謝恩，若見若辭者，並鴻臚引奏……外使來朝，必先演禮於寺。司賓，典外國朝貢之使，辨其等而教其拜跪儀節。」故烏斯藏大乘法王入貢、請國師、設廣茶等事，正與鴻臚寺密切相關，陽明聞其事，以己之職責，必當疏論也。湛甘泉此致陽明三書，皆作在三月其扶柩歸增城途中（見下），故其中云「道途人心洶洶，切爲老兄危之」，必是指陽明因疏論大德法王，議論洶洶，慄慄危懼；而所謂「潘希召黄門肯直言，乃老兄禁中汲長孺也」，則必是指給事中潘棠上書奏援陽明，其遂因此而罷歸矣。

王陽明全集卷二十贈潘給事：「五月滄浪濯足歸，正堪荷葉製初衣。甲非乙是君休問，酉水辰山志未違。沙鳥不須疑雀舫，江雲先爲掃魚磯。武陵溪壑猶深僻，莫更移家入翠微。」

按：詩作在五月。「潘給事」即潘棠，字希召，號雲巢，辰州人。正史不載其人，按乾隆辰州府志卷三十六：「潘棠，字希召，號雲巢，辰州衛人。少聰穎，學識甚優。弘治乙卯，舉於鄉。乙丑，成進士。觀政時，上疏請以鎮筸爲州，控治苗僚。詔下有司會勘，寢不行。後鎮筸苗猖獗，有司征討縻費，死傷無算。乃設守備，猶其策也。初授河南懷慶府推官，藩王有香火祠，棠白之，即改爲韓文公祠。庚午，盜起河朔，棠料量軍餉，先爲捍禦，懷慶以安。陞南京吏科給事中。時寧庶人請益護衛，棠上疏言寧藩無故請兵，將有異志。尋果反。後爲忌者所排，降武義丞，遷內江知縣，許州知州。陞雲南按察司僉事，振肅憲度。尋丁父憂歸，以母老不復仕。與諸弟講明正學，力排佛老。著有雲巢集、濟瀆靈異辯諸書，藏於家。」

三月，沅陵郭掌教來問學，别後有詩寄問。

王陽明全集卷二十與沅陵郭掌教：「記得春眠寺閣雲，松林水鶴日爲群。諸生問業衡星入，稚子拈香静夜焚。世事暗隨江草換，道情曾許碧山聞。别來點瑟還誰鼓？悵望煙花此送君。」

按：「郭掌教」即郭轔，乾隆辰州府志卷三十四：「郭轔，閩縣人。正德三年，教諭沅陵，勤於課誨，士之有才者，多方振拔。改學宫，建書院，皆力爲之倡，學者敬愛之。去之日，繪其像，留祀名宦祠。」郭轔或是正德五年春陽明自龍場驛歸經辰州時來問學，詩所云「寺閣」，即隆興寺憑虛樓也。「諸生問業衡星入」，道出陽明在虎溪隆興寺講學之生動熱烈場景。

白圻陞右副都御史，來爲子白説請字，爲作字説。

王陽明全集卷二十四白説字貞夫説：「白生説，常太保康敏公之孫，都憲敬齋公之長子也。敬齋賓予而冠之，阼既醮而請曰：『是兒也，嘗辱子之門，又辱臨其冠，敢請字而教諸。』曰：『字而教諸，説也，吾何以字而教諸？吾聞之，天下之道，説而已；天下之説，貞而已。乾道變化，於穆流行，無非説也，天何心焉？坤德闔闢，順成化生，無非説也，坤何心焉？仁理惻怛，感應和平，無非説也，人亦何心焉？故説也者，貞也；貞也者，理也。全乎理而無所容其心焉之謂貞，本於心而無所拂於理焉之謂説。故天得貞而説道以亨，地得貞而説道以成，人得貞而説道以生……請字説曰貞夫。』敬齋曰：『廣矣，子之言！固非吾兒所及也。請問其次。』曰：『道一而已……君子之德不出乎性情，而其至塞乎天地。故説也者，情也；貞也者，性也。説以正情之性也，貞以説性之命也。性情之謂和，性命之謂中。致其性情之德而三極之道備矣……夫夫，君子之稱也；貞，君子之道也。字説曰貞夫，勉以君子而已矣。』敬齋起拜曰：『子以君子之道訓吾兒，敢不拜嘉！』顧謂説曰：『再拜稽首，書諸紳，以蚤夜祗承夫子之命！』」

按：「都憲」，指都御史。白圻陞右副都御史在二月，王鏊白公圻神道碑：「遷應天，遂擢都察院右副都御史，提督南京糧儲。」國榷卷四十九：「正德十年二月甲寅，應天府尹白圻爲右副都御史，管南京糧儲。」故可知白圻來請字當在二月以後。

王道改陞吏部驗封入京，自是在京與魏校、邵鋭輩講論朱學，同陽明弟子展開朱陸論戰。陽明致書論辯批評，終不合，卒乃作朱子晚年定論以終結論戰。

王陽明全集卷四與黄宗賢書四：「春初，姜翁自天台來，得書，聞山間况味，懸企之極。且承結亭相待，既感深誼，復愧其未有以副也。甘泉丁乃堂夫人憂，近有書來索銘，不久且還增城。道途邈絶，草亭席虚，相聚尚未有日。僕雖相去伊邇，而家累所牽，遲遲未决，所舉遂成北山之移文矣。（按：指與甘泉卜居蕭山湘湖）應原忠久不得音問，想數會聚。聞亦北上，果然否？此間往來極多，友道則實寥落。敦夫雖住近，不甚講學。純甫近改北驗封，且行。曰仁又公差未還。宗賢之思，靡日不切！又得草堂報，益使人神魂飛越，若不能一日留此也，如何如何！去冬解册吏到，承欲與原忠來訪，此誠千里命駕矣，喜慰至極！日切瞻望，然又自度鄙劣，不足以承此。曰仁入夏當道越中來此，其時得與共載，何樂如之！」

按：王陽明全集於此書題下注「癸酉」作，乃大誤。此書明云「甘泉丁乃堂夫人憂」，甘泉母卒於正德十年正月二十七日，以「不久且還增城」、「曰仁入夏當道越中」考之，此書作在三月中。書稱「純甫近改北驗封，且行」，可見王道陞吏部驗封在二月，三月赴京。按魏校已於正德九年入京，故王道一入京即與魏校志同道合，與陽明弟子展開朱陸論戰，其意在攻陽明王學也。太常寺卿魏公校傳：「（在南都）與余公子積、夏公敦夫、王公純甫講明聖賢之學。正德九年，召爲兵部職方司郎中。」嚴嵩吏部右侍郎王公道墓碑：「居應天學二載，陞南京儀部主事，召改吏部驗封……始也馳騁詞翰，既而歎曰：『此無益也！』乃遂研精於義理之學，取宋儒程朱書讀之。既又取論語一部，反覆潛玩，有悦於心，曰：『聖門平實簡易之學，固如是也。』公雖潛心理學，而見世之立門户相標榜者，則深耻之。嘗言：『漢以前，無名道學者。其人品如張文成、曹相國、黄叔度、管幼安，皆真道學之流。雖老釋二氏，亦各有所見，不可厚非。』」（國朝獻徵録卷二十六）所謂「世之立門户相標榜者」，即隱指陽明及其弟子也。

同上，與黄宗賢書五：「書來，及純甫事，懇懇不一而足，足知朋友忠愛之至。世衰俗降，友朋中雖平日最所愛敬者，亦多改頭换面，持兩端之説，以希俗取容，意思殊爲衰颯可憫……僕在留都，與純甫住密邇，或一月一見，或間月不一見，輒有所規切，皆發於誠愛懇惻，中心未嘗懷纖毫較計。純甫或有所疏外，此心直可質諸鬼神。其後純甫轉官北上（按：指改吏部驗封北上），始覺其有恝然者。尋亦痛自悔責，以爲吾人相與，豈宜有如此芥蒂，却是墮入世間較計坑陷中，亦成何等胸次？當下冰消霧釋矣。其後人言屢屢而至，至有爲我憤辭厲色者。僕皆惟以前言處之，實是未忍一日而忘純甫。蓋平日相愛之極，情之所鍾，自如此也。旬日間，復有相知自北京來，備傳純甫所論。僕竊疑有浮薄之徒，幸吾黨間隙，鼓弄交構，增飾其間，未必盡出於純甫之口。僕非矯爲此説，實是故人情厚，不忍以此相疑耳。僕平日之厚純甫，本非私厚，縱純甫今日薄我，當亦非私薄。然則僕未嘗厚純甫，純甫未嘗薄僕也，亦何所容心於其間哉！往往見世俗朋友易生嫌隙，以爲彼蓋苟合於外，而非有性分之契，是以如此，私竊歎憫。自謂吾黨數人縱使散處敵國讎家，當亦斷不至是。不謂今日亦有此等議論，此亦惟宜自反自責而已。」

按：王陽明全集於此書題下注「癸酉」作，亦大誤。此書言王道已在京任吏部驗封。又書言：「歸計尚未遂，旬月後且圖再舉。」按陽明正德十年有兩次疏乞告歸，一在四月，一在八月（見下），由此可確知陽明此書作在正德十年七月中。所謂「浮薄之徒」，即指魏校、邵鋭之輩；而所謂「人言屢屢而至，至有爲我憤辭厲色者」，即指此輩書來論朱陸異同也。

同上，與王純甫書四：「屢得汪叔憲書，又兩得純甫書，備悉相念之厚，感愧多矣！近又與曰仁書，貶損益至，三復赧然！夫趨向同而論學或異，不害其爲同也；論學同而趨向或異，不害其爲異也。不能積誠反躬，而徒騰口説，此僕往年之罪，純甫何尤乎？因便布此區區，臨楮傾念無已。」

按：王陽明全集於此書題下注「甲戌」作，亦大誤。前引與黄宗賢書五作於七月，陽明對王道貶損王學尚在疑信參半之間；至此與王純甫書四，陽明已確知王道貶損王學益至，作此書與之「斷交」，由此可以推斷陽明此書當作在九十月間，其時雙方朱陸論戰已近「尾聲」，陽明即在十月寫出朱子晚年定論（見下），作爲總結定論與最後回答。此後陽明與王道再無往來。

泉翁大全集卷八寄王純甫驗封：「昔者辛、壬之歲在都下，所與賢契語，並殊非懸空杜撰，以相罔也……哀中不欲多言……過南都，陽明亦有論述。形而上下之説，信有近似者，但爲傳者又別告。自今且取其疑者致思，取其同者自輔，方是虚己求益，毋徒紛紛異同之辯，於道無益，而反有害也。」

按：所謂「紛紛異同之辯」，即指魏校、邵鋭、王道（尚有余祐、夏尚樸諸人）針對陽明之朱陸異同論戰。相關論戰文字今多不存，致使此一朱陸論戰史實湮没無聞。今幸賴黄綰數篇書札所叙，猶可得見其大概。兹特著録於下，以揭開論戰之秘。

黄綰集卷十八答邵思抑書：「吾人學問，惟求自得，以成其身，故曰：『誠者自成，而道自道也。』實無門户可立，名聲可炫，功能可矜，與朱陸之同異，有如俗學者也。苟求之能成吾身而有益於得，雖百家衆説，皆可取也，况朱陸哉！……若朱有益於此，則求之於朱；陸有益於此，則求之於陸，何彼我之間，朱陸之得親疏哉？且僕於朱書曾極力探討，幾已十年，雖只字之微，必咀嚼數四，至今批抹之本、編纂之册，皆可驗也。請兄於陸書姑讀之，久看所得，比之於朱何如？又比之濂溪、明道何如？則可知矣。世皆以陸學專德性而不及道問學，故疑之曰禪。凡其有言，概置之不考。有誦其言者輒命之曰禪，不復與論。是以德性爲外物，聖學有二道哉！殊不知象山每以善之未明、知之未至爲心疚，何不道問學之有？又其言曰：『束書不觀，遊談無根。』何不教人讀書也？但其所明、所知與所讀有異於人者，學者類未之思耳……又聞魏君子才學行絶出，僕極傾仰，但與陽明時有門户之馳，淺陋念此，不堪憂悵，惟恨無由一訊其故。然求吾道於此時，真所謂不絶如綫。海内有志如吾徒，能有幾人？只此幾人而又分裂如此，不肯合併切磋，深求至當，往往自高自止，轉相譏刺如世俗，斯道一脉，豈不自吾徒壞也？陽明素知其心如白日，絶無此事。魏君雖未接，得之李遜庵（李承勛），及見其數書，虚己平恕，可知亦必無此。竊意爲其徒者，各持勝心，或私有所懷，巧添密剿，推附開合，如昔朱陸門人，以自快一時。却不知此道塞天地，亘古今，無物不該，無人不同，可獨爲陽明、子才之私，象山、考亭之有也？」

按：邵鋭字思抑，號端峰，仁和人。亦一崇朱學之士。

同上，復李遜庵書：「近者京師朋友書來，頗論學術同異，乃以王伯安、魏子才爲是非：是伯安者則以子才爲謬，是子才者則以伯安爲非。若是異物，不可以同。子才，舊於公處見其數書，其人可知。伯安，綰不敢阿所好，其學雖云高明，而實篤學，每以去心疚、變氣質爲本，精密不雜，殊非世俗謗議所言者，但未有所試，而人或未信。向者公嘗語綰曰：『凡遇事，須將己身放開一邊，則當灑然自得其理。』綰每誦以爲數字符。及讀易艮卦云：『艮其背，不獲其身。行其庭，不見其人。』然後知公言之有自，實與伯安之旨無二。子才素講於公，學問根本宜無不同。蓋皆朋友用功未力，好起争端，添駕爲疑，以致有此，誠可慨也。昔者二程之學似不同於濂溪，伊川之言若有異於明道，邵、張之緒若不同於二程，但其大本之同，相觀相長，卒以同歸，而皆不失爲善學。他如司馬、吕、文、韓、富諸公，雖功名道德各有其志，然皆爲深交篤契，爲國家共濟，豈如今日動輒分離也！至於晦翁、象山，始有異辯，然亦未嘗不相爲重。至晦翁門人，專事簡册，舍己逐物，以争門户，流傳至今，盡經纂輯爲舉業之資，遂滿天下，三尺童子皆能誦習，騰諸頰舌。或及德性，即目爲禪，乃以德性爲外物，聖學爲粗迹，道之晦蝕，一至此矣！殊不知古人所謂問學者，學此而已，學不由德性，其爲何學？賢如子才，豈宜有此？綰知必不然矣。况爲學此時，不啻曉天微星，併力共圖，猶患寥落磨泯，頽而不振，况志之未篤，工之未力，各相排擯，銷沮阻喪，實乃自壞。此事關係非細，區區朱陸之辨，姑置之可也。朱果有益於此，則求之於朱；陸果有益於此，則求之於陸，要皆自成其身而已。辱深愛，敢併及此。倘得一言子才，只以天地爲度，各通其志，各盡其力，斯道之幸何如！」

按：李承勛字立卿，號遜庵，嘉魚人，時任浙江按察使（即黄綰書所云「擢憲敝省」）。其爲魏校師，故黄綰托其調停，不知李承勛亦一崇朱學者耶？

同上，復王純甫書書一：「僕卧病山中，與世隔越，忽邵思抑寄到兄手書，有『各尊所聞，各行所知』，不知何以有此？即欲修書請問，度或無益，姑止未敢。昨再得書，知不終棄，喜慰何如！且令僕言以盡同異，尤知與善盛心。夫聖人事業，廣博極乎天地，其道雖大，其本只在一心。蓋一心之渺，君臨百骸，道德仁義由此而備，禮樂刑政由此而出，六經四子由此而作。累於私則蔽而昏，反其本則明而通。蔽而昏則無所不害，明而通故無所不用。用之則三極之道立，害之則三極之道廢。今欲學聖人，惟求之吾心而已。不知反之於心，求其累與害者去之，徒以博物洽聞爲有事，旁尋遠覓爲會通，是乃逐物而滋蔽也。故古聖傳授皆以克己去私爲至要，私去則心無所蔽，其體清明而天下之本立矣。故曰『皇建其有極』也，非若釋、老專事生死，不恤其他。昔者朱、陸二先生皆欲明此者也，但所造各有淺深、偏純之異，不可皆爲已至，不思補救其弊，以求自成自得之妙，從事紙墨爲按圖索駿之誤，卒墮俗學之歸，以貽輪扁之笑。昨兄書云：『講於子才，參之論語集注，無有不合。』僕不敢易，但謂兄更能以我觀書，深求至當，以爲先賢忠臣，豈不尤妙？僕嘗曰：『苟求之能變吾氣質而有益於得，雖百家衆説皆可取也；苟求之不能變吾氣質而無益於得，雖聖言不敢輕信。若朱有益此，則求之於朱；陸有益於此，則求之於陸，何彼我之間朱、陸之得親疏哉？』今若不求其至，不求其是，妄立門户以爲異，自矜功能以誇耀，各離合以爲黨，聖人之學絶不如此，吾人又可以此謂之學哉？」

同上，復王純甫書書二：「向日一箋，未蒙回示，深用企仰。吾兄嘗稱魏子才者，雖未識其人，向已聞其略矣。知子才愛玩易傳，僕於易亦嘗用心，但求下手之實，苟非心地精一，則不能立天下之大本；本既不立，則將何變易，隨時以從道哉？且易爲潔浄精微之教，舍此不求，不知所謂潔浄者何有？況體用一源，顯微無間，未有體不立而用獨行，顯微而二致者。陽明向與吾輩所講，先此用力而已，自謂元無不同。子才以爲不同，諒子才必自有説，吾兄必得之深矣。便中乞不惜詳教，使僕得究所以同、不同之實，以俟『同人於野』，彼此之益何如！」

湛甘泉在南歸增城途中寄書來論學，並又有書來乞母銘。陽明爲其母作墓碑。

泉翁大全集卷八先次與陽明鴻臚：「不肖孤稽顙：别來無任哀戀。昨承面諭大學格物之義，以物爲心意之所著，荷教多矣。但不肖平日所以受益於兄者，尚多不在此也……」

同上，卷九與王陽明先生鴻臚：「相去漸遠，相見未涯，豈勝哀思？道途人心洶洶，切爲老兄危之。垂死之人，獨有此念而已。遯世無悶，不見是而無悶，溥博淵泉而時出之，古人尚韜晦亦未盡，蓋涵養本源深厚，自能爾也。幸惟此義，哀中不悉，不悉。」

同上，寄陽明王先生：「不肖孤以某日扶柩過嶺，到家有期，僅可苟活，以襄大事。相去愈遠，無任哀懇！憂病中，惟有平生之志不忘，自省真如七年之病，求三年之艾，急矣，甚矣！就今得艾，尚未知能救否，况又遲耶？此學若非絶去外慕，拚生拚死，無我無人，終難望其有得。若藥不瞑眩，厥疾弗瘳，直須造次必於是，顛沛必於是，乃是徹底工夫。素患難，行乎患難，此不肖近來憂中之病也。人便，更望鞭策。潘希召黄門肯直言，自是益友，乃老兄禁中汲長孺也，且欲親之。不次。」

按：湛甘泉此三書，皆其扶柩南歸途中所作，均在三月中。湛甘泉另又有一書致陽明，求爲作母銘，此即陽明與黄宗賢書四所云：「甘泉丁乃夫人憂，近有書來索銘，不久還增城。」此書作於三月（見前考），可見陽明乃在三月以後作成湛母墓碑。

王陽明全集卷二十五湛賢母陳太孺人墓碑。

四月，朝廷考察兩京官，上疏自劾乞休，不允。

王陽明全集卷九自劾乞休疏：「臣由弘治十二年進士，歷任今職，蓋叨位竊祿十有六年，中間鰥曠之罪多矣。邇者朝廷舉考察之典，揀汰群僚。臣反顧内省，點檢其平日，正合擯廢之列……若從末減，罷歸田里，使得自附於乞休之末，臣之大幸，亦死且不朽。」

按：錢德洪陽明先生年譜云：「正月，疏自陳，不允。是年當兩京考察，例上疏。」乃誤。按陽明辭新任乞以舊職致仕疏明云：「臣原任南京鴻臚寺卿，去歲四月，嘗以不職自劾求退。」是陽明疏陳乞休在四月而非正月。考國榷卷四十九：「正德十年四月甲申，考察京官，降斥有差。」是考察京官事確在四月也。

監察御史方鳳疏薦起用爲館閣之臣，不果。

方鳳改亭奏草爲崇古學用正人以裨聖治事：「臣見南京鴻臚寺卿王守仁，性資沉毅，學識淵深，忠節不變於險夷，才猷可濟於紛亂。翰林院養病修撰吕柟，學行純明，出處高潔，養之深而有不可測之度，持之固而有不可易之守。兵部職方清吏司養病郎中魏校，稟賦既充，學力尤邃，修己有實踐之功，應物無虛餘之行。之三臣者，心慕古人，望隆當世，誠聖代之人瑞，士林之師式也。使隆以館閣之任，必能敬敷教化，而覃至治之澤，其守經之仁，行權之智，必有異乎尋常者。臣近見王守仁議論英發，精力方强；及聞吕柟、魏校前疾愈可，而乃置之散地，託以病鄉，揆之事體，似非所宜。伏望皇上特勑吏部，將三臣越次起用，督責郡縣，勸令就道，使天下曉然知古學之可尊，而詞章法律之末不足以惑其心；知正人之可用，而奔競干謁之風不足以移其守。」

萬曆重修崑山縣志卷六：「方鳳，字時鳴，與鵬同科進士。性高爽，負氣不肯詭隨於時。初授行人，改御史，亟薦鴻臚卿王守仁忠節才猷，可濟紛亂，託病投閑，似非所宜，即當越次起用。又江西副使胡世寧以觸怒宸濠被逮，申救甚力。後皆符其言，人服其明。」

按：方鳳字時鳴，號改亭，崑山人，正德三年進士。明清進士録：「方鳳，正德三年三甲十四名進士。江蘇昆山人，字時鳴，號改亭。歷御史，武宗南巡，疏論七事。世宗立，數争大禮，以災異指切弊政。出爲廣東提學僉事，謝病歸，卒。有方改亭奏草。兄鵬，爲同榜進士。」方鳳任御史之時間，據其爲乞恩休致事云：「臣原籍直隸蘇州府崑山縣人。由進士，正德三年任行人司行人。正德九年，欽陞南京浙江道監察御史。正德十四年，丁憂。」按正德九年方鳳除監察御史來南都，陽明亦方陞南京鴻臚寺卿，方鵬亦同時來任南京刑部員外郎（見前考），三人關係密切，相聚講論學問，方鳳文中所云「臣近見王守仁議論英發」，實即言其與陽明講論學問也。方鳳疏薦陽明之時間，按呂柟、魏校引疾病歸皆在正德九年，至正德十一年五月呂柟父卒丁憂，故方鳳之薦王、呂、魏當在正德十一年五月以前。又胡世寧以觸怒宸濠被逮事在正德十年四月，國榷卷四十九：「正德十年四月丙辰，前江西兵備副使胡世寧下鎮撫司。寧王宸濠訐世寧前疏爲離間親藩，權倖右之。都察院望旨覆，謂世寧狂率，遣緹校往逮。」方鳳薦陽明與其申救胡世寧在同時，則當亦在四月中。此必是因四月兩京考察，方鳳以監察御史參予南京考察，熟知陽明考察情況，故在考察後即上章薦舉陽明也（楊琠薦舉陽明亦同）。

御史楊琠薦改南京國子祭酒，不報。

按：錢德洪陽明先生年譜云：「是年御史楊典薦改祭酒，不報。」叙事含混有誤。查明代無一名「楊典」之御史，此「楊典」當是楊琠之誤。楊琠字景瑞，揭陽人，陳白沙弟子，正德九、十年中任御史，與陽明關係密切。明清進士録：「楊琠，正德三年三甲一百九十九名進士。廣東揭陽人，字景瑞。授御史，師陳獻章，與王守仁友善，講明正學。性方剛，彈劾不避權貴。按南畿，激揚有聲。致仕卒。」楊琠爲正德三年進士，與徐愛爲同年，故其正德九年按南畿來南都，與徐愛、陽明關係尤密，陽明爲其作謹齋説，云：「吾友侍御楊景瑞以『謹』名其齋……景瑞嘗遊白沙陳先生之門。」（王陽明全集卷四）楊琠亦遣子楊思元來受學，陽明爲其作書楊思元卷（王陽明全集卷八）。楊琠薦陽明任祭酒之時間，按國榷卷四十九：「正德十年四月乙巳，南京國子祭酒吴一鵬爲南京太常寺卿……庚戌，國子司業魯鐸爲南京國子祭酒。」此當是吴一鵬改南京太常寺卿，楊琠即上章薦陽明爲南京國子祭酒；而朝廷乃命魯鐸任南京國子祭酒，陽明事遂不行。

楊琠子楊思元來受學，請爲楊琠庭訓録作序。

乾隆揭陽縣正續志卷六賢達：「楊琠，字景瑞，龍溪人。與弟瑋俱師事陳獻章。正德戊辰進士。授監察御史，彈劾不避權要，奏徙牧馬草場，以防火患。按江南，全活憲獄百餘人。以養病歸，居家，宗有訓，族有規，鄉有約，化行於鄉。潮久苦隄潰，琠聞奏，勅有司堅築，爲民永賴。與王守仁友善，嘗爲庭訓録，守仁序之曰：『古人所有教其子者，不外於身心性情之德，人倫日用之常。後世文辭以爲功，機械以爲智，巧利以爲能，浮夸以爲美。父以是爲能訓，子以是爲善承，蓋與古人之教相背而馳矣，亦怪於人心之益壞，風俗之日婾乎！吾友侍御楊君景瑞，獨能以是訓其子，其亦庶幾乎古人之意矣。爲楊氏之子若孫者，果能沿是而進，勉勉不已，雖爲聖賢可也。君之子思元，從予遊，暇中持斯册來視，因爲識數語歸之。』」

按：陽明此庭訓録序，文集失載。楊琠於正德十年按江南來南京，其子楊思元亦在其時來南京受學於陽明（見下），序所云「君之子思元，從予遊，暇中持斯册來視」，即指正德十年楊思元在南京受學時來請作序。或以爲此序乃在楊琠卒後，楊思元持此庭訓録自龍溪來請作，顯誤。按楊琠七月即休歸，次年即卒，陽明亦赴江西，楊思元丁憂在家，斷不可能千里迢迢再來請陽明作序。

南京太常寺卿張芮致仕，書論悟真篇二詩贈之。

王陽明全集卷二十書悟真篇答張太常二首：「悟真篇是誤真篇，三註原來一手箋。恨殺妖魔圖利益，遂令迷妄競流傳。造端難免張平叔，首禍誰誣薛紫賢？直説與君惟個字，從頭去看野狐禪。　誤真非是悟真篇，平叔當時已有言。只爲世人多戀著，且從情欲起因緣。癡人前豈堪談夢，真性中難更説玄。爲問道人還具眼，試看何物是青天？」

按：陽明所言「張太常」，即南京太常寺卿張芮。國榷卷四十九：「正德十年十二月己卯，前南京太常寺卿張芮卒。芮，安邑人。成化戊戌進士，館選，授檢討，至學士。忤瑾，出守鎮江，再謫兩浙鹽運副使，稍遷處州同知。瑾誅，拜南京尚寶司卿，進太常。性坦樸，以嗜酒，於種學績文之事或非所好，稍忝於學士云。」館閣漫録卷十：「正德十年十二月己卯，致仕南京太常寺卿張芮卒。芮字文卿，平陽府安邑人。成化戊戌進士，改翰林庶吉士，授檢討。弘治初預修憲廟實録，歷陞修撰，侍講學士，以憂歸……瑾誅，始入爲南京尚寶司卿，進太常寺卿，致仕卒。芮爲人樸實，其處僚友無忮害心，在同年中最爲平易。然性嗜酒，終日酣酗，於種學績文之事，或非所好，論者以爲於學士之職蓋未稱云。」鄧庠東溪别稿有送張太常卿芮致仕，可見陽明乃是與鄧庠一起作詩送張芮。張芮致仕時間，據國榷卷四十九：「正德十年四月乙巳，南京國子祭酒吴一鵬爲南京太常寺卿。」是張芮在正德十年四月致仕，乃由吴一鵬接任。張芮卒於正德十年十二月，王陽明全集乃將陽明此二詩置於正德十一年九月中，顯誤。陽明此二詩詩意較隱晦，後人皆以爲陽明此二詩旨在批判悟真篇，否定道教内丹悟真修鍊，乃大誤。按詩明云「誤真非是悟真篇」，乃是以悟真篇之説不誤，自是世人多貪戀，爲情欲所縛，不得悟真修鍊而成也。所謂「悟真篇是誤真篇」，乃是謂悟真篇亦有誤説之處（相對于性命圭旨），世人有誤解，注家有誤注，故皆不得悟真修鍊而成也。陽明此二詩詩意不過爾爾，何能以此二詩來證明陽明之「道教覺醒」耶？

閏四月，王應鵬擢監察御史，書來論學，有答書。

王陽明全集卷四答王天宇書二：「承書惠，感感。中間問學之意，懇切有加於舊……來書云：『誠身以格物，乍讀不能無疑，即而細詢之希顏，始悉其說。』區區未嘗有『誠身格物』之說，豈出於希顏耶？鄙意但謂君子之學以誠意爲主。格物致知者，誠意之功也。猶饑者以求飽爲事，飲食者，求飽之事也……又云：『大學一書，古人爲學次第。朱先生謂「窮理之極而後意誠」，其與所謂「居敬窮理」、「非存心無以致知」者，固相爲矛盾矣……』大學次第，但言物格而後知至，知至而後意誠。若「窮理之極而後意誠」，此則朱先生之説如此，其間亦自無大相矛盾，但於大學本旨，却恐未盡合耳。「非存心無以致知」，此語不獨於大學未盡，就於中庸「尊德性而道問學」之旨，亦合有未盡……後之學者，附會於補傳而不深考於經旨，牽制於文義而不體認於身心，是以往往失之支離而卒無所得，恐非執經而不考傳之過也。又云：『不由窮理而遽加誠身之功，恐誠非所誠，適足以爲僞而已矣。』此言甚善，但不知誠身之功又如何作用耳，幸體認之。又言：『譬之行道者，如大都爲所歸宿之地，猶所謂至善也；行道者不辭險阻，決意向前，猶存心也……』此譬大略皆是，但以不辭險阻艱難，決意向前，別爲存心，未免牽合之苦，而不得其要耳。夫不辭險阻艱難，決意向前，此正是誠意之意……若決意向前，則真往矣，真往者能如是乎？此最功夫切要者……又云：

『格物之説，昔人以扞去外物爲言矣。扞去外物，則此心存矣；心存，則所致知者皆是爲己。』如此説，却是『扞去外物』爲一事，『致知』又爲一事……區區格物之説亦不如此。大學之所謂『誠意』，即中庸之所謂『誠身』也；大學之所謂『格物致知』，即中庸之所謂『明善』也。博學、審問、慎思、明辨、篤行，皆所謂明善而爲誠身之功也，非明善之外别有所謂誠身之功也。格物致知之外，又豈别有所謂誠意之功乎？……喜榮擢，北上有期矣。倘能迂道江濱，謀一夕之話，庶幾能有所發明。」

按：王陽明全集於此書題下注「甲戌」作，乃誤。按此書云「喜榮擢，北上有期」，乃指王應鵬陞監察御史，國榷卷四十九：「正德十年閏四月甲申，楊谷、唐龍、何鰲……王應鵬……爲監察御史實授。」國朝獻徵録卷五十五定齋王公應鵬家傳：「明年（正德七年），流賊兵至狼山……築城拒守……蒞任三年，徵拜監察御史，糾劾不避權貴。」可見陽明此書作在正德十年閏四月。王應鵬爲鄞人，其北上必經南京，故陽明邀其一訪，所謂「迂道江濱，謀一夕之話」也。

五月，抱病旬日，喬宇、吴一鵬、汪偉、鄧庠有聯句和韵見懷，次韵奉答。

鄧庠東溪别稿喬司馬希大吴太常南夫汪司業器之聯句懷王鴻臚伯安因和其韵：「飛章未下又逢春，琴鶴蕭然共一身。李密報劉歸思切，賈生憂漢二毛新。文詞筆落渾如錦，襟度冰清不受塵。聖主求賢勞夢卜，姚江且莫憶垂綸。曾從諫草慕高風，直氣稜稜奎壁東。貴竹年光隨逝水，九華山色付吟筒。籠鵝漫灑黃庭卷，警枕時看白虎通。仕路餘功猶務學，青衿相對夜燈紅。　紅塵擾擾簿書間，未覩文園憔悴顏。豐采喜君今復舊，醇醪醉我欲望還。日移竹影半窗翠，風送松聲一榻閑。聞説此中詩景富，掀簾試與看鍾山。」

王陽明全集卷二十病中大司馬喬公有詩見懷次韻奉答二首：「十日無緣拜後塵，病夫心地欲生榛。詩篇極見憐才意，伎倆慚非可用人。黃閣望公長秉軸，滄江容我老垂綸。保釐珍重回天手，會看春風萬木新。　一自多歧分路塵，堂堂正道遂生榛。聊將膚淺窺前聖，敢謂心傳啓後人。淮海地圖須節制，雲雷大造看經綸。枉勞詩句裁風雅，欲借盤銘獻日新。」

按：「大司馬」指喬宇任南京兵部尚書，國榷卷四十九：「正德十年五月戊子，南京禮部尚書喬宇改南京兵部尚書。」鄧庠詩所謂「飛章未下又逢春」，乃指陽明四月上章乞休不允，依舊任南京鴻臚寺卿。時陽明仍抱歸休之思，故鄧庠詩勸其「姚江且莫憶垂綸」。

辰陽劉觀時再來問學，爲作見齋説。

王陽明全集卷七見齋説：「辰陽劉觀時學於潘子，既有見矣，復學於陽明子。嘗自言曰：『吾名觀時，觀必有所見，而吾猶懵懵無睹也。』扁其居曰『見齋』，以自勵。問於陽明子曰：『道有可見乎？』曰：『有，有而未嘗有也。』曰：『然則無可見乎？』曰：『無，無而未嘗無也。』曰：『然則何以爲見乎？』曰：『見而未嘗見也。』觀時曰：『弟子之惑滋甚矣。夫子則明言以教我乎！』陽明子曰：『道不可言也，强爲之言而益晦；道無可見也，妄爲之見而益遠。夫有而未嘗有，是真有也；無而未嘗無，是真無也；見而未嘗見，是真見也……』曰：『然則吾終無所見乎？古之人則亦終無所見乎？』曰：『神無方而道無體，仁者見之謂之仁，知者見之謂之知，是有方體者也，見之而未盡者也……』曰：『然則吾何所用心乎？』曰：『淪於無者，無所用其心者也，蕩而無歸；滯於有者，用其心於無用者也，勞而無功。夫有無之間，見與不見之妙，非可以言求也……子求其見也，其惟人之所不見乎？夫亦戒慎乎其所不覩也已，斯真覩也已，斯求見之道也已。」

按：文中所言「潘子」即潘棠，其亦辰陽人（見前），劉觀時原是潘棠弟子。前考潘棠在五月被罷歸辰陽，劉觀時自應是隨同潘棠一起歸辰陽，故可知陽明此文作在五月以前。

周積歸省江山，鄭騮歸省西安，皆作序送之。

王陽明全集卷七贈周以善歸省序：「江山周以善究心格物致知之學有年矣，苦其難而不能有所進也。聞陽明子之説而異之，意其或有見也，就而問之。聞其説，戚然若有所省，歸求其故而不合，則遲疑旬日。又往聞其説，則又戚然若有所省，歸求其故而不合，則又遲疑者旬日。如是往復數月，求之既無所獲，去之又弗能也，乃往告之以其故。陽明子曰：『子未聞昔人之論弈乎？……今子入而聞吾之說，出而有鴻鵠之思焉，亦何怪乎勤而弗獲矣！』於是退而齋潔，而以弟子之禮請。陽明子與之坐。蓋默然良久，乃告之以立誠之說，聳然若仆而興也。明日，又言之加密焉，證之以大學。明日，又言之加密焉，證之以論、孟。明日，又言之加密焉，證之以中庸。乃躍然喜，避席而言曰：『積今而後無疑於夫子之言，而後知聖賢之教若是其深切簡易也，而後知所以格物致知以誠吾之身……』居月餘，告歸。陽明子叙其言以遺之，使無忘於得之之難也。」

按：周積正德九年五月來受學，以「學有年」算之，則其歸省在正德十年五月。趙鏜周公積行狀：「聞陽明先生倡道東南，亟師事之。初聞知行合一之說，不能無疑。及先生反覆示以立誠之道，且悔且喜，遂超然有悟。今傳習録（按：當作陽明大全）所載贈周以善歸省序，則先生與公論學之詞也。公之歸也，日以所聞於先生者啓迪後進，一時及門之士，如今方伯東溪徐君、邑侯陽溪林君、學正西山王君，成彬彬焉。吾邑自徐逸平先生倡道之後，寥寥數百載，士之向學寔自公始。」

同上，贈鄭德夫歸省序：「西安鄭德夫將學於陽明子，聞士大夫之議者以爲禪學也，復已之。則與江山周以善者，姑就陽明子門人而考其說，若非禪者。則又姑與就陽明子，親聽其說焉。蓋旬有九日，而後釋然於陽明子之學非禪也，始具弟子禮師事之。問於陽明子曰：『釋與儒孰異乎？』陽明子曰：『子無求其異同於儒、釋，求其是者而學焉可矣。』曰：

『是與非孰辨乎？』曰：『子無求其是非於講説，求諸心而安焉者是矣。』曰：『心又何以能定是非乎？』曰：『無是非之心，非人也……心之於是非也，與聖人同。其有味焉者，其心之於道，不能如口之於味、目之於色之誠切也，然後私得而蔽之。子務立其誠而已。子惟慮夫心之於道不能如口之於味、目之於色之誠切也，而何慮夫甘苦妍媸之無辨也乎？』曰：『然則五經之所載，四書之所傳，其皆無所用乎？』曰：『孰爲而無所用乎？是甘苦妍媸之所在也，使無誠心以求之，是談味論色而已也，又孰從而得甘苦妍媸之真乎？』既而告歸，請陽明子爲書其説，遂書之。」

按：據此序所述，鄭騮與周積一同來受學，又一同歸省，故可知陽明此序亦作在五月中。

郭慶歸省黄岡，爲作序送之。

王陽明全集卷七贈郭善甫歸省序：「郭子自黄來學，踰年而告歸，曰：『慶聞夫子立志之説，亦既知所從事矣。今兹將遠去，敢請一言以爲夙夜勖。』陽明子曰：『君子之於學也，猶農夫之於田也，既善其嘉種矣，又深耕易耨，去其蝥莠，時其灌溉，早作而夜思，皇皇惟嘉種之是憂也，而後可望於有秋。夫志猶種也，學問思辨而篤行之，是耕耨灌溉以求於有秋也。志之弗端，是荑稗也。志端矣，而功之弗繼，是五穀之弗熟，弗如荑稗也……由志學而至於立，自春而徂夏也；由立而至於不惑，去夏而秋矣……從吾游者衆矣，雖開説之多，未有出於立志者。故吾於子之行，卒不能舍是而別有所説，子亦可以無疑於用力之方矣。」

按：此文以「踰年而告歸」算之，則亦作在正德十年五月中。王陽明全集將贈周以善、郭善甫、鄭德夫歸省三序放在一起，蓋即因三人歸省在同時之故。

六月二十日，石珤陞禮部侍郎，賦詩五章贈行。

王陽明全集卷二十六月五章：「六月乙亥，南都熊峰少宰石公以少宗伯召。南都之士聞之，有惻然而戚者，有欣然而喜者。其戚者曰：『公端介敏直，方爲留都所倚重，今兹往，善類失所恃，群小罔以嚴。辨惑考學者曷從而討究？剖政斷疑者曷從而咨决？南都非根本地乎？而獨不可以公遺之？』其喜者曰：『公之端介敏直，寧獨留都所倚重，其在京師，獨無善類乎？獨無群小乎？獨無辨惑考學、剖政斷疑者乎？且天子之召之也，亦寧以少宗伯？將必大用。大用則以庇天下，斯彙征之慶也。』公聞之曰：『戚者非吾之所敢，喜者乃吾之所憂也。吾思所以逃吾之憂者而不得其道，若之何？』陽明子素知於公，既以戚衆之戚，喜衆之喜，而復憂衆之憂。乃叙其事，爲賦六月，庸以贈公之行。　六月凄風，七月暑雨。倏雨倏寒，道修以阻。允允君子，迪爾寢興。毋沾爾行，國步斯頻。　哀此下民，靡届靡極。不有老成，其何能國？吁嗟老成，獨遺典刑。若屋之傾，尚支其楹。　心之憂矣，言靡有所。如彼喑人，食荼與苦。依依長谷，言采其芝。人各有時，我歸孔時。　昔彼叔季，沈湎以逞。耄集以咨，我人自靖。允允君子，淑慎爾則。靡曰休止，民何于極！　日月其逝，如彼滄浪。南北其望，如彼參商。允允君子，毋沾爾行。如日之昇，以曷不光！」

按：「少宰」指吏部侍郎，「少宗伯」指禮部侍郎。國榷卷四十九：「正德十年五月戊戌，南京吏部左侍郎石瑤爲禮部右侍郎。」

弟王守文歸省回越，作歌送別。

王陽明全集卷二十守文弟歸省攜其手歌以別之：「爾來我心喜，爾去我心悲。不爲倚門念，吾寧舍爾歸？長途正炎暑，爾行慎興居。涼茗勿頻啜，節食但無饑。勿出船旁立，勿登岸上嬉。收心每澄坐，適意時觀書。申洪皆冥頑，不足長嗔笞。見人勿多說，慎默真如愚。接人莫輕率，忠信持謙卑。從來爲己學，慎獨乃其基。紛紛多嗜欲，爾病還爾知。到家良足樂，怡顏報重闈。昨秋童蒙去，今夏成人歸。長者愛爾敬，少者悅爾慈。親朋稱嘖嘖，羨爾能若茲。信哉學問功，所貴在得師。吾非崇外飾，欲爾沾名爲；望爾日慥慥，聖賢以爲期。九兄及印弟，誦此共勉之！」

按：前考王守文正德九年七月來受學，至是歸，即所謂「昨秋童蒙去，今夏成人歸」，蓋受教一年，「長途正炎暑」，乃六月也。「九兄」指王守儉，「印弟」指王守章，蓋皆從王守文立場稱呼也。

梁喬任紹興府知府，託弟王守文抵書梁喬。

陽明寄梁郡伯手札：「治郡侍生守仁頓首，郡伯梁先生大人執事：家君每書來，亟道執事寬雅之度、鎮静之德、子惠之政，越民脱陷阱而得父母，其受庇豈有量乎？慶幸，慶幸！守仁竊禄如昨，無足道者。余弟還，略奉起居，言所不盡，伏惟亮察。守仁頓首再拜。外香帕奉將遠敬。越民有王文轅、王琥、許璋者，皆貧良之士，有庠生孫⿰王吳、魏廷霖者，門生也，未審曾有進謁者否？□與進之。餘素。」（手札真迹今藏上海博物館，陽明文集失載）

按：「梁郡伯」即梁喬，明清進士録：「梁喬，弘治十五年二甲七十六名進士。福建上杭人，字遷之。爲户部員外郎，與同官疏劾劉瑾不法狀，不報。喬獨奏之，武宗命下錦衣衛獄，久之始釋。遷兵部郎中，出守紹興，有善政。尋以母老，乞歸。」梁喬任紹興知府在正德七年至十年，萬曆紹興府志卷二十六職官志：「郡守，梁喬，上杭人，（正德）七年。鄭瓊，海陽人，十一年。」按陽明札中所云「余弟還」，即指王守文，由此可確知陽明此札作於正德十年六月，乃由王守文歸越帶給梁喬。札中所及王文轅、許璋，已見前考。王琥，横山遺集卷上賢思叙云：「予嘗因陽明先生善其治民曰黄文轅司輿、王琥世瑞者，二子之抱道懷才，不干聲利，予既信之。」萬曆紹興府志卷四十六人物志：「王埜，字貞翁，山陰人……習養生，夷猶山水間，自號『蜕巖道人』……同時有王琥者，詩才與埜相伯仲，而端謹不逮云。」孫⿰王吳、魏廷霖，即錢德洪陽明先生年譜所稱「孫瑚、魏廷霖」者，兩人於正德七年來受學，故稱爲

「門人」。

周瑩歸省永康，爲作序送之。

王陽明全集卷七贈周瑩歸省序：「永康周瑩德純嘗學於應子元忠，既乃復見陽明子而請益。陽明子曰：『子從應子之所來乎？』曰：『然。』『應子則何以教之？』曰：『無他言也，惟日誨之以希聖希賢之學，毋溺於流俗。且曰：「斯吾所嘗就正於陽明子者也。子而不吾信，則盍親往焉？」瑩是以不遠千里而來謁。』曰：『子之來也，猶有所未信乎？』曰：『信之。』曰：『信之而又來，何也？』曰：『未得其方也。』陽明子曰：『子既得其方矣！無所事於吾。』周生悚然有間，曰：『先生以應子之故，望卒賜教之。』陽明子曰：『子既得之矣，無所事於吾。』周生悚然而起，茫然有間，曰：『瑩愚，不得其方。先生毋乃以瑩爲戲，幸卒賜之教。』陽明子曰：『子之自永康而來也，程幾何？』曰：『千里而遥。』曰：『遠矣。從舟乎？』曰：『從舟，而又登陸也。』曰：『勞矣。當茲六月，亦暑乎？』曰：『途之暑特甚也。』曰：『難矣。具資糧，從童僕乎？』曰：『中途而僕病，乃舍貸而行。』曰：『茲益難矣。』曰：『子之來既遠且勞，其難若此也，何不遂返而必來乎？將亦無有强子者乎？』曰：『瑩至於夫子之門，勞苦艱難，誠樂之，寧以是而遂返，又俟乎人之强之也乎？』曰：『斯吾之所謂子之既得其方也。子之志，欲至於吾門也，則遂至於吾門，無假於人。子而志於聖賢之學，有不至於聖賢者乎？而假於人乎？子之舍舟從陸，捐僕貸糧，冒毒暑而來也，則又安所從受之方也？』生躍然起拜曰：『兹乃命之方也已！抑瑩由於其方而迷於其説，必俟夫子之言而後躍如也，則何居？』陽明子曰：『子未覩乎爇石以求灰者乎？火力具足矣，乃得水而遂化。子歸，就應子而足其火力焉，吾將儲儋石之水以俟子之再見。』」

按：「應子」即應良，其在正德七年歸居仙居。周瑩爲其弟子。光緒永康縣志卷七：「周瑩，字德純。不屑爲舉子業，有志聖賢之學，乃東入台師事南洲應子、石龍黄子，若有得焉。已而入越，從王陽明先生遊，得交天下名士。其歸也，先生爲文贈之。講學五峰。邑人應石門典、王麓泉崇有序，皆實紀其行誼云。」

林元叙歸省臨海，爲作序送之。

王陽明全集卷七贈林典卿歸省序：「林典卿與其弟遊於太學，且歸，辭於陽明子曰：『元叙嘗聞立誠於夫子矣。今兹歸，敢請益。』陽明子曰：『立誠。』典卿曰：『學固此乎？天地之大也，而星辰麗焉，日月明焉，四時行焉，引類而言之，不可窮也；人物之富也，而草木蕃焉，禽獸群焉，中國夷狄分焉，引類而言之，不可盡也。夫古之學者，殫智慮，弊精力，而莫究其緒焉；靡晝夜，極年歲，而莫竟其説焉；析蠶絲，擢牛尾，而莫既其奥焉。而曰立誠，立誠盡之矣乎？』陽明子曰：『立誠盡之矣。夫誠，實理也。其在天地，則其麗焉者，則其明焉者，則其行焉者，則其引類而言之不可窮焉者，皆誠也；其在人物，則其蓄焉者，則其群焉者，則其分焉者，則其引類而言之不可盡焉者，皆誠也。是故殫智慮，弊精力，而莫究其緒也；靡晝夜，極年歲，而莫竟其説也；析蠶絲，擢牛尾，而莫既其奧也。夫誠，一而已矣，故不可復有所益。益之，是爲二也。二則僞，故誠不可益。不可益，故至誠無息。』典卿起拜曰：『吾今乃知夫子之教若是其要也！請終身事之，不敢復有所疑。』陽明子曰：『子歸，有黄宗賢氏者、應元忠氏者，方與講學於天台、雁蕩之間，倘遇焉，其遂以吾言諗之。』」

按：林元叙字典卿，號益庵，臨海人。其弟林元倫，字彝卿，號頤庵。皆陽明弟子。民國臨海縣志卷二十：「林元叙，字典卿，號益庵。與弟元倫同薦正德庚午鄉試。元叙師事王守仁，得求仁之旨。吏部喬宇耳其名，嘉靖初薦知解州。州政頹弛，殫心振刷……年四十九，卒於官。時太史吕柟謫倅於解，爲治其喪，檢笥中，衣帶故書外，僅俸金四十兩而已。」「林元倫，字彝卿，號頤庵。己丑下第，東歸……七上春官不第，謁選授延平倅……元輔徐階以翰林出司郡理，相與講學。著有學則、養蒙説、新泉問辨録諸書……元倫素遊陽明、甘泉二先生之門，所得最深。（蔡墓誌）」

七月，有書致方獻夫，論釋、老之學。湛甘泉書來，質疑「不疑佛、老」，「到底是空」之説。

泉翁大全集卷八復方西樵：「昨得來教，哀痛中亦暫解憂，但其中猶有未深領者……夫存心之説則聞之矣，至於了心之説，則不肖所未聞。吾契相從陽明講究，必有實用力處，幸不惜明示，以慰未死人。」

同上，答徐曰仁工曹：「再拜徐曰仁道契執事：承遠致盛禮，重以奠文，甚感斯文骨肉之情。告奠墓前，哀哭不自勝。知旌旆已還都，有師承之益。所歎此道孤危，彼此同然。七月初，叔賢來此，墓下住二旬，初頗鋭意講貫，極論累日，彼此有益……吾人切要，只於執事敬用功，自獨處以至讀書酬應，無非此意。一以貫之，内外上下，莫非此理，更有何事？吾儒開物成務之學異於佛、老者，此也，如何，如何？幸以質諸陽明先生見示……荒迷不次。」

同上，寄陽明：「昨叔賢到山間，道及老兄，頗訝不疑佛、老，以爲一致；且云『到底是空』，以爲極致之論。若然，則不肖之惑滋甚。此必一時之見耶？抑權以爲救弊之言耶？不然，則不肖之惑滋甚。不然，則不肖平日所以明辨之功未致也。上下四方之宇，古今往來之宙，宇宙間只是一氣充塞流行，與道爲體，何莫非有？何空之云？雖天地弊壞，人物消盡，而此氣此道亦未嘗亡，則未嘗空也。道也者，先天地而無始，後天地而無終者也。夫子川上之歎，子思鳶魚之説，顔子卓爾之見，正見此爾。此老兄平日之所潛心者也。叔賢所聞者，必有爲而發耶？此乃學最緊關處，幸示教以解惑。」

按：以上三書，皆作在同時。方獻夫之入山中來見甘泉在正德十年七月，湛甘泉答周充之亦明云：「七月間，方叔賢至山中，講究半月而去。」故可確知湛甘泉此寄陽明書作在七月中。蓋先是陽明有書致方獻夫，論及「不疑佛、老」，「到底是空」；方獻夫入山（甘泉在山中守喪）來見湛甘泉，遂將陽明是書相示，湛甘泉乃作此書寄陽明質疑也。按湛甘泉奠王陽明先生文中亦提及此事云：「及踰嶺南，兄撫贛師。我病墓廬，方子來同。謂兄有言：學竟是空；求同講異，責在今公。予曰豈敢，不盡愚衷？莫空匪實，天理流行。兄不謂然，校勘仙佛；天理二字，豈由此出？予謂學者，莫先擇術；孰生孰殺，須辨食物。我居西樵，格致辨析。兄不我答，遂爾成默。」陽明此致方獻夫書今佚（疑錢德洪編陽明文集時刪去），詳說不可知，然此前滁陽之晤時，甘泉即謂陽明「兄言迦聃，道德高博，焉與聖異，子言莫錯」。陽明致方獻夫書所言，大致亦不出此也。湛甘泉奠王陽明先生文又云：「乙丙南雍，遺我書尺，謂我訓規，實爲聖則。」是正德十年、十一年中陽明多有致湛甘泉答書，今湛甘泉集中致陽明書俱在，而陽明集中答湛甘泉書一篇也無，蓋是陽明或錢德洪有意刪去也。

侍御楊琠告病歸居，陽明爲楊琠作謹齋說，爲楊思元文卷書言贈別。

王陽明全集卷七謹齋說：「君子之學，心學也。心，性也；性，天也。聖人之心純乎天理，故無事於學；下是，則心有不存而汩其性，喪其天矣，故必學以存其心。學以存其心者，何求哉？求諸其心而已矣。求諸其心何爲哉？謹守其心而已矣。博學也，審問也，慎思也，明辨也，篤行也，皆謹守其心之功也。謹守其心者，無聲之中而常若聞焉，無形之中而常若睹焉……是故至微而顯，至隱而見，善惡之萌而纖毫莫遁，由其能謹也。謹則存，存則明；明則其察之也精，其存之也一……古之君子所以凝至道而成聖德，未有不由於斯者。雖堯、舜、文王之聖，然且兢兢業業，而況於學者乎！後之言學者，舍心而外求，是以支離決裂，愈難而愈遠……吾友侍御楊景瑞以『謹』名其齋，其知所以爲學之要矣。景瑞嘗遊白沙陳先生之門，歸而求之，自以爲有見。又二十年而忽若有得，然後知其向之所見猶未也。一旦告病而歸，將從事焉，必底於成而後出。君之篤志若此，其進於道也孰禦乎！君遣其子思元從予學，亦將別予以歸，因論君之所以名齋之義以告思元，而遂以爲君贈。」

同上，卷八書楊思元卷：「楊生思元自廣來學，既而告歸曰：『夫子之教，思元既略聞之。懼不克任，請所以砭其疾者而書諸紳。』予曰：『子强明者也，警敏者也。强明者病於矜高，是故亢而不能下；警敏者病於淺陋，是故浮而不能實。砭子之疾，其謙默乎！謙則虛，虛則無不容，是故受而不溢，德斯聚矣；默則慎，慎則無不密，是故積而愈堅，誠斯立矣。彼少得而自盈者，不知謙者也；少見而自衒者，不知默者也……故君子之觀人而必自省也，其謙默乎！』」

按：據此二文，可知楊珙於四月薦陽明任南京國子祭酒未成，後即告病歸揭陽，以「謹」名其齋，由其子楊思元來求陽明作謹齋説，蓋已在七八月間。御史楊珙是次告病歸，民間廣傳有南京監察御史用雨花石壓船載歸之説（即「御史石」），即指楊珙也。據潮州庵埠楊氏族譜、庵埠志、順治潮州府志、萬姓統譜等載，楊珙爲揭陽文里村人，生於天順八年十月初四日。成化十八年秀才，弘治八年舉人，正德二年進士。歷任山西道、南京監察御史，彈劾不避權貴。在南京時，按察蘇、常、松江，平反死罪冤獄百餘人。南京城内有牧馬草料場，屢引火災，爲上疏遷於城外不崎橋。潮地苦水患，韓江墟岸屢潰，民不聊生。乃審度治河之計，於正德七年上請留公項築堤疏，獲准。堤築至南桂都，未竟而卒，時正德十一年五月十五日。越年，葬揭陽地都小龍山。子應舉、應本、應運。楊應本字思元，號燕山，在南京從王守仁學。珙殁後，楊思元奉母陸太宜人還居潮陽馬窖，嘉靖元年卒。

有書致王邦相。

陽明與邦相書：「人來，承惠書。徐曰仁公差出未回，回時當致意也。所須諸公處書，盛价春間已付去，想此時尚未到耶？茲因人還匆匆，又齋有客，不及一一，千萬心照。守仁頓首，邦相宗弟賢契。舍弟在分水者，曾相見否？七月廿二日。空。」（黄定蘭明人尺牘，陽明文集失載）

按：徐曰仁在正德七年任南京兵部車駕員外郎，正德十年正月嘗公差外出，同遊德山詩叙：「正德乙亥春正月壬午，與予同游德山者十有四人。」追記武當之游：「予以乙亥二月初，發自荆北。」故可知陽明此書作於正德十年七月廿二日。「邦相」即王邦相，疑即王守恭（見下考），陽明託以料理餘姚秘圖王氏故宅家事，故此書所云「諸公處書」，當是指陽明致餘姚王氏長輩處理家事書。

徐天澤來問學，作夜氣説贈歸。

王陽明全集卷七夜氣説：「天澤每過，輒與之論夜氣之訓，津津既有所興起。至是告歸，請益。復謂之曰：『夜氣之息，由於旦晝所養，苟梏亡之反復，則亦不足以存矣……』故曰：『苟得其養，無物不長；苟失其養，無物不消。』夫人亦孰無理義之心乎？然而不得其養者多矣，是以若是其寥寥也。天澤勉之！」

八月，疏乞養病告歸，不允。

王陽明全集卷九乞養病疏：「頃者臣以朝廷舉行考察，自陳不職之狀，席藁待罪，其時臣疾已作……且臣自幼失母，鞠於祖母岑，今年九十有六，耄甚不可迎侍，日夜望臣一歸爲訣……伏乞放臣暫回田里，就醫調治，使得目見祖母之終，臣雖殞越下土，永銜犬馬帷蓋之恩……」

按：陽明辭新任乞以舊職致仕疏云：「臣原任南京鴻臚寺卿，去歲四月嘗以不職自劾求退；後至八月，又以舊疾交作，復乞天恩赦回調理，皆未蒙准允。」是陽明二次疏乞恩歸在八月。

石樓李瀚來南京訪故友，陪游獅子山，登閱江樓故址憑吊，有詩感懷。

陽明秋日陪登獅子山：「殘暑須還一雨清，高峰極目快新晴。海門潮落江聲急，吳苑秋深樹脚明。烽火正防胡騎入，雁書愁見朔雲横。百年未有涓埃報，白髮今朝又幾莖？」登閱江樓故址：「絶頂樓荒但有名，高皇曾此駐龍旌。險存道德虚天塹，守在蠻夷豈石城？山色古今餘王氣，江流天地變秋聲。登臨授簡誰能賦，千載新亭一滄然。」守仁頓首上石樓老先生執事。」（二詩見王陽明全集卷二十，二詩真迹藏北京故宫博物院）

按：詩言「殘暑」、「秋深」，則作在正德十年八月中。按明通鑑卷四十六：「正德十年八月丙寅，小王子以十萬餘騎自花馬池入固原，聯營七十餘里，肆行劫殺，城堡爲空。巡按陝西御史常在奏劾總兵官潘浩、都御史邊憲及太監廖堂等。」此即詩中所云「烽火正防胡騎入，雁書愁見朔雲横」。獅子山在金陵城中，閱江樓在獅子山巔。金陵玄觀志卷三：「盧龍山，高三十丈，週十二里，在城西北隅，都城環繞於內。晉元帝渡江，以山象北地盧龍，故名。又名獅子山。」「閱江樓，址在山頂。擬建，不果。」按宋濂閱江樓記云：「京城之西北有獅子山，自盧龍蜿蜒而來，長江如虹，實蟠繞其下。上（太祖）以其地雄勝，詔建樓於巔，與民同遊觀之樂，遂賜佳名爲『閱江樓』。」是閱江樓議建於洪武年間，有址無樓，擬建不果，故陽明詩題作「遂登閱江樓故址」。「石樓老先生」即李瀚，字叔淵，一字冰心，號石樓，沁水人。張璧李瀚墓表：「成化己亥爲諸生，庚子占鄉試第一，明年舉進士。壬寅，出知樂亭……丁卯，轉河南布政使。無幾，遷順天府尹，尋陞右副都御史……辛未，進南京户部尚書……公脱蹤名爵，乃累疏納禄。」（國朝獻徵録卷三十一）李瀚與王華爲同年，王華、陽明與李瀚早識，弘治十八年李瀚任順天府尹，王華任禮部左侍郎，陽明任兵部武選清吏司主事，三人當有密切往來。李瀚於正德六年乞休歸，正德十年其來南京，或是欲訪昔日僚友，舊地重遊。

秦金寄來黄鶴樓詩，有詩奉答。

陽明夢遊黄鶴樓奉答鳳山院長：「扁舟隨地成淹泊，夜向磯頭夢黄鶴。黄鶴之樓高入雲，下臨風雨翔寥廓。長江東來開禹鑿，巫峽天邊一絲絡。春陰水闊洞庭野，斜日帆收漢陽閣。參差遥見九疑峰，中有嶭嶪重華宫。蒼梧雲接黄陵雨，千年尚覺精誠通。忽聞孤雁叫湖水，月映鐵笛横天風。丹霞閃映雙玉童，醉擁白髮非仙翁。仙翁呼我金閨彦，爾骨癯然仙已半。胡爲尚局風塵中，不屑刀圭生羽翰？覺來枕簟失煙霞，江上風清人不見。故人仗鉞鎮湖襄，幾歲書來思會面。公餘登眺賦清詞，醉墨頻勞寫湘練。寫情投報媿瓊瑶，皓皓秋陽濯江漢。」（古今圖書集成第一千一百二十五卷武昌部藝文，陽明文集失載）

按：「鳳山院長」即秦金，字國聲，號鳳山，無錫人。時任都察院右副都御史，巡撫湖廣，故稱「鳳山院長」。按古今圖書集成（同治江夏縣志同）於陽明此詩之下著録有李東陽寄題秦開府：

扁舟我憶江頭泊，曾上高樓訪黄鶴。仙蹤恍惚不足論，俯視淵澄仰峰廓。石根磋砑若天鑿，棟宇參差連地絡。斷岸秋横赤壁磯，驚流夜濺觀音閣。衡嶽雲開鴻雁峰，洞庭水落魚龍宫。使槎賈舶日來往，其上或與銀漢通。鵲飛已識員方勢，鵬擊似起扶摇風。舊遊仿佛不再到，前日少年今老翁。江東才子中臺彦，萬里乾坤迹應半。碧嵩青岱幾停車，楚水荆山一揮翰。登斯樓也記須成，望美人兮君不見。晝日偏明豸繡衣，炎天不改冰霜面。憑將激濁揚清年，坐使澄江浄如練。歸雲倦鳥亦何心，目送高飛入霄漢。

又著録有秦金黄鶴樓次李西涯閣老見寄韵：

黄鶴枕江江岸泊，樓外横空有孤鶴。萬里乾坤一望中，景象蒼茫胸次廓。古洞峪岈猶鬼鑿，朱簾捲映青絲絡。鸚鵡洲寒月滿臺，漢陽樹暝雲連閣。煙嵐紫濕芙蓉峰，蓬萊飛墮神仙宫。翻書無塵白日静，乘槎有路青霄通。神遊八極非汗漫，毛骨爽颯淩天風。瀟湘逶迤悲帝子，樊口幽絶留坡翁。題名總是金閨彦，個中風月平分半。雲鶴誰降絶代詞，龍蛇或起驚人翰。旬宣蹇我來何遲，突兀燕樓駭新見。憂樂常關范老懷，霜鐵寧改趙公面。天開圖畫真奇哉，失却丹青披素練。北望君門思渺然，萬古朝宗此江漢。」

據此，可知先是李東陽作詩寄秦金，秦金乃作和詩寄答，同時將詩寄陽明，陽明遂作此詩次韵奉答。西涯李東陽卒於正德十一年七月二十二日，故此三人唱酬當在正德十一年以前。考秦金乃在正德九年十一月任右副都御史巡撫湖廣，國榷卷四十九：「正德九年十一月己巳，山東左布政使秦金爲右副都御史，巡撫湖廣，兼理軍務。」以三人詩皆作在秋間考之，則三人唱酬必是在正德十年秋間。

陽明詩云「故人仗鉞鎮湖襄，幾歲書來思會面」，「幾歲」爲幾近一歲之意，由正德九年十一月秦金巡撫湖廣至正德十年秋八月，正將近一年。蓋是次黄鶴樓詩韵唱酬由茶陵李東陽發起，唱和者甚多，可謂一次文人超時空之「詩社」勝會，陽明與茶陵派之交遊唱酬由此可見矣：

邵寶容春堂後集卷九寄題黄鶴樓：「秦中丞國聲以涯翁長句索和，用韵爲復。時沈休翁亦以和篇寄至。片雲不向琴臺泊，鸚渚飛來共黄鶴。黄鶴千年尚未歸，惟見高樓倚寥廓。有磯巖嶕非人鑿，磯上臨觀何繹絡。長史杯緣庾老停，謫仙筆爲崔郎閣。内方迤邐大别峰，遠樹中開夏后宫。朝宗江漢直趨海，天津地脉應流通。登高能賦亦餘事，天子有使將觀風。西涯老作動千古，白首載歌還沈翁。都臺駐節吾鄉彦，五十功名猶未半。不轉常持匪石心，天涯每出如流翰。匡廬雲隱具區濤，我放扁舟君不見。清秋貽我洞庭歌，手墨新題溢緘面。君詩原是杜中人，吏在漢廷稱老練。馮君莫向棟邊懸，恐露精光射星漢。」

按：「沈休翁」即沈鍾，字仲律，號休翁、休齋、思古齋，長洲人。列朝詩集丙集第八沈副使鍾：「天順庚辰進士，授驗封主事，改南主客司。與章懋、羅倫爲友，時稱『十君子』……仕餘三十年，無所干謁。李西涯曰：『今之不識相門者，沈仲律一人耳。』平生好賦詩，多至萬首。」沈鍾黄鶴樓和詩今佚。

唐錦龍江集卷一題黄鶴樓次李西涯少師韵寄鳳山先生：「扁舟鄂渚連宵泊，一尊聊伴樓頭鶴。月光照人如鏡明，水色涵空更澄廓。樓背小亭白石鑿，裂處似有藤蘿絡。欲將勝致付毛生，掌中杯酒且權閣。凌晨歷覽周遭峰，村童野曲鳴商宫。官清萬口詫奇遇，民隱九重偏易通。戰馬千群卧芳草，山川百二皆春風。瀕江小歉亦偶爾，全活正賴青州翁。中臺大夫南國彦，胸中石渠有其半。經綸餘滴灑秋風，流水行雲看染翰。名樓秀句兩争雄，千載題詩今再見。憑欄獨把廟堂憂，舉頭懶識江少面。酒酣携笛傍梅花，吹徹楚雲飛碎練。不許高語驚星辰，聲名久已登霄漢。」

劉春東川劉文簡公集卷二十四次韵題黄鶴樓：「扁舟昔向楚江泊，勝遊未遂登黄鶴。每懷仙迹世人傳，回首江濱渺空廓。誰從絶頂施椎鑿？畫棟雕梁焕聯絡。白雲縹緲宿飛簷，丹霞掩映迷阿閣。争奇獻秀擁層峰，幻出湖南仙子宫。舳艫上下無停日，吴蜀東西一葦通。長安遥望天之北，南海鵬摶九萬風。萍梗何當今復至，鬖鬖白髮欲成翁。鳳山主人國之彦，歷歇海宇幾相半。策勳草木亦知名，豈但豪吟時染翰。我來爲喜偶登臨，勝槩平生真僅見。詩篇投我欲爲賡，形穢寧容被墻面。續貂漫爾一濡毫，竊媿詞章非素練。獨憐名勝每因人，永矣兹樓重江漢。」

毛伯温東塘集卷二和涯翁鶴樓簡鳳山韵：「扁舟夜向城西泊，縹緲飛樓屹黄鶴。仙踪杳渺不可求，萬里清風振寥廓。迸江石壁半天鑿，内方大别相綿絡。江濤帶雨翻漁磯，沙月含波明佛閣。縱觀八極豁眉容，朗吟高視馮夷宫。煙開芳樹鸚洲出，雲没青山鳥道通。孤撑豈直壯形勝，洞達時用觀民風。長衢花柳走稚子，破屋蓬蒿坐老翁。今古登臨多英彦，愧我踪迹四方半。江湖遠念感希文，尊罏清思動張翰。鳳山磊落天下豪，平生仰止今初見。青天白日照丹心，窮谷深山驚鐵面。文章秦代則雅循，法律漢庭稱老練。甘棠幾樹在樓陰，春風歲歲拂瑶漢。」

夏言秦鳳山招飲黄鶴樓次西涯公韵：「武昌樓頭畫船泊，城上高樓起黄鶴。銀牓孤懸逼太清，朱甍下瞰臨寥廓。參差石勢傍巖巒，控帶城闉連井絡。磯下潭深鮫杵鳴，檻前水落漁舠閣。青天飛來鳳凰峰，赤霞掩映仙人宫。煙濤微茫溟海樓，雲氣翕忽蓬萊通。四時簾捲楚天雨，萬里帆開巫峽風。仗鉞欣逢鳳山老，題詩共憶西涯翁。春日登臨盡才彦，授簡揮毫酒行半。自慚銜命事奔走，敢爲升堂掃詞翰。白雲黄鶴向來聞，晴川芳洲今始見。天開壯觀自千古，地擁雄都當一面。已看黎庶步昇平，近喜强兵休訓練。多暇來時又一時，轉見高情屬江漢。」（黄鵠山志卷八）

盛明百家詩朱應登詩集和西涯閣老寄題黄鶴樓韵兼呈鳳山中丞：「樓船浮空向空泊，坐對江樓詠孤鶴。杲杲晶晶日乃遠，澄波淼淼心先廓。大别曾聞神禹鑿，洞庭彭蠡相聯絡。夤緣七澤入溟海，控引群山俯飛閣。飛閣西來千萬峰，鈞天九奏敞龍宫。虚傳雲樹書能達，實少桃源路可通。臺洲處處聞芳杜，商舶時時乘便風。風波歲月坐超忽，回首朱顔成老翁。我生蹇劣慚時彦，踪迹天涯已强半。春草□憂泣楚纍，秋風歸思懷張翰。支離歲月如轉蓬，廿載斯樓已三見。感慨長歌崔老篇，登臨省識白仙面。兹來景物尤絶奇，江水江花净如練。報詩中丞興不淺，更擬乘槎上霄漢。」

盛明百家詩續傅夢求集代友人寄題黄鶴樓奉舅氏：「壯遊昔日多棲泊，曾向揚州試騎鶴。平生有癖愛幽討，擬遡虚冥入廖廓。茫茫神功開禹鑿，楚江七澤成綿絡。仙人跨鶴何時去，幻出天南幾樓閣。浮雲不隔回雁峰，月明真見馮夷宫。晴川歷歷若在望，芳草有夢還相通。空傳赤壁尤清絶，安得野艇淩秋風。塵纓汩汩每獨感，轉首緑髮還衰翁。玉堂學士瀛洲彦，足迹江山已强半。揮毫攬勝入篇章，一代風騷擅詞翰。挑燈展卷重□□，寤寐頻年愜聞見。彷彿初從雲夢歸，依稀似識蒼梧面。衡山亦在江之濆，慰我時能呈素練。出門一笑發孤吟，徹夜詩魂繞清漢。」

鄧庠東溪別稿登黃鶴樓簡秦都憲國聲（用西涯李文正公韵）：「浮萍止水隨風泊，又上江樓訪黃鶴。黃鶴飛仙去不還，白雲空遶蒼旻廓。懸崖石磴何年鑿？古柏垂蘿露珠絡。憑闌俯視鸚鵡洲，振衣直上淩虛閣。送青天外岣嶁峰，高寒彷彿登蟾宫。洞庭浩浩瀉千里，銀河曾許仙槎通。昨從南都望鄉國，歸帆遠遡玄冥風。中丞邀我設醇酒，盡醉有若襄陽翁。先生自是經邦彦，後樂先憂常過半。瘡痍赤子最關心，湘楚長城咨屏翰。寒谷陽春綵筆回，平生冰玉靈臺見。渡瀘屢仗孔明才，北門復覩萊公面。農知力穡歲有秋，女勤機杼囊餘練。佇看入相四海清，豈惟聖化行江漢。」

朱袞白房雜興卷一黃鶴樓次西涯少師韵寄奉黃子：「野性天生故漂泊，登樓笑説人騎鶴。江上青峰映楚天，樓中七澤涵空廓。瀟湘南谷堪耕鑿，吾廬也着香茆絡。柔蕙煙雲淨素裾，鮮篁風雨生虛閣。雲開每見蒼梧峰，焉知世有蓬萊宫。重華作隣已不惡，扁舟况復仙家通。赤壁羽衣拂短棹，洞庭鐵篴問長風。名山自合真人住，橘中漫笑商山翁。少師好奇乃好彦，公事平生山水半。猒向池頭奏濩韶，老從黃鶴刷羽翰。新篇秀句傳陽春，豈謂曲中人不見？鸚鵡凄凉鶴不歸，世人省識遼東面。中丞傳奇真不猒，往往書破羊曇練。子與人歌今有無，擬見風聲比江漢。」

陳洪謨黃鶴樓次西涯閣老韵簡中丞秦公：「細雨江城秋澹泊，一樽何處堪携鶴。選勝重來近十年，虛樓視昔還恢廓。兩山矗立誰疏鑿？萬壑驚趨猶脉絡。壯勢平吞白帝城，寒光遠帶湘妃閣。雕甍繡闥俯蒼峰，水波摇洩芙蓉宫。幾家絃管廛居密，千里舟航貢道通。鐵笛聲孤時對月，蒲帆影亂晚隨風。迎門花鼓來仙客，入畫青蓑羡釣翁。把袂周遊皆國彦，錦席高張叨我半。憑欄觸景各抽毫，擒詞誰復過王翰？稽閣高扁少師章，海若天吴駭吾見。中丞更續郢中歌，玉斝瓊杯照人面。况説綏懷動隱憂，民情吏治精而練。二公聲望將無同，屹屹斯樓並霄漢。」（石倉歷代詩選卷四百七十五）

葉梧掌教新化，書來相告，有答書。

新刊陽明先生文録續編卷一寄葉子蒼：「消息久不聞。徐曰仁來，得子蒼書，始知掌教新化，得遂迎養之樂，殊慰，殊慰！古之爲貧而仕者正如此，子蒼安得以位卑爲小就乎？苟以其平日所學熏陶接引，使一方人士得有所觀感，誠可以不媿其職。今之爲大官者何限，能免竊禄之譏者幾人哉？子蒼勉之，毋以世俗之見爲懷也。尋復得鄒監生鄉人寄來書，又知子蒼嘗以區區之故，特訪寧兆興，足仞相念之厚。兆興近亦不知何似？彼中朋友亦有可相砥礪否？區區年來頗多病，方有歸圖。人遠，匆匆略布閑闊，餘俟後便再悉也。」

按：前考葉梧字子蒼，貴州宣慰司人。正德五年爲貴陽書院諸生，正德八年中舉人，故其出仕掌教新化縣學當在正德八年以後，疑其正德九年南宫春試下第，後即出仕掌教新化縣學。陽明此書言

「區區年來頗多病，方有歸圖」，乃指陽明正德十年八月疏乞養病告歸(見前)，故可知陽明此書作在是年八月中，蓋在其上乞養病疏後不久。

有詩寄雪湖馮蘭。

王陽明全集卷二十寄馮雪湖二首：「竿竹誰隱扶桑東？白眉之叟今龐公。隔湖聞鷄謝墅接，渡海有鶴蓬山通。鹵田經歲苦秋雨，浪痕半壁驚湖風。歌聲屋低似金石，點也此意當能同。　海岸西頭湖水東，他年簑笠擬從公。釣沙碧海群鷗借，樵徑青雲一鳥通。席有春陽堪坐雪，門垂五柳好吟風。于今猶是天涯夢，悵望青霄月色同。」

按：「馮雪湖」即馮蘭，字佩之，號雪湖、雪庵，餘姚人。黄宗羲姚江逸詩卷六：「馮蘭，字佩之。成化己丑進士，選庶吉士，仕至江西副使。其在京師，與李西涯、謝木齋三人雅相好。木齋歸田，與佩之唱和無虚日，間出之以寄西涯，西涯亦一二和之，有云：『惟應兩巾屨，長得夢中遊。』又云：『羨君江海上，猶有舊同遊。』是時西涯爲一世宗工，而於佩之則敬爲老友也。佩之、西涯同有樂府咏史，號爲『新體』。今西涯樂府户誦，在佩之無有能舉之者矣。」馮蘭亦一姚江有名詩人，歸居餘姚，後多與謝遷、王華、倪宗正唱酬，同王華、陽明父子熟知。按國榷卷四十九：「正德九年十一月己巳，右通政馮蘭爲光禄寺卿。」知馮蘭在正德十年歸居餘姚，陽明此詩即是問候馮蘭歸居餘姚者。「鹵田經歲苦秋雨」，作在秋間；「他年簑笠擬從公」，指陽明有歸休打算，其時已疏請告歸。

九月，三上養病乞休疏，不報。

王陽明全集卷四寄李道夫：「病疏已再上，尚未得報。果遂此圖，舟過嘉禾，面話有日。」陽明又寄梁郡伯手札：「生方以多病在告，已三疏乞休，尚未得旨。冬盡倘能遂願，請謝當有日矣……十有廿三日，守仁頓首上。」（手札真迹今藏上海博物館）

按：陽明寄李道夫、又寄梁郡伯手札均作於正德十年十月，所謂「三疏乞休」，即指四月、八月、九月三疏乞休歸；所謂「病疏已再上」，即指九月再上疏乞休。錢德洪陽明先生年譜云：「八月，疏請告。是年祖母岑太夫人年九十有六，先生思乞恩歸一見爲訣，疏凡再上矣，故辭甚懇切。」此所云「疏凡再上」，即寄李道夫所云「病疏已再上」，指八月、九月二次上疏乞休。然因錢氏敘述含混，一併於「八月」下合敘，遂使人誤以爲此「疏凡再上」指四月、八月二次上疏乞休，而九月再上疏乞休遂湮没無聞。陽明九月上乞養病疏不載王陽明全集，已佚。

李伸任嘉興知府，經南都來問學，别後有書寄之。

王陽明全集卷四寄李道夫：「此學不講久矣。鄙人之見，自謂於此頗有發明，而聞者往往詆以爲異。獨執事傾心相信，確然不疑，其爲喜慰，何啻空谷之足音！别後，時聞士夫傳説，近又徐曰仁自西江還，益得備聞執事任道之勇，執德之堅，令人起躍奮迅。『士不可以不弘毅，任重而道遠。』誠得弘毅如執事者二三人，自足以爲天下倡……比聞列郡之始，即欲以此學爲教，仁者之心自然若此。僕誠甚爲執事喜，然又甚爲執事憂也。學絶道喪，俗之陷溺，如人在大海波濤中，且須援之登岸，然後可授之衣而與之食；若以衣食投之波濤中，是適重其溺，彼將不以爲德而反以爲尤矣。故凡居今之時，且須隨機導引，因事啓沃，寬心平氣以薰陶之，俟其感發興起，而後開之以其説，是故爲力易而收効溥。不然，將有扞格不勝之患，而且爲君子愛人之累，不知尊意以爲何如耶？病疏已再上，尚未得報。果遂此圖，舟過嘉禾，面話有日。」

按：李道夫即李伸。光緒嘉興府志卷四十二：「李伸，字道甫，三原人。進士，守嘉興，以道自重，言笑不苟，對吏民不怒而威。有大豪侵官錢，事覺，在繫，奸利益甚。伸廉得之，併收其子。有殺兄謀奪官者，不具輸狀，伸一訊遂服。于是奸惡束手，貴勢無敢以私撓之。每從博士弟子講學相詰難，至忘等威。凡遇事無假毛髮，舉措因民，不干聲譽。去郡三十餘年，士民頌思如一日。」陽明書所云「比聞列郡之始」，即指李伸任嘉興守，其當是自三原赴任，經南都來見陽明論學，然後別陽明赴嘉興。又書云「近又徐曰仁自西江還」，按徐愛自西江還在九月，横山遺集卷上東江吊古記云：「乙亥之秋，九月丁酉，内戚陳丈買舟載酒糈，邀予舅海日翁暨予游上虞之東山。」此蓋是徐愛自西江歸，先順道往紹興祝王華壽（見下），然後經嘉興回南都，故得備聞李伸在嘉興政事也。陽明此書又云「病疏已再上，尚未得報」，即指其在九月再疏告養病歸休。

九月二十九日，祝王華七十壽；三十日，祝陽明壽。乃立王守信第五子王正憲爲後。

應良壽大冢宰王公序：「正德乙亥秋九月晦日，爲大冢宰王公實翁先生壽辰。予友徐兵部曰仁以書來曰：『盍有言以爲賀也。』良聞之，矍然作而曰：『良也昔從公之子陽明先生遊，陽明于良實有開先啓迪之功，師資之誼者。然則拜公賜久矣，敢不拜手稽首以賀而致其辭？』曰：士君子立朝，莫先於出處之正。良自少時，聞公有濟世大才。然公嘗爲侍從，爲大臣矣，不少暨見，何也？公早以文章狀元及第，循資累官，平生介然孤立，耻作時流因緣攀附浮沉之態，是以忠而不甚親，受知先朝而不勝用，晦焉曾不少試。迨晚登大位，值逆瑾虐焰時，遂潔身歸，而爲越中山水主矣。出處大致何其明也！敢以是爲公壽。又曰：公之歸也，九年於兹，今壽七秩矣，須髮黟然，神志氣力逾壯時，此其胸次蓋可想見。然則公自得於天與天之錫公者何如也！而公爲老萊，奉太淑人九十有六之年，此人世所稀見，公之樂，雖天下何加焉！敢以是爲公壽。又曰：世禄之子勳賢者，則亦有之矣，而我陽明先生反躬力學，偉然一代儒宗，斬伐荒蓁，開辟塞路，明孔孟之道，以淑其身，而與海内有志者共焉，此公餘波所及，澤未易量也。夫古之君子，其於修己奉天至矣，大行無加焉，窮居無損焉，此其中必有不言而喻者，公家庭淵源所漸深也。公雖退，天下以爲重，而不以爲詘；陽明大卿仕於朝，天下以爲慰，而不以爲榮。則公父子聽繫於天下，而天下所望公何如也！公以其道壽，其身壽，若子壽，天下後世敢以是爲公壽。某也，東南愚儒耳，其未嘗以言語文字悦人久矣。公父子於我爲有恩也，其所繫望於天下後世，甚重且遠也。吾將以致吾私，而以無疆之壽壽公也，敢不寓情於言，以從賀客之後！」（光緒仙居後志卷九）

黄綰集卷十一實翁先生壽序：「友人駕部員外郎徐君曰仁馳介以書來，曰：『外舅禮部尚書致仕實翁王公今年壽七十，九月晦日生辰也，將與子弟賦行葦，歌菉竹，獻卮酒。吾子爲通家，何以相我一言乎？』乃拜而言曰：公早以文章第狀元，出入青闈，爲講官，位卿長，獲天子眷寵，爲士雅望，此固可爲公榮，未足爲公之至也。公門墻清夷，子孫羅立，閭里嘻呴，賓祭以無之，此固可爲公樂，未足爲之至也。公歷事三朝，卒以明哲自全，優游壟畝，放浪湖山，以與煙霞麋鹿樂其餘，此固可爲公賀，未足爲公之至也。抑公行年古稀，而上有太母九十六年，耳聰目明，筋力如少壯，慈閑正則，得以盡公孝養之心；而下有令子得聖人之學於傳，方將龍蛇其身，求天地之化、鬼神之妙以爲道，以待百世有徵；曰仁則公之婿，亦以其學爲時偉人。以此爲公之至，古今可多有乎？譬諸熊蹯與鮹炙共食，食者美之，每慮不可兼；或有得者，未足以爲難。然膾龍腼鳳，靈糈爲飯，飲以甘露，則有非人所可得者，可不爲難哉！故曰：莫之爲而爲者，天也；莫之致而致者，命也。矧公遭危疑，處權奸，懷之以恩而弗居，撼之以威而不動，人或忌而毀之，在朝則引身以求退，在野則忘之而無辯，巍然高山，淵然鉅浸，曠然絶谷，品彙萬有，靡不自兹出，非公其誰歟？噫！天實篤之，故公優德而完福也，宜哉！綰先選部，公同年而好。公子守仁，綰則從而賴其成，即所謂得聖人之學者。於是以爲公壽。」

横山遺集卷上東江吊古記：「乙亥之秋，九月丁酉，内戚陳丈買舟載酒糈，邀予舅海日翁暨予游上虞之東山。翁因拉所知章世傑、王世瑞、陳子中同游。陳丈亦以其侄汝謨、子唐卿從。午發山陰，百里，夜抵蒿壩林。嵊尹先遣三舫逆於江。厥明，會内戚尹起潛亦至自越，乃偕易載，北風揚帆，乘漲潮舟行駛甚，視兩涯巖巒，如翔鸞舞鶴，渺不可狎。倏三十里，已距東山。興遄，欲止莫得，遂竟指清風嶺。又五十里，達夜，至飄雲。時漏月光，映澄潭蒼壁，偶狂飆入峽，益鼓勢盪舟，幾覆。己亥，登麓，謁王貞婦祠。陟嶺，觀貞婦血指寫詩處，旁刻『鏖退匈奴』四字，下瞰絶壑。因思宋室莫能禦虜，而致貞婦彰節於此，爲之傷憤久之。雨止，趨下。尹起潛先辭歸嵊，予與世瑞、子中、唐卿冒雨披棘登石屋。屋貯貞婦像。東障石屏數丈，平瑩可鐫。周覽，乃知嶺控台、温諸路之隘。是日風雨晦烈，欲訪黄沙寺，不果。寺僧饋鵝酒蔬。薄暮，輕舟循涯挽縴而下，宿於三界，即水城故邑。翌晨，吾爨舟與載薪者鬨，詈犯甚逆，翁教之而去。午登東山，松擁鳥道，始若無處，偶有胡服者迓於薔薇屏之趾，僕汙，争濯洗屐□□□□十餘曲盡，所謂調馬路乃見，豁然曠谷，有寺榜曰『慶國』，考之，宋姦相侂胄所建。殿後軒曰『白雲』，軒後堂曰『明倫』，堂後寢室以祠晉太傅謝公安石。堂懸公與靈運及王羲之、李太白畫像。由堂階升古閣，四顧如洗，本名『無塵』，信且異之。由寺藩右出，登西眺，俯按琵琶洲，望極海外靡翳，既灑然滌襟，復有感激古今之意。乃不究東眺而返。舟中酌月，相與劇論謝公忠貞鎮静，足繫時危之望。辛丑，還抵蒿壩，故舟已移候於東關。爰尋蒿壁，二十里達鳳凰山之陽，謁曹娥祠。祠娥配以朱。娥墓在殿左，庭列古栢數株，觀漢度尚、宋錢時敬暨今翁所爲碑詞，咸極闡揚孝道，推引勸勵，渢渢可讀。壁揭子中一疏，欲還娥父母像於正寢，亦得人子尊親意。出訪子中之廬，子中兄弟宿饌以待，衆乃起，酌酒爲翁壽，曰：『翁忘天下之達尊，而油油與士庶嬉飲賡歌於煙雲泉石間，歷險夷，閲晦明，關順逆，而樂不變。翁真超物外者耶？』翁正色曰：『否。夫君子之動也以示法，故觀以輔德，義以節欲；妨學則弗樂，喪志則弗玩，故曰君子之游也。然則古之表風教於東江而不可忘者，將獨山川乎哉？將獨山川乎哉？小子識之。』於是乎爲之記。」

按：據徐愛此記，可知徐愛自西江回，即順道往紹興見王華，蓋爲祝壽也。其旋即自紹興歸南都，蓋又爲祝陽明壽，並告知王華擇王正憲爲後之况也。

黄瓚雪洲集卷一壽王鴻臚父七十：「南極占遺老，東溟接巨觴。風攢珠履客，日近綵衣郎。

宜壽杭千畝，傳家墨幾莊。子喬華裔在，風吹與年長。」

謝遷歸田稿卷七賀龍山太宰得孫及得從曾孫志喜各一首：「槐分世譜幾千葉，蘭茁庭階第一孫。佳氣充閭連故里，德星照夜自初昏。兩朝舊笏龍光遠，萬卷遺書手澤存。燕翼不許厘作室，于公只合再高門。　群衆孫多又見曾，一門福履更誰勝？光昭世德槐陰密，歡動慈顔鶴算增。瀛海仙源流慶澤，丹山雛鳳協休徵。鴻臚復有熊羆夢，佇聽君家燕喜聲。」

錢德洪陽明先生年譜：「立再從子正憲爲後。正憲字仲肅，季叔易直先生衮之孫，西林守信之第五子也。先生年四十四，與諸弟守儉、守文、守章俱未舉子，故龍山公爲先生擇守信子正憲立之，時年八齡。」

按：王衮字德章，號易直。陽明易直先生墓誌云：「生二子：守禮、守信。繼孺人方氏，生一子：守恭。叔父之生以正統己巳十月戊午，而以弘治戊午之八月廿三卒。」王守信，字伯孚，號西林。倪小野先生全集卷一送王伯孚序：「今吾邑冢宰王公，以狀元入翰林，先帝在東宫。暨御極，侍經帷十餘年，論思陳善，啓沃功多，天下望以爲相，而未老謝事，揆之於德位亦未滿。故其子陽明以文學行誼名於時，方被柄用。而從子伯孚輩穎秀特拔，奮庸相繼於此，又有以見天之道，而子瞻之言益信。茲授分子關巡宰，冢宰公所遺明矣……伯孚承冢宰公所遺，得氣定以盛者也。巡宰雖小官，苟有爲，亦足以樹立勳名……而冢宰公及陽明所面授，當必有切身宜於官、循之易行、守之有效之説，伯孚其念哉！」又卷二贈王西林壽序云：「西林承海日公及陽明之庇，門開閥閲，澤世文章，薄宦以取榮……西林悠然其間，了無慚德，無乖戾之事形於其身也，無嫌隙之聲出於其户也……」觀此，可見王守信實亦嘗受學於陽明。按謝遷賀龍山太宰得孫及得從曾孫志喜各一首所云「鴻臚復有熊羆夢」，即指陽明立王正憲爲子，故所謂王華「得孫」，顯是指其得王正憲爲孫；而所謂「得從曾孫」，必是指王守信長子所生之子，因在同時所生，故一併「志喜」也。蓋王正憲生於八年前，至是年因王守信長子生子有嗣，故王守信才將五子王正憲過繼給陽明。

十月，南京監察御史范輅來訪，爲其伯父范淵絶筆詩作跋。

陽明跋范君山憲副絶筆詩後：「此吾故人范君山絶筆也。君山之歿，予方以謫官奔走，不及一哭吊。讀其詩，爲之泫然涕下，而『文字謝交遊』之語，猶不能無愧。正德乙亥冬，君猶子侍御以載持以見示，書此以識予感而歸之。」（民國汝城縣志卷三十二，沅湘耆舊集卷十一范僉事淵，陽明文集失載）

按：范君山即范淵，民國汝城縣志卷二十四：「范淵，字君山，弘治丙辰進士，歷官刑部郎中。隆冬見枷囚甚苦，疏陳五事，上皆嘉納。正德四年，逆瑾擅權，兩被繫逮，左遷淵爲威州知州。作民訓十五條，反覆曉諭，嚚風遂息。又以邊民不知學問，弟子員不滿三十，因擇民間子弟七十餘人，聚而教之，作學訓十三條，親爲講解，由是人咸知勸。後陞雲南按察司僉事，卒於官。淵爲人光明平易，立朝忠鯁，居官仁恕。著詩若干卷。」徐楨卿全集卷二有送范靜之遷威州五首，作在正德四年春間，知范淵一字靜之。又邊貢邊華泉集卷六有哭同年范副使淵兼悼亡友徐博士楨卿同空同李子作，中云：「孤魂夜繞青楓闕（徐卒於京），旅殯春移玉壘關（范卒於蜀）。」知范淵卒於正德六年春三月間（徐楨卿卒於三月），時陽明方由謫龍場驛陞廬陵知縣，入南京任刑部主事，故此跋云「予方以謫官奔走，不及一哭吊」。按陽明於弘治十三年至十七年任刑部主事，范淵同時任刑部郎中，蓋亦一「西翰林」中堅人物，故陽明稱爲「故人」。跋中所言范淵侄范以載，即范輅，明史卷一百八十八有傳。國朝獻徵録卷九十有呂柟作福建左布政使質庵范公輅墓誌銘云：「公諱輅，姓范氏，字以載，别號質庵，初號逮咎子，再號三峰，柳州桂陽縣某里人也……正德辛未進士，筮仕行人……甲戌歲，授南臺理刑。明年，授雲南道監察御史……」正德十年范輅任南京監察御史，時在春三月，民國汝城縣志卷三十二載有何景明送范以載之南京：「不見君山面，看君意獨哀。曾陪竹林醉，今識仲容才。駿馬登臺去，蒼生攬轡來。春江暮雲樹，愁望北帆開。」國榷卷四十九：「正德十年十月丁巳，南京監察御史范輅上言：『今日大計未定，大疑未决，陛下獨御於上，而皇儲不豫建也。宗室之賢，孰與異姓義子？陛下日馳逞于騎射戎陣，曾念不及此，其如宗廟社稷何？』不報。」可見其時范輅上疏言事，與陽明聲息相通，兩人當有密切往來也。

按民國汝城縣志卷三十二載有范淵絶筆詩：「五十八年事已休，白雲一笑過滄洲。報君匪懈心何似？涉世無欺行可收。喜有書香傳子姓，誰題文字謝交遊？郴山月落江花冷，還爲瀟湘寄早秋。」

（又見沅湘耆舊集卷十一）。范淵絶筆詩，當時唱和哭悼者甚多，民國汝城縣志猶録有李夢陽、邊貢、何景明、秦金、湯沐諸人和詩，可見范淵與「前七子」關係甚密，而陽明所跋，似即絶筆詩唱和詩卷耶？

十月二十三日，紹興知府梁喬書來告將離任，有答書。

陽明又寄梁郡伯手札：「治郡侍生守仁頓首，郡公梁老大人先生執事：老父書來，每道愛念之厚，極切感佩。使至，復承書惠，登拜之餘，益深慚荷。郡人被惠益深，然公高陟之期亦日逼，念之每爲吾郡之民戚然也。生方以多病在告，已三疏乞休，尚未得旨。冬盡倘能遂願，請謝當有日矣。使還草草，伏冀照亮。十月廿三日，守仁頓首上。蜀扇吴帕侑緘。餘空。」（手札真迹今藏上海博物館，陽明文集失載）

按：前考梁喬任紹興知府在正德七年至十年間，正德十一年由鄭瓊接任知府，梁喬亦離任歸上杭。札云「已三疏乞休」，按陽明正德十年確嘗三疏乞休，一在四月，一在八月，一在九月（見前），錢德洪陽明先生年譜叙事不明。

十一月初一日，朱子晚年定論成，序定之。

王陽明全集卷三朱子晚年定論序：「洙、泗之傳，至孟氏而息。千五百餘年，濂溪、明道始復追尋其緒。自後辨析日詳，然亦日就支離決裂，旋復湮晦。吾嘗深求其故，大抵皆世儒之多言有以亂之。守仁早歲業舉，溺志詞章之習。既乃稍知從事正學，而苦於衆説之紛撓疲薾，茫無可入，因求諸老、釋，欣然有會於心，以爲聖人之學在此矣。然於孔子之教間相出入，而措之日用，往往缺漏無歸，依違往返，且信且疑。其後謫官龍場，居夷處困，動心忍性之餘，恍若有悟，體驗探求，再更寒暑，證諸五經、四子，沛然若决江河而放諸海也。然後歎聖人之道坦如大路，而世之儒者妄開竇逕，蹈荆棘，墮坑塹，究其爲説，反出二氏之下，宜乎世之高明之士厭此而趨彼也。此豈二氏之罪哉！間嘗以語同志，而聞者競相非議，目以爲立異好奇，雖每痛反深抑，務自搜剔斑瑕，而愈益精明的確，洞然無復可疑。獨於朱子之説有相牴牾，恒疚於心，切疑朱子之賢，而豈其於此尚有未察？及官留都，復取朱子之書而檢求之，然後知其晚歲固已大悟舊説之非，痛悔極艾，至以爲自誑誑人之罪，不可勝贖。世之所傳集注、或問之類，乃其中年未定之説，自咎以爲舊本之誤，思改正而未及，而其諸語類之屬，又其門人挾勝心以附己見，固於朱子平日之説猶有大相謬戾者，而世之學者局於見聞，不過持循講習於此。其於悟後之論，概乎其未有聞，則亦何怪乎予言之不信、而朱子之心無以自暴於後世也乎？予既自幸其説之不謬於朱子，又喜朱子之先得我心之同然，且慨夫世之學者徒守朱子中年未定之説，而不復知求其晚歲既悟之論，競相呶呶，以亂正學，不自知其已入於異端，輒採録而裒集之，私以示夫同志，庶幾無疑於吾説，而聖學之明可冀矣。正德乙亥冬十一月朔，後學餘姚王守仁序。」

王陽明全集卷四與安之：「留都時偶因饒舌，遂致多口，攻之者環四面。取朱子晚年悔悟之說，集爲定論，聊藉以解紛耳。」

袁慶麟朱子晚年定論跋：「朱子晚年定論，我陽明先生在留都時所採集者也。揭陽薛君尚謙舊録一本，同志見之，至有不及抄寫，袖之而去者。」（朱子晚年定論後附）

按：朱子晚年定論乃陽明正德十年在南都所編集序定，並出以授門人弟子。此一重要事實，錢德洪陽明先生年譜竟不言及之，尤爲不當。更誤甚者，錢德洪於王陽明全集卷七中收録朱子晚年定論序，竟注云「戊寅」作（正德十三年），遂全然掩蓋陽明於正德十年序定朱子晚年定論之事實，尤掩蓋陽明正德十年作朱子晚年定論之真實思想背景與思想淵源。按陽明「朱子晚年定論」思想實早在貴州龍場驛時已經形成，黄綰陽明先生行狀云：「日夜端居默坐，澄心精慮，以求諸静一之中。一夕，忽大悟，踴躍若狂者。以所記憶五經之言證之，一一相契，獨與晦庵註疏若牴牾，恒往來於心，因著五經臆説。時元山席公官貴陽，聞其言論，謂爲聖學復睹。公因取朱子大全閲之，見其晚年論議，自知其所學之非，至有『誑己誑人』之説，曰：『晦翁亦已自悔矣。』日與學者講究體察，愈益精明。」陽明於朱子晚年定論序亦云：「其後謫官龍場，居夷處困，動心忍性之餘，恍若有悟……獨於朱子之説有相牴牾，恒疚於心，切疑朱子之賢，而豈其於此尚未有察？及官留都，復取朱子之書而檢求之，然後知其晚歲固已大悟舊説之非……」可見悟「朱子晚年定論」乃是其「龍場之悟」之核心之悟（見前）。

陽明正德九年至留都後，便已私下向弟子講「朱子晚年定論」之説，遂招致一場朱陸論戰（見前），即陽明所自云「留都時偶因饒舌，遂致多口，攻之者環四面」。先是正德九年魏校、王道、余祐、夏尚樸諸人在留都與陽明有朱陸異同之辨；接着正德十年魏校、王道、邵鋭諸人在京師與陽明有朱陸論戰，是所謂「攻之者環四面」，皆崇朱學之士，除前面所言及者外，尚有多人，如胡世寧、李承勛，明史卷一百九十九胡世寧傳：「遷南京刑部主事……再遷郎中。與李承勛、魏校、余祐善，時稱『南都四君子』。」此「南都四君子」皆朱學中堅人物，亦是環四面攻陽明者也。只因王道在八九月堅持己説，貶損陽明，與之「斷交」，朱陸論戰難以爲繼，故陽明乃在十月、十一月編集序定朱子晚年定論，出以示衆，意在平息此番朱陸紛争也，陽明自謂「集爲定論，聊藉以解紛耳」，清楚道出陽明其時編集序定朱子晚年定論之真實原因與目的。所謂「朱子晚年悔悟定論」之説，乃出陽明虚構（與遊海詩同），一目了然，其真意不過在故意混淆朱學陸學，無所謂朱陸異同之辨，以此堵住論戰對方争辯之口，停息這場朱陸論戰。故陽明此朱子晚年定論一書，乃是其朱陸論戰游戲之筆，未可作嚴肅學術著作觀也。殊未料陽明弄巧成拙，反而招致更激烈之朱陸異同紛争，更招致五百年來對「朱子晚年定論」説是非得失之紛争。明史卷二百八十二余祐傳云：「祐之學，墨守師説……時王守仁作朱子晚年定論，謂其學終歸於存養。祐謂：『朱子論心學凡三變，存齋記所言，乃少時所見；及見延平，而悟其失；後聞五峰之學於南軒，而其言又一變；最後改定已發未發之論，然後體用不偏，動静交致其力，此其終身定見也。安得執少年未定之見，而反謂之晚年哉？』其辨出，守仁之徒不能難也。」錢德洪朱子晚年定論序竟吹噓云：「朱子病目静久，忽悟聖學之淵藪，乃大悔中年註述誤己誤人，遍告同志。師閱之，喜己學與晦翁同，手録一卷，門人刻行之。自是爲朱子論異同者寡矣。師曰：『無意中得此一助！』」其説誤甚。

陽明之「朱子晚年悔悟定論」之説，黄綰云是陽明在貴州龍場驛讀朱子大全所獨發之秘説，亦誤。今按：陽明之「朱子晚年定論」之説實本之程敏政道一編，其在正德十年編集序定朱子晚年定論，亦是針對反擊程瞳之閑辟録也。篁墩程敏政早在弘治二年寫成道一編，提出朱子晚年定論之説，以爲朱陸二家其始異而終同。道一編分朱陸同異爲三階段：始焉如冰炭之相反；中焉則疑信相參半；終焉若輔車之相依，晚年定論終同。其特從朱子集中選取十五篇書，以證成其朱子晚年定論之説。陽明全本程敏政道一編之説作朱子晚年定論，甚至在寫作體例上亦全仿道一編，從朱子集中選取三十四篇書，以進一步證成其朱子晚年定論之説。陽明所選取之三十四篇書，有八篇同於程敏政道一編，尤可見陽明襲用道一編之迹。蓋程敏政道一編一出，即遭衆議攻之。至正德十年，程瞳作閑辟録，攻程敏政説不遺餘力。陽明朱子晚年定論序云「然且慨夫世之學者徒守朱子中年未定之説，而不復知求其晚歲既悟之論，競相呶呶，以亂正學」，實即首指程瞳，而程瞳亦必是陽明所説「環四面攻之者」也。故陽明在是年十一月編集序定朱子晚年定論以出之，顯亦是爲回擊程瞳之閑辟録也。陽明與安之書中云：「近年篁墩諸公嘗有道一等編，見者先懷黨同伐異之念，故卒不能有入，反激而怒。」可見陽明確知道一編其書，而所謂「見者」必是指程瞳無疑，其朱子晚年定論襲用程敏政道一編之説昭然若揭。兹再選有關重要材料著録如下，以進一步見朱子晚年定論與程敏政道一編之關係，徹底揭開陽明「朱子晚年定論説」之秘。

程敏政道一編序：「朱陸二氏之學，始異而終同，見於書者可考也。不知者往往尊朱而斥陸，豈非以其早年未定之論，而致夫終身不同之決，惑於門人記録之手，而不取正於朱子親筆之書邪？以今考之，志同道合之語，著於奠文；反身入德之言，見於義跋；又屢有見於支離之弊，而盛稱其爲己之功；於其高弟子楊簡、沈煥、舒璘、袁燮之流，拳拳致意，俾學者往資之。廓大公無我之心，而未嘗有芥蔕異同之嫌，兹其爲朱子，而後學所不能測識者與？齋居之暇，過不自揆，取『無極』七書，鵝湖三詩，鈔爲二卷，用著其異同之始，所謂早年未定之論也；别取朱子書札有及於陸子者，厘爲三卷，而陸子之説附焉。其初則誠若冰炭之相反；其中則覺夫疑信之相半；至於終，則有若輔車之相倚，且深取於孟子『道性善』、『收放心』之兩言，讀至此而後知朱子晚年所以兼收陸子之學，誠不在南軒、東萊之下。顧不考者斥之爲異，是固不知陸子，而亦豈知朱子者哉？此予編之不容已也。編後附以虞氏、鄭氏、趙氏之説，以爲於朱陸之學蓋得其真。若其餘之紛紛者，殆不足録，亦不暇録也。因總命之曰道一編，序而藏之。弘治二年，歲己酉冬日長至，新安程敏政書。」（道一編首）

陳建學蔀通辨提綱：「朱陸早同晚異之實，二家譜、集具載甚明。近世東山趙汸氏對江右六君子策乃云：『朱子答項平父書有「去短集長」之言，豈鵝湖之論至是而合耶？使其合並於晚歲，則其微言精義必有契焉，而子静則既往矣。』此朱陸早異晚同之説所由萌也。程篁墩因之，乃著道一編，分朱陸異同爲三節：始焉若冰炭之相反；中焉則疑信之相半；終焉若輔車之相倚。朱陸早異晚同之説於是乎成矣。王陽明因之，遂有朱子晚年定論之録，專取朱子議論與象山合者，與道一編輔車之卷正相唱和矣。」（學蔀通辨首）

汪宗元道一編後序：「象山乃蒙無實之誣，人皆以禪學目之四百餘年，莫之辨白。此篁墩先生當群嘵衆咻之餘，而有道一之編也。繼是而得陽明先生獨契正傳，而良知之論明言直指遠紹孟氏之心法，亦是編有以啓之也。」（道一編後附）

學蔀通辨前編卷下：「篁墩高才博學，名重一時，後學無不宗信也。於是修徽州志者，稱篁墩文學，而以能考合朱陸爲稱首矣。按：閩臺者稱道一編有功於朱陸，爲之翻刻，以廣傳矣。近年各省試録，每年有策問朱陸者，皆全據道一編以答矣。近日，縉紳有著學則，著講學録序、中庸管窺，無非尊陸同朱，群然一辭矣。至席元山之鳴冤録，王陽明之定論，則效尤附和，又其甚者矣。」

李紱朱子晚年全論凡例：「朱、陸尊德性、道問學之分，始於朱子答項平甫書。嗣後，若包文肅、袁正肅、吴文正諸公及趙東山、鄭師山諸先生並有論述。其著爲成書，則自程篁墩道一編始，次則王陽明先生所録朱子晚年定論……此外，若席文襄公鳴寃録、盧正夫荷亭辨論，止於辨明陸學；而陳清瀾學蔀通辨、孫北海考定朱子晚年定論，則攻陸以尊朱。其實陳、孫二氏名爲尊朱，而不知所以尊之者，其爲書止取相詆之辭，及抄撮一二訓詁之語，凡朱子晚年所以爲學自得於心，與所以人必求諸心者，盈千累萬，皆棄不取……又有程瞳者，作閑辟録，尤爲鄙陋，至謂鵝湖會講，語無可考。」

按：前考朱子晚年定論乃是陽明朱陸論戰游戲文字，本不具有學術思想之價值與意義。陽明於書中虛構了一個朱熹晚年悔悟已説之非、思想轉向陸學之故事，與其遊海詩一書有異曲同工之妙：陽明於遊海詩中虛構了一個遊海遇仙之故事，用以掩飾自己不赴謫地、遠遁隱居之行；陽明於朱子晚年定論中則虛構了一個朱熹晚年定論與陸學終同之故事，用以掩飾自己反朱學、主陸學之立場。同樣，由於時過境遷，陽明後來亦道出「遊海」之真相，否定了遊海詩之説（遂亡佚）；由於後來陽明建立「良知」新説，已無須再掩飾自己反朱學、主陸學之立場，故在晚年亦自否定了朱子晚年定論之説。嘉靖四年，顧璘致書陽明，認爲「取其厭繁就約、涵養本原數説，標示學者，指爲『晚年定論』，此亦恐非」。陽明未作正面回答，含糊云：「致吾心之良知者，致知也；事事物物皆得其理者，格物也。是合心與理而爲一者也。合心與理而爲一，則凡區區前之所云與朱子晚年之論，皆可以不言而喻矣。」（傳習録卷中答顧東橋書）陽明之意十分清楚，乃是謂：我現已建立「致良知」新説，則以前舊説包括朱子晚年定論之説，你自去體會理喻其意，不必再糾纏强辨其説矣。陽明於此實已默認「朱子晚年定論」舊説之非，而要顧璘以「良知」新説爲準。後來黄綰作陽明先生行狀，開列陽明生平著作，獨不列朱子晚年定論及遊海詩，顯是因此二書爲陽明早年舊説，已爲陽明自己所否定故。明乎此，則五百年來關於「朱子晚年定論」之無謂紛争可以息矣！

十一月九日冬至，趙寬子趙禧、壻沈知柔自吴江來訪，爲半江趙寬文集作序。

陽明半江趙先生文集叙：「君子之學，淵静而精專，用力於人所不知之地，以求夫自慊，故能篤實輝光，久而益宏，愈挹而愈不可盡。雖漢魏以降，以文辭藝術名家者，雖其用心之公私小大不同，蓋亦未有不由斯道而能蚤有譽於天下也。後世聖學益晦，而文詞之習日盛，然亦卒未有能超漢魏之轍者。豈獨才力之有間，要其精專之工，深根固蒂，以求所謂快然自得之妙者，亦有所不逮矣。半江趙先生，蚤以文學顯召當時，自成化以來，世之知工文藝者，即知有先生。其爲詩文宏贍清麗，如長谷之雲，幽溪之瀨，人望之漠然無窮，悠然翫而樂之，而不忍去也。自先生始入仕，即爲刑曹劇司，交四方之賢。然居常從容整暇，其於詩文未或見其有苦心極力之功，遂皆以爲得之天分則爾。先生與家君龍山先生爲同年進士，故守仁辱通家之愛，亦以是爲知先生矣。其後告病歸陽明，先生方董學政，校士於越。邀宿行臺間，得窺其詩稿，皆重複删改，或通篇無遺字。取其傍校士卷繙之，盡卷皆批竄點抹。以爲此偶其所屬意，則亂抽十數卷，無不然。又見一小册，履歷所至，山川風俗，道途之所聞，經史之所疑，無不備録。聞其侍童云：『公暇即拂案展帙，焚香静對，或檢書已夜分，猶整衿默坐，良久始就卧。』然後知先生平日之所養若是其深，雖於政務猥瑣之末，亦皆用心精密若此也。夫然後歎先生之不可盡知，而世之以文詞知先生者，蓋猶未見其杜權也已。先生既没，同邑之士有王氏兄者，求先生之遺文於子禧而刻之，先生之壻沈知柔氏與禧以叙請，因與論先生之素，始知先生之全稿既已散失，此所刻者，特禧之所搜輯，而向所謂重複删改與小册子所屬者，悉已無存矣。其平生用心之密，充養之深，雖其子若壻，亦皆未能盡知也。先生之於斯學，其亦可謂淵静精專，用力於人所不知之地，以求自慊者矣。使先生率是而進，天其假之以年，雖於爲聖賢也何有？然以先生之不可盡知者推之，則又安知其不嘗致力於斯也？而今不復可知矣。因序而論之，使後之求先生於是集者得有所考焉。正德乙亥冬至日，餘姚王守仁序。」（半江趙先生文集卷首，陽明文集失載）

按：今半江趙先生文集後附有王鏊半江趙公墓誌銘、聞淵半江趙公神道碑、半江趙公墓表及蔡潮半江趙公墓表，均言及陽明爲趙寬文集作叙事。叙中所述，前已皆有考。按趙寬爲吴江人，卒於弘治十八年，葬於正德元年。其子趙禧多年搜輯其父遺文，至是方與沈知柔自吴江來請叙。禧、知柔皆爲邑庠生，王鏊廣東按察使趙君墓誌銘：「父諱暘，累封刑部郎中。母沈氏，封宜人。子男一：禧，邑庠生。庶子二：掄、福。女六：長適沈知柔，次陸墳，皆庠生。餘幼。其孤禧卜以正德元年月日，葬君於横山靈石峰之麓。」

費宏集卷十三半江趙先生文集序：「宏之成進士也，故廣東按察使半江趙先生與典試事，受知頗深。先生之捐館舍有年矣，宏頃歸，道吴江，訪其廬而吊焉。見其子邑庠生禧，問其遺稿，禧出示此編。凡詩六卷，文如之，蓋校於鄉彦文君璧，而同邑大學生王君明所爲鋟梓者也。禧謂宏，先生稿甚富，然多散佚不存，此特十之一二耳。因以編端之序爲請。宏雖蕪陋，誼有不可辭者。蓋嘗聞之昔人，謂文者氣之所形，文不可以學而能，氣可以養而致。又謂氣之於言，如水之於浮物也。水大，則物之浮者小大畢浮；氣盛，則言之短長與聲之高下者皆宜焉。先生之文，閎侈鉅衍，奔放横逸，若得之甚易者，然而法度從容，意味雋永，讀之累日而不能捨去。譬則駕萬斛之舟，載百車之貨，鼓行於重湖鉅浸之中，乘風破浪，浩乎沛然。而蜀錦、越羅、隋珠、和璧，於凡可珍可愛之物，莫不具在，是其氣之盛也可知矣。桓譚有言，親見揚子雲容貌不能動人，安能重其書？若先生者，白皙纖弱，身不勝衣，而其之形於文也，乃若是其盛，讀者安知其不謂先生爲魁梧奇偉之人乎？蓋世之秀慧能文者多矣，然能而好者鮮焉；好而不怠以止者，加鮮焉；不怠以止而能知充養之道者，又加鮮焉。先生天資穎異，出於流輩，早魁多士，名譽赫然，而嘗守之以晦。官西曹，有吏責，日親朱墨敲扑之務，而復乘其餘暇，肆力於經史百氏之書。恬於世利，甘受常調，拔乎流俗，視求田問舍之事若將浼焉。而獨汲汲於問學文章，不啻嗜慾飲食，茲非所謂行之乎仁義之途，遊之乎詩書之源，而無迷無絶者耶？宏嘗惜先生得年不永，而致位未顯，志業勳名有遺恨焉。然文不可腐，且其子能傳之，在先生亦可以自慰矣。先生諱寛，字栗夫，半江其別號云。」

十一月二十六日，朝廷命太監劉允往烏思藏齎送番供諸物，奉迎活佛。擬上諫迎佛疏，中止。

國榷卷四十九：「正德十年十一月己酉，司設太監劉允往烏思藏齎送番供等物。近幸言西域胡僧知三生事，土人曰『活佛』，遂遣允迎之。珠琲爲幡幢，黄金爲七供，賜法王誥印袈裟，及其徒饋賜以鉅萬計，内府黄金爲匱。期往返十年，又途帶茶鹽之利亦數十萬計。允未發，而津導已至臨清，阻漕，入峽江，舟大難進，易以艕艉，亘二百餘里。至成都，有司作新館，旬日成，治入番物料計銀二十萬，鎮巡争之，減七萬。工作日夜不休，歲餘始行。以四川指揮千户十人、甲士千人而西，踰兩月，至其地。番僧云『佛子』者，恐我誘害，不出。允欲威脅之，番人夜襲我，奪寶貨器械，武弁死二人，士卒數百人，傷半之。允騎得善馬疾走，僅免，還成都。戒下人諱其喪敗，空函馳奏乞歸，則上已登遐矣。」

明武宗實録卷一百三十一：「正德十年十一月己酉，命司設監太監劉允往烏思藏齎送香供等物。時左右近幸言：西域胡僧有能知三生者，土人謂之『活佛』。遂傳旨查永樂、宣德間鄧成侯顯奉使例，遣允乘傳往迎之。以珠琲爲藩幢，黄金爲七供，賜法王金印、袈裟，及其徒餽賜以鉅萬計，内庫資金爲之一匱。勑允往迎，以十年爲期，得便宜行事，又所經絡帶鹽茶之利亦數十萬計。允未發，□行相續，已至臨清，運船爲之阻截，入峽江，舟大難進，易以艕艒，相連二百餘里。至成都，有司先期除新館督造，旬日而成。日支倉廩百石，蔬菜銀亦百兩，錦官驛不足，旁取近城數十驛供之。又治入番物拜佑□銀二十萬，鎮巡争之，減爲十三萬。取百工□，徧於公署，日夜不休。居歲餘，始行，率四川指揮千户十人、甲社千人俱西，踰兩月，至期地。番僧號『佛子』者，恐中國誘害之，不肯出。允部下人皆怒，欲脅以威。番人夜襲之，奪其寶貨、器械以去，軍餓死者二人，士卒數百人，傷者半之。允乘良馬疾走，僅免。後至成都，仍戒其部下諱言喪敗事，空函馳奏乞歸，時上已登遐矣。」

王陽明全集卷九諫迎佛疏：「臣自七月以來，切見道路流傳之言，以爲陛下遣使外夷，遠迎佛教，群臣紛紛進諫，皆斥而不納。臣始聞不信，既知其實，然獨竊喜幸，以爲此乃陛下聖智之開明，善端之萌蘖。群臣之諫，雖亦出於忠愛至情，然而未能推原陛下此念之所從起，是乃爲善之端，作聖之本，正當將順擴充，遡流求原；而乃狃於世儒崇正之説，徒爾紛争力沮，宜乎陛下之有所拂而不受，忽而不省矣。愚臣之見獨異於是，乃惟恐陛下好佛之心有所未至耳。誠使陛下好佛之心果已真切懇至，不徒好其名而必務得其實，不但好其末而必務求其本，則堯、舜之聖可至，三代之盛可復矣。豈非天下之幸，宗社之福哉！臣請爲陛下言其好佛之實。陛下聰明聖知，昔者青宫，固已播傳四海。即位以來，偶值多故，未暇講求五帝、三王神聖之道。雖或時御經筵，儒臣進説，不過日襲故事，就文敷衍。立談之間，豈能遽有所開發？陛下聽之，以爲聖賢之道不過如此，則亦有何可樂？故漸移志於騎射之能，縱觀於遊心之樂，蓋亦無所用其聰明，施其才力，而偶託於此。陛下聰明，豈固安於是，而不知此等皆無益有損之事也哉？馳逐困憊之餘，夜氣清明之際，固將厭倦日生，悔悟日切。而左右前後又莫有以神聖之道爲陛下言者，故遂遠思西方佛氏之教，以爲其道能使人清心絶欲，求全性命，以出離生死；又能慈悲普愛，濟度群生，去其苦惱而躋之快樂，今災害日興，盜賊日熾，財力日竭，天下之民困苦已極，使誠身得佛氏之道而拯救之，豈徒息精養氣，保全性命，豈徒一身之樂，將天下萬民之困苦，亦可因是而蘇息。故遂特降綸音，發幣遣使，不憚數萬里之遥，不愛數萬金之費，不惜數萬生靈之困斃，不厭數年往返之遲久，遠迎學佛之徒。是蓋陛下思欲一洗舊習之非，而幡然於高明光大之業也。陛下試以臣言反而思之，陛下之心，豈不如此乎？然則聖知之開明，善端之萌蘖者，亦豈過爲諛言以佞陛下哉！陛下好佛之心誠至，則臣請毋好其名而務得其實，毋好其末而務求其本。陛下誠欲得其實而求其本，則請毋求諸佛而求諸聖人，毋求諸外夷而求諸中國。此又非臣之苟爲遊説之談以誑陛下，臣又請得而備言之。夫佛者，夷狄之聖人；聖人者，中國之佛也。在彼夷狄，則可用佛氏之教以化導愚頑；在我中國，自當用聖人之道以參贊化育，猶行陸者必用車馬，渡海者必以舟航。今居中國而師佛教，是猶以車馬渡海，雖使造父爲御，王良爲右，非但不能利涉，必且有沈溺之患。夫車馬本致遠之具，豈不利器乎？然而用非其地，則技無所施。陛下若謂佛氏之道雖不可以平治天下，或亦可以脱離一身之生死；雖不可以參贊化育，而時亦可以導群品之囂頑。就此二説，亦復不過得吾聖人之餘緒。陛下不信，則臣請比而論之。臣亦切嘗學佛，最所尊信，自謂悟得其藴奥。後乃窺見聖道之大，始遂棄置其説。臣請毋言其短，言其長者。夫西方之佛，以釋迦爲最；中國之聖人，以堯、舜爲最。臣請以釋迦與堯、舜比而論之。夫世之最所崇慕釋迦者，慕尚於脱離生死，超然獨存於世。今佛氏之書具載始末，謂釋迦住世説法二十餘年，壽八十二歲而没，則其壽亦誠可謂高矣。然舜年百有十歲，堯年一百二十歲，其壽比之釋迦則又高也。佛能慈悲施捨，不惜頭目腦髓以救人之急難，則其仁愛及物，亦誠可謂至矣；然必苦行於雪山，奔走於道路，而後能有所濟。若堯、舜則端拱無爲，而天下各得其所。惟『克明峻德，以親九族』，則九族既睦；平章百姓，則百姓昭明；協和萬邦，則黎民於變時雍；極而至於上下草木鳥獸，無不咸若。其仁愛及物，比之釋迦則又至也。佛能方便説法，開悟群迷，戒人之酒，止人之殺，去人之貧，絶人之嗔，其神通妙用，亦誠可謂大矣，然必耳提面誨而後能。若在堯、舜，則光被四表，格於上下，其至誠所運，自然不言而信，不動而變，無爲而成。蓋『與天地合其德，與日月合其明，與四時合其序，與鬼神合其吉凶』，其神化無方而妙用無體，比之釋迦則又大也。若乃詛咒變幻，眩怪捏妖，以欺惑愚冥，是故佛氏之所深排極詆，謂之外道邪魔，正與佛道相反者，不應好佛而乃好其所相反，求佛而乃求其所排詆也。陛下若以堯、舜既没，必欲求之於彼，則釋迦之亡亦已久矣；若謂彼中學佛之徒能傳釋迦之道，則吾中國之大，顧豈無人能傳堯、舜之道者乎？陛下未之求耳。陛下試求大臣之中，苟其能明堯、舜之道者，日日與之推求講究，乃必有能明神聖之道，致陛下於堯、舜之域者矣。故臣以爲陛下好佛之心誠至，則請毋好其名而務得其實，毋好其末而務求其本；務得其實而求其本，則請毋求諸佛而求諸聖人，毋求諸夷狄而求諸中國者，果非妄爲遊説之談以誑陛下者矣。陛下果能以好佛之心而好聖人，以求釋迦之誠而求諸堯、舜之道，則不必涉數萬里之遥，而西方極樂，只在目前；則不必糜數萬之費，斃數萬之命，歷數年之久，而一塵不動，彈指之間，可以立躋聖地，神通妙用，隨形隨足。此又非臣之繆爲大言以欺陛下，必欲討究其説，則皆鑿鑿可證之言。孔子云：『我欲仁，斯仁至矣。』『一日克己復禮，而天下歸仁。』孟軻云：『人皆可以爲堯、舜。』豈欺我哉？陛下反而思之，又試以詢之大臣，詢之群臣。果臣言出於虛繆，則甘受欺妄之戮。臣不知諱忌，伏見陛下善心之萌，不覺踊躍喜幸，輒進其將順擴充之説。惟陛下垂察，則宗社幸甚！天下幸甚！萬世幸甚！臣不勝祝望懇切殞越之至！專差舍人某具疏奏上以聞。」

按：陽明擬上諫迎佛疏時間，錢德洪陽明先生年譜謂「八月，擬諫迎佛疏」，乃誤。太監劉允奉迎活佛事在十一月。又錢德洪陽明先生年譜謂「時命太監劉允、烏思藏齎幡供諸佛徒」，亦誤，「烏思藏」爲國名，不是人名，何來遣「烏思藏」往迎佛徒？又錢德洪陽明先生年譜謂「先生欲因事納忠，擬疏欲上，後中止」，此疏陽明何以擬而未上，錢氏未説明原因，蓋亦回護師説也。今按：武宗之遣太監劉允往烏思藏迎佛，當時大臣言官多從儒佛異道上辟佛疏諫，獨陽明乃從儒佛同道、釋迦堯舜同聖上疏諫迎佛。蓋在陽明眼裏，釋迦佛氏與堯舜王者同爲聖人，佛道與儒道相合，故疏中竟謂武宗遣使外夷迎佛「乃陛下聖智之開明，善端之萌蘖」，「是乃爲善之端，作聖之本」，「夫佛者，夷狄之聖人；聖人者，中國之佛也」，「陛下果能以好佛之心而好聖人，以求釋迦之誠而求諸堯、舜之道，則不必涉數萬里之遥，而西方極樂，只在目前」。儒佛同道，儒釋同聖，只是比較而言，儒道高於佛道，儒聖高於佛釋，故陽明才反對求佛於夷狄，而主張求聖於中國，此即陽明上此諫迎佛疏之根本立場，並非出於辟佛、排佛之立場也。湛甘泉謂與陽明相見於滁時，「兄言迦、聃，道德高博，焉與聖異？」（奠王陽明先生文）京師卜鄰而居時，陽明「言聖枝葉，老聃、釋氏。予曰同枝，必一根柢，同根得枝，伊尹、夷、惠，佛於我孔，根株咸二」。（陽明先生墓誌銘）後來湛甘泉甚且寄書陽明，質問「昨叔賢到山間，道及老兄，頗訝不疑佛老，以爲一致，且云到底是空，以爲極致之論。若然，則不肖之惑滋甚，此必一時之見耶？抑權以爲救弊之言耶？」可見湛甘泉之説絶非虚言猜測，陽明之佛道觀，於此諫迎佛疏中皆直言不諱詳論之矣。故此諫迎佛疏若果上奏發表，必會招致士人物議攻詆，於勸阻劉允往迎夷佛無補，適得其反，此即諫迎佛疏卒未得上之根本原因也。陽明對己之佛道觀，一向閃爍其詞，含混不明，此諫迎佛疏可謂是認識陽明佛道觀之「鑰匙」，然却向來不被人所重視，故兹特備録此疏，以見陽明佛道觀之真面目。

十二月，歲暮懷鄉，王文轅寄詩來，有次韻答之。

王陽明全集卷二十冬夜偶書：「百事支離力不禁，一官棲息病相侵。星辰魏闕江湖迥，松柏茅茨歲月深。欲倚黄精消白髮，由來空谷有餘音。曲肱已醒浮雲夢，荷蕢休疑擊磬心。」

夜坐偶懷故山：「獨夜殘燈夢未成，蕭蕭總是故園聲。草深石徑鼪鼯笑，雪静空山猿鶴驚。漫有緘書懷舊侣，常牽纓冕負初情。雲溪漠漠春風轉，紫菌黄花又自生。」

按：其時陽明再上乞休疏，不允，疾病相侵，故有是咏。康熙雲南通志卷二十九引此詩，題作寄朱憲長致仕，顯誤。今按：中華文物集粹清翫雅集收藏展（Ⅱ）（鴻禧美術館）著録有王陽明此詩草書手迹，題作鄉思二首次韻答黄輿：「百事支離力不禁，一官棲息病相尋。星辰魏闕江湖迥，松竹茆次歲月深。欲倚黄精消白髮，由來空谷有餘音。曲肱已醒浮雲夢，荷蕢休疑擊磬心。獨夜殘燈夢未成，蕭蕭窗竹故園聲。草深石屋鼪鼯嘯，雪静山空猿鶴驚。漫有緘書招舊侶，尚牽纓冕負初情。雲溪漠漠春風轉，紫菌黄芝又日生。」「黄輿」即王文轅，字司輿，好道之士。「由來空谷有餘音」，即指王文轅有詩寄來；「漫有緘書招舊侶」，即指王文轅，由此可知此詩題作鄉思二首次韵答黄輿爲是，題作冬夜偶書爲非。疑陽明後來因不欲顯露其與好道之士交遊之迹，有意隱去王文轅其人，將二詩題改爲冬夜偶書與夜坐偶懷故山，而錢德洪乃將此二詩分開，一入於正德十年，一入於正德十三年，更大誤。

一五一六　正德十一年　丙子　四十五歲

正月，南京刑部郎中鄭瓛擢知高州府，大書唱和詩送之。

横山遺集卷上送鄭君出守高州序：「正德乙亥冬，信卿鄭君擢守廣之高州，以丙子春行，都城大夫士與君知者，相率祖餞於郊外。有言君之始官留都刑曹也，留都於君爲梓里，而所讞訟，復皆非重勢則鉅豪，是司恩怨之極者也。君能一切任公而裁法，使强者慴懼而弱者無怨，蓋凛乎有威風焉。人咸歎曰：『君懋於明敏之才，而果於介潔之守，故不避恩怨爾也。』其擢守高州也，人咸惜之曰：『地遠而差小，民樸而近夷，未足以稱具而酬庸，於君爲未慊也。』予曰：『否，是惡知君！夫扼世豪之吭，孰與馭從己之權？司恩怨之極，孰與任乎化之責？君未嘗彼之或難，而顧茲之未慊也。且遠而小者，其地易足；樸而夷者，其民易愚。夫惟視其然，故志者間之以怠心而弗屑，能者乘之以放心而爲烈。斯二者，是爲地與民所移。今遠地之多困，而民易動者，恒由之也。聖天子毋亦重念之，故特簡任君歟？吾占知君之至高也，相土俗之宜，度緩急之序，總賦役之日，均出入之方；理財正辭，簡賢退不肖，儉節而省文，舉要以親機；既富之，則教之，不破其樸，而培其心，興親愛之情，回仁讓之化。夫君之才，咸既服之；守，咸既信之。是則將移地與民矣，而豈爲地與民所移者？斯其爲知君也深矣！』於是吾師陽明王先生大書倡之，曰『春江別思』，諸公詩而和之。是爲序。」

按：鄭瓛字信卿，號思齊，南京人，與陽明爲同年。劉龍鄭君瓛墓誌銘：「弘治乙卯薦於鄉。己未登進士第，授新喻令。下車即課農桑，均徭役，平獄訟，民賴以安。乃葺修廟學，作興士類，文化蔚然。以治行被旌召爲刑部主事，疏乞養母，改南京刑部，遷郎中……持廉秉公，獄無冤滯，聲稱籍甚。大司寇戈公禮遇特優，擢知高州。尋以才堪治繁，調南昌府。」陽明在南都，與鄭瓛當多有密切交往。

汪尚和歸休寧見汪循，復携汪循書回南都，請爲仁峰精舍作記。有答書。

汪循汪仁峰先生文集卷四與王鴻臚：「某嘗謂士生宋儒之後者，其於天理之微，人倫之懿，事物之著，鬼神之幽，與凡造入德之方，修己治人之術，莫不秩然，各有條理，備在簡册之中，學者一舉目即可見而識之，而無復乎他求。其彝則體段本又在我，而不假於外鑠，苟考其故，而驗之心身之間者，實用其力焉，求至聖賢之域不遠矣。然則濂洛關閩之後，宜乎聖賢之多也，反寥寥乎其少者，何耶？其所謂務記覽，工文辭，以釣聲名，取利禄，沿世習俗，陷溺其心，而不自知以爲非者，不足論矣；其有學冠一時、名擅當世者，了於斯道無聞焉，何哉？迹其故有二焉：談性命者，未免判心迹於兩途，至於僨事，反類乎文人無行；務行檢者，或不考聖賢之極致，及乎任重道遠，不免顛躓，反類乎不學無術。又有踵襲元儒之謬者，乃以訓詁註述爲學，往往類乎借錦鋪張，畫蛇添足，世亦以是多之。至於識者間以先儒知道者議請從祀，廟廷當道直以註述少之，竟寢其議。此亦舉世之通患也。嗚呼！生道學大明之後，而不聞乎道之要；際聖明文明之時，而不蒙至治之澤，某竊有憂之。往者自抱其愚，欲售於時，而無所遇，故奉身求退，誅茅結屋於仁峰之下，養拙而自修焉。又恨僻在萬山，不得知道養德之士，相與訂疑辨難，以裨益其所不能；切磋琢磨，以相援於斯道之域，朝夕憒憒，竊終無所聞，怏怏賫志以没耳。比者族弟尚和歸自南都，備道執事所以教誨之至，奬掖之勤，直以斯道爲必可行，真以聖賢爲必可學，且因以屬意於某。某聾坐山中，已餘十年，歲晚氣衰，幾乎懈矣。忽然得此，辟之深谷之中，一聞跫音，不覺其耳之清、心之懌也，解悟猛省，但可云喻。雖然，稔聞執事之名亦已久矣，但人可知而傳者，文辭之工耳，志節之偉耳，未聞有傳能勇於斯道者，未聞道之人固不知而不能傳也。某於是而知執事之能勇於斯道，則知向之所聞所謂文詞者，道之腴；所謂志節者，道之氣，而非彼事乎鍛鍊以爲文，出乎憤激以爲節者，所可同日而語也。苟於是而養之充之，以臻其極，則所謂處大事，决大議，任重道遠而能不動聲色，措天下國家於磐石之安者，舉此而措之耳，又何難哉！喜轉移之間，廊廟有人，吾道其不孤，生民其無憂矣。尚和去，敬布區區。養拙之寓名曰『仁峰精舍』，未有記之者，倘以詔尚和者爲我記之，感佩無量矣，不知以爲何如？」

陽明答汪進之書：「仰德滋久，未由奉狀。首春令弟節夫往，又適以事不果，竟爲長者所先拜幣之辱，已極惶悚。長箋開喻，推引過分，鄙劣益有所不敢當也。中間叙述學要，究極末流之弊，可謂明白痛快，無復容贅，執事平日之學從可知矣。未獲面承，受教已博，何幸，何幸！不有洪鐘，豈息瓦缶？發蒙警聵，以倡絶學，使善類得有所附麗，非吾仁峰，孰與任之！珍重，珍重！所需鄙作，深懼無益之談，不足以求正有道。方欲歸圖，異時芒鞋竹杖，直造精廬，冀有以面請，願且徐之，如何？暮夜拾楮未悉，然鄙懷節夫當能道，伏惟照察。陽明生王守仁頓首拜。」（汪仁峰先生外集卷三，陽明文集失載）

按：前考汪尚和字節夫，休寧人。其來南都受學，蓋常往返於休寧、南都之間，陽明與汪循得可相互通問也。汪循書中云「某聾坐山中，已餘十年」，按王瓚仁峰汪君墓碣銘云：「正德改元，邊警數急，詔下求言，陳外攘内修十策……權貴人忌之，遂乞養母而歸。」（汪仁峰先生外集卷二）是汪循在正德元年乞養歸山，下推十年，則爲正德十一年，可確知汪循此書作在正德十一年春正月，蓋陽明正德十一年猶在南都，至十二年已赴南贛。汪循此書云「比者族弟尚和歸自南都」，即陽明答書所云「首春令弟節夫往」，即在正德十一年春正月也。仁峰精舍在休寧三峰之下，汪循子汪戩仁峰先生行實：「公既南歸，日以養母爲事，辟兩園於三峰之下，其南園倚山之麓，仁峰精舍在焉。」

餘姚胡東皋服闋，改職赴京，有詩送之。

王陽明全集卷二十送胡廷尉：「鍾陵雪後市燈殘，簫鼓江船發曉寒。山水總憐南國好，才猷須濟朔方艱。彩衣得侍仙舟遠，春色行應故里看。別去中宵瞻北極，五雲飛處是長安。」

按：陽明詩所言「胡廷尉」，應即指胡東皋，字汝登，號方岡，餘姚人，陽明姻戚。時任南京刑部郎中，故陽明稱其爲「廷尉」，一如路迎任南京兵部主事，陽明稱其爲「司馬」也。顏鯨胡公東皋傳云：「公諱東皋，字汝登，別號方岡，世爲餘姚梅川里人……歲乙丑，中進士……丁卯，授南京刑部廣西司主事……庚午，署四川司員外郎事。辛未夏，三載考績……尋陞陝西司郎中。癸酉夏，丁樗庵公憂，喪祭盡禮。丙子夏，服闋，改授南京刑部四川司郎中……公與副都御史宋公冕、府尹胡公鐸，時號爲『姚江三廉』云。」（國朝獻徵録卷五十六）按胡東皋乃在正德十年服闋，正德十一年正月入都，遂在夏中改授南京刑部四川司郎中，以後與陽明關係更密，乃至結爲姻親。王陽明全集卷七禮記纂言序中云「姻友胡汝登忠信而好禮」，即指陽明子王正憲娶胡東皋女，兩家爲姻親。故陽明祭孫安人文中云：「蠢我豚兒，實忝子婿。昏媾伊始，安人捐逝。」祭柴太安人文中云：「守仁忝在姻末……先遣兒曹，匍匐歸役。」按「孫安人」即胡東皋元配，孫燧從女弟。「柴太安人」即胡東皋母（詳後）。

二月，與南京户部尚書鄧庠遊清涼山，有詩唱酬。

王陽明全集卷二十遊清涼寺三首：「春尋載酒本無期，乘興還嫌馬足遲。古寺共憐春草没，遠山偏與夕陽宜。雨晴澗竹消蒼粉，風暖巖花落紫蕤。昏黑更須凌絶頂，高懷想見少陵詩。　積雨山行已後期，更堪多病益遲遲。風塵漸覺初心負，邱壑真與野性宜。緑樹陰層新作蓋，紫蘭香細尚餘蕤。輞川圖畫能如許，絶是無聲亦有詩。　不顧尚書此日期，欲爲花外板輿遲。繁絲急管人人醉，竹徑松堂處處宜。雙樹暗芳春寂寞，五峰晴秀晚義蕤。暮鐘杳杳催歸騎，惆悵煙光不盡詩。」

按：詩中「尚書」指南京户部尚書鄧庠，國榷卷四十九：「正德十年十二月丙寅，南京副都御史鄧庠爲南京户部尚書。」陽明在南都，與鄧庠關係最密，唱酬最多（見下），惜多亡佚。鄧庠字宗周，號東溪，宜章人。明清進士録：「鄧庠，成化八年三甲一百五十名進士。湖廣宜章人，字宗周，號東溪。授御史，官至南京户部尚書，終蘇州巡撫。有東溪稿。」國朝獻徵録卷三十一有張璧資政大夫南京户部尚書致仕鄧公庠墓誌銘，謂其正德九年八月改右副都御史，巡撫蘇松常鎮，復陞南京都察院右都御史。陽明當在其時與之相識。清涼寺在石頭山，金陵梵刹志卷十九：「石頭山清涼寺，在都城西清江門内……吴順義中，徐温建爲興教寺。南唐改爲石頭清涼大道場。宋太平興國五年，改清涼廣惠禪寺。後數廢。國初洪武間，周王重建，改額『清涼陟寺』。」

三月，與南京户部尚書鄧庠、太常寺卿吴一鵬、尚寶司卿劉乾遊牛首山，有詩唱酬。

王陽明全集卷二十遊牛首山：「春尋指天闕，煙霞眇何許？雙峰久相違，千巖來舊主。浮圖刺中天，飛閣凌風雨。探秀澗阿入，蘿陰息筐筥。滅迹避塵纓，清廟入深沮。風磴仰捫歷，淙壑屢窺俯。梯雲躋石閣，下榻得吾所。釋子上方候，鳴鐘出延佇。頹景耀回盼，層飆翼輕舉。曖曖林芳暮，泠泠石泉語。清宵耿無寐，峰月升煙宇。會晤得良朋，可以寄心腑。」

鄧庠東溪別稿劉尚寶克柔奉乃尊遊牛首山且邀太常、鴻臚諸同遊，以悦其親。既歸，索予和吴白樓先生韵：「牛首山中春幾許，衆賓之賞誰其主？浮圖鶴唳九皋雲，稻壠農耕三月雨。參天銀杏聳層巒，瑞草金光携滿筥。符卿欲奉橋翁歡，綵輿寧爲泥途沮。行穿蘿薜屐齒香，貪看紫翠闌干俯。詩脾清潤虎跑泉，石洞溟濛龍卧所。萬松風奏雜笙簧，春酒情歡久延佇。長江渺渺錦帆歸，遠漢翩翩鴻鵠舉。縈紆五里登獻花，鐘磬半空聞梵語。芙蓉高閣更躋攀，笑指蓬萊隘寰宇。歸來餽我遊山吟，流出珠璣自靈腑。」

按：鄧庠詩中所云「劉尚寶克柔」即劉乾，字克柔，號毅齋，任尚寶司卿。「太常」指太常寺卿吴一鵬，字南夫，號白樓。「鴻臚」即指陽明。「乃尊」指劉乾父，鄧庠另作有壽劉尚寶克柔父八十（八月二十七日）。據湛甘泉毅齋劉公墓表（泉翁大全集卷六十三），劉乾父劉偰，字友桂。由鄧庠言「索予和吴白樓先生韵」，可知鄧庠此詩與陽明此詩皆是和白樓吴一鵬詩韵，陽明詩中所言「會晤得良朋」，應即指吴一鵬、鄧庠、劉乾及其父諸人。牛首山在南京城南，都穆遊牛首山記：「金陵多佳山，牛首爲最。山據城之南，初名牛頭，以雙峰並峙若牛角然，佛書所謂『江表牛頭』是也。晉王丞相導嘗指曰：『此天闕也。』後又名天闕山云。」（金陵梵刹志卷三十三）按陽明是次遊牛首山作詩不止此一篇，齊之鸞蓉川集入夏録卷下遊牛首山記：「至白雲方丈……壁間有陽明先生律詩，因各次韵一首。」齊之鸞次韵詩見入夏録卷上白雲方丈次陽明先生韵：「松閣午濤生，林棲白羽明。江山浮世眼，草木舊遊情。澗石如牛飲，村田似掌平。老僧散禪寂，入户聽經聲。」陽明原題白雲方丈壁，詩今佚。陳沂獻花巖志中，載有吴一鵬遊牛首山詩及魯鐸、徐文溥、周用、喬宇、陳沂、王韋諸人和詩，全面揭開了陽明是次遊牛首山及交遊唱酬之秘密：蓋乃一次結詩社唱酬之宏大勝會也。

吴一鵬陪劉尚寶扶侍遊獻花巖：「半山高，高幾許，今古何人作山主？劉子迎親江左來，紫翠叢中坐煙雨。老氏斑衣春滿庭，陸郎霜橘香生筥。遠近山人皆走觀，德色耰鋤幾慚沮。對山三日捧霞觴，拜獻一興還一俯。借彼禪林選佛場，爲我符台奉親所。陶情更賴絲與簧，年在桑榆好延佇。席上公卿歎賞餘，至樂百年真盛舉。東海應添仙屋籌，南山敢效詩人語。巋然公壽定無疆，喜氣隨春溢眉宇。宦遊南北縱驅馳，長把牛山藏肺腑。　　山遊果得天公許，携酒仍煩東道主。一笑揚揚並馬行，今日晴明作陰雨。緋桃留艷映疏巾，青杏帶酸盛小筥。天闕嵯峨望眼中（牛首山，一名天闕山），此興勃然誰復沮。雲山排闥翠相迎，野水繞山清可俯。前朝廢寺古城隅，金碧翬飛餘幾所。尋春方欲恣遊遨，解轡何妨少停佇。東山墅賭謝安石，北海尊開孔文舉。天披圖畫萬峰攢，樹隱管弦群鳥語。江東自昔號繁華，第一禪林名海宇。諸公剩有紀遊詩，句句清新從肺腑。」（獻花巖志志異蓄第七）

喬宇次吴太常韵：「山遊一約衆即許，符台奉親實爲主。峰回牛首巖在南，仿佛空花散飛雨。山中選勝不一足，坐列盤餐行載筥。我亦平生愛登臨，興到輒往誰復沮。力穿龍窟險猶上，脚踏鰲峰低可俯。大如泰華小金焦，江北江南固其所。聞君山水解承歡，金陵梵宫幾延佇。列卿追陪擁冠蓋，道傍嘖嘖稱盛舉。獻壽南山歌頌多，不是尋常燕遊語。歸來爲我道其事，怪却兹行惟少宇。大篇强和謝山靈，莫笑雕鎪費肝腑。」（獻花巖志志異蓄第七）

魯鐸次吴太常韵：「牛首花巖景如許，有美符卿遥作主。星言速客更輿親，天爲清塵夜來雨。溪毛野蔌紛採掇，脆碧柔青積箱筥。若翁與客興皆豪，攀壁緣厓色無沮。伐木鳴鶯歷窈深，問梓尋橋看仰俯。林幽花鳥不辨名，壑傳煙霞各爲所。題名塔頂頗危升，窺燈佛洞聊凝佇。奇觀書葉詩屢成，小憩班荆杯輒舉。離離天際見帆來，忽忽空中聽人語。要知會合不尋常，試指鄉山列寰宇。坐來卿月在尊罍，更吸清輝照肝肺。」（獻花巖志志異蓄第七。按：魯鐸魯文恪公文集卷一此詩題作劉尚寶克柔邀同其父友桂翁遊牛首獻花巖次白樓韻。）

徐文溥次吴太常韵：「巨靈何年劈開天闕高如許？我欲携屐作山主，祝融爲我先驅除。掃重陰，息淫雨。春風拂衣帶，草露濕筐筥。嵐光帶日生，殘雲隔林沮。文軒逐隊各後先，山花壓帽時欹俯。暖風氤氲似欲醉，神遊汗漫何底所？浮圖空中高雙立，行行我亦勞瞻佇。須臾捫歷巉峨之石磴，雙袖飄飄輕霞舉。千丈峰頭一長嘯，萬籟風生驚相語。君不見，白馬小兒昔渡江，萬古浮雲散天宇。我今安得解悟真乘人，與之三年面壁忘心腑。　郡公大手詩燕許，擊竹豪吟忘賓主。得句大叫山神驚，揮毫落素飄風雨。孤鶴啄煙忽飛去，山僧洗研供茗筥。我亦挺戈騷壇下，距踊直前無却沮。況當絶頂望大荒，千山萬壑眼中俯。當時何人坐説法，百鳥銜花獻其所。蒼苔渺茫不可尋，石上惆悵空復佇。斗酒且作詩百篇，玉盞生波不停舉。醉來便即卧草茵，静聽古洞神龍語。山中樂事殊未央，疏林夕照欺層宇。却怪馬蹄促我歸，城闉擾擾還塵腑。」（獻花巖志志異蓄第七）

周用次吴太常韵：「牛首之山在何許，欲問明朝南道主。誰遣紛紛江山雲，化作蕭蕭夜來雨。平明童子市中歸，紫笋青芹動盈筥。門前車馬慘不發，座上賓客色皆沮。當面群山頂可摩，入耳清歌首先俯。便欲移文訟雨師，龍國何人在王所？百壺聊用洗愁寂，雙足那能慰延佇。洞天窈窕懷小酉，詩陣縱横圖載舉。長卿此興復不淺，東向招招作吴語。當今白日照涂泥，坐見青春轉寰宇。肯辦官曹十日閑，謾與山林論肺腑。」（獻花巖志志異蓄第七。按：周用周恭肅公文集卷八此詩題作劉尚寶約遊牛首阻雨次白樓吴太常韵。）

按：周用字行之，吴江人。據徐階周公用墓誌銘（國朝獻徵録卷二十五），周用時任南京兵科給事中。

王韋次吴太常韵：「結駟招提更誰許，東南彦碩成賓主。靈鷲銜花經幾秋，至今散作空山雨。行厨不用玉爲盤，山蔌溪毛薦筐筥。振衣直與高寒期，躡屐肯爲嶄巖沮？飛閣緣崖鐵鎖攀，此事可仰不可俯。勞勞陌上已無亭，息息山中欣有所。暫揮落日與徘徊，却望閑雲共凝佇。吾翁浩歌叢杜篇，風吹髯鬢飄然舉。寂寥衆籟不敢鳴，坐逼青霄聽鈴語。牛山不得長江流，匹練西來亘寰宇。何時共約佛圖澄，盡挽波濤濯塵腑。」（獻花巖志志異蓄第七）

按：王韋字欽佩，南京人。據顧璘王先生韋傳（國朝獻徵録卷七十二），王韋時任南京禮部儀制司郎中。

陳沂次吴太常韵：「愛山之癖吾自許，山非吾來屬誰主。花巖出郡三十程，興到何曾擇晴雨。一驢載裹三日糧，惟劚笋蕨食盈筥。那知列卿興更豪，風雨亦不能終沮。千盤百折到絶頂，回首下方同一俯。牛頭兩峰插雲標，但覺飛鳥宿無所。小山翁年八十强，愛此徘徊幾延佇。符台養志極奉歡，遍約群公共杯舉。座中風雅發歌咏，不作依依兒女語。一時物與人意洽，山影江光落天宇。車塵愧不能相逐，空餘想像勞心腑。」（獻花巖志志異蓄第七）

按：陳沂字宗魯，一字魯南，號石亭居士，南京人。詩、書、畫兼擅，與同里顧璘、王韋號稱「金陵三友」；三人與朱應登合稱「四大家」；又與李夢陽、何景明、徐禎卿、邊貢、朱應登、顧璘、鄭善夫、康海、王九思合稱「弘正十才子」。據顧璘陳先生沂墓誌銘（國朝獻徵録卷一百零四），陳沂弘治十四年舉鄉試，正德十二年中進士。正德九年、十年、十一年間家居金陵，與南都諸公喬宇、儲巏、王韋、陽明及其弟子等關係甚密，故亦得與遊牛首山唱酬勝會。其詩云「那知列卿興更濃」，即包括陽明在內。其獻花巖志中亦收録陽明和詩，題作次吴太常韵，則當是陽明此詩原題，後改爲遊牛首山，或是有意隱去唱酬本事耶？按諸家和詩，是次春遊實主要是唱和遊獻花巖詩韵，獻花巖志自序云：「牛頭山去城三十里……崖之半一石窟，曰獻花巖。釋氏書謂唐釋師法融居此，雪中有奇花，又有鳥銜花之異，巖因以名，而山亦以巖顯。故金陵稱叢林必曰牛首、獻花巖、祖堂，而地實相連。」

爲毅齋劉乾三子作字説。

王陽明全集卷二十四劉氏三子字説：「劉毅齋之子三人。當毅齋之始入學也，其孟生，名之曰甫學；始舉於鄉也，其仲生，名之曰甫登；始從政也，其季生，名之曰甫政。毅齋將冠其三子，而問其字於予。予曰：『君子之學也，以成其性；學而不至於成性，不可以爲學；字甫學曰子成，要其終也。學成而登庸，登者必以漸，故登高必自卑；字甫登曰子漸，戒其躐也。登庸則漸以從政矣，政者，正也，未有己不正而能正人者；字甫政曰子正，反其本也。』毅齋起拜曰：『乾也既承教，豈獨以訓吾子！』」

按：前考劉乾字克柔，號毅齋，江陰人。時任南京尚寶司卿。王陽明全集於此文題下注「乙亥」作，乃誤。按吴一鵬陪劉尚寶扶侍遊獻花巖云「劉子迎親江左來」，可見劉乾父劉僎乃在正德十一年三月來南都（携劉乾三子），而劉乾由武選來南都任尚寶司卿去此不遠。故可知陽明爲劉乾三子作字説應在正德十一年三月以後。泉翁大全集卷六十三明故大中大夫南京光禄寺卿毅齋劉公墓表：「大中大夫、南京光禄寺卿劉公乾克柔，生成化戊子，享年六十九，以嘉靖十五年丙申三月卒於正寢。天子遣守臣諭祭葬，其長子太學生甫學，與其仲季太學生甫登、甫政，卜以又明年戊戌七月二十六日，祔於厥考友桂翁墓次。……戊午領鄉薦，己未登進士，是破天荒，輒大理觀政……」劉乾弘治十二年中進士，與陽明爲同年。弘治十二年入仕（從政），生子甫政，至正德十一年，甫政十八歲，故劉乾來問其字，此尤可見陽明此字説作在正德十一年而非作在正德十年。

南湖張綖卒業南雍，與論學，深加賞識。

顧璘南湖墓誌銘：「君諱綖，字世文……癸酉領舉，年甫二十有七。丙子，卒業南雍。時陽明王公綱羅人物，訪士於汪司成，獨以君對。王與君論及武王伐商，大加驚賞，曰：『汪公謂子豪傑，真豪傑也！』平居商確義理，進退古人，多出人意表，聞者厭服。」（張南湖詩集附録）

按：前考張綎正德九年四五月入南雍，至是二年卒業。「汪司業」即汪偉，字器之，號雙溪。明清進士録：「汪偉，弘治九年三甲一名進士。江西弋陽人，字器之。授檢討，歷南京祭酒（按：誤，當作南京國子司業）。武宗南巡，率諸生請幸學，不從。嘉靖初，歷吏部侍郎，數争大禮，爲陳洸劾罷。其弟佃，爲正德進士。兄俊，爲弘治進士。」按鄧庠東溪别稿有送國子司業器之考績，作於正德十二年三月，知汪偉於正德九年三月來任南京國子司業，蓋與陽明、張綎來南都在同時。汪偉爲汪俊弟，故與陽明當早相識。

三月二十四日，羅欽順父西岡羅用俊八十壽辰，作詩賀之。

陽明壽西岡羅老先生尊丈：「早賦歸來意灑然，螺川猶及拜詩篇。高風山斗長千里，道貌冰霜又幾年。曾與眉蘇論世美，真從程洛溯心傳。西岡自並南山壽，姑射無勞更問仙。陽明山人侍生王守仁頓首稿上，時正德丙子季春望後九日也。」（詩真迹今藏浙江省博物館，陽明文集失載。）

鄧庠東溪别稿壽羅少宰允升乃翁八十由舉人三任教官：「年少曾聞薦鶚書，筆端文藻照瓊琚。鄭虔昔屢遷黌館，吕望今宜載後車。繼志賢郎登少宰，推恩綸綍賜緋魚。八千願祝莊椿壽，海屋添籌屈指初。」

魯鐸魯文恪公文集卷二壽羅西岡先生分題得鹿皮冠：「製冠誰道鹿皮迂，遲暮深山稱索居。杖履未嫌遊豕後，功名全付夢蕉餘。麑裘遠俗真同氣，麈尾多情不負渠。玉醴巵中帶清影，驚看華髮黑如初。」

按：西岡在吉安泰和，羅欽順祖居所在，羅欽順父羅用俊因以爲號，故陽明此詩所壽「西岡羅老先生」即羅欽順父羅用俊。整庵存稿卷十四有先吏部府君行述：「羅氏系出豫章，初祖諱詢……和甫生叔大，號大觀，始徙（泰和）邑南鄉上模里之西岡……家君……庚辰加封通議大夫、南京吏部右侍郎。是冬感寒疾……癸未四月，偶痰氣壅滯，至十九日巳時，竟不起。生正統丁巳四月一日戌時，享年八十有七……家君諱用俊，字舜臣，别號栗齋，又號西岡退叟。」是正德十一年正爲其八十大壽。陽明詩作於三月二十四日，距羅用俊壽辰無多日，按羅欽順整庵履歷記云：「正德十一年丙子，春三月，解南京工部事。」（困知記附録）可見陽明此賀壽詩寫成後，即由羅欽順帶往西岡賀呈（鄧庠賀詩亦然）。蓋羅欽順正德十年陞南京吏部右侍郎來留都，陽明亦在正德九年陞南京鴻臚寺卿，兩人多有往來論學，陽明是次作祝壽詩，當即出於羅欽順之請。魯鐸詩亦是賀羅用俊八十壽辰之作，蓋魯鐸爲泰和東岡人，西岡羅氏與東岡魯氏世代交好，羅欽順整庵履歷記云：「弘治十五年壬戌。春，同考禮部會試。得一卷，三場俱優……主考吴匏庵先生置之首選，及拆卷，乃景陵魯鐸，果丙午舉人也。」時魯鐸任南京國子祭酒，與陽明關係密切，故同有賀詩也。

四月，鴻臚司儀署丞馬思仁之父馬珍卒，爲作墓誌銘。

王陽明全集卷二十五登仕郎馬文重墓誌銘：「沛漢臺里有馬翁者，長身而多知。涉書史，少喜談兵，交四方之賢，指畫山川道里弛張闔闢，自謂功業可掉臂取。嘗登芒碭山，左右眺望，嘻吁慷慨，時人莫測也。中年從縣司辟爲掾，已得選，忽不愜，復遂棄去。授登仕郎。既老，歸與家人力耕，致饒富，輒以散其族黨鄉鄰。葬死恤孤，賑水旱，修橋梁，惟恐有間。既乃益循飭。邑人望而尊之，以爲大賓焉。年八十六，正德丙子四月三日，無疾而卒。長子思仁，時爲鴻臚司儀署丞，勤而有禮，予既素愛之。至是聞父喪，慟毀幾絶，以狀來請予銘，又哀而力，遂不能辭。按狀，翁名珍，字文重……以是年某月某日葬祖塋之側。」

五月，孟源受學歸滁，爲其卷書言贈别，並作與滁陽諸生書、詩答問論學。

王陽明全集卷八書孟源卷：「聖賢之學，坦如大路，但知所從入，苟循循而進，各隨分量，皆有所至。後學厭常喜異，往往時入斷蹊曲徑，用力愈勞，去道愈遠。向在滁陽論學，亦懲末俗卑污，未免專就高明一路開導引接。蓋矯枉救偏，以拯時弊，不得不然，苦終迷陋習者，已無所責。其間亦多興起感發之士，一時趨向，皆有可喜。近來又復漸流空虛，爲脱落新奇之論，使人聞之，甚爲足憂。雖其人品高下，若與終迷陋習者亦微有間，然究其歸極，相去能幾何哉！孟源伯生復來金陵請益，察其意向，不爲無進；而説談之弊，亦或未免，故因其歸而告之以此。遂使歸告同志，務相勉於平實簡易之道，庶幾無負相期云耳。」

同上，卷二十六與滁陽諸生書並問答語：「諸生之在滁者，吾心未嘗一日而忘之。然而闊焉無一字之往，非簡也，不欲以世俗無益之談徒往復爲也。有志者，雖吾無一字，固朝夕如面也；其無志者，蓋對面千里，况千里之外盈尺之牘乎！孟生歸，聊寓此於有志者，然不盡列名，且爲無志者諱，其因是而尚能興起也。『或患思慮紛雜，不能强禁絶。』陽明子曰：『紛雜思慮，亦强禁絶不得，只就思慮萌動處省察克治，到天理精明後，有個物各付物的意思，自然静專，無紛雜之念。大學所謂「知止而後定」也。』」「德洪曰：滁陽爲師講學首地，四方弟子，從遊日衆。嘉靖癸丑秋，太僕少卿吕子懷復聚徒於師祠。洪往遊焉，見同門高年有能道師遺事者。當時師懲末俗卑污，引接學者多就高明一路，以救時弊。既後漸有流入空虚，爲脱落新奇之論。在金陵時，已心切憂焉。故居贛則教學者存天理，去人欲，致省察克治實功。而征寧藩之後，專發致良知宗旨，則益明切簡易矣。兹見滁中子弟尚多能道静坐中光景。洪與吕子相論致良知之學無間於動静，則相慶以爲新得。是書孟源伯生得之金陵。時聞滁士有身背斯學者，故書中多憤激之辭。後附問答語，豈亦因静坐頑空而不修省察克治之功者發耶？」

按：錢德洪跋中所云「是書孟源伯生得之金陵」，即指孟源是次受學携此書歸滁；所云「當時師懲末俗卑污，引接學者多就高明一路，以救時弊」，即指書孟源卷中所言「向在滁陽論學，亦懲末俗卑污，未免專就高明一路開導引接……以拯時弊」。可見書孟源卷與與滁陽諸生書並問答語作在同時，皆由孟源自金陵携歸滁陽也。

阳明寄滁陽諸生：「一别滁山便兩年，夢魂常是到山前。依稀山路還如舊，只奈迷茫草樹煙。歸去滁山好寄聲，滁山與我最多情。而今山下諸溪水，還有當時幾派清。」憶滁陽諸生：「滁陽姚老將，有古孝廉風。流俗無知者，藏身隱市中。」（三詩見孟津良知同然録上册，陽明文集失載。）

陽明姚瑛贊：「世胄之家，鮮克有禮。後之人有聞之名而興起者乎！」（光緒滁州志卷七之二，陽明文集失載。）

按：詩云「一别滁山便兩年」，陽明正德九年五月離滁至南京，下推兩年，則在正德十一年五月，此三詩蓋皆孟源携歸滁陽者。良知同然録（今藏臺北圖書館）由孟津編，書前有孟津序云：「吾懼乎學之日遠於良知也，乃爲緝同然録，以授吾兩庠之來學，使翕然興起之餘，得斯録而各知求諸其心焉。以此而成身，以此而淑人，以此而施諸國家天下，庶幾乎一體同然之意，而聖學之要因是以復明。否則將吾亦不免焉，以身謗師門也，何以録爲？遂梓之以告夫四方同志。歲在嘉靖丁巳夏五月端陽日，門人南滁孟津書於赤壁之舟中。」按陽明書魏師孟卷云：「心之良知是謂聖。聖人之學，惟是致此良知而已……愚不肖者，雖其蔽昧之極，良知又未嘗不存也，即與聖人無異矣。此良知所以爲聖愚之同具，而人皆可以爲堯舜者……每以啓夫同志，無不躍然以喜者，此亦可以驗夫良知之同然矣。」（王陽明全集卷八）孟津編陽明集而取名「良知同然録」者，即本此。孟津亦陽明弟子，正德八年十月陽明來滁州督馬政，孟津與兄孟源同來受學，南滁會景編卷六有孟津詩云：「萬曆癸酉改元夏五月，新建伯王龍陽正意奉命南來，經滁謁尊翁祠，太僕卿李漸庵、陸五臺與津咸在，距嘉靖癸亥龍陽過滁謁祠又十年矣。」並有同王龍溪兄丈謁祠云：「共學師門别有年，衰齡何幸遠拔轅。」又有孟津次盛汝謙詩韵云：「髫年曾此侍吾師，忽與仙郎共謁祠。」是孟津正德八年來受學陽明時方在髫齡，亦爲陽明瑯琊題名所云「門人二十有八人」之一。陽明此二詩「寄滁陽諸生」，自包括孟津在内，故爲孟津所得，編入良知同然録中。憶滁陽諸生不知與誰，按詩云「滁陽姚老將」，當是指滁陽姚瑛，光緒滁州志卷七之二有云：「姚成，唐姚鳳裔。洪武初，扈駕渡江。後討川廣凱捷，上授滁州衛指揮使。卒謚『忠懿』，傳世職。萬曆間（按：當作正德間），瑛襲爵居家，以孝友著。蒞官多政績，漕撫都御史蔡公上其事，欲大用之。詔至，瑛以母老致仕，闔門不出，日與其弟稱觴母前。時太僕寺卿王陽明先生與瑛交最善，贈以詩云：『滁陽姚老將……』復贊云：『世胄之家……』」可見姚瑛亦爲陽明弟子，正德八年其爲「諸生」居家來學，蓋姚成以武功著，姚瑛世襲指揮使職，故陽明戲稱其爲「姚老將」也。

六月，雲卿因父卒歸鎮江，有書致慰。

新刊陽明先生文録續編卷一寄雲卿：「尊翁厭世，久失吊慰。雲卿不理於讒口，乃得歸，書送終之禮，此天意也；哀疚寂寥，益足以爲反身修德之助，此天意也，亦何恨，亦何恨！君子之學，唯求自得，不以毁譽爲欣戚，不爲世俗較是非，不以榮辱亂所守，不以死生二其心。

故夫一凡人譽之而遽以爲喜，一凡人毀之而遽以爲戚者，凡民也。然而君子之自責則又未嘗不過於嚴也，自修則又未嘗不過於力也，夫然後可以遺榮辱，一死生。學絶世衰，善儔日寡，卓然雲卿，自愛自愛！風雨半日之程，無緣聚首，細扣新得，動心忍性，自當一日千里。嘗謂友朋言：道者在默識，德者在默成，顔子以能問於不能，有若無，實若虚，犯而不較，此最吾儕準的。雲卿進修之功，想亦正如此矣。秋半乘考滿，且反棹稽山，京口信宿其期也。不盡不盡。」

按：陽明此書云「京口信宿其期」，蓋是雲卿爲京口（鎮江）人，其歸京口送終，南京至京口爲半日之程，兩人相隔不得見，故此書云「雨風半日之程，無緣聚首，細扣新得」。可見陽明寫此書時乃在南京任職，擬至秋半考滿歸省稽山，順道經京口與雲卿一見。考陽明生平在南京任職而至三年考滿者，唯有正德九年至十一年在南京任鴻臚寺卿時，可見陽明此書當作在正德十一年夏中。秋半以後，陽明在九月陞都察院左僉都御史，巡撫南、贛、汀、漳等處，十月歸越，當會踐約經京口與雲卿一見。雲卿，無考，據此書，其爲京口人，亦陽明弟子。徐愛横山遺集卷上有別唐雲卿詩，並與鎮江夜渡詩排列在一起，疑此唐雲卿即陽明此書所云「雲卿」。別唐雲卿云：「麒麟出郊藪，物異人莫認。絶學世鮮倫，難明亦難信。子獨言下承，髖髀迎利刃。秋月無隱光，春雷有餘震。氣鋭折或摧，質堅磨不磷。請勵剛健德，毋爲俗所狥。□室諒不遐，明心在精進。」所謂「□室諒不遐」，即指雲卿京口家室距南京不遠，此詩應即是次徐愛送雲卿歸京口所作。按顧璘息園存稿詩卷八有贈唐員外雲卿二首云：「京口通鄉井，台南接宦遊。」又毛伯温東堂集卷七有費亨甫唐雲卿同遊焦山云：「昔年畫鷁過京口，遥望金焦思一登。」是唐雲卿確爲京口人，必爲陽明此書所言「雲卿」矣。

陸澄書來請問大學中庸註，有答書。

王陽明全集卷四與陸原静：「書來，知貴恙已平復，甚喜！書中勤勤問學，惟恐失墜，足知進修之志不怠，又甚喜！異時發揮斯道，使來者有所興起，非吾子誰望乎？所問大學中庸註，向嘗略具草稿，自以所養未純，未免務外欲速之病，尋已焚毁。近雖覺稍進，意亦未敢便以爲至，姑俟異日山中與諸賢商量共成之，故皆未有書。其意旨大略，則固平日已爲清伯言之矣。因是益加體認研究，當自有見。汲汲求此，恐猶未免舊日之病也。」

按：陽明之作大學中庸註，當在謫居龍場驛時，蓋與其作五經臆説同時。其後旋有大學古本之悟，尋即焚毁大學中庸註，亦與其焚毁五經臆説同時也。錢德洪陽明先生年譜云：「先生在龍場時，疑朱子大學章句非聖門本旨，手録古本，伏讀精思，始信聖人之本簡易明白。其書止爲一篇，原無經傳之分。格致本於誠意，原無缺傳可補。」蓋陸澄向陽明請問大學中庸註時，其書早已焚毁，陽明已作成朱子晚年定論，並思量另作新註（即大學古本傍釋）。傳習録卷上即録有陸澄記語録：「澄問學、庸同異。先生曰：『子思括大學一書之義，爲中庸首章。』」此條語録即與陽明作此與陸原静書記在同時。後來陽明又作與陸清伯書云：「大學謂之『格物致知』，在書謂之『精一』，在中庸謂之『慎獨』，在孟子謂之『集義』，其工夫一也。向在南都，嘗謂清伯喫緊於此。」（王陽明全集卷二十七）即指此與陸原靜一書也。按陸澄約在是年七月歸歸安（爲來年春赴南宮試與發起雪上耕田之舉），故可知陽明此書約作於六月間（見下）。

七月，有詩寄南山潘府。

王陽明全集卷二十寄潘南山：「秋風吹散錦溪雲，一笑南山雨後新。詩妙盡從言外傳，易微誰見畫前真？登山脚健何妨老，留客情深不計貧。朱呂月林傳故事，他年還許上西鄰。」

按：「潘南山」即潘府，字孔修，號南山，上虞人。成化二十三年進士。明史卷二百八十二有傳。國榷卷四十八：「正德七年十月甲辰，吏部薦終養按察副使潘府，致仕工部虞衡司員外郎祝萃，養疾御史盧格、主事張翊，許之。」是潘府致仕終養在正德七年，光緒上虞縣志校續卷八潘府傳：「既致仕歸，屏居南山，闢南山書院，聚徒講學。布衣蔬食，足不入城市。修正五經、四書傳註及周程四子集，參互考訂，爲書二十餘種。所著素言，競傳誦之。與王守仁講學，頗有異同。」蓋潘府主程朱學，與陽明多不合。陽明詩云「詩妙盡從言外傳，易微誰見畫前真」，即指潘府在南山修正五經、四書傳註。「錦溪」，即疊錦溪，光緒上虞縣志校續卷二十二：「疊錦溪，在縣北，馬融故宅之西，宋朱文公晦庵講學於此。宋朱子詩：『疊錦溪邊馬融宅，坐看春雨落斜斜。石渠流出桃花片，知是當年宰輔家。』」「朱呂月林傳故事」，用朱熹、呂祖謙講學於月林精舍事，光緒上虞縣志校續卷二十八：「月林堂，在縣北五大夫里，宋淳熙間潘時建。」南山有南山書堂，光緒上虞縣志校續卷二十八：「南山書堂，在縣北寒山之麓，明太常潘府建……始建實弘治戊午冬至日也……厥後甲戌、乙亥間……相度重建之。」陽明寄此詩，或與潘府重建南山書堂有關，故詩云「他年還許上西鄰」。

有書致弟守儉、守文、守章，勸勉立志勤學。

陽明與弟書：「鄉人來者，每詢守文弟，多言羸弱之甚。近得大人書，亦以爲言，殊切憂念。血氣未定，凡百須加謹慎。弟自聰明特達，諒亦不俟吾言。向日所論工夫，不知弟輩近來意思如何，得無亦少荒落否？大抵人非至聖，其心不能無所係著，不於正，必於邪；不於道德功業，必於聲色貨利。故必須先端所趣向，此吾向時立志之説也。趣向既端，又須日有朋友砥礪切磋，乃能薰陶漸染，以底於成。弟輩本自美質，但恐獨學無友，未免縱情肆志而不自覺。李延平云：『中年無朋友，幾乎放倒了。』延平且然，況後學乎？吾平生氣質極下，幸未至於大壞極敗，自謂得於扶持之力爲多。古人蓬麻之喻，不誣也。凡朋友必須自我求之，自我下之，乃能有益。若悻悻自高自大，勝己必不屑就，而日與汙下同歸矣。此雖子張之賢，而曾子所以有堂堂之歎也。石川叔公，吾宗白眉，雖所論或不能無過，然其志向清脱，正可以矯流俗汙下之弊。今又日夕相與，最可因石川以求直諒多聞之友，相與講習討論，惟日孜孜於此，而不暇及於其他，正所謂置之莊嶽之間，雖求其楚，不可得矣。守儉弟漸好仙學，雖未盡正，然比之聲色貨財之習，相去遠矣。但不宜惑於方術，流入邪徑。果能清心寡欲，其於聖賢之學，猶爲近之。却恐守文弟氣質通敏，未必耐心於此。閒中試可一講，亦可以養生却疾，猶勝病而服藥也。偶便燈下草草，弟輩須體吾言，勿以爲孟浪之談，斯可矣。長兄守仁書致守儉、守文弟，守章亦可讀與知之。」（辛丑消夏記卷五，明尺牘墨華卷一，陽明文集失載）

按：此書中云「此吾向時立志之説也」，即指其示弟立志説，作於正德十年。王守文嘗於正德九年、十年來南都受學，故此書云「向日所論工夫，不知弟輩近來意思如何」。書中所云「石川叔公」，即陽明族叔祖王克彰，時亦自南都歸越家居，故此書云「今又日夕相與，最可因石川以求直諒多聞之友，相與講習討論」。可見此書作在正德十一年。按是年八月陽明陞都察院左僉都御史，巡撫南、贛、汀、漳等處，此書以不言及陞都察院左僉都御史與歸省返越事，則當作在八月以前，蓋與其作與弟伯顯札先後相及也。（見下）

薛侃欲赴南宫春試别歸，徐愛作序送之。

横山遺集卷下贈薛子尚謙序：「尚謙之質樸而美全，又從陽明先生學，信而有得，故益混然不見言行之可議。而尚謙求過之意，又獨懇切於人人。北行之别，乃復拳拳，使予心戚戚而不能忘也。乃姑自訟其過，以求尚謙正之。予始學於先生，數年惟循迹而行。久而大疑且駭，然不敢遽非，必反而思之。思之稍通，復驗之身心，既乃恍若有見，已而大悟，不知手之舞、足之蹈，曰：『此道體也，此心也，此學也。』人性本善也，而邪惡者客感也。感之在於一念，去之在於一念，無難事，無多術。且自恃稟性柔，未能爲大惡，則以爲如是終身可矣，而坦坦然、而蕩蕩然樂也，孰知久則私與憂復作也，忽之則無所進，乃今大省，而知通世之痼疾存者有二，而不覺爲之害也。夫人孰不謂文字以示法，治今傳後，胥不免焉，君子攻之固傷仁，絶之亦傷智；功名以昭行，事君事親，胥不免焉，君子求之固害實，無之亦非德。故當今之時，有言絶之、無之者，非笑則詈之曰『怪』；而予始亦以爲姑毋攻焉，求不以累於心可矣，絶之、無之不已甚乎？孰知二者之賊，素奪其宜，姑之云者，是假之也，是故必絶之、無之，而後可以進於道，否則終不免於虛見，且自誣也。予用深懼，乃作歌，時時悲吟以自警。其詞曰：雕蟲之技亦可爲，楚漢後天誰是非？譬之蔓草根已培，失今不除蔓將滋。蔓草難圖況心兮，心兮心兮老空悲，人生一死不復回。」

按：薛侃於正德九年五月來南都受學，陽明謂「尚謙始從予於留都，朝夕相與者三年」（祭國子助教薛尚哲文），則其當在正德十一年五月以後別陽明歸，蓋爲欲赴南宫試也。徐愛此序所云「北行之別」，即指薛侃北上赴來年南宫春試。按徐愛在秋七月即考滿離南都入京，蕭鳴鳳徐愛墓誌銘云：「丙子秋，考績，便道歸省。」以徐愛在正德七年六月以祁州知州考滿進京考之，徐愛是次考滿進京必在正德十一年秋七月，故徐愛此序當作在秋七月之前。又薛侃是次别陽明乃爲欲赴來年南宫試，然其是先歸玉山見母，然後再北上入京。蓋其兄薛俊時任玉山縣教諭，接母來玉山。陽明祭國子助教薛尚哲文明云：「尚謙始從予於留都，朝夕相與者三年。歸以所聞於予者言君，君欣然樂聽不厭，至忘寢食，脱棄其舊業如敝屣。」可見薛侃確嘗先歸玉山見母與兄，至冬間方北上入京，次年遂中進士，蓋與陸澄全同也（見下）。

陸澄赴南宫試歸省，作序贈别。

王陽明全集卷七贈陸清伯歸省序：「陸清伯澄歸歸安，與其友二三子論繹所學，贈處焉。二三子或曰：『清伯之學日進矣。始吾見清伯，其氣揚揚然若浮雲，其言滔滔然若流波；今而日默默爾，日慊慊爾，日雍雍爾，日休休爾，有大徑庭焉。以是知其進也。』或曰：『清伯始見夫子，一月一至；既而旬一至；又既而五六日三四日而一至；又既而遷居於夫子之傍；後乃請於夫子掃庾下之室而旦暮侍焉。夫德莫淑於尊賢，學莫尚於親師。故趨權門者日進於勢，遊市肆者日進於利，清伯於夫子之道日加親附焉。吾未遑其他，即是，可以知其學之進也矣。』清伯曰：『有是哉？澄則以爲日退也。澄聞夫子之教而茫然，已而欿然，忽耿然而疑，已而大疑焉，又閃然大駭，乃忽闖然若有覩也。當是時，則亦幾有所益焉。自是且數月，蓋悠焉游焉，業不加修焉，反而求焉，倀倀然，頹頹然，昏蔽擴而愈進，私累息而愈興，衆妄攻而愈固，如上灘之舟，屢失屢下，力挽而不能前，以爲日退也。』明日，又辭於陽明子，二三子偕焉，各言其所以。陽明子曰：『其然乎！其然乎！謂己爲日退者，進修之勵，善日進矣；謂人爲日進者，與人爲善者，其善亦日進矣。雖然，謂己爲日退也，而意阻焉，能無日退乎？謂人爲日進也，而氣歉焉，亦能無日退乎？斯又進退之機，吉凶之所由分，可無慎乎！」

横山遺集卷下送陸子清伯行序：「始客有語：『清伯於科舉之學，蚤作夜思，食忘味，寢忘寐，出忘容，對客忘言，博考精會，非徒欲獵近義，繪時文，其專有如此者；以六經之義奥，非專門莫究，乃不恥屈己以師同輩焉，其謙有如此者。』予曰：『惜哉！何不務是以求道？』客曰：『彼將有所利也。今之言道，莫陽明夫子若，而世方鬨然詆議，彼苟有慕，人將畏而違之，何利焉？』予曰：『不然。清伯且來，未可知。不曰專乎？專者，志之聚也，專而不達，不變；不曰謙乎？謙者，氣之虚也，謙而弗應，必反。夫道也者，虚其體也，一其用也。唯克己可以致虚，故謙者，克之萌也；唯凝神可以致一，故專者，凝之漸也。其機則然，故曰清伯且來。』越數日，清伯果齋潔執弟子禮，來叩陽明夫子之門，夫子納焉。先定之以立志，次培之以濯□，見乃密之以存養省察之功。自天地之變化，群言之同異，雖靡所不辯，而恒化□以不言之教。久之，清伯憮然曰：『微夫子，幾不喪吾生！』嗚呼！道果在我，何事外求？學果在獨，何事博取？故不知三才合一之道者，不可以言理；不知理者，不可以言性；不知性者，不可以言心；不知心者，不可以言知；不知知者，不可以言行；不知行者，不可以言學。故知學則可以窮理，窮理則可以盡性，能盡其性則可以盡人之性、盡物之性，則可以參兩間、贊造化，此豈依仿名迹私智小見者所能也？故曰：『維天下至誠，爲能經綸天下之大經，立天下之大本，知天地之化育。』夫焉有所倚？又曰：『苟不固聰明聖智達天德者，其孰能知之？』吾今而後乃知夫子之學，其一出於性情之真實，而功用自無不大者如此。彼世之懵然詆議者，或且不免自蹈虚無茫昧之失乎？嗚呼！君子亦求自慊而已矣，此豈可以口舌争哉？會南宫期迫，清伯將歸省而行，謂友道不可無所贈别。予乃言曰：『子之於道，既知其大而有本矣；於學，既知其博而有要矣。然充之宜有漸也，居之宜有恒也。予嘗病質懦，稍離師友，即頽墮不自勝，百邪襲而憂患生。因思古之聖賢，獨立而不懼，遯世而無悶，此何爲者也？清伯無予之懦病，或亦有離索之歎乎？則請同事於弘毅，以行子之所知。清伯以予爲多言否邪？』

按：陽明此序，王陽明全集於題下注「乙亥」作（正德十年），乃誤。按正德十二年纔有南宫春試，即徐愛序所言「會南宫期迫」，故陽明此序必作於正德十一年。徐愛在是年秋七月考滿入京，其序當作在其離南都赴京之前，可知陸澄歸歸安即在七月中。蓋陽明其時作成朱子晚年定論以授門人，招致四方攻詆，即徐愛序中所云「世方閧然詆議」，「懵然詆議」，徐愛實借作送別序代師立言，尤具深意焉。

徐愛考滿進京。

蕭鳴鳳徐愛墓誌銘：「丙子秋，考績，便道歸省。」

按：徐愛在秋七月考滿進京，至十一月便道歸省回越，得見陽明與陸澄（見下考）。

八月十九日，以兵部尚書王瓊薦，陞都察院左僉都御史，巡撫南、贛、汀、漳等處。

國榷卷五十：「正德十一年八月戊辰，南京鴻臚寺卿王守仁爲左僉都御史，巡撫南、贛、汀、漳。」

王瓊晉溪本兵敷奏卷十南贛類爲地方有事急缺巡撫官員事：「照得先因南、贛等處四省接境，地方無官節制，以此添設巡撫都御史一員，專一禁防盜賊，安緝居民。今未及一年，凡陞調都御史陳恪、公勉仁、文森、王守仁共四員。內文森遷延誤事，見奉勑切責，乃敢託疾避難，奏回養病。見今漳州盜賊縱横，民遭荼毒。脱或王守仁亦見地方多故，假託辭免；或在途遷延，不無愈加誤事？合無早請寫勑本部，差人賫捧馳驛，晝夜前去南京，交與守仁，上緊前去南、贛地方。查照本部節次，題奉欽依內事理，逐一遵依施行，不許遲延。其文森既係奉勑切責官員，幸不加罪，合無以後不必起用，以爲推好避事者之戒。及行吏部今後但係本部議設邊方巡撫官員，務照近日户科給事中劉洙奏准事例，無故及在任日淺，不必更調遷轉。正德十一年八月二十五日，具題奉聖旨：『是既地方有事，王守仁着上緊去，不許辭避遲誤。欽此。』」

王陽明全集卷九辭新任乞以舊職致仕疏：「臣原任南京鴻臚寺卿……至今年九月十四日，忽接吏部咨文，蒙恩陞授前職。」謝恩疏：「臣原任南京鴻臚寺卿，正德十一年九月十四日，准吏部咨爲缺官事，該部題：『奉聖旨：「王守仁陞都察院左僉都御史，巡撫南、贛、汀、漳等處地方，寫敕與他。欽此。」欽遵。』」給由疏：「本日到任吏部劄付，蒙陞南京鴻臚寺卿，本月二十五日到任，至正德十一年九月十四日止，連閏歷俸二十九個月零十二日。本日准吏部咨，蒙恩陞都察院左僉都御史，巡撫南、贛、汀、漳等府。」

按：錢德洪陽明先生年譜云：「九月，陞都察院左僉都御史，巡撫南、贛、汀、漳等處。」不確。陽明陞都察院左僉都御史命下在八月十九日，九月十四日乃是陽明接到吏部咨文之日。陽明是次新除，乃是接文森之任。國榷卷五十：「正德十一年正月丙午，南京太僕寺少卿文森爲右僉都御史，巡撫南、贛、汀、漳。」然文森實未敢接任，竟託疾避難，養病逃歸。文徵明文森行狀諱言其事，然陽明謝恩疏中云：「十一月十四日續准兵部咨，爲緊急賊情事，内開都御史文森遷延誤事。見奉敕書切責：『乃敢託疾避難，奏回養病。見今盜賊劫掠，民遭荼毒。萬一王守仁因見地方有事，假託辭免，不無愈加誤事？』該本部題：『奉聖旨：「既地方有事，王守仁着上緊去，不許辭避遲誤。欽此。」』」是自正月至八月都察院左僉都御史空缺，無人敢往江西多事之地，朝廷乃强命陽明巡撫江西，實亦無所謂兵部尚書王瓊之薦也。

許完自潤來訪，請作四友亭記，乃爲章懋四友亭記作跋贈之。

陽明跋楓山四友亭記：「四友之義，楓山之記盡矣，雖有作者，寧能有加乎？補之迺復靳予言，予方有詩文戒，又適南行。異時泊舟鐵甕，拜四君子於亭下，尚能爲補之補之。」（中國古代書畫圖目（十五），陽明文集失載）

按：「楓山」即章懋，字德懋，號楓山，蘭溪人。查今楓山集中無四友亭記文，當爲亡佚之篇。「補之」應即許完，字補之，鎮江丹徒人。光緒丹徒縣志卷三十三：「許完，字補之，直隸丹徒縣人。弘治乙丑進士，授蘭溪知縣。擢御史，按河南，重建蘇門嘯臺，慶陽李夢陽爲之記。夢陽撰察院題名碑，稱完清河南軍三年，數上封事，所規畫率軍便。吴郡徐禎卿亦有贈詩。」光緒蘭溪縣志卷四：「許完，字補之，丹徒人。正德三年以進士授知縣。持身端潔，蒞政嚴明。擢江西道監察御史。」蘭臺法鑒録卷十三：「許完……由蘭溪知縣，選江西道御史。清軍河南，劾中貴錢寧，下獄。降定州通判，復起原職，陞浙江副使卒。」鎮江有四友亭，即許完所構。空同集卷三有四友亭賦云：「緊許氏之爲亭也，左崇嶺，右大江……屹鐵城之東圻，割勾吴之西封，圍之以金焦之秀，標之以芝山之峰……兹四物者，非天下之至靈歟？而奚萃吾亭也！迺有蘭昆玉季，雁行雙雙，攀勁拊脩，振英掇穠，人取其一，稱爲『四友』。」華泉集卷二有四友亭（有序）云：「鎮江之墟有亭峙焉，左松右竹，前梅後柏，許氏四兄弟之所居而友之者也。松友伯焉，竹友仲焉，梅友叔焉，柏友季焉。……」何孟春何燕泉集卷一有題御史完四友亭卷。按章懋日記云：「先生掌太學，完爲國子生。令蘭溪時，凡有難行之事，必稟正焉。」許完實爲章懋門人。據章懋蘭溪縣志序，許完正德三年至六年任蘭溪縣令，與章懋關係甚密，嘗將章懋、鄭錡撰蘭溪縣志重訂付梓。章懋爲作四友亭記即在此時。正德六年春以後許完居丹徒（徐楨卿有送許補之還丹徒）。陽明此跋文所云「鐵甕」，即指鎮江。所謂「又適南行，異時泊舟鐵甕」，指陽明時方在南都任職，不久將南下歸越，途中必經鎮江，得拜四君子亭，便可爲許完補寫四君子亭記。故可知此「南行」當指正德十一年九、十月自南都歸越之行，跋即作在其時。

有書致弟王守文，勉其有志於聖學。

陽明與弟伯顯札一：「比聞吾弟身體極羸弱，不勝憂念。此非獨大人日夜所彷徨，雖親朋故舊，亦莫不以是爲慮也。弟既有志聖賢之學，懲忿窒欲，是工夫最緊要處。若世俗一種縱欲忘生之事，已應弟所決不爲矣，何迺亦至於此？念汝未婚之前，亦自多病，此殆未必盡如時俗所疑，疾病之來，雖聖賢亦有所不免，豈可以此專咎吾弟；然在今日，却須加倍將養，日充日茂，庶見學問之力果與尋常不同。吾固自知吾弟之心，弟亦當體吾意，毋爲俗輩所指議，乃於吾道有光也。不久吾亦且歸陽明，當携弟輩入山讀書，講學旬日，始一歸省，因得完養精神，薰陶德性，縱有沉疴，亦當不藥自愈。顧今未能一日而遂言之，徒有悃然，未知吾弟兄終能有此福分否也？來成去，草草，念之！長兄陽明居士書，致伯顯賢弟收看。」（式古堂書畫彙考 書考卷二十五，陽明文集失載）

按：札云「不久吾亦且歸陽明……始一歸省」，即指陽明八月陞都察院左僉都御史，將歸省回越，可知此札作在八月中。「伯顯」即王守文，字伯顯。

陽明與弟伯顯札二：「此間事汝九兄能道，不欲瑣瑣。所深念者，爲汝資質雖美，而習氣未消除；趣向雖端，而德性未堅定。故每得汝書，即爲之喜，而復爲之憂。蓋喜其識見之明敏，真若珠之走盤；而憂其舊染之習熟，或如水之赴壑也。汝念及此，自當日嚴日畏，決不能負師友屬望之厚矣。此間新添三四友，皆質性不凡，每見尚謙談汝，輒嘖嘖稱歎，汝將何以副之乎？勉之，勉之！聞汝身甚羸弱，養德養身上只是一事，但能清心寡欲，則心氣自當和平，精神自當完固矣。餘非筆墨所能悉。陽明山人書寄十弟伯顯收看。印弟與正憲讀書，早晚須加誘掖獎勸，庶有所興起耳。」（同上）

按：札中所言「九兄」爲王守儉，「印弟」爲王守章。「正憲」爲王正憲，時年九歲。「尚謙」爲薛侃。陽明祭國子助教薛尚哲文云：「自君之弟尚謙始從予於留都，朝夕相與者三年。」蓋薛侃自正德九年來南都受學，三年來一直在南都未歸，直至正德十一年十月陽明赴贛，薛侃亦北上赴來年南宮春試。故傳習録中卷多爲薛侃所記。

九月十四日，陸都察院左僉都御史吏部咨文下到南京，上疏辭新任，乞以舊職致仕。

王陽明全集卷九辭新任乞以舊職致仕疏：「臣原任南京鴻臚寺卿……至今年九月十四日，忽接吏部咨文，蒙恩陞授前職。聞命驚惶感泣之餘，莫知攸措……臣自幼失慈，鞠於祖母岑，今年九十有七，旦暮思臣一見爲訣。去歲乞休，雖迫疾病，實亦因此。臣敢輒以螻蟻苦切之情控於陛下，冀得便道先歸省視岑疾，少伸反哺之私，以俟矜允之命。」

按：王陽明全集於此疏題下注「十一年十月」上，乃誤。陽明九月十四日受吏部咨文，豈會遷延至十月纔上辭新任疏？且陽明九月二十九日即離南都歸省（見下），十月已在越，問視岑太夫人，豈能事後在家再上辭新任疏，猶云「冀得便道先歸省視岑病」？故陽明上辭新任疏當在九月十四日以後不久，斷非在十月也。

南都僚友餞行，集餞於清涼山，又餞於借山亭，再餞於喬宇第，又出餞於龍江關，皆有詩倡和。

鄧庠東溪別稿遊清涼山送王都憲伯安和喬司馬希大、吴太常南夫、魯祭酒振之、汪司業器之聯句韵：「金陵清涼山，中有摩尼宅。峨峨青雲端，窅窅紅塵隔。長松掛晴旭，叢篠迷鳥迹。畹蘭含晚香，巖菊飽秋色。良辰盍華簪，離筵餞行客。垂蘿翳深谷，瓊芝俯可摘。遠水羅帶縈，遥岑珊瑚格。曲闌繞十二，斜磴躡千百。高攀玉女盆，下視彭蠡澤。涼飇滌煩襟，晨光轉駒隙。纏蔓引龍蛇，懸崖峙圭璧。島嶼芙蓉青，樓臺蜃霞赤。林巢逋仙鶴，苔護媧皇石。章甫濕山翠，旌旗拂霜白。宣性發清興，所期就丹液。自漸麋鹿情，素有山林癖。緣雲日熙熙，滿懷春拍拍。勝槩兹逢辰，野趣動疇昔。欲躋鷲嶺奇，旋烹鳳團嗌。紅樹紛煙嵐，鐵枝參古柏。每陋子長遊，惟求卜商益。頻採民隱陳，須叩天閽闢。笑吟恣遊衍，意適忘杖策。危峰一振衣，虛亭時岸幘。穗繁稻初黃，壤沃土非瘠。深竹路轉細，柔草地堪席。始登足嶇嶔，稍瞰心辟易。蟬鳴樵逕午，猿競林果獲。佳境猶啖蔗，幽尋異飡蘗。兹遊得良朋，文藻自逢掖。拄軫同盤桓，停車探隱僻。南都富靈秀，瀛洲臨咫尺。昨聞使星飛，遥指楚天碧。送別石城門，迢遞匡廬驛。後會知幾時，深杯醉何惜。蕭蕭江上帆，飄飄雲中舄。丈夫志四方，胡爲歎離索。雄略仗皇威，執俘兼折馘。王程風霆速，蒼生瞻望劇。思君渺何許，明月照秋夕。」

同上，送王都憲伯安巡撫南贛郴桂等處和喬司馬希大、吴太常南夫、魯祭酒振之、汪司業器之聯句韵：

「中丞妙選詔新裁，送別高軒出鳳臺。風動遐荒威令肅，霜清嵠峒瘴氛開。旌幢遠帶陽和去，梅信還從驛使來。良會幾時重載酒，江頭笳鼓莫頻摧。湖海汪洋宇量寬，遠紓南顧聖情歡。緋衣舊韠黄金帶，白筆新簪獬豸冠。細略靖邊民盡樂，豺狼當道膽先寒。草頭朝露流光易，留取勳名汗簡看。渺渺天南一雁飛，鍾山雲斂曉風微。裴公緑野靈椿老，萊子趨亭綵服歸。暫奉重闈春酒壽，遥瞻南國法星輝。邊疆柝静吾民樂，山甫言還補衮衣。直諒多聞獲我心，對牀清論辱知深。每懷高誼雲天薄，忽送征帆煙水潯。節操莫云包拯硯，濟時端賴傅巖霖。應知封事多民隱，鳴鳳朝陽治世音。家世吴山浙水東，翰林家學幾人同？蜚英春榜傳先澤，讞獄秋曹羨至公。心上經綸裨聖治，筆端文錦奪天工。歷官中外年華遠，蹇蹇王臣念匪躬。詩句清新思不群，綵毫落紙見春雲。同遊草閣看山色，共愛巖泉溜竹分。未許文園辭病渴，且勞鎖鑰建殊勳。蠻煙瘴雨汀潮路，一飯無忘答聖君。崎嶇鳥道倚雲長，巢穴深深草樹荒。赤子頻聞經虎害，彤弓今喜拂秋光。泰山壓卵風塵浄，黄犢耕春野水傍。四省清平更何事，行臺含笑看干將。攖攙槍四載餘，九重宵旰定何如？累提戈甲誅狐鼠，未聽邊庭息羽書。玉帳晚風吹昧爽，畫船秋月照窗虚。相期整頓炎荒後，歸步天街叙起居。棠樹螺川去後思，才名燁燁士林知。事繁棼縷無盤結，心静虚舟任所之。取友每聆開肺腑，憂民那得展愁眉。暫教進秩登臺憲，還待經邦論道時。乾坤間氣萃陽明，山聳高寒雲水清。冢宰早魁天下士，都臺今選浙中英。忠言曾犯雷霆怒，直道寧爲寵辱驚？遥想軺車行部處，南荒草木識威名。（陽明，山名，伯安別號。其乃尊以狀元歷官冢宰。）曉聽秦淮發棹歌，若爲分手奈愁何！河橋日麗銀旌遠，鄉國秋深畫錦過。暫向庭闈舒舞袖，早聞邊徼罷干戈。湖南郴桂尤荒落，洗耳人傳霈澤多。酒盡離筵醉更豪，狂吟應秃兔千毫。魏公自有平羌策，蕭相何須汗馬勞。搗穴力除狼虎虐，磨崖功並斗山高。捷書入奏天顔喜，懋賞恩覃金字袍。漂漂萍梗倍堪嗟，庾嶺章江入夢賖。京邸屢曾□霽月，吟篇猶未報瓊華。凱歌佇聽聞千里，絃誦應知動萬家。黄閣待君弘治化，銀河翹首望歸槎。」

陽明和大司馬白巖喬公諸人送別：「正德丙子九月，守仁領南、贛之命，大司馬白巖喬公、太常白樓吴公、大司成蓮北魯公、少司成雙溪汪公，相與集餞於清凉山，又餞於借山亭，又再餞於大司馬第，又出餞於龍江，諸公皆聯句爲贈，即席次韵奉酬，聊見留別之意。未去先愁別後思，百年何地更深知？今宵燈火三人爾，他日緘書一問之。漫有煙霞刊肺腑，不堪霜雪妒鬢眉。莫將分手看容易，知是重逢定幾時？謫鄉還日是多餘，長擬雲山信所如。豈謂尚懸蒼水佩，無端又領紫泥書。豺狼遠道休爲梗，鷗鷺初盟已漸虚。他日姑蘇歸舊隱，總拈書籍便移居。寒事俄驚蟋蟀先，同遊剛是早春天。故人愈覺晨星少，別話聊憑杯酒延。戎馬驅馳非舊日，筆牀相對又何年？不因遠地疎踪迹，惠我時裁金玉篇。　無補涓埃媿聖朝，漫將投筆擬班超。論交義重能相負？借别情多屢見招。地入風塵兵甲滿，雲深湖海夢魂遥。廟堂長策諸公在，銅柱何年折舊標？　孤航眇眇去鍾山，雙闕回看杳靄間。吴苑夕陽臨水别，江天風雨共秋還。離恨遠地書頻寄，後會何時鬢漸斑。今夜夢魂汀渚隔，惟餘梁月照容顔。　陽明山人王守仁拜手書於龍江舟中。餘數詩稿亡，不及録，容後便覔得補呈也。　守仁頓首，白樓先生執事。」（三希堂法帖，壬寅消夏録王陽明詩真迹卷，陽明文集失載）

周用周恭肅公文集卷七借山次韵爲吴白樓太常賦二首：「題遍長安卷裏詩，先生今日豈無辭？雙藤馬首原曾肯（借藤），箇玉亭中亦未私（借玉）。竹葉細香鄰舍酒，梅花瘦影隔墻枝。春來擬借游山句，解道勸君金屈卮。　碧山應好白家詩，一字題封百不辭。未必樓臺公有地，且教花木我無私。荒唐東海枯魚肆，容易西鄰棗樹枝。是我借山山借我，只消銀燭共金卮。」

魯鐸魯文恪公文集卷三借山次吴白樓韵：「借山元自爲耽詩，儨取須憑絶妙辭。風月可勝論價直，鶯花如解挾恩私。忘情屐齒苔三徑，寄傲峰頭杖一枝。天地本來名逆旅，過逢休放手中卮。」

按：是次南都僚友餞行，乃餞别多地，陽明均有和詩，皆亡佚。如餞别借山亭（在吴白樓宅），陽明後有借山亭詩回憶云：「疏簾細雨燈前局，碧樹涼風月下歌。」（王陽明全集卷二十）是餞別借山亭亦有和詩，旋因離南都歸越亡失，即陽明所云「餘數詩稿亡」也。

南京國子祭酒魯鐸陞國子祭酒，有詩留別。

魯鐸魯文恪公文集卷三留別喬白巖王陽明次白樓韵：「十年聚少別常多，緑鬢重看總向皤。勝地有招還遠赴，高軒無事亦頻過。離觴又對鍾山月，驛棹遥生漢水波。詩社盡收佳句在，相思隨處一長歌。」

按：國榷卷五十：「正德十一年九月丙午，南京國子祭酒魯鐸爲國子祭酒。」魯鐸在十月赴京師，故可在南都先送陽明歸越。魯鐸此詩或即在喬宇宅第餞別陽明時所作。

黄綰送來王華、陽明生日賀儀，有書答謝，論學須得其源。

王陽明全集卷四與黄宗賢書六：「宅老數承遠來，重以嘉貺，相念之厚，愧何以堪！令兄又辱書惠，禮恭而意篤，意家庭旦夕之論，必於此學有相發明者，是以波及於僕。喜幸之餘，愧何以堪！別後工夫，無因一扣，如書中所云，大略知之。『用力習熟，然後居山』之説，昔人嘗有此，然亦須得其源。吾輩通患，正如池面浮萍，隨開隨蔽；未論江海，但在活水，浮萍即不能蔽。何者？活水有源，池水無源；有源者由己，無源者從物。故凡不息者有源，作輟者皆無源故耳。」

李夢陽、邊貢、朱朴皆有詩來送行。

李夢陽空同集卷二十六秋日讀王子赴江西時諸曹贈行篇什感賦：「接攬西江轡，同懷振鐸年。匡廬並突兀，鄱水日悠然。子進薇花省，予歸蓮葉船。梁園邂逅地，把酒對秋天。」

按：所謂「諸曹贈行篇什」，即指鄧庠、吴一鵬、喬宇、魯鐸、汪偉諸人贈别詩。「接攬西江轡」，李夢陽此前任江西提學副使，故云。「同懷振鐸年」，指二人同在京師任職，同被貶謫。「子進薇花省」，指陽明任都察院左僉都使。「予歸蓮葉船」，指已歸居大梁。

同上，寄王憲使：「反側須開縣，安危亦仗兵。饒山夾岸密，鄱水向秋清。部使輕裘入，餘黎裹飯迎。怪來服從易，爲懼靖南名。」

邊貢邊華泉集卷四送王子兵備江西二首：「舊隱辭函谷，新章出漢闈。碧山留豈得，芳草怨相違。簡拔皇心注，升沉士論歸。傳聞拜恩日，猶着賞功衣。」「蓋拂匡廬過，帆飛蠡澤深。三秋持斧日，萬里渡江心。虎豹潛移窟，牛羊廣出林。祇應臺柏下，端坐聽鳴禽。」

朱朴西村詩集卷上題陽明公書扇後：「落木秋風裏，空庭夕照邊。草玄人不見，滿目是雲煙。」　卷下和陽明公入楚韵：「鄂渚煙波接素秋，仙人黄鶴有高樓。亂山明月停征騎，落木寒江倚客舟。紅袖不沾司馬淚，諸篇唯帶杜陵愁。炎方自古無霜雪，莫遣閑絲上黑頭。」

按：朱朴字元素，號西村，海鹽人。其時在南都，疑亦陽明受學弟子。

九月二十五日，赴龍江關整裝待歸。白樓吳一鵬來餞行，書以舊作贈别。

陽明小園睡起次韵寄鄉友：「林間盡日掃花眠，獨有官閑愧俸錢。門徑不妨春草合，齋居長對晚山妍。每疑方朔非真隱，始信揚雄誤太玄。混世亦能隨地得，野情總是愛丘園。

奉命將赴南、贛，白樓先生出餞江滸，示此卷，須舊作爲别，即席承命。時正德丙子九月廿五日，陽明山人王守仁書於龍江舟中。雨暗舟發，匆匆極潦草。伯安。」（壬寅消夏録王陽明詩真迹卷）

按：陽明此詩見王陽明全集卷二十，題作林間睡起，歸入「滁州詩」，作於正德九年春。

二十六日，白説、白誼兄弟來江滸送行，書四箴贈别。

陽明書四箴贈别白貞夫：「白生説貞夫，嘗從予學。予奉命將南，生與其弟追送於江滸，留信宿不能别，求所以誨勵之説。予嘗作四箴以自警，因爲生書之。

嗚呼小子，曾不知警。堯詎未聖，猶日兢兢。既墜於淵，猶恬履薄；既折爾股，猶邁奔蹶。人之冥頑，則疇與汝。不見腫瘇，砭乃斯愈？不見痿痺，劑乃斯起？人之毁詬，皆汝砭劑。汝曾不知，反以爲怒。匪怒伊色，亦反其語。汝之冥頑，則疇之比。

嗚呼小子，告爾不一，既四十有五，而曾是不憶。頑（下缺）

嗚呼小子，慎爾出話。憸言維多，吉言惟寡。多言何益，徒以取禍。德默而成，仁者言訒。孰默而譏？孰訒而病？譽人之善，過情猶耻；言人之非，罪曷有已？嗚呼多言，亦惟汝心；汝心而存，將日欽欽。豈遑多言，上帝汝臨。嗚呼小子，辭章之習，爾工何爲？不以釣譽，不以蠱愚。佻彼優伶，爾視孔醜；蹈覆其術，爾顏不厚？日月踰邁，爾胡不恤？棄爾天命，昵爾讎賊，昔皇多士，亦胥茲溺。爾猶不鑒，自抵伊亟！正德丙子九月廿六日，陽明山人王守仁書於龍江舟中。生又問：『聖賢之學，所以成身；科舉之業，將以悦親。二者或不能並進，奈何？』予曰：『成身悦親，道一而已。不能成身，不可以悦親；不能悦親，不可以成身。子但篤志聖賢之學，其緒餘出之科舉而有餘矣。』曰：『用功何如？』曰：『先定志向，立工程次第，堅持無失。循序漸進，自當有至。若易志改業，朝東暮西，雖終身勤苦，將亦無成矣，生勉之！』陽明山人書。」（文真迹今藏上海市博物館）

按：王陽明全集卷二十五有三箴一文，同此四箴而缺一箴。鄒守益王陽明先生圖譜以爲三箴爲正德十四年在虔臺作，乃誤。按三箴明云「既四十有五」，陽明此文云「予嘗作四箴以自警」，可見此四箴原作在正德十一年上半年，至九月離南都歸越時，乃於舟中抄此四箴贈别白説。前考白説、弟白誼皆陽明弟子，後來白圻卒，兩人皆以父事陽明，白説白洛原遺稿卷八復陽明中丞：「白公雖亡，王中丞弔之葬之，説之銘之，遺其二孤而又子之，白公其幸哉！」

二十八日，路迎來餞行，爲其湛甘泉所作贈兵曹路君賓陽還南都序作跋贈別。

陽明與賓陽書二：「舟行匆匆，手卷未及別寫，聊於甘泉文字後跋數語奉納。厚情亦未及裁謝，千萬照恕。守仁頓首，賓陽司馬道契文侍。凡相知中，乞爲致意。」（玉虹鑑真續帖卷八王守仁與賓陽司馬書四通，陽明文集失載）

同上，跋甘泉贈兵曹路君賓陽還南都序後：「賓陽視予茲卷，請一言之益。湛子之説詳矣，凡予之所欲言者，湛子既皆言之，予又何贅？雖然，予嘗有立志之説矣，果從予言而持循之，則湛子之説亦在其中。夫言之啓人於善也，若指迷途，其至之則存乎其人，非指迷途者之所能與矣。孔子曰：『爲仁由己，而由人乎哉！』賓陽勉之，無所事於予言。正德丙子九月廿八日，陽明山人王守仁書於龍江舟次。」（按：原題作與路賓陽書三，乃誤，茲據文意改正）

按：玉虹鑑真續帖中四書，第二書與第三書作在同時，而第三書實爲跋文，非書札也。第二書所言「甘泉文字」，即第三書所言「賓陽視予茲卷」；第二書所言「聊於甘泉文字後所跋數語」，即指此第三書。按此「甘泉文字」，即泉翁大全集卷十五之贈兵曹路君賓陽還南都序一文，該序云：「吾友路君賓陽宦學於南都，志篤而行確，與甘泉子相遇於金臺，今歸而南也。南中多學者，然吾懼其斷斷，故有以贈賓陽，庶聞吾言者，齗齗之説或息。」「金臺」即京都，指路迎北行與甘泉會見於京都，湛甘泉作序贈歸，路迎遂携甘泉贈序還南都，見陽明出視甘泉是卷。至陽明、龍江乘舟歸越時，遂就此甘泉贈序文字後作數語跋贈，即此第三書也。跋文中所言「予嘗有立志之説矣」，即指其示弟立志説，作於正德十年，其説正與甘泉此贈序同。

傅珪亦來龍江關賦詩送別。

傅珪送中丞王陽明撫鎮江右：「龍江風静潮初落，楓葉蘆花秋漠漠。船頭擊鼓催發船，爲君起舞勸君酌。憐君獨擅八斗才，夙承家學繼掄魁。納忠一疏昭日月，謫官三載留塵埃。清朝選拔採廷論，碧海神虬豈終困？省寺迴翔幾十年，超陟内臺持帝憲。愧余仰德如斗山，敢云契誼同金蘭。二子從君辱陶冶，耳提面命開蒙頑。使旌摇曳西江路，天子恩威兩宣布。禮樂三年筆底翻，叩兵數萬胸中富。大敷文教暢武功，帝曰汝來匡朕躬。唐虞治道在古學，朝夕巖廊沃聖衷。」（曹學佺石倉歷代詩選卷四百三十五）

按：國朝獻徵録卷三十三有禮部尚書傅珪傳：「傅珪，字邦瑞，保定清苑縣人。成化丁未進士，改翰林院庶吉士，授編修……劉瑾柄政，摘會典訛字，珪以嘗與纂修，降修撰。旋以史勞，陞左中允，歷侍講學士……陞禮部尚書，致仕。正德十年四月卒。」按王華成化二十三年任同考會試官，與傅珪有座主之誼，陽明與傅珪當早識，故詩云「敢云契誼同金蘭」。詩云「二子從君辱陶冶」，則傅珪二子亦爲陽明弟子。唯傳稱傳珪卒於正德十年，不可思議，疑此「正德十年」乃正德十二年之誤。

二十九日，在龍江舟中祝父王華壽。有書致林元敘，論立誠之說。

陽明龍江舟次與某人書：「立誠之說，昔已反覆，今不復贅。别後，諸君欲五日一會，尋麗澤之益，此意甚好，此便是不忘鄙人之盛心。但會時亦須略定規程，論辯疑難之外，不得輒説閑話，評論他人長短得失，兼及諸無益事。只收心静坐，閑邪存誠，此是端本澄源，爲學第一義。若持循涵養得熟，各隨分，自當有進矣。會時但粗飯菜羹，不得盛具肴品爲酒食之費。此亦累心損志之一端，不可以爲瑣屑而忽之也。舟發匆匆，不盡不盡。正德丙子九月廿九日，陽明山人守仁書於龍江舟次。」（湖海閣藏帖，陽明文集失載）

按：陽明此書不知與何人，據該書云「立誠之説，昔已反覆，今不復贅」，應指林典卿。王陽明全集卷七有贈林典卿歸省序，即專論立誠以贈别林典卿兄弟，序云：「林典卿與其弟遊於大學，且歸，辭於陽明曰：『元叙嘗聞立誠於夫子矣。今兹歸，敢請益。』陽明子曰：『立誠。』……陽明子曰：『子歸，有黄宗賢氏者、應元忠氏者，方與講學於天台、雁蕩之間，倘遇焉，其遂以吾言諗之。』」是序作於正德十年，相别在去年，故此書云「昔已反覆」。所謂「别後」，即指正德十年之别。所謂「諸君」，則指林典卿兄弟及黄宗賢、應元忠諸人。

按：九月二十九日爲王華生日，三十日爲陽明生日，前引鄧庠送王都憲伯安巡撫南贛郴桂等處云：

「裴公綠野靈椿老，萊子趨亭綵服歸。暫奉重闈春酒壽，遥瞻南國法星輝。」此詩實有祝賀王華、陽明壽辰之意，「裴公綠野靈椿老」，指王華壽辰；「萊子趨亭綵服歸」，指陽明祝壽。故可知陽明在龍江舟中必當遥祝王華壽。

三十日，在龍江舟中度過生日。

按：九月三十日爲陽明生日，前考黄綰已送來賀儀，故陽明在龍江舟中過生日，南都弟子當皆來祝壽。蓋陽明二十五日登龍江舟，却遷延至三十日後發舟南行，一則固因風雨所阻，二則亦因欲在龍江度過王華及自己生辰，方始進發。

十月，歸省至越。

按：陽明約在九月三十日夜發舟歸越，經京口見唐雲卿，經嘉興見李伸，以踐前約。至越已在十月中旬可知。

十月二十四日，朝廷命下催赴江西巡撫南、贛、汀、漳及郴、韶、惠、潮等處。

王陽明全集卷九謝恩疏：「隨於十月二十四日節該欽奉敕諭：『爾前去巡撫江西南安、贛州，福建汀州、漳州，廣東南雄、韶州、惠州、潮州各府及湖廣郴州地方。撫安軍民，修理城池，禁革奸弊。一應地方賊情、軍馬、錢糧事宜，小則徑自區畫，大則奏請定奪。欽此。』」

十一月十四日，兵部咨下，再催赴任，遂與徐愛、鍾世符諸弟子餞别於映江樓，扶疾起程，至杭待命。

王陽明全集卷九謝恩疏：「十一月十四日，續准兵部咨，爲緊急賊情事……該本部題：『奉聖旨：「既地方有事，王守仁着上緊去，不許辭避遲誤。欽此。」』聞憂慚，不遑寧處。一面扶疾候旨，至浙江杭州府地方。」

鍾世符祭徐曰仁文：「去冬陽明分視贛上，符與曰仁既餞於映江樓，同舟去雪視菜，爲來學計。」（横山遺集附録）

陽明祭徐曰仁文：「自轉官南、贛，即欲與曰仁過家，堅卧不出。曰仁曰：『未可。紛紛之議方馳，先生且一行。愛與二三子姑爲饘粥之計，先生了事而歸。』」（横山遺集附録）

按：映江樓在會稽永昌門外江邊，觀潮勝處。鍾世符字階甫，號篤庵、蘭竹山房，天台人。嘉靖太平縣志有傳。蕭鳴鳳徐君墓誌銘云：「丙子秋，考績，便道歸省。」是徐愛在正德十一年秋考績入京，至冬十一月歸省回餘姚，來爲陽明餞行。劉鱗長浙東宗傳、周汝登聖學宗傳等謂徐愛「丁丑告病歸」，均誤。按是次映江樓餞别，來送弟子當甚多，如蔡宗兖，其祭徐曰仁文云：「去冬之交，歲則暮矣，公抱疾而南還，我隨群而北試，矢歸同老於深山。」又如季本，亦是來餞别陽明後，即北上赴春試。蔡宗兖所云「隨群而北試」，即指季本、陸澄、許相卿、薛侃等人。

徐愛、鍾世符往歸安，買田霅上，待陽明歸。

鍾世符祭徐曰仁文：「符與曰仁既餞於映江樓，同舟去霅視菜，爲來學計。在途儒野衣，若貧素士。泊舟村市，寂寥黃昏，沽酒買肴，自爲温存。令牌酣謔，□□詩一章。既明，過陸清伯家（按：陸澄爲歸安人）。視菜事畢，日歸，往返數四。」（横山遺集附録）

十二月初二日，吏部咨再下催赴任，遂於三日自杭州啓程。

王陽明全集卷九謝恩疏：「於十二月初二日，復准吏部咨：『該臣奏爲乞恩辭免新任仍照舊職致仕事，奏奉聖旨：「王守仁不准休致。南、漳地方見今多事，着上緊前去，用心巡撫。欽此。」』備咨到臣，感恩懼罪之餘，不敢冒昧復請。隨於本月初三日起程。」

過玉山，薛俊、夏浚來執弟子禮。

黃綰薛助教俊墓誌銘：「乙亥，陞玉山教諭……丙子，陽明先生過玉山，君遂執弟子禮。問行己之要，先生曰：『自尚謙與予游，知子篤行久矣。試自言之。』君曰：『俊未知學，但凡事依理而行，不敢出範圍耳。』先生曰：『依理而行，是理與行猶二也。當求無私行之，則一矣。』君乃有省，自是所學遂進。」（國朝獻徵録卷七十三）

王陽明全集卷二十五祭國子助教薛尚哲文：「自君之弟尚謙始從予於留都，朝夕相與者三年。歸以所聞於予者語君，君欣然樂聽不厭，至忘寢食，脱然棄其舊業如敝屣。君素篤學高行，爲鄉邦子弟所宗依，尚謙自幼受業焉。至是聞尚謙之言，遂不知己之爲兄，尚謙之爲弟；己之嘗爲尚謙師，而尚謙之嘗師於己也。盡使其群子弟姪來學於予，而君亦躬枉辱焉……自是其邑之士，若楊氏兄弟與諸後進之來者，源源以十數。」

夏浚月川類草卷五歸越録題引：「浚竊念昔爲諸生，當先生赴贛及獻俘，兩過玉山，得拜教言。是時雖傾蓋邂逅，軍旅倥偬，而先生惓惓接引，循循善誘，於心總不忘。」

按：薛俊字尚節，號靖軒，揭陽人，薛侃之兄，正德十一年來任玉山縣學教諭。乾隆揭陽縣志有傳。夏浚字惟明，號月川，玉山人，時爲玉山縣學諸生。同治玉山縣志有傳。按夏浚歸越録題引中稱陽明與甘泉爲「二師」，可見夏浚亦自認爲是陽明弟子。

過饒州，余祐來問學，討論性論不合，別後有答書。

新刊陽明先生文録續編卷二答徐子積：「承示送別諸叙，雖皆出於一時酬應，中間往往自多新得，足驗學力之進。性論一篇，尤見潛心之學，近來學者所未能道。詳味語意，大略致論於理氣之間，以求合於夫子『相近』之説，甚盛心也。其間鄙意所未能信者，辭多不能具，輒以別幅寫呈，略下注脚求正，幸不吝往復，遂以蹇劣見棄也。夫析理愈精，則爲言愈難；立論愈多，則爲繆愈甚。孔子性善相近之説，自是相爲發明，程朱之論詳矣。學者要在自得，自然循理盡性；有不容已，毫分縷析，此最窮理之事。言之未瑩，未免支離，支離判於道矣。是以有苦心極力之狀，而無寬裕温厚之氣，意屢偏而言之窒，雖横渠有所不免。故僕亦願吾兄之完養思慮，涵泳養理，久之自當條暢也。兄所言諸友，求清與僕同舉於鄉，子才嘗觀政武選，時僕以病罕交接，未及與語。葉君雖未相識，如兄言，要皆難得者也。徽服中不答書，爲致意。學術不明，人心陷溺之餘，善類日寡，諸君幸勉力自愛，以圖有成也。嘗有論性一書，録去一目。」

張岳吏部右侍郎訒齋余公祐神道碑：「公學務有用，不事空言，發端於敬齋，而推其本原，以爲出於程朱，故於程朱之書尤究心焉……其時公卿間有指主敬存養爲朱子晚年定論者，公摭朱子初年之説以折之，謂其入門功夫非晚年乃定。又輯朱子書之切治道者爲經世大訓，其論及文章辭翰者爲游藝録……所交遊皆賢士大夫，而於莊渠魏公子才尤善。」（國朝獻徵録卷二十六）

魏校復余子積論性書：「竊觀尊兄前後論性，不啻數十萬言，然其大意，不過謂性合理與氣而成，固不可指氣爲性，亦不可專指理爲性。氣雖分散萬殊，理常渾全。同是一個人物之性不同，正由理氣合和爲一，做成許多般來。在人在物，固有偏全，而人性亦自有善有惡。若理，則在物亦本無偏，在人又豈有惡邪？……曩嘗妄謂尊兄論性雖非，論理氣却是。近始覺得尊兄論性之誤，正坐理氣處見猶未真耳……嘗記曩在南都，交游中二三同志，咸樂聞尊兄之風而嚮往焉。至出性書觀之，便掩卷太息，反度尊兄自主張太過，必不肯回。純甫（按：王道）面會尊兄，情不容已，故復其書論辨……昔年張秀卿（按：張邦奇）曾有書辨尊兄，其言失之儱侗，而尊兄來書極肆攻詆，如與人厮駡一般……切願尊兄虛心平氣，以舜之好問而好察邇言，顔子之以能問於不能、以多問於寡、有若無、實若虛爲法……」（明儒學案卷三恭簡魏莊渠先生校）

夏尚樸答余子積書：「性書之作，兼理氣論性，深闢『性即理也』者，重恐得罪於程朱，得罪於敬齋……蓋言人性是理，本無不善，而所以有善不善者，氣質之偏耳，非專由陷溺而然也。其曰天地之性者，直就氣稟中指出本然之理而言，孟子之言是也。氣稟之性，乃是合理與氣而言，荀、揚、韓子之言是也。程、朱之言，明白洞達，既不足服執事之心，則子才、純甫之言，宜其不見取於執事也，又况區區之言哉！」（明儒學案卷四太僕夏東巖先生尚樸）

按：「徐子積」當爲余子積之誤。余子積名祐，號訒齋，鄱陽人，弘治十二年進士。明清進士録：「余祐，弘治十二年二甲九十四名進士。鄱陽人，字子積，號訒齋。官刑部員外郎，以事忤劉瑾，落職。再起，歷福州守、徐州兵備副使，先後中官所扼，逮獄謫官，在獄中撰性書三卷。嘉靖初，官終雲南布政使。有文公先生經世大訓。」是余祐與陽明爲同年，兩人當早識。據張岳訒齋余公祐神道碑，余祐正德十年補山東整飭徐州兵備，是年被逮錦衣獄並作性論，十一年棄韶州知府歸鄱陽。陽明此書中所云「承示送別諸叙」，當是指余祐歸鄱陽時，諸友所作送別諸叙。據陽明此書云「微服中不答書」，可知此書當作在正德十二年陽明以都察院左僉都御史巡撫南、贛、汀、漳時。蓋余祐其時歸居鄱陽，陽明赴南、贛經饒州，余祐遂乃來見，呈上性論及送別諸叙等文，所謂「承示」，乃指當面呈示；所謂「兄所言」、「如兄言」，乃指兩人相見面論也。按余祐爲敬齋胡居仁弟子，胡居仁以女妻之，故余祐信奉朱學，與陽明不合。明史卷二百八十二余祐傳云：「祐之學，墨守師説，在獄中作性書三卷。其言程、朱教人，專以誠敬入。學者誠能去其不誠不敬者，不患不至古人。時王守仁作朱子晚年定論，謂其學終歸於存養。祐謂：『朱子論心學凡三變，存齋記所言，乃少時所見；及見延平，而悟其失；後聞五峰之學於南軒，而其言又一變；最後改定已發未發之論，然後體用不偏，動静交致其力，此其終身定見也。安得執少年未定之見，而反謂之晚年哉？』其辨出，守仁之徒不能難也。」按陽明在南都已寫成朱子晚年定論以授學者，或即是余祐見陽明朱子晚年定論，遂携其性書來呈陽明，而明史所引余祐語，或即出於是次見面講論。陽明書所言「子才」即魏校，字子才，號莊渠，昆山人。明清進士録：「魏校，弘治十八年二甲九名進士。江蘇昆山人，字子才。其先本姓李，居蘇州葑門之莊渠，因自號莊渠。授南京刑部主事，歷遷郎中。不爲太監劉瑯所屈，詔爲兵部郎，以疾歸。嘉靖初，起爲廣東提轄副使。官至太常寺卿，掌祭酒事。致仕卒，謚『恭簡』。有周禮延革傳、大學指歸、六書精藴、春秋經世、經世策、官職會通、莊渠遺書等。」按魏校私淑胡居仁，故與胡居仁弟子余祐關係至密，而與陽明鮮有往來。國朝獻徵録卷七十太常寺卿魏公校傳云：「暇則與余公子積、夏公敦夫、王公純甫講明聖賢之學。」陽明此書所言「求清」，當是永清之誤。永清即胡世寧，明清進士録：「胡世寧，仁和人，字永清，號静庵……歷南京刑部主事，上書極言時政闕失，與李承勳、魏校、余祐並稱『南都四君子』。」胡世寧與陽明同舉弘治五年浙江鄉舉，故陽明稱「求清與僕同舉於鄉」。

一五一七　正德十二年　丁丑　四十六歲

正月初，過南昌，見寧王宸濠。

張怡玉光劍氣集卷二臣謨：「王文成守仁，初見宸濠，佯言售意，以窺逆謀。宴時，李士實在座，濠指斥朝政，外示愁歎。士實曰：『世豈無湯、武耶？』陽明曰：『湯、武亦須伊、呂。』濠曰：『有湯、武，便有伊、呂。』陽明曰：『若有伊、呂，何患無夷、齊？』自是始知濠逆謀決矣。乃遣其門生冀元亨往來濠邸，覘其動静。於是上疏，請提督軍務，言：『臣據江西上流，江西連歲盜起，乞假臣提督軍務之權，以便行事。』意在濠也。」

張瀚松窗夢語卷四：「初，公見濠，佯言朝政缺失，外示愁歎。李士實曰：『世豈無湯、武耶？』公曰：『湯、武亦須伊、呂。』濠曰：『有湯、武便有伊、呂。』公曰：『若有伊、呂，何患無夷、齊？』自是遣人覘濠動静，益得其詳。於是上疏請提督軍務，意在濠也。」

鄭曉今言類編卷一：「王陽明初見宸濠，佯言售意，以窺逆謀。宴時李士實在坐。宸濠言『康陵（武宗）政事缺失』，外示愁歎。士實曰：『世豈無湯、武耶？』陽明曰：『湯、武亦須伊、吕。』宸濠又曰：『有湯、武，便有伊、吕。』陽明曰：『若有伊、吕，何患無夷、齊？』自是陽明始知宸濠謀逆决矣。乃遣其門生舉人冀元亨往來濠邸，覘其動静，益得其詳。於是始上疏，請提督軍務，言：『臣據江西上流。江西連歲盜起，乞假臣提督軍務之權，以便行事。』意在濠也。司馬王晉溪（恭襄瓊）知陽明意，覆奏稱『王某有本之學，有用之才，今此奏請相應准允，給與旗牌，便宜行事。江西一應大小緩急賊情，悉聽王某隨機撫剿』。以故濠反，陽明竟得以此權力起兵擒賊。」

孫繼芳磯園稗史卷一：「陸太宰完，姑蘇人，機、雲之後，富甲蘇州。曾爲江西按察副使，與寧藩有舊。後任兵書，宸濠奏復護衛，陸疏未參劾，止備查護衛予奪來歷，疏後云：『今寧王又以太祖典章爲言，臣等擅難定擬，乞會官詳議。』内批遂復之。陸改吏書，時孫燧爲都御史、巡撫江西。宸濠托書陸去燧，用布政使梁辰爲巡撫，或王守仁亦可，惟不用吴廷舉。書至九江被盜。盜擒獲，書事聞於朝，陸請罪己。宸濠反，太監張永隨征江西，以失勢時干請陸，不遂，因劾陸假太祖典章擅復護衛，遂致反叛。陸坐是逮錦衣獄，並原籍捕繫其母、妻、女入浣衣局。」

按：陽明與徐曰仁書云：「正月三日，自洪都發舟。」（見下）可見陽明約在正月初一至南昌。陽明提督軍務則在正德十二年七月，國榷卷五十：「正德十二年七月庚寅，命巡撫南贛汀漳、左僉都御史王守仁提督軍務，給符幟，俾便宜行事。」由此可以確知陽明始見寧王宸濠必在正月初經南昌時。蓋陽明是次赴南、贛之所以不經廣信、建昌近路，而轉道饒州、南昌再南下南、贛，蓋因都察院設在南昌，陽明自必當先赴南昌。同時亦可往見寧王宸濠，一則因宸濠爲江西藩王，其所統轄軍隊在其封國境内亦本有協助陽明平叛平亂之責；二則因陽明除江西巡撫實初出宸濠之意，王瓊、陸完不過迎合宸濠之意纔薦舉陽明爲江西巡撫；而宸濠在南昌暗中謀叛，方大肆網羅人才，陽明乃是其首要招攬羅致之人物，亦必望其來南昌一見也。由此可見陽明是次見宸濠實爲官員上任按官例之「禮節性」拜訪，謂其特來覘濠動静、以窺逆謀則非。蓋其時宸濠謀反面目尚未全然暴露，其時陽明亦尚未知其反叛逆謀也。至謂陽明其後「乃遣其門生冀元亨往來濠邸，覘其動静」，絶無其事；陽明後來請提督軍務，更非是「意在濠也」（見下）。

正月十三日，過萬安，安撫流民。

陽明與徐曰仁書：「十三日未，至萬安四十里，遇群盗千餘，截江焚掠，煙焰障天。妻奴皆懼，始有悔來之意。地方吏民及舟中之人，亦皆力阻，謂不可前。鄙意獨以爲我舟驟至，賊人當未能知虛實，若久頓不進，必反爲彼所窺。乃多張疑兵，連舟速進，示以有餘。賊人莫測所爲，竟亦不敢逼，真所謂大幸也。」（中國書法大成（五），陽明文集失載）

錢德洪陽明先生年譜：「先生過萬安，遇流賊數百，沿途肆劫，商舟不敢進。先生乃連商舟，結爲陣勢，揚旗鳴鼓，如趨戰狀。賊乃羅拜於岸，呼曰：『饑荒流民，乞求賑濟！』先生泊岸，令人諭之曰：『至贛後，即差官撫插。各安生理，毋作非爲，自取戮滅。』賊懼散歸。」

正月十六日，至贛州，開府於虔。

陽明與徐曰仁書：「十六日抵贛州，齒痛不能寢食。前官久缺之餘，百冗紛沓，三省軍士屯聚日久，祇得扶病蒇事。連夜調發，即於二十日進兵贛州屬邑。復有流賊千餘突來攻城，勢頗猖獗，亦須調度，汀、漳之役遂不能親往。」（同上）

整飭地方各省兵備，選揀民兵，立十家牌法，進剿漳亂。

王陽明全集卷十六巡撫南贛欽奉敕諭通行各屬，選揀民兵，十家牌法告諭各府父老子弟，案行各分巡道督編十家牌，告諭各府父老子弟，剿捕漳寇方略牌。

正月二十六日，上謝恩疏，並有札致謝兵部尚書王瓊。

王陽明全集卷九謝恩疏。

王陽明全集卷二十七與王晉溪司馬書一：「伏惟明公德學政事高一世，守仁晚進，雖未獲親炙，而私淑之心已非一日。乃者承乏鴻臚，自以迂腐多疾，無復可用於世，思得退歸田野，苟存餘息。乃蒙大賢君子不遺葑菲，拔置重地，適承前官謝病之後，地方亦復多事，遂不敢固以疾辭。已於正月十六日抵贛，扶疾莅任。雖感恩圖報之心無不欲盡，而精力智慮有所不及，恐不免終爲薦舉之累耳。伏惟仁人君子，器使曲成，責人以其所可勉，而不强人以其所不能，則守仁羈鳥故林之想，必將有日可遂矣。因遣官詣闕陳謝，敬附申謝私於門下，伏冀尊照。不備。」

按：據書云「因遣官詣闕陳謝，敬附申謝私於門下」，知陽明此書當與謝恩疏一起遣官送往京師。

二月十三日，有書致徐愛，叙及戰事家事。

陽明與徐曰仁書：「正月三日，自洪都發舟……十六日抵贛州……即於二十日進兵贛州屬邑……近雖陸續有所斬獲，然未能大捷，屬邑賊尚相持，已遣兵四路分截，數日後或可成擒矣。贛州兵極疲，倉卒召募，未見有精勇如吾邑聞人贊之流者。不知聞人贊之流亦肯來此效用否？閑中試一諷之。得渠肯屈心情願乃可，若不肯隨軍用命，則又不若不來矣。巧婦不能爲無米粥，况使老拙婢乎？過此幸無事，得地方稍定息，决須急求退。曰仁與吾命緣相係，聞此當亦不能恝然，如何而可，如何而可！行時見世瑞，說秋冬之間欲與曰仁乘興來遊。當時聞之，殊不爲意，今却何因，果得如此，亦足以稍慰離索之懷。今見衰疾之人，顛仆道左，雖不相知，亦得引手一扶，况其所親愛乎？北海新居，奴輩能經營否？雖未知何日得脱網羅，然舊林故淵之想，無日不切，亦須曰仁時去指督，庶可日漸就緒。山水中間須着我，風塵堆裏却輸儂，吾兩人者，正未能千百化身耳，如何而可，如何而可！黄輿阿覩近如何？似此世界，真是開眼不得，此老却已省却此一分煩惱矣。世瑞、允輝、商佐、勉之、半珪凡越中諸友，皆不及作書。宗賢、原忠已會面否？階甫田事能協力否？湛元明家人始自贛往留都，又自留都返贛，遣之還不可，今復來入越，須早遣發，庶全交好。兩弟進修近如何？去冬會講之説，甚善。聞人弟已來否？朋友群居，惟彼此謙虚相下，乃爲有益，詩所謂『謙謙恭人，懷德之基』也。趁曰仁在家，二弟正好日夜求益，二弟勉之，二弟勉之！有此好資質，當此好地步，乘此好光陰，遇此好師友，若又虚度過日，却是真虚度也。正憲讀書極拙，今亦不能以相望，得渠稍知孝弟，不汲汲爲利，僅守門户是矣。章世傑在此，亦平安。日處一室中，他更無可往，頗覺太拘束，得渠性本安静，殊不以此爲悶，甚可愛耳。克彰叔公教守章極得體，想已如飲醇酒，不覺自醉矣。亦不及作書，書至可道意。守仁書奉曰仁正郎賢弟道契。守儉、守日中應酬憊甚，燈下草草作此，不能盡，不能盡。守文二弟同此，守章亦可讀書知之。二月十三日書。」（中國書法大成（五），支那墨迹大成

第十卷補遺一）

按：陽明於二月十九日領兵進汀、漳，此書作在其領兵進汀、漳前夕，陽明正月十六日開府以來之戰況，皆從此書可見。書中所及之人，多爲浙中士人、陽明弟子。如「黄輿」即王文轅，字司輿，號黄轝子，山陰人。「半珪」即許璋，字半珪，上虞人。「宗賢」即黄綰，字宗賢，黄巖人。「勉之」即黄省曾，字勉之，吴縣人。「原忠」即應良，字原忠，仙居人。「世瑞」即王琥，字世瑞。「聞人弟」即聞人詮，字邦正。「允輝」即孫允輝，陽明嘗贈其遊海詩手稿。「雨弟」即徐天澤，字伯雨，號蕙皋，餘姚人。「階甫」即鍾世符，號篤庵，天台人。章世傑，與王華相知者，徐愛東江吊古記：「乙亥之秋，九月丁酉，内戚陳文買舟載酒糈，邀予舅海日翁暨予游上虞之東山。翁因拉所知章世傑、王世瑞、陳子中同游。」蓋章世傑亦陽明弟子也。按書中云「階甫田事能協力否」，「北海新居，奴輩能經營否」，即指徐愛買田霅上事，鍾世符云「去冬陽明分視贛上，符與曰仁既餞於映江樓，同舟去霅視菜」，蓋徐愛與鍾世符二人首往霅上視田，故陽明於此書中特問及之也。

有書致湛甘泉，告南、贛戰事，論儒、釋之道。湛甘泉四月有答書。

泉翁大全集卷九答王陽明書：「不肖孤適在禫除之際，忽接手諭，此心悲喜交集。贛當四省之衝，殊爲重任，以老兄當之，天下屬望不淺矣。不肖固爲朝廷喜，亦爲老兄懼也。適聞捷報，爲慰可知。前此欲遣人走賀，以無紀綱之僕，遂輟。兹因還使，拜附粗段一疋，少具菲意，惟俯鑒幸甚。前葉以嘉來手諭，中間『不闢佛氏』，及『到底皆空』之説，恐别有爲。不肖頑鈍，未能領高遠之教。雖若小有異同者，然得於吾兄者多。此一節宜從容以候，他日再會，或有商量處也。」

按：前引與徐曰仁書云：「湛元明家人始自贛往留都，又自留都返贛，遣之還不可，今復來入越，須早遣發，庶全交好。」陽明書札當即由此湛甘泉家人帶給湛甘泉，以其先入越然後再回增城計之，已在三月，故湛甘泉四月方收到陽明此書，乃作此書答之。書中所云「適聞捷報」，即指陽明四月平漳亂班師。又湛甘泉正德十年二月丁憂，禫除（二十七月）則在正德十二年四月。其乞養病疏云：「臣於本年四月三十日服闋。」（泉翁大全集卷一）。陽明此書亡佚，或即因其中有「不闢佛氏」及「到底皆空」之説」之故也。

二月十九日，往平漳亂，領兵進屯長汀、上杭，親自督戰。

王陽明全集卷十六欽奉敕諭切責失機官員通行各屬：「本院於本年正月十六日抵贛涖事，當據福建參政陳策、僉事胡璉等呈……參看各官頓兵不進，致此敗衄，顯是不奉節制，故違方略，正宜協憤同奮，因敗求勝，豈可輒自退阻，倚調狼兵，坐失機會？本院即於當日選兵二千，自贛起程，進軍汀州，一面督令各官密照方略，火速進剿，立功自贖……隨據各官續呈，遵奉本院紙牌密諭，佯言犒衆班師，乘賊怠弛，銜枚直擣，攻破象湖等寨，又經行令各官，乘此勝峰，速攻可塘，破竹之勢，不可復緩，仍一面分兵搜擒餘猾，毋令復聚爲姦。本院亦自汀州進軍上杭，期至賊寨，親自督戰。隨據各官復呈，爲捷音事，開稱：『攻破賊巢三十餘處，擒斬首從賊人一千四百二十餘名顆，俘獲賊屬五百七十餘名口，燒毀房屋二千餘間，奪獲牛馬贓仗無算。即今餘黨，悉願聽撫，出給告示，招撫得脇從賊人一千二百三十五名，家口二千八百二十八名口……』」

三月十三日，夜宿汀州行臺，有詩感懷。

陽明長汀道中□□詩：「夜宿行臺，用韵於壁，時正德丁丑三月十三日。陽明□□□□□。將略平生非所長，也提戎馬入汀漳。數峰斜陽旌旗遠，一道春風鼓角揚。暮倚貳師能出塞，由來充國善平羌。瘡痍滿地曾無補，深愧湖邊舊草堂。」（嘉靖汀州府志卷十七。陽明集中此詩題作丁丑二月征漳寇進兵長汀道中有感，有誤。）

十五日，上參失事官員疏。

王陽明全集卷九參失事官員疏。

按：陽明書察院行臺壁云：「正德丁丑三月，奉命征漳寇，駐軍上杭。」（王陽明全集卷二十四）陽明三月十三日猶在汀州行臺，此疏即上在汀州察院行臺，陽明當是十五日後進兵上杭，在上杭駐軍一月。

是月，蔡宗兗、許相卿、季本、薛侃、陸澄皆中進士，有書賀之。

王陽明全集卷四與希顏台仲明德尚謙原静：「聞諸友皆登第，喜不自勝。非爲諸友今日喜，爲野夫異日山中得良伴喜也。入仕之始，意況未免摇動。如絮在風中，若非黏泥貼網，恐自張主未得。不知諸友却如何？想平時工夫，亦須有得力處耳。野夫失脚落渡船，未知何時得到彼岸。且南、贛事極多掣肘，緣地連四省，各有撫鎮，乃今亦不過因仍度日，自古未有事權不一而能有成者。告病之興雖動，恐成虛文，未敢輕舉，欲俟地方稍靖。今又得諸友在，吾終有望矣。曰仁春來頗病，聞之極憂念。昨書來，欲與二三友去田雪上，因寄一詩。今録去，聊同此懷也。」

同上，與黄誠甫書二：「區區正月十八日始抵贛，即兵事紛紛。二月往征漳寇，四月班師。中間曾無一日之暇，故音問缺然。然雖擾擾中，意念所在，未嘗不在諸友也。養病之舉，恐已暫停，此亦順親之心，未爲不是。不得以此日縈於懷，無益於事，徒使爲善之念不專。何處非道，何處非學，豈必山林中耶？希顏、尚謙、清伯登第，聞之喜而不寐。近嘗寄書云：『非爲今日諸君喜，爲陽明山中異日得良伴喜也。』吾於誠甫之未歸亦然。」

按：國榷卷五十：「正德十二年三月庚寅，廷策貢士倫以訓等三百五十人，賜舒芬、倫以訓、崔相等進士及第出身有差。」明清進士録：「許相卿，正德十二年二甲一百一十二名進士。」「陸澄，正德十二年三甲二百三十名進士。」「季本，正德十二年三甲五十七名進士。」「薛侃，正德十二年三甲一百七十一名進士。」「蔡仲兖，正德十二年三甲十三名進士。」另尚有後來成爲陽明弟子者如聶豹、鄭洛書、舒芬（一説非陽明入門弟子），又有與陽明關係交好者如陳沂、陳逅、吾謹、柯相、張璁、席春、夏言、汪應軫、王冕、王暐等。陽明此二書，一作在四月中，一作在六月中。

張元忭長沙守季彭山先生本傳：「自新建公倡道東南，四方之士興起而從之者，無慮數百千人，而彭山季先生及門最久，稱高第……正德丁丑成進士，時年三十有三矣，猶自以學未就，不欲仕。新建公勸之仕，乃出。自建寧理召拜侍御史……」（國朝獻徵録卷八十九）

四月初，在上杭行臺祈雨，作祈雨辭與祈雨詩。

王陽明全集卷十九祈雨辭：「嗚呼！十日不雨兮，田且無禾；一月不雨兮，川且無波。一月不雨兮，民已爲痾；再月不雨兮，民將奈何？小民無罪兮，天無咎民！巡撫失職兮，罪在予臣。嗚呼！盗賊兮爲民大屯，天或罪此兮，赫威降嗔。民則何罪兮，玉石俱焚？嗚呼！民則何罪兮，天何遽怒？油然興雲兮，雨兹下土。彼罪何逋兮，哀此窮苦！」

同上，卷二十祈雨二首：「旬初一雨遍汀漳，將謂汀虔是接疆。天意豈知分彼此？人情端合有炎涼。月行今已虚纏畢，斗杓何曾解挹漿！夜起中庭成久立，正思民瘼欲沾裳。」「見説虔南惟苦水，深山毒霧長陰陰。我來偏遇一春旱，誰解挽回三日霖？寇盗郴陽方出掠，干戈塞北還相尋。憂民無計淚空墮，謝病幾時歸海潯？」

按：陽明時雨堂記云：「正德丁丑，奉命平漳寇，駐軍上杭。旱甚，禱於行臺，雨日夜，民以爲未足。」（書察院行臺壁同）此祈雨辭及祈雨詩即爲是次上杭行臺禱雨所作，時間在四月初，即祈雨詩所云「旬初」。此爲陽明首次祈雨也，至四月五日果雨（見下）。王陽明全集於祈雨辭題下注「正德丙子南贛作」，顯誤。

四月五日，雨中過南泉庵，有詩題壁。梁喬携酒來訪。

陽明南泉庵漫書：「山城經月駐旌戈，亦復幽尋到薜蘿。南國已看回甲馬，東田初喜出農簑。溪雲曉渡千峰雨，江漲春深兩岸波。暮倚七星瞻北極，絶憐蒼翠晚來多。雨中過南泉庵，書壁。是日，梁郡伯携酒來問，因併呈。時正德丁丑四月五日，陽明山人守仁頓首。」（嘉靖汀州府志卷十七。按：陽明此詩手書真迹在二〇〇七年秋季拍賣會（北京保利國際拍賣有限公司）上出現，並在「書法家王守仁個人網站」上公布）。

按：王陽明全集卷二十有此詩，題作回軍上杭，無後跋。陽明四月戊午（十三日）方回軍上杭，此題顯誤。南泉庵在上杭，「山城」即指上杭。詩云「溪雲曉渡千峰雨」，此即陽明書察院行臺壁所云「正德丁丑三月，奉命征漳寇，駐軍上杭。旱甚，禱於行臺，雨日夜」，時雨堂記所云「正德丁丑，奉命平漳寇，駐軍上杭。旱甚，禱於行臺，雨日夜」。蓋先是禱雨於行臺，得雨，乃雨中過南泉庵也。「梁郡伯」

即梁喬，前考梁喬爲上杭人，正德十年離紹興知府任歸上杭家居。乾隆汀州府志卷三十人物：「梁喬，字遷之，上杭人。弘治壬戌進士，授刑部主事。常與同官疏劾劉瑾不法，狀章數上，不報。喬獨面奏之。武宗怒，命下錦衣衛獄。喬大呼曰：『臣得寢閹竪逆謀，死且不惜，何況於獄！』乃命枷朝門外，久之始釋。遷兵部郎中，出守紹興，有善政。尋以母老乞歸養。歲丁丑，王守仁以剿寇駐兵上杭，題其堂曰『愛日』。」

十三日，班師，回軍上杭，道中有喜雨詩。

陽明題察院壁：「四月戊午班師，上杭道中，都御史王守仁書。吹角峰頭曉散軍，回空萬馬下氤氳。前旌已帶洗兵雨，飛鳥猶驚卷陣雲。南畝獨忻農事動，東山休作凱歌聞。正思鋒鏑堪揮淚，一戰功成未足云。」（嘉靖汀州府志卷十七）

王陽明全集卷二十喜雨三首：「即看一雨洗兵戈，便覺光風轉石蘿。順水飛檣來買舶，絕江喧浪舞漁簑。片雲東望懷梁國，五月南征想伏波。長擬歸耕猶未得，雲門初伴漸無多。　轅門春盡猶多事，竹院空閑未得過。特放小舟乘急浪，始聞幽碧出層蘿。山田旱久兼逢雨，野老歡騰且縱歌。莫謂可塘終據險，地形原不勝人和。」

按：王陽明全集中喜雨三首，第三首即前題察院壁，但無前序。陽明時雨堂記云：「四月戊午班師，雨；明日又雨；又明日大雨。」知陽明此喜雨三首當是由上杭班師道中喜雨而作，至汀州，則將第三首詩題於察院壁，蓋在四月壬戌也。

十七日，至汀州，徐愛書來，告買田霅上待耕，有詩答之。

陽明四月壬戌復過行臺□□□：「見説相期霅上耕，連簑應已出烏程。荒畬初墾功須倍，秋熟雖微税亦輕。雨後湖舠兼學釣，餉餘堤樹合閑行。山人久辦歸農具，猶向千峰夜度兵。」（嘉靖汀州府志卷十七）

陽明夜坐有懷故□□□次韻：「月色虚堂坐夜沉，此時無限故園心。山中茅屋陰蘿合，江上衡扉春水深。百戰自知非舊學，三驅猶愧失前禽。歸期久負黄徐約，獨向幽溪雪後尋。」（嘉靖汀州府志卷十七）

按：王陽明全集卷二十有聞曰仁買田霅上携同志待予歸二首，即此二首詩，但題不同，句有異。蓋嘉靖汀州府志乃從題壁詩著録，猶存原貌；王陽明全集中此二詩則經過後來潤改。詩中「黄徐」，指黄綰與徐愛。姚江書院志略卷上徐曰仁傳云：「丁丑請告，買田霅上，爲諸友久聚計。時王子撫南、贛，五月遺二詩以慰。」謂「五月」乃誤。

謁晦翁祠，題察院行臺壁，爲時雨堂作記，有詩題時雨堂壁。

王陽明全集卷二十四書察院行臺壁：「正德丁丑三月，奉命征漳寇，駐軍上杭。旱甚，禱於行臺，雨日夜，民以爲未足。四月戊午，寇平，旋師，是日大雨；明日又雨；又明日復雨。

登城南之樓以觀農事，遂謁晦翁祠於水南，覽七星之勝概。夕歸，志其事於察院行臺。」

同上，卷二十三時雨堂記：「乃四月戊午班師，雨；明日又雨；又明日大雨。乃出田登城南之樓以觀，民大悦。有司請名行臺之堂爲『時雨』，且曰：『民苦於盜久，又重以旱，將謂靡遺，今始去兵革之役，而大雨適降，所謂「王師若時雨」，今皆有焉。請以志其實。』嗚呼！民惟稼穡，德惟雨，惟天陰隲，惟皇克憲，惟將士用命，去其螣蝛，惟乃有司實耨獲之，庶克有秋。乃予何德之有，而敢叨其功？然而樂民之樂，亦不容於無紀也。巡撫都御史王守仁書。是日，參政陳策、僉事胡璉至自班師。」

陽明題察院時雨堂：「三代王師不啻過，來蘇良足慰童皤。陰霾巖谷雷霆迅，枯槁郊原雨澤多。紆策頓能清海岱，洗兵直見挽天河。時平復有豐年慶，滿聽農歌答凱歌。」（嘉靖汀州府志卷十七，陽明文集失載）

二十九日，經瑞金，往東山寺禱雨。

陽明東山寺謝雨文：「曰：邇者自閩旋師，道經瑞金，以旱魃之爲災，農不獲種，輒乞靈於大和尚，期以七日内必降大雨，以舒民困。行至雩都，而雨作，計期尚在七日之内，大和尚亦庶幾有靈矣！敢遣瑞金縣署印主簿孫鑑具香燭果餅，代致謝意，惟默垂鑒佑，以陰隲瑞金之民。」（嘉靖瑞金縣志卷七，陽明文集失載）

按：陽明在五月五日至雩都（見下），以「計期尚在七日之内」算之，則陽明至瑞金並往東山寺禱雨在四月二十九日。東山寺即浄衆寺，嘉靖瑞金縣志卷八：「浄衆寺，在縣東北二里，又名東山。唐天祐中建。正德丁丑旱，適提督王都御史守仁至，父老以狀聞，即步往禱之，果雨。乃爲文，命有司致祭。」「大和尚」，指瑞金東山寺所祀之定光佛。

三十日，在瑞金有書致王正思等，勉其立志爲學。

王陽明全集卷二十六贛州書示四姪正思等：「近聞爾曹學業有進，有司考校，獲居前列，吾聞之喜而不寐。此是家門好消息，繼吾書香者，在爾輩矣。勉之勉之！吾非徒望爾輩但取青紫榮身肥家，如世俗所尚，以誇市井小兒。爾輩須以仁禮存心，以孝弟爲本，以聖賢自期，務在光前裕後，斯可矣。吾惟幼而失學無行，無師友之助，迨今中年，未有所成。爾輩當鑒吾既往，及時勉力，毋又自貽他日之悔，如吾今日也。習俗移人，如油漬麪，雖賢者不免，况爾曹初學小子，能無溺乎？然惟痛懲深創，乃爲善變。昔人云：『脱却凡近，以遊高明。』此言良足以警，小子識之！吾嘗有立志説與爾十叔，爾輩可從鈔録一通，置之几間，時一省覽，亦足以發。方雖傳於庸醫，藥可療夫真病。爾曹勿謂爾伯父只尋常人爾，其言未必足法；又勿謂其言雖似有理，亦只是一場迂闊之談，非吾輩急務。苟如是，吾未如之何矣！讀書講學，此最吾所宿好，今雖干戈擾攘中，四方有來學者，吾未嘗拒之。所恨牢落塵綱，未能脱身而歸。今幸盗賊稍平，以塞責求退，歸卧林間，携爾曹朝夕切磋砥礪，吾何樂如之！偶便，先示爾等，爾等勉焉，毋虚吾望。正德丁丑四月三十日。」

按：「正思」即王正思，字仲行，王準子。歷來以爲王正思是王袞長子王守禮之子，乃誤（見後考）。「十叔」即王守文。

五月二日，至會昌，往賴公祠禱雨。五日，至雩都，果雨，作告文遣人致謝賴神。遊羅田巖，有詩咏。

陽明昭告會昌顯靈賴公辭：「維正德十二年，歲在丁丑，五月乙亥，越五日己卯，欽差巡撫南、贛、汀、漳等處，都察院左僉都御史王守仁，昭告於會昌縣受封賴公之神：爲會昌民田禾旱枯，禱告神靈，普降時雨。至雩都，果三日之内大雨，賴神可謂靈矣。敬遣會昌縣知縣林信，具香帛牲禮代設謝之誠。神其昭格，永終神惠，以陰騭會昌之民。謹告。」（同治會昌縣志卷二十八祠廟，陽明文集失載）

按：據此辭文，陽明乃五月五日（己卯）至雩都，以「三日之内大雨」算之，則陽明至會昌並往賴公祠禱雨在五月二日。同治會昌縣志卷二十八：「賴公祠，邑人稱賴公爲福主，祠爲老廟。靈祠翠竹，即湘江八景之一也。在邑西富尾。明成化己卯，知縣梁潛建。正德丁丑，巡撫王守仁班師上杭，道經會昌，適大旱，詣祠祈禱，遂大雨，親爲告文，遣知縣林信代謝。」「舊志載：賴神，楚人。晉時事老子教，隱於荆山。後至祁山，得飛昇變幻之術，遂證元宗道家上神秩，初曰元帥，晉曰嘉應侯，再晉曰四海靈應王。」此昭告賴公辭與東山寺謝雨文作在同時，蓋東山寺之定光佛與賴公祠之賴神皆以靈應聞名，故陽明皆往詣禱雨，至雩都果大雨，陽明乃又作二謝文分遣瑞金、會昌二知縣代謝也。

王陽明全集卷二十還贛：「積雨雩都道，山途喜乍晴。溪流遲渡馬，岡樹隱前旌。野屋多移竈，窮苗尚阻兵。迎趨勤父老，無苗愧巡行。」

陽明遊羅田巖懷濂溪先生遺詠詩：「路轉羅田一徑微，吟鞭敲到白雲扉。山花笑午留人醉，野鳥啼春傍各飛。混沌鑿來塵劫老，姓名空在舊遊非。洞前唯有元公草，襲我餘香滿袖歸。」（光緒江西通志卷五十六，陽明文集失載）

按：羅田巖即善山，在雩都，光緒江西通志卷五十六：「羅田巖，在雩都縣南五里，一名善山，兩旁巖岫空洞交通。宋嘉祐間，周子倅虔，游此賦詩，縣令沈希顔因建濂溪閣。明邑人何善更闢觀善巖，王守仁爲之説。」志於陽明此詩之下又引周敦頤雩都游羅田巖詩：「聞有山巖即去尋，亦躋雲外入松陰。雖然未是洞中境，且異人間名利心。」即陽明此詩所云「濂溪先生遺詠」。按羅田巖爲何春、何秦讀書講學之地，二人皆爲陽明弟子，前考正德七年陽明即爲何春觀善巖記作序，刻於羅田巖上。故陽明是次過雩都，經善山，何春、何秦、黄弘綱諸弟子必當來見，陪游羅田巖。至陽明歸虔，三人遂皆來受學矣。

八日，歸至贛州，上閩廣捷音疏、申明賞罰以勵人心疏。

王陽明全集卷九閩廣捷音疏，申明賞罰以勵人心疏。

致札兵部尚書王瓊，報告平漳亂戰況，乞加勸賞。

王陽明全集卷二十七與王晉溪司馬書二：「守仁近因峯賊大修戰具，遠近勾結，將遂乘虚而入，乃先其未發，分兵掩撲。雖斬獲未盡，然克全師而歸，賊巢積聚亦爲一空。此皆老先生申明律例，將士稍加用命，以克有此。不然，以南、贛素無紀律之兵，見賊不奔，亦已難矣；况敢暮夜撲剿，奮呼追擊，功雖不多，其在南、贛，實創見之事矣。伏望老先生特加勸賞，使自此益加激勵，幸甚！今各巢奔潰之賊，皆聚横水、桶岡之間，與郴、桂諸賊接境，生恐其勢窮，或並力復出；且天氣炎毒，兵難深入遠攻，乃分留重卒於金坑營前，扼其要害，示以必攻之勢，使之旦夕防守，不遑他圖。又潛遣人於已破各巢山谷間，多張疑兵，使既潰之賊不敢復還舊巢，聊且與之牽持。候秋氣漸凉，各處調兵稍集，更圖後舉。惟望老先生授之以成妙之算，假之以專一之權，明之以賞罰之典。生雖庸劣，無能爲役，敢不鞭策駑鈍，以期無負推舉之盛心。秋冬之間，地方苟幸無事，得以歸全病喘於林下，老先生肉骨生死之恩，生當何如爲報耶！正暑，伏惟爲國爲道自重。不宣。」

按：此書云「克全師而歸」，指平漳亂班師歸，「天氣炎毒」，「正暑」，則在五月。按此書之意，重在請王瓊「特加勸賞」，「明之以賞罰之典」，申其所上申明賞罰以勵人心疏之意，由此可見陽明此札當在五月八日，乃與申明賞罰以勵人心疏、閩廣捷音疏一起由同一人送往京師。

倫以訓中進士歸南海，經贛來問學。

王陽明全集卷五答倫彦式：「往歲仙舟過贛，承不自滿足，執禮謙而下問懇，古所謂敏而好學，於吾彦氏見之。别後連冗，不及以時奉問，極切馳想。近令弟過省，復承惠教……」

按：陽明此書作於正德十六年，「令弟」指倫以諒，是年其南宫試下第，歸經贛來問學。則此書所云「往歲仙舟過贛」必指正德十二年倫以訓中進士歸，經贛來問學。按倫以訓爲倫文叙子，倫文叙與陽明爲同年，蓋早已相識。明清進士録：「倫以訓，正德十二年一甲二名進士。南海人，字彦式。授編修，官至南京國子監祭酒。迎母奉養，母思歸，即疏請奉母還粤。性儉約雅淡，清廉，不爲私。博覽工文辭，尤熟於朝廷典章。其父文叙，兄以諒，弟以詵，皆舉進士。」黄綰倫公文叙傳：「以訓，字彦式，會試第一，殿試第二。官至南京國子監祭酒，贈文叙如己官。穎悟過人，詩文立筆而就。涖監待士以寬。養病卒於家。」（國朝獻徵録卷十九）

楊驥南宫試下第，歸經贛來受學。

薛侃集卷七楊毅齋傳：「毅齋姓楊氏，諱驥，字仕德，號毅齋，饒平人也……丙子，鄉試未擻棘，聽講於甘泉先生。既而與弟鸞同領鄉書，會試入京師。遇中離，聞陽明先生之教，遂赴贛州，數月有省，馳簡示知友云：『古人致知工夫，自是直截易簡，視後支離茫無可入大徑庭矣。』時潮學未明，先生偕中離歸自贛，發明合一之旨，鋭浣舊習，直培本根。以聖人爲必可師，萬物皆吾一體，一時士友翕然興起。」

饒宗頤薛中離年譜：「秋，楊驥、楊鸞兄弟領鄉薦。拜湛甘泉於荷塘，有忘歸意。鸞先歸，理舊業於玉林。驥則會試入京師，遇先生，聞陽明之教，遂赴贛州。」

傳習録卷上：「士德問曰：『格物之説如先生所教，明白簡易，人人見得。文公聰明絶世，於此反有未審，何也？』先生曰：『文公精神氣魄大，是他早年合下便要繼往開來，故一向只就考索著述上用功。若先切己自修，自然不暇及此。到得德盛後，果憂道之不明。如孔子退修六籍，删繁就簡，開示來學，亦大段不費甚考索。文公早歲便著許多書，晚年方悔是倒做了。』士德曰：『晚年之悔，如謂「向來定本之悟」，又謂「雖讀得書，何益於吾事」，又謂「此與守書籍，泥語言，全無交涉」，是他到此方悔從前用功之錯，方去切己自修矣。』曰：『然。此是文公不可及處。他力量大，一悔便轉，可惜不久即去世，平日許多錯處皆不及改正。』」

泉翁大全集卷八與楊士德：「書中所問陽明立志之教，與鄙見理一分殊之説，本並行而不悖者。立志其本也，理一分殊乃下手用功處也。蓋所立之志，志此耳。若不見此理，不知所志者何事。如人欲往京師，此立志也；京師之上，自有許多文物，先王禮樂之遺教，一一皆有至理，此理一分殊之説也。惟其見此可慕可樂，是以志之益篤，求必至而不能自已也。中間學心之言，大段有病，非聖人之旨。更反覆思之，以質陽明，言不能盡也。此月二十五已携家入居西樵矣，餘見陽明先生啓中，不具。」

按：楊驥字仕德，號毅齋，饒平人。其會試下第歸，則當在五月經贛州來受學，時陽明亦方平漳亂班師贛州也。楊驥受教數月，約在九月離贛歸饒平（陽明率軍攻横水前夕）。

吉水龍爲來贛受學，乃收其父龍光爲軍門參謀。

羅洪先集卷二十一明故直隸滁州判官北山龍君墓誌銘：「正德丁丑，陽明王先生以都御史督軍虔南，日與士人談學。於是，虔、吉士人多出門下。吉水國子生龍履祥將往，其父北山翁怒罵曰：『是皆飾虚名誑人者，汝何得爾？』廢食偃卧不起，履祥至涕泣請不輟，不得已許之。履祥故侈汰，驕逸難近，數月歸，馴馴如處子。翁喜曰：『吾今乃知王先生。』因履祥以見，願執事終身。翁爲人跌宕慷慨，喜交遊，大起庭宇，常歌舞飲燕爲豪，絶不類吉水士人。然與之策事，丸轉機發，莫能相難。貌清古，昂鼻多髯，頗似先生。先生悦之，以爲軍門參謀。携之巡視閩中……翁名光，字冲虚……八歲爲諸生，十二入貲爲國子生，三十六爲大足丞，六年致仕。娶毛氏，先翁幾年卒。生一子爲，即履祥……履祥子子壽，以善書選爲中書科儒士，辨事文華殿，與履祥皆早夭。」

國朝獻徵録卷一百十六龍光傳：「龍光，吉水人。因其子履祥見陽明王先生于虔臺。光爲人跌宕慷慨，喜交遊，大起庭宇，常歌舞飲燕爲豪，絶不類吉水士人。然與之策事，丸轉機發，莫能相難。貌清古，昂鼻多髯，頗似先生。先生悦之，以爲軍門參謀。」

按：錢德洪陽明先生年譜云：「正德十三年正月初二日……是夕，令龍光潛入甲士，詰旦，盡殲之。」李文鳳月山叢談亦云：「二日……是夕，潛入甲士六百人……密語參隨龍光曰……」可見龍光在正德十二年已來贛見陽明。此必是先在五月陽明班師歸贛，龍爲來贛受學；至九月（所謂「數月歸」）龍光亦來贛見陽明，陽明乃命爲軍門參謀，在十月隨陽明往征横水、桶岡。

汪應軫中進士，選翰林庶吉士，有書致賀，汪應軫有答書。

汪應軫青湖先生文集卷七上陽明王先生：「正翅仰間，辱遠賜手書，不勝感慰！伏念軍務倥偬之際，不忘後輩如此，固盛德忠厚所臻，抑亦可見樽俎笑談之有餘矣。此又可見朝廷得人。賀，不獨吾私幸也。雖然，軍旅之事，孔子以爲末學；及至論王孫賈，則有取焉。豈聖人於武事真有所未閑耶？亦王孫賈果有長於孔子耶？愚意以爲兵者，不祥之器，聖人不得已而用之。王孫賈以軍旅治軍旅，不過足以守國而已。孔子之聖，蓋有在於軍旅之外，以爲世不習俎豆，是以有軍旅；及至用軍旅，尚不知臨事而懼，好謀而成。故子路之勇，亦不之許。其所以取王孫賈者，爲衛發也，非答靈公之本意也。昨見老先生已論及此矣。誠恐臨事之時，獻謀者不詳，而用命者不勇，萬一有違初議，軍門之紀律固在，然絶之與否臧之後，亦已晚矣。是以敢有此説，不識高明以爲如何？近日獨覺之進，更望示下，以啓愚昧，幸甚！」

按：汪應軫字子宿，號青湖，山陰人，與朱守忠、蕭鳴鳳、季本關係甚密，與陽明早識。是年其亦與季本、陸澄、蔡宗兖、許相卿諸浙中士子舉進士，相聚京師。明清進士録：「汪應軫，正德十二年二甲十八名進士。」季本汪公墓誌銘則謂：「正德丙子領鄉薦。丁丑中禮闈第二，廷試，賜進士出身，選庶吉士。」（季彭山先生文集卷三）按國榷卷五十：「正德十二年三月甲辰，選翰林院庶吉士汪佃……汪應軫……」陽明作書致賀，當亦是在五月八日，與申明賞罰以勵人心疏、閩廣捷音疏一起遣人送往京師。

五月十七日，徐愛卒，有祭文哭奠。

蕭鳴鳳徐君墓誌銘：「丙子秋，考績，便道歸省。明年五月十七日，以疾卒於山陰寓館，距生成化丁未春□三十有一。」（横山遺集附録）

王應鵬祭徐曰仁文：「七月六日，得陽明先生書，聞曰仁考績，抱疴而南，既瘥矣，甚喜。及得和曰仁耕霅之詩，鵬方告疾，自分將學稼，且扣年來所得，以愜東歸之志矣。當是時，未有去命，而此心則汲汲也。八月之望，又得陽明先生書，云曰仁於五月十七日長逝矣。」（横

山遺集附録)

王華祭徐曰仁文:「使老親在堂,孰與奉養?寡妻在室,何所瞻依?……我今葬汝于山陰縣迪埠山之麓,葬期將及,而我適遭老母之喪,造次顛沛之際,孰與子經紀喪事?……我今葺理東邊房屋數楹,以居汝妻,以奉養汝父母,庶幾汝妻朝夕不離吾側,汝父母朝夕可以相守以終餘年。」(横山遺集附録)

王守仁、王守文祭徐曰仁文:「維正德十二年七月十五日,寓贛州左僉都御史王守仁,使十弟守文,具清酌之奠,哭告於故工部都水司郎中妹婿徐曰仁之柩曰:嗚呼曰仁!乃忍去吾而死耶?吾又何以舍子而生爲乎?嗚呼曰仁!子則死矣,而使吾妹將何以生乎?使吾父母暮年遭此,何以爲懷乎?又使子之父母暮年遭此,何以爲生乎?此皆人世之至酷極烈所不忍言者,吾尚忍言之乎?嗚呼痛哉!吾復何言,吾復何言!尚饗。」(横山遺集附録)

按:王應鵬言陽明七月六日書中尚云徐愛病瘥,可見陽明當是七月六日以後方得知徐愛噩耗,故七月十五日纔寫成祭文。錢德洪陽明先生年譜竟謂「正德十三年八月,是年徐愛卒,先生哭之慟」,乃誤甚(今人多踵其誤)。

見素林俊有書來,遣其子林適來受學。

見素集卷二十二復王陽明:「廷言大參回,承致書惠,兼審憲紀霜肅,道況玉潤。漳寇畢功，尋轉而經略贛之新關，儒爲世道賴固然，而值今一遇，有餘嘅焉。執事中立時行，運醇鎮躁，以大收儒效，少違枘鑿，將欲委唾殘棄之，其不誠知輕重大丈夫哉？夫假道以行志，猶欲强尺枉以望尋之直，直不得分，而枉不可反，孰肯立一怒以庇吾瑕哉？腹心之言，同道僭論以歎世也。達子承論及，渠材猶可教，區區甚難，渠舉之若易，惜不立堅苦志，玩日愒月，竟之無所似。適子文亦異常局，學較博，然亦欠堅苦，負美材。執事幸並下嚴督之教，收之弟子之末，道風吹鼓，不在門墻間也。至惠，至惠！餘惟吾道多愛。不宣。」

按：其時林俊歸莆田家居，尤關注陽明平漳亂事。林達則在南都任職。「廷言大參」疑即指福建參政陳策，其協助陽明平漳亂立功（見陽明閩廣捷音疏）。邵寶陳公策神道碑：「公諱策，字嘉言，別號蓉湖，世爲無錫人……時汀、漳寇方熾，鎮巡舉公往征之。道經同安，巨寇蘇世浩勢尤猖獗，公首降之，遂携焉以臨汀、漳，汀、漳氣奪。榜到之日，先降者争出見公。公因撫而諭之曰：『吾欲返爾田宅親戚，爾顧欲肉餵鴟鴉乎？』衆皆稽首曰：『公推赤心人腹，非昔御我詐者比，此固我命盡日也，敢以死請。』公皆遣之，汀、漳按堵如故。」（國朝獻徵録卷八十六）陳策在五月平漳亂後歸，乃携陽明書經莆田呈林俊。

二十三日，廣東僉事顧應祥告欲來訪，有答書。

王陽明全集卷二十七與顧惟賢書一：「聞有枉顧之意，傾望甚切。繼聞有夾剿之事，蓋我獨賢勞，自昔而然矣。此間上猶、南康諸賊，幸已掃蕩，渠魁悉已授首，回軍且半月。以湖廣之故，留兵守隘而已。奏捷須湖廣略有次第，然後舉。朱守忠聞在對哨，有面會之圖，此亦一奇遇。近得甘泉書，已與叔賢同往西樵，令人想企，不能一日處此矣。承示『既飽，不必問其所食之物』，此語誠有病。已不能記當時所指，恐亦爲世之專務辨論講説而不求深造自得者説，故其語意之間，不無抑揚太過。雖然，苟誠知求飽，將必五穀是資……凡言意所不能達，多假於譬喻，以意逆志，是爲得之。若必拘文泥象，則雖聖人之言，且亦不能無病，况於吾儕……今時學者大患，不能立懇切之志，故鄙意專以責志立誠爲重。同志者亦觀其大意之所在，斯可矣……承示爲益已多，友朋切磋之職，不敢言謝。何時過甘泉，更出此一正之。」

按：陽明五月八日班師贛州，此書稱「回軍且半月」，則作在五月二十三日。顧應祥在平漳亂中多立功，徐中行箬溪顧公應祥行狀：「乃得廣東僉事。得嶺東道汀、漳山寇起，毒螫三省，中丞王公伯安討之。公以奇兵挫其鋒，擒鹵首雷振、温火燒等千四百餘級。王公奏聞，命下勘報，而公故讓功他省，不報。」（國朝獻徵録卷四十八）陽明書中所言「繼聞有夾勦之事」，指三省聯合進勦，事起於五月中旬，見陽明議夾勦兵糧疏、案行廣東福建領兵官進勦事宜。又陽明書中所言「近得甘泉書，已與叔賢同往西樵」，即指得湛甘泉四月一書，時湛甘泉服闋，有入居西樵之意。

立兵符，整編軍伍，發給兵符，凡遇征調，發符比號而行。

王陽明全集卷十六兵符節制。

二十八日，上攻治盜賊二策疏、類奏擒斬功次疏。

王陽明全集卷九攻治盜賊二策疏，類奏擒斬功次疏。

上添設清平縣治疏，奏設平和縣，於河頭添設縣治，枋頭移設巡檢司。

王陽明全集卷九添設清平縣治疏。

有札致王瓊、毛紀，請撤南、贛巡撫，設置總制，統一事權。

王陽明全集卷二十七與王晉溪司馬書五：「守仁始至贛，即因閩寇猖獗，遂往督兵。故前者瀆奏謝啓，極爲草略，迄今以爲罪。閩寇之始，亦不甚多，大軍既集，乃連絡四面而起，幾不可支。今者偶獲成功，皆賴廟堂德威成算，不然且不免於罪累矣，幸甚。守仁腐儒小生，實非可用之才。蓋未承南、贛之乏，已嘗告病求退。後以託疾避難之嫌，遂不敢固請，黽勉至此，實恐得罪於道德，負薦舉之盛心耳。伏惟終賜指教而曲成之，幸甚幸甚！今閩寇雖平，而南、贛之寇又數倍於閩，且地連四省，事權不一，兼之敕旨又有不與民事之説，故雖虚擁巡撫之名，而其實號令之所及，止於贛州一城，然且尚多牴牾，是亦非皆有司者敢於違抗之罪，事勢使然也。今爲南、贛，止可因仍坐視，稍欲舉動，便有掣肘。守仁竊以南、贛之巡撫可無特設，止存兵備，而統於兩廣之總制，庶幾事體可以歸一；不然，則江西之巡撫，雖三省之務尚有牽礙，而南、贛之事猶可自專。一應車馬錢糧，皆得通融裁處，而預爲之所，猶勝於今之巡撫，無事則開雙眼以坐視，有事則空兩手以待人也。夫弭盜所以安民，而安民者弭盜之本。今責之以弭盜，而使無與于民，獨專以藥石攻病，而不復問其飲食調適之宜，病有日增而已矣。今巡撫之改革，事體關係，或非一人私議之間便可更定，惟有申明賞罰，猶可以稍重任使之權，而因以略舉其職。故今輒有是奏，伏惟特賜採擇施行，則非獨生一人得以少逭罪戮，地方之困亦可以少蘇矣。非恃道誼深愛，何敢冒瀆及此？萬冀鑒恕。不宣。」

陽明致毛紀札：「侍生王守仁頓首再拜啓上大元老毛老先生大人執事：守仁始至贛，即欲一申起居。因閩寇猖獗，蒞事未數日而遂往督征，故前者進本人去，竟不及奉啓，迄今以爲罪。請教之渴，如何可言！守仁迂腐之資，實無可用於時，蓋未承贛州之乏，已嘗告病求退，後以託疾避難之嫌，遂不敢固請。雖勉至此，實恐得罪於公議，爲知己之羞。今遂未知所以稅駕之道，幸卒賜之指教而曲成之。今南、贛之事，誠亦有難爲者。蓋閩寇雖平，而南、贛之寇又數倍於閩，且地連四省，事權不一，兼之敕旨又有不與民事之說，故雖虛擁巡撫之名，而其實號令所及，止於贛州一城，然且尚多牴牾，是亦非皆有司者敢於違抗之罪，事勢使然也。今爲南、贛，止可因仍坐視，稍欲舉動，便有掣肘。守仁竊以爲南、贛之巡撫可無特設，止存兵備，而統於兩廣之總制，庶幾事體可以歸一；不然，則兼於江西之巡撫，雖三省之務尚有牽礙，而南、贛之事猶可自專，一應車馬錢糧，皆得通融裁處，而預爲之所，猶勝於今之巡撫，無事則開雙眼以坐視，有事則空手以待人也。夫弭盜所以安民，而安民者弭盜之本。今責之以弭盜，而使無與於民，猶專以藥石攻病，而不復問其飲食調適之宜，病有日增而已矣。今巡撫之改革，事體關係，或非一人議一議之間便可更定，惟有申明賞罰，猶可以稍重任使之權，而因以略舉其職。故今輒有是奏，伏惟特賜採擇施行，則非獨生一人得以少逭罪戮，地方之困亦可以少蘇矣。非恃道誼深愛，何敢冒瀆及此？萬冀鑒恕。不宣。五月二十八日，守仁頓首再拜啓。餘空。」（陽明手札真迹，在二〇〇八年臧秀雲藝術品收藏專場拍賣會（天津鼎晟拍賣公司）上出現，陽明文集失載）

按：毛紀字維之，號礪庵、鰲逸叟，山東掖縣人。陽明與毛紀早識（見前），兩人常有通信往返。據陽明後又有致礪齋書云：「所以强忍未敢告病之故，前啓已嘗略具。」所謂「前啓」，即指此致毛紀札也（見下）。是札稱「大元老毛老先生大人」，按明史宰輔年表一：「毛紀，正德十二年五月，禮部尚書兼東閣大學士入。七月，加太子太保兼文淵閣大學士。」國榷卷五十：「正德十二年五月丙子（二日），禮部尚書兼翰林學士毛紀兼東閣大學士，直閣。」毛紀以東閣大學士直閣，故陽明稱其爲「大元老」。

陽明此札所云「因閩寇猖獗，蒞事未數日而遂往督征」，指平漳亂，事在二月至四月間。所謂「前者進本人去，竟不及奉啓」，指陽明在五月初八日上閩廣捷音疏、申明賞罰以勵人心疏，時毛紀尚未以東閣大學士直閣，故未作致毛紀札一併由進本人送往京師。陽明此札作於五月二十八日，按陽明攻治盜賊二策疏、類奏擒斬功次疏、添設清平縣治疏均上在五月二十八日，可見陽明此致毛紀札必是由進本人一併賫往京師。按陽明此札所言與其與王晉溪司馬書五全同，可以確證與王晉溪司馬書五與此與毛紀札作在同時，在五月二十八日一併由進本人送往京師。蓋此二札之大旨在請朝廷取消南、贛巡撫之設，統於兩廣之總制，按陽明於五月八日所上申明賞罰以勵人心疏中已首提總制之設，至是則正式提出撤巡撫，設總制，因茲請事關重大，非王瓊一人所能定，故又特致札内閣首輔毛紀也。朝廷旋在七月改授陽明提督南、贛、汀、漳等軍務，給旗牌，得便宜行事，即是陽明上此二札所致，蓋提督軍務者，即總制之謂也。

畫家郭詡來贛，投陽明幕下。

陳昌積郭清狂詡傳：「宸濠嗣王，敬公，嘗召與語。公見其羯羠寡慮，易發怒，欲去。正德五年庚午，宸濠疏請中和之曲，公愕然曰：『是謀將凌其上，以此無貴種矣。吾不可與之俱蹈水火也。』故露拙業，托微罪得去。去後，宸濠益猖獗，固不可勝數。己卯，反大有端矣。詡度其反，必劫己，居嘗默默不得志，念右貴惟王都御史智權足解脱己。王都御史者，名守

仁，餘姚人也。以學爲世儒宗工，時假節提軍汀、贛。乃敬往依之，懸畫題詩見志，陽明悟其志。」（國朝獻徵録卷一百十五）

按：前考陽明與郭詡於弘治十五年已相識。傳謂郭詡於正德十四年（己卯）來投陽明，乃誤。按陽明正德十二年十二月作平茶寮碑已云：「並聽選等官雷濟、蕭庾、郭詡、饒寶等，共百有餘名。」（見下）可見郭詡正德十二年已來投陽明幕下，任「聽選」之官，並在征桶岡、横水中立功。足證郭詡當是陽明五月征漳寇班師贛州後，來見陽明。故傳所云「托微罪得去」，即指郭詡正德十二年五月去而至贛投陽明也。按國榷卷五十：「正德十二年五月戊寅，寧府典寶副閻順、典膳正陳宣及内使劉良，潛入京告宸濠陰謀，云信典寶正涂欽與致仕左都御史李士實、都御史葛江、吏羅黄、盧榮、熊濟等，鑿池造船，疑有非常。下錦衣衛獄，杖五十，戍孝陵。餘不問。」郭詡疑即因此事發，乃托微罪去。

六月，有書致顧應祥，論讀書講學。

王陽明全集卷二十七與顧惟賢書二：「閩、廣之役，偶幸了事，皆諸君之功，區區蓋坐享其成者。但閩寇雖平，而虔南之寇乃數倍於閩，善後之圖，尚未知所出。野人歸興空切，不知知己者亦嘗爲念及此否也？曰仁近方告病，與二三友去耕霅上，霅上之謀實始於陸澄氏。陸與潮人薛侃皆來南都從學，二子並佳士，今皆舉進士，未免又失却地主矣。向在南都相與者，曰仁之外，尚有太常博士馬明衡、兵部主事黄宗明、見素之子林達，有御史陳傑、舉人蔡宗兗、饒文璧之屬。蔡今亦舉進士。其時凡二三十人，日覺有相長之益。今來索居，不覺漸成放倒，可畏可畏！閑中有見，不妨寫寄，庶亦有所警發也。甘泉此時已報滿，叔賢聞且束裝，曾相見否？霍渭先亦美質，可與言。見時皆爲致意。」

按：陽明此書云「皆諸君之功」，蓋指其上申明賞罰以勵人心疏，獎賞立功，而顧應祥有讓功之舉。錢德洪陽明先生年譜云：「是月奏捷，具言福建僉事胡璉、參政陳策、副使唐澤、知府鍾湘、廣東僉事顧應祥、都指揮楊懋、知縣張戩勞績，賜敕獎賚，其餘陞賞有差。」「甘泉此時已報滿」，指湛甘泉服闋到期。「霍渭先」即霍韜，字渭先，號兀厓，南海人。其亦於是年舉進士，侯世守霍文敏公韜行實：「南宫廷試，仍擬大魁，偶封卷中舍，倒用官銜印，更之復爾，主者咸謂天數，遂置二甲第一。時尚未娶，引例告歸，讀書西樵山中。」（國朝獻徵録卷十八）霍韜其時中舉歸南海，故陽明云「見時皆爲致意」。又徐愛卒於五月十七日，此書仍曰「曰仁近方告病」，蓋陽明至七月方知徐愛病故也（見前）。

十五日，上疏通鹽法疏，請疏通鹽法。有札致王瓊再懇之。

王陽明全集卷九疏通鹽法疏。

同上，卷二十七與王晉溪司馬書三：「前月奏捷人去，曾瀆短啓，計已達門下。守仁才劣任重，大懼覆餗，爲薦揚之累。近者南、贛盜賊雖外若稍定，其實譬之疽癰，但未潰決；至其惡毒，則固日深月積，將漸不可瘳治。生等固庸醫，又無藥食之備，不過從旁撫摩調護，以紓目前。自非老先生發針下砭，指示方藥……不知老先生肯賜俯從，卒授起死回生之方否也？近得輋中消息，云將大舉，乘虛入廣。蓋兩廣之兵近日皆聚府江，生等恐其聲東擊西，亦已密切布置，將爲先事之圖。但其事隱而未露，未敢顯言於朝。然又不敢不以聞於門下。且聞府江不久班師，則其謀亦將自阻。大抵南、贛兵力極爲空疏，近日稍加募選訓練，始得三千之數，然糧賞之資，則又百未有措。若夾攻之舉果行，則其勢尤爲窘迫。欲稱貸於他省，則他省各有軍旅之費；欲加賦於貧民，則貧民又有從盗之虞。惟贛州雖有鹽税一事，邇來既奉户部明文停止。但官府雖有禁止之名，而奸豪實竊私通之利。又鹽利下通於三府，皆民情所深願，而官府稍取其什一，亦商人所悦從。用是輒因官僚之議，仍舊抽放。蓋事機窘迫，勢不得已。然亦不加賦而財足，不擾民而事辦，比之他圖，固猶計之得者也。今特具以聞奏，伏望老先生曲賜扶持，使兵事得賴此以濟，實亦地方生靈之幸。生等得免於失機誤事之誅，其爲感幸，尤深且大矣。自非老先生體國憂民之至，何敢每事控聒若此？伏冀垂照。不具。」

按：書所云「前月奏捷人去」，即指陽明上閩廣捷音疏。所云「前者申明賞罰之請」，即指陽明上申明賞罰以勵人心疏。所云「今特具以聞奏」，即指陽明上此疏通鹽法疏。可見陽明此與王瓊札乃同疏通鹽法疏一起由進本人送往京師，蓋此札此疏之大旨皆在論疏通鹽法事也。

錢德洪陽明先生年譜：「始，都御史陳金以流賊軍餉，於贛州立廠抽分廣鹽，許至袁、臨、吉三府發賣，然起正德六年至九年而止。至是，先生以敕諭有『便宜處置』語，疏請暫行，待平定之日，仍舊停止。從之。」

七月五日，以湖廣巡撫秦金提三省夾剿江西方略，乃上議夾剿兵糧疏、南贛擒斬功次疏。十五日，調用三省夾攻官兵。

王陽明全集卷十議夾剿兵糧疏，南贛擒斬功次疏。

同上，卷三十調用三省夾攻官兵：「准兵部咨，該湖廣巡撫都御史秦題云云，已經開陳兩端，具本上請去後。今准前因，除南、贛二府兵糧事宜另行外，所據領兵等官，俱在得人，必須先委。訪得九江府知府汪隸、吉安府知府伍文定、汀州府知府唐淳，久習軍旅，惠州府知府陳祥，器度深沉，俱各才識練達。程鄉縣知縣張戬，近征大傘等處，獨統率新民，奮勇當先，功勞尤著。撫州府東鄉縣知縣黄堂、建昌府新城縣知縣黄文鸑、袁州府萍鄉縣知縣高桂、吉安府龍泉縣知縣陳允諧，素有才名，堪以領兵。但事干各府，各官之中，或有違抗推託，臨期必致誤事。除具本題請，但有不遵約束，許以軍法從事，合就通行知會。爲此仰抄案回府，即行本官，密切整備衣裝。及將上杭縣義官李福英名下打手，再行揀選，務要驍勇精悍者一千名，給與資裝器械，聽候命下。另有公文至日，即便不分星夜，兼程前進軍門，以憑調用施行。」

七月十六日，改授提督南、贛、汀、漳等處軍務，給旗牌，便宜行事。

國榷卷五十：「正德十二年七月庚寅，命巡撫南、贛、汀、漳左僉都御史王守仁提督軍務，給符幟，俾便宜行事。」

晉溪本兵敷奏卷十爲申明賞罰以勵人心事：「今都御史王守仁反覆論辯，深切著明，具見本官有用之學，濟世之才……王守仁所奏前事，皆有明驗，若不責成此官，假以兵權，申明□□，誠非長治久安之術也。合無請勑南、贛等處都御史，假以提督軍務，名目照提督軍務文臣事例，給與旗牌應用，以振軍威，一應軍馬錢糧事宜，照依原擬，徑自便宜區畫，文職五品以下，武職三品以下，徑自拏問發落。如遇盗賊入境劫掠，即便調兵剿殺，不許踵襲舊弊，招撫蒙蔽，重爲民患。所部官軍，若在軍前違期逗遛退縮者，俱聽以軍法從事。生擒盗賊，鞫問明白，亦聽斬首示衆。其陞賞事宜，除征剿流賊事例先已奏革外，若南、贛、郴、桂等處斬獲賊級，聽本處兵備副使會同該道守巡官，即時紀驗明白，備行江西按察司，造册奏繳，查照南方剿殺蠻賊見行舊例，議擬陞賞。正德十二年七月十六日具題，奉聖旨，是王守仁着提督南、贛、汀、漳等處軍務，換勑與他，其餘事宜，各依擬行。」

按：錢德洪陽明先生年譜謂「九月，改授提督南、贛、汀、漳等處軍務」，乃誤。蓋陽明早在五月八日申明賞罰以勵人心疏中已請總制之設，乞「假臣等以便宜行事，不限以時而惟成功是責」，「特假臣等令旗令牌，使得便宜行事……然後選重臣，假以總制之權而往拯之」。至五月二十八日陽明致書王瓊、毛紀，正式提出撤巡撫，設總制，爲王瓊所肯。故遂至七月十六日有改授提督軍務之任。蓋「提督」乃從「總制」而來，提督軍務，即總制事權也。由此可見陽明之有提督之請蓋爲三省夾剿江西之設，與其平宸濠亂無關；然陽明得提督軍務，便宜行事，則對陽明後來平宸濠亂起關鍵作用矣。

王陽明全集卷十六欽奉敕諭提督軍務新命通行各屬：「正德十二年九月十一日節該欽奉敕諭：江西南安、贛州地方，與福建汀、漳二府，廣東南、韶、潮、惠四府，及湖廣郴州桂陽縣壤地相接，山嶺相連，其間盜賊不時生發，東追則西竄，南捕則北奔，蓋因地方各省，事無統屬，彼此推調，難爲處置。先年以此之故，嘗設有都御史一員，巡撫前項地方，就令督剿盜賊。但責任不專，類多因循苟且，不能申明賞罰，以勵人心，致令盜賊滋多，地方受禍。今因爾所奏，及該部覆奏事理，特改命爾提督軍務，常在贛州或汀州住劄，仍往前各處撫安軍民，修理城池，禁革奸弊，一應軍馬錢糧事宜，俱聽便宜區畫，以足軍餉，但有盜賊生發，即便嚴督各該兵備、守備、守巡，並各軍衛有司，設法調兵剿殺，不許踵襲舊弊，招撫蒙蔽，重爲民患。」

按：此敕諭據前言「不能申明賞罰，以勵人心」，可知其言「今因爾所奏」，即指陽明五月八日所奏申明賞罰以勵人心疏，尤可見提督軍務之任乃承陽明申明賞罰以勵人心疏中總制之奏而來。

王陽明全集卷十換敕謝恩疏，交收旗牌疏。

錢德洪陽明先生年譜：「事下兵部尚書王瓊，覆奏以爲宜從所請。於是改巡撫爲提督，得以軍法從事，欽給旗牌八面，悉聽便宜。既而鎮守太監畢真謀于近倖，請監其軍。瓊奏以爲兵法最忌遥制，若使南、贛用兵而必待謀於省城鎮守，斷乎不可；惟省城有警，則聽南、贛策應。事遂寢。」

感秋興懷，思念南京僚友，有詩詠寄問。

王陽明全集卷二十借山亭：「借山亭子近如何？乘興時從夢裏過。尚想清池環醉影，猶疑花徑駐鳴珂。疏簾細雨燈前局，碧樹凉風月下歌。傳語諸公合頻賞，休令歲月亦蹉跎。」

按：借山亭爲白樓吴一鵬園亭，吴一鵬初號借山。胡纘宗鳥鼠山人小集中有吴太常借山亭子。柴奇黼庵遺稿卷二有吴白樓園亭十二首和原韵，其第九首即和借山亭詩：「滿園花木共嫣然，日日門前繫酒船。却笑當年借山客，歸來還費買山錢（公前號借山）。」陽明詩中所云「諸公」，即指當年南京僚友吴一鵬、喬宇、魯鐸、汪偉、鄧庠諸人。

八月，大庾、上猶流民來攻南康、南安，擊潰之。

國榷卷五十：「正德十二年八月庚申，大庾、上猶盗合攻南康，左僉都御史王守仁擊賊巢，破之。」

王陽明全集卷十議夾勦方略疏：「隨據南安府上猶、大庾等縣申稱，各縣鄉民早穀將登，各巢賊修整戰具，要行出劫。並據南康縣縣丞舒富呈，訪得大賊首謝志珊號『征南王』，糾率桶岡等巢賊首鍾明貴等，約會廣東大賊首高快馬等，大修戰具並呂公車，欲要先將南康縣打破。聞知廣東官兵盡調府江，就行乘虛入廣流劫，乞要早爲撲勦。等因。已經呈蒙本院密受方略，行委知府季敎、縣丞舒富等領兵分勦。共生擒大賊首陳曰能等三名，首從賊徒五十四名，斬獲賊首級六十八顆，殺死射死賊徒二百四十餘名，燒死賊徒二百餘名，搗過巢穴一十九處，燒毁房屋禾倉八百九十餘間，俘獲賊屬二十九名口，水黄牛、馬、羊、騾一百四十四頭匹，通經呈報。又蒙本院慮，賊必將乘間復出，行委知府季敎、指揮來春等統兵屯南安，指揮姚璽、縣丞舒富統兵屯上猶，指揮謝昶、千户林節統兵屯南康，各於要害去處往來防勦。至七月二十五日，賊首謝志珊果復統衆一千五百餘徒，攻打南安府城。各官督兵迎敵，生擒賊犯楊鑾等七名，斬獲首級四十五顆，賊衆大敗而去。八月二十五日，賊首謝志珊又統領二千餘徒，復來攻打南安府城。各官督兵迎敵，生擒賊犯龍正等四十二名，斬獲首級一百五十七顆，賊又大敗而去。」

同上，卷十六咨報湖廣巡撫右副都御史秦防賊奔竄。

陸澄父陸瑧卒，陸澄來請墓文，爲作陸瑧墓碑誌。

王陽明全集卷二十五明封刑部主事浩齋陸君墓碑誌：「封君之葬也，子澄毁甚失明，病不能事事，以問於陽明子曰：『吾湖俗之葬也，咸竭資以盛賓主，至於毁家，不則以爲儉其親也。不肖孤則何費之敢靳！大懼疾之不任，遂底於顛殞，以重其不孝。敢請已之，如何？』陽明子曰：『不亦善乎？棺槨衣衾之得爲也者，君子不以儉其親。狥湖俗之所尚，是以其親遂非而導侈也，又況以殆其遺體乎？吾子已之，既葬而以禮告，人豈有非之者？將湖俗之變，必自吾子始矣。一舉而三善，吾子其已之！』既而復以誌墓之文請。陽明子辭之不得，則謂之曰：『誌墓非古也。古之葬者，不封不樹。孔子之葬其親也，自以爲東西南北之人，不可以無識也，而封之，崇四尺。其於季札之葬，則爲之識曰：『有吴延陵季子之墓』。後之誌者，若是焉可矣。而内以誣其親，外以誣於人，是故君子耻之。吾子志於賢聖之學，苟卒爲賢聖之歸，是使其親爲賢聖者之父也，誌孰大焉，吾子曷已之？封君之存也，嘗以其田二頃給吾黨以貧者以資學，是於斯文爲有襄也，而又重以吾子之好，無已，則如夫子之於札也乎？』因爲之題其識墓之石曰：『皇明封刑部主事浩齋陸君之墓』，而書其事於石之陰。君諱瑧，字文華，湖之歸安人。墓在樊澤。子澄，舉進士，方爲刑部員外郎。澄之兄曰津。」

泉翁大泉集卷二十六浩齋記：「太湖之墟，有陸浩齋先生者，其子澄遊於陽明，舉進士，爲郎秋官。以推崇浩齋，故浩齋爲封君。澄造於甘泉子曰：『惟我家君割股以愈親，行確而貌肅，蓋取諸至剛；不利己，平物我，蓋取諸至大；其名齋也以浩，以養浩也，蓋取諸孟氏。今茲行年七十有五，而志力不衰。惟吾子其明孟氏之學，以詔於我父子。吾子其惠許焉，惟吾父子之幸有承學，而齋則亦有耿光。』甘泉子曰：『夫先生居於斯，思於斯，養於斯，其廣大與，其流行與，是亦孟而已矣！夫心無一物則浩，無一物不體則浩，是故知無物與無物不體者，可與語性矣；可與語性，斯可與知學矣；知學，斯可與廣大流行矣。』元靜曰：『請聞其説。』曰：『惟無物也，是以大生焉；惟無物不體也，是以廣生焉；惟無物而無物不體也，是以流行生焉。先生苟自孝愛其親之心充之，無弗用愛焉，斯亦無物不體耳矣，其至廣與！自其不利己之心而充之，不有己焉，斯亦無物耳矣，其至大與！以是心而充之，存存不息，其流行與！是故至廣配地，至大配天，流行配造化。至大配天，其盛德乎！至廣配地，其大業乎！流行配造化，其悠久不息乎！生盛德者存乎仁，成大業者存乎義，運不息者存乎誠，合是三者存乎神。君子體諸天地，侔諸造化，以成德業于無疆，存神至矣。孟氏曰「養而無害，則塞乎天地之間」，「配義與道」，故養而無害，則至大至剛，以直道而義出矣，其存神之至乎！』」

按：王陽明全集於碑誌題下注「丙子」作，泉翁大全集於記末注「癸未七月十八日」作，均誤。按陸澄於正德十二年舉進士，授刑部員外郎，明清進士録：「陸澄，正德十二年三甲二百三十名進士。浙江歸安人，字原静，一字清伯。授刑部主事（按：误，當作刑部員外郎。），以議大禮不合，罷歸。後悔前議之非，上言自訟，帝惡其反覆，遂斥不用。澄師事王守仁，講『致良知』之説，守仁傳習録，多澄所記。」故可知陽明此碑誌必作於正德十二年，而湛甘泉浩齋記「癸未七月十八日」則是「丁丑七月十八日」之誤。此必是陸澄在三月舉進士後授刑部員外郎（刑部廣東清吏司），其在七月往廣東按事，乃造訪湛甘泉，請作浩齋記。旋因陸璩卒歸歸安，途經贛州見陽明，請作墓碑誌，時約在八月中。

九月，有書致湛甘泉，論格物之説，申衡嶽之遊前約。湛甘泉有答書，勸其事竣疏歸。

泉翁大全集卷八答陽明：「小僮歸，承示手教，甚慰。衡嶽之約，乃僕素志，近興益濃。然以煙霞山居未完，又以老兄方有公事，皆未可遽遂也。老兄事竣，就彼地上疏，不復返府，是亦一機會也。格物之説甚超脱，非兄高明，何以及此？僕之鄙見大段不相遠，大同小異耳。鄙見以爲，格者，至也，『格於文祖』、『有苗格』之格；物者，天理也，即『言有物』、『舜明於庶物』之物，即道也。格即造詣之義，格物者，即造道也。知行並造，博學、審問、慎思、明辨、篤行，皆所以造道也。讀書、親師友、酬應，隨時隨處，皆求體認天理而涵養之，無非造道之功。意、身、心一齊俱造，皆一段工夫，更無二事。下文誠、正、修功夫皆於格物上用了，其家、國、天下皆即此擴充，不是二段，此即所謂止至善。故愚嘗謂止至善，則明德、親民皆了者，此也。如是方可謂之知至。若夫今之求於見聞之末，謂之知至可乎？知至，即孔子所謂『聞道』矣。故其下文以修身釋格物，而此謂知之至，可徵也。故吾輩終身終日，只是格物一事耳。孟子『深造以道』，即格物之謂也；『自得之』，即知至之謂也；『居安資深逢原』，即修齊治平之謂也。近來與諸同志講究，不過如此。未審高明以爲何如？」

按：湛甘泉此書，今人定爲正德十三年或十四年作，不合此書所敘。按此書云「以煙霞山居未完」，考湛甘泉於正德十二年四月三十日服闋後，即於八月二十日入西樵，卜居大科之麓，建煙霞山居。其樵風詩序云：「我乃穆卜於大科之麓，煙霞之墟……厥既經始，厥既告成，閱月惟五，殫乃智猷，歲暮之廿。」煙霞山居經始於八月，完工於十二月，即所謂「閱月惟五」。以湛甘泉致陽明書考之：十月寄陽明都憲中云煙霞山居已開工建造：「若水遂爲西樵之煙霞所留……」（參見寄應元忠吉士）；十一月寄王陽明都憲中云煙霞山居已小成：「生以十月七日入西樵，築煙霞洞土樓小屋二層，外爲正義堂，又外爲門樓……諸役冬間可落成，即携妻孥入居之矣。」十二月寄王陽明都憲中云煙霞山居已完工：「若水煙霞之築已訖工。」（均見下考）以十月湛甘泉又另有書寄陽明考之，可知湛甘泉此書必當作在九月中，故云「煙霞山居未完」。蓋陽明與甘泉早有衡嶽之約，其正德三年所作南遊即云：

「元明與予有衡嶽、羅浮之期，賦南遊，申約也。」至是時湛甘泉服闋入居西樵，而陽明亦已平漳亂功成，亦欲疏乞歸居，故致書甘泉，重申衡嶽之約也。

九月十五日，定三省夾剿方略，上議夾剿方略疏。

王陽明全集卷十議夾剿方略疏：「看得三省夾攻，必須彼此尅期定日，同時並舉，斯乃事體之常。然兵無定勢，謀貴從時，苟勢或因地而異便，則事宜量力以乘機。三省賊巢，連絡千里，雖聲勢相因，而其間亦自有種類之分，界限之隔。利則爭趨，患不相顧，乃其性習。誠使三省之兵皆已齊備，約會並進，夫豈不善？但今廣東狼兵方自府江班師而歸，欲復調集，恐非旬月所能。兩省之兵既集，久頓而不進，賊必驚疑，愈生其奸，悍者奔突，黠者潛逃，老師費財，意外之虞，乘間而起，雖有智者，難善其後。誠使先合湖廣、江西之兵，併力而舉上猶諸賊，逮事之畢，廣東之兵亦且集矣；則又合湖廣、廣東之兵，併力而舉樂昌諸處，逮事之畢，江西之兵又得以少息矣；則又合廣東、江西之兵，併力而舉龍川。方其併力於上猶，則姑遣人佯撫樂昌諸賊，以安其心。彼見廣東既未有備，而湖廣之兵又不及己，苟幸旦夕之生，必不敢越界以援上猶；及夫上猶既舉，而湖廣移兵以合廣東，則樂昌諸賊，其勢已孤。二省兵力益專，其舉之益易。當是之時，龍川賊巢相去遼絶，自以爲風馬牛不相及，彼見江西之兵又撤，意必不疑。班師之日，出其不意，回軍合擊，蔑有不濟者矣。」

同上，卷十六咨報湖廣巡撫右副都御史秦夾攻事宜。

夾剿在即，將攻橫水，先發布撫諭三浰文。

王陽明全集卷十六告諭浰頭巢賊：「夫人情之所共恥者，莫過於身被爲盜賊之名；人心之所共憤者，莫甚於身遭劫掠之苦。今使有人駡爾等爲盜，爾必怫然而怒……又使有人焚爾室廬，劫爾財貨，掠爾妻女，爾必懷恨切骨，寧死必報。爾等以是加人，人其有不怨者乎？人同此心，爾寧獨不知？乃必欲爲此，其間想亦有不得已者。或是爲官府所迫，或是爲大户所侵，一時錯起念頭，誤入其中，後遂不敢出。此等苦情，亦甚可憫。然亦皆由爾等悔悟不切。爾等當時去做賊時，是生人尋死路，尚且要去便去；今欲改行從善，是死人求生路，乃反不敢，何也？若爾等肯如當初去做賊時拚死出來，求要改行從善，我官府豈有必要殺汝之理？爾等久習惡毒，忍於殺人，心多猜疑。豈知我上人之心，無故殺一鷄犬尚且不忍，况於人命關天？若輕易殺之，冥冥之中，斷有還報，殃禍及於子孫，何苦而必欲爲此？我每爲爾等思念及此，輒至於終夜不能安寢，亦無非欲爲爾爾尋一生路。惟是爾等冥頑不化，然後不得已而興兵，此則非我殺之，乃天殺之也。今謂我全無殺人之心，亦是誑爾；若謂我必欲殺爾，又非吾之本心。爾等今雖從惡，其始同是朝廷赤子。譬如一父母同生十子，八人爲善，二人背逆，要害八人；父母之心，須除去二人，然後八人得以安生。均之爲子，父母之心，何故必欲偏殺二子？不得已也。吾於爾等，亦正如此。若此二子者，一旦悔惡遷善，號泣投誠，爲父母者，亦必哀憫而赦之。何者？不忍殺其子者，乃父母之本心也；今得遂其本心，何喜何幸如之！吾於爾等，亦正如此。聞爾等辛苦爲賊，所得苦亦不多，其間尚有衣食不充者。何不以爾爲賊之勤苦精力，而用之於耕農，運之於商賈，可以坐致饒富，而安享逸樂，放心縱意，遊觀城市之中，優游田野之内。豈如今日……出則畏官避讎，入則防誅懼剿，潛形遁迹，憂苦終身，卒之身滅家破，妻子戮辱，亦有何好？爾等好自思量，若能聽吾言，改行從善，吾即視爾爲良民，撫爾如赤子……爾等若習性已成，難更改動，亦由爾等任意爲之。吾南調兩廣之狼達，西調湖湘之土兵，親率大軍，圍爾巢穴，一年不盡，至於兩年；兩年不盡，至於三年。爾之財力有限，吾之兵糧無窮，縱爾等皆爲有翼之虎，諒亦不能逃於天地之外……嗚呼！民吾同胞，爾等皆吾赤子，吾終不能撫恤爾等，而至於殺爾，痛哉，痛哉！興言至此，不覺淚下。」

按：此告諭文發布於三省夾剿前夕，蓋在剿撫兼施，亦出於陽明「破山中賊易，破心中賊難」之意，兵家所謂「攻心者上」也。

錢德洪陽明先生年譜：「是時漳寇雖平，而樂昌、龍川諸賊巢尚多嘯聚，將用兵剿之，先犒以牛酒銀布，復諭之曰……按是諭文藹然哀憐無辜之情，可以想見虞廷干羽之化矣。故當時酋長若黄金巢、盧珂等，即率衆來投，願效死以報。」

按：此告諭浰頭巢賊題下注「正德十二年五月」，乃誤。李文鳳月山叢談云：「十月，將征横水，先爲告諭三浰。」錢德洪陽明先生年譜放在九月下敘述，可見此告諭文當發布在進兵横水前夕，蓋在穩定三浰衆心也。

二十五日，調整南、贛商税，上議南贛商税疏。

王陽明全集卷十議南贛商税疏：「看得南、贛二府商税，皆因給軍餉、裕民力而設。折梅亭之税，名雖爲夫役，而實以給軍餉；龜角尾之税，事雖重軍餉，而亦以裕民力……但折梅亭雖已抽分，而龜角尾不復致詰，未免有脱漏之弊；若折梅亭既已抽分，而龜角尾又復致詰，未免有留滯之擾……若革去折梅亭之抽分，而總税於龜角尾，則事體歸一，奸弊自消，非但有資軍餉，抑且便利客商。」

洛村黄弘綱來受學。

羅洪先集卷二十明故雲南清吏司主事致仕洛村黄公墓誌銘：「正德丁丑，陽明王先生以中丞督軍於虔，延見士人，輒語以聖學。是時，虔中士人，無少長皆得其門，獨雩都洛村黄君與何善山兩人最有名。是時，君以詩經舉丙子鄉試第七人，丁外艱。往兄弘彝墮父貲不能償，父怒，將杖之，君憐焉，自代三百金以解。先生聞而異之，嘗謂士人曰：『黄君來何遲也？』既小祥，始上謁。三日而悟心理合一之旨，凡所誦説，即能無悖於先生。先生之教士人也，擇資之近者，特置左右，時掖獎頓挫而造就之；知用力矣，則又諄諄操習其誦説，與己無悖。士人初至者，令先以意接引，且察其性行何若；俟漸領略，徐共面語，故己不勞而人易知。君首在造就中，日以接引得朋友益，故從先生去虔，至歸越，不忍離者四五年。」

按：黄弘綱正德十一年八月鄉試後丁憂，期年小祥，則在正德十二年九月。

康熙雩都縣志卷九黄弘綱：「黄弘綱，字正之，學者稱爲洛村先生。舉正德丙子鄉試第七人……既長，就鄉塾，教以舉業文字，弘綱曰：『雕蟲小技，壯夫所耻。吾儒之學，須以聖賢爲歸耳。』於是苦心刻索，必務追其微茫，而探其元始。久之曰：『聖賢千言萬語，大要不越「主敬」二字。』……正德丁丑，王公守仁講學虔臺。弘綱歸，自計偕往謁，面執贄焉。甫三日，忽悟心理合一之旨，益信聖人可學而至，凡所開導，無不神解。一時同學咸推讓，以爲不可及。正德十四年六月，宸濠變起，守仁倉卒整旅。弘綱左右行間，凡張疑設間，必相與密謀之。嘉靖七年戊子，守仁卒于南安。弘綱扶輿櫬至弋陽，適王畿、錢德洪迎喪上嚴瀨，遂同歸越。倣築場義，經紀其家。先是守仁卒，有嫉忌其功高者，譖於朝，革錫典世爵，有司默承風旨，媒孽其家。胤子正億時方四齡，與繼子正憲離仳竄逐。弘綱以身周旋，多方調護，得無恙。後方相國獻夫以王臣爲浙江僉事，分巡浙東，於是奸黨稍阻。時黄綰適陞南京禮部侍郎，弘綱特詣金陵會緡，爲胤子正億請婚。緡曰：『吾有弱息，願妻之。但老母在家，必得命，乃可。』弘綱乃偕德洪、王畿走台請命，而納聘焉……拂衣歸。每歲放舟青原，與聶豹、鄒守益、羅洪先諸君子，尋繹師學，辨析毫釐，新建之傳，乃獨歸弘綱矣。故當時陽明之門，夙有評曰：『江有何黄，浙有錢王。』謂弘綱與廷仁也。」

十月初，湛甘泉有書來，告入居西樵。

泉翁大全集卷九寄陽明都憲：「若水遂爲西樵之煙霞所留，北行之計不果矣。匪直以煙霞也，德之不修，學之不講，所志未就，終以爲憂，此吾心之所汲汲皇皇者也。近於西樵碧雲、雲端之間，卜得一藏修之地，甚高敞盤鬱，殊爲稱意，此天之所以與我甚厚，亦有一二學子相隨。甘泉年來爲賊所迫，必寄家於廣城之外，而獨往於西樵，雖不免時或省家，亦以不入城爲戒也。僕非敢爲長往之計，遂與老兄遠。且作二三年之規，或天有意於斯文，必有良會耳。近日一二文字，令人録於别紙，並西樵詩奉一覽求教。人便，不惜常示及爲望。不具。」

按：湛甘泉此書中所云「北行之計不果」，乃指其服闋不北上入都復職，而决意入西樵養病，如其乞養病疏云：「臣於本年四月三十日服闋，五月初旬即吉。義當遵例起復，實則扶病莫前。」湛甘泉入居西樵之時間，其寄王陽明都憲云「生以十月七日入西樵」，與楊士德則云「此月二十五已携家入居西樵」。按甘泉五月服闋後即往西樵尋卜居之地，其寄應元忠吉士云：「僕五月已從吉，未嘗一出。

八月二十間往祭石翁先師墓，遂遊西樵山，卜居於霞洞，正在碧雲、雲端村之間，十月間必興工板築矣。」甘泉此寄陽明都憲尚未明確告入居西樵時日，則當作在十月七日以前。按甘泉後來有寄王陽明都憲云：「十月初及郭總戎行，皆嘗有奉疏。」此十月初一疏，即指甘泉此寄陽明都憲一書，由此可以確知此寄陽明都憲作在十月初。

以平漳亂功，陞一級，銀二十兩，紵絲二表裏。上謝疏，並有札致兵部尚書王瓊。

王陽明全集卷十陞賞謝恩疏。

按：陞賞謝恩疏題下注「正德十二年十月初□日」。錢德洪陽明先生年譜將陽明上陞賞謝恩疏定在九月，乃誤。

王陽明全集卷二十七與王晉溪司馬書六：「即日，伏惟經綸邦政之暇，台候萬福。守仁學徒慕古，識乏周時，謬膺簡用，懼弗負荷。祇命以來，推尋釀寇之由，率因姑息之弊。所敢陳請，實情知己。乃蒙天聽，並賜允從，蕃錫寵右，恩與至重。是非執事器使曲成，獎飾接引，何以得此？守仁無似，敢不勉奮庸劣，遵稟成略，冀收微效，以上答聖眷，且報所自乎？茲當發師，匆遽陳謝，伏惟台照。不備。　外具用兵事宜一通，極知狂妄，伏惟曲賜採擇，並垂恕察，幸甚，幸甚！」（按：「外具用兵事宜」以下一段原缺，茲據上海圖書館藏陽明先生與晉溪書補。）

按：陽明此書所云「蕃錫寵右，恩與至重」，即指朝廷陞賞事，故可知陽明此札當是與陞賞謝恩疏一起由進本人送往京師。「茲當發師」，指陽明即將出師攻横水、左溪。「用兵事宜一通」，指陽明咨報湖廣巡撫右副都御史秦夾攻事宜（王陽明全集卷十六）。

十月七日，出師攻横水、左溪，親率兵進屯南康、至坪。十二日，破横水、左溪。

王陽明全集卷十横水桶岡捷音疏：「於是，臣等乃決意先攻横水、左溪，密切分布哨道，使都指揮僉事許清率兵千餘，自南康縣所溪入；知府邢珣率兵千餘，自上猶縣石人坑入；知縣王天與率兵千餘，自上猶縣白面入；令其皆會横水。使守備指揮郟文率兵千餘，自大庾縣義安入；知府唐淳率兵千餘，自大庾縣聶都入；知府季斆率兵千餘，自大庾縣穩下入；縣丞舒富率兵千餘，自上猶縣金坑入；令其皆會左溪。知府伍文定、知縣張戩，候各兵齊集，令其亦從上猶、南康分入，以遏奔衝。臣亦親率兵千餘，自南康進屯至坪，期直搗横水，以與諸軍會；而使兵備副使楊璋、分守參議黄宏，監督各營官兵，往來給餉，以促其後。分布既定，乃於十月初七日夜，各哨齊發。初九日，臣兵至南康。初十日，進屯至坪……十二日早，臣兵進至十八面隘……遂破長龍巢，破十八面隘巢……知府邢珣遂破磨刀坑巢，破茶坑巢，破茶潭巢；知縣王天與破樟木坑巢，破石王巢；都指揮許清破鷄湖巢，破新溪巢，破楊梅巢；俱至横水。知府唐淳破羊牯腦巢，破上關巢，破下關巢，破左溪大巢；守備指揮郟文破獅寨巢，破義安巢，破苦竹坑巢；指揮余恩破長流坑巢，破牛角窟巢，破鰲坑巢；縣丞舒富破箬坑巢，破赤坑巢，破竹壩巢；知府季斆破上西峰巢，破狐狸坑巢，破鉛廠巢；俱至左溪。」

泉翁大全集卷十六平寇録序：「都憲陽明王公莅贛，越明年丁丑，命部轄咸造於庭曰：『惟茲横水、桶岡並寇，稱竊名號，毒痛三省。惟予守仁，恭承天威，夾攻之命，實責在予，予敢弗虔？惟茲横水、桶岡，實惟羽翼，勢在腹背。先剪横水，乃可即戎。』遂會諸撫按備守，咸謂曰：『然。』乃命都指揮許清、贛州知府邢珣、寧都知縣王天與曰：『爾其各以兵千餘，分道入會於横水。』命守備指揮郟文、汀州知府唐淳、南安知府季斆、贛州指揮余思、南康縣丞舒富曰：『爾其各以兵千餘，分道入會於左溪。』命吉安知府伍文定、程鄉知縣張戩曰：『爾其各以兵千餘，分道入遏奔衝。』十月十三日，予其親率推官危壽、指揮謝超，兵如諸道之數，直搗横水，爲諸軍先。』乃緣崖而上，舉炮火，如迅雷焱至。賊愕潰，遂奪其險，入破横水諸巢二十有三。王公曰：『爾其少息，以養厥鋭。』」

按：平寇録乃寧都知縣王天與所撰，其隨陽明征横水、左溪、桶岡，平寇録乃爲實録，可惜亡佚。湛甘泉序全據平寇録立説，猶仿佛可見平寇録原貌也。

善山何廷仁追至南康來受學。何春、管登亦同來受學。

羅洪先集卷二十南京工部屯田清吏司主事善山何公墓誌銘：「君初名秦，字廷仁，晚以字行，字性之，號善山。當陽明先生以提督之節駐贛也，常聚四方君子論學。君聞黄君（弘綱）所聞於先生者，慨然曰：『吾恨不及白沙之門，先生，今之白沙也。刻期往謁，又可失耶？』友人以不利舉業尼之，不爲聽。會先生征桶岡，裹糧追從，相見于南康。是時，丁繼母憂歸，而斬然以禮自度，不徇流俗。先生聞之，曰：『是能以身爲學者。』久之，授以『萬物一體』之論，與『致良知』之説。終夜思之，達旦不寐，忽有省悟……君以諸生事先生，在贛趨贛，在南浦趨南浦，在越趨越，一不以舉業爲念。」

康熙雩都縣志卷九何廷仁傳：「王公守仁節鎮虔臺，四方學者多歸之。廷仁曰：『吾恨不及白沙之門，陽明子，今之白沙也。』遂裹糧入郡。會守仁出征桶岡，廷仁悵然曰：『我不能于于而居，徐徐而俟也。』追至南康拜之。時廷仁有繼母之喪，斬然以禮自持。守仁見之，歎曰：『是可謂不學以言，而學以躬也。』既聞『萬物一體』之論、『致良知』之説，遂豁然有悟。不務外馳，專求心性，刻志磨礪，務底大成。猶善於誘掖，篤於切磋，海内同志來謁陽明子者，咸樂親之。守仁在南浦，則左右於南浦；在越，則左右於越。」

按：陽明十月九日進屯南康，何廷仁即在其時來見。

康熙雩都縣志卷九何春傳：「何春字元之，廷仁兄……王公守仁開府虔南，春謂弟廷仁曰：『此孔孟嫡派也，吾輩當北面矣。』乃偕弟師事焉。苦心研究，寢食幾忘。久之，涣然有省，曰：『心體自静，須冥默存養。静無不動，就隨動處省察，幾善，與即順順充養將去，若過爲拘檢，反成動氣；幾惡，與即發奮克治，若因循放過，便爲喪志。喪志是忘，動氣是正、助。誠時時刻刻念念爲善去惡，即孟子有事集義、勿正勿忘勿助長也。更有甚閑情掛牽着外事！』陽明子語及門曰：『何元之工夫，真所謂近裏着己也。』一日，問於陽明子曰：『心有動静，道無間於動静。故周子謂「動而無静，静而無動，爲物」，謂「動而無動，静而無静，爲神」也。且夫不睹不聞，静也，起念戒懼，則不可謂之静；隱見微顯，動也，極深研幾而心不放，則不可謂之動。故邵子曰：「一動一静之間，天地人之至妙至妙者與！」以此觀之，人者，天地之心；性情者，天地之動静也。渾合無間，君子可以時以地而分用其功乎？分用其功，分用其心矣。天理間斷，人欲錯雜，精一之學，恐不如此。』陽明子亟肯曰：『得之矣，得之矣！』」

同上，管登傳：「管登，字弘升，義泉其別號也……弱冠，讀中庸『尊德性』章，憬然曰：『人性本高明，一爲物欲所汩，其卑闇也疇委。』於是以致知爲學問關鍵，亹亹忘倦。聞陽明先生論學虔中，登語何廷仁、黃弘綱曰：『昔伊洛淵源，實肇此地。今日聖道絕續之關，其在斯乎？』乃偕何、黃諸子而受業焉。陽明子一見，即語及門曰：『弘升，盛德君子也。』語以格致之要，恍然有悟，如久歧迷途而始還故鄉也。自是省察體驗，終食不違。嘗曰：『人於此道，如捕風捉影，未嘗真知實究，往往半上落下。若知之真，則行在其中矣。』陽明子曰：『弘升可謂信道極篤，入道極勇者也。』」

按：據此，何春、管登或是與何廷仁同來受學。

在橫水，有書致楊驥，以爲「破山中賊易，破心中賊難」。

王陽明全集卷四與楊仕德薛尚謙：「某向在橫水，嘗寄書仕德云：『破山中賊易，破心中賊難。』」

十月二十八日，進兵攻桶岡。十一月十三日，破桶岡，平茶寮。

王陽明全集卷十橫水桶岡捷音疏：「二十七日，守備指揮郟文又破長河洞巢……是日，各營官兵請乘勝進攻桶岡……乃使素與賊通戴罪義官李正巖、醫官劉福泰，釋其罪，並縱所獲桶岡賊鍾景，於二十八日夜懸壁而入，期以初一日早，使人於鎖匙龍受降……臣遣縣丞舒富率數百人屯鎖匙龍，促使出降；而使知府邢珣入茶坑，知府伍文定入西山界，知府唐淳入十八磊，知縣張戩入葫蘆洞；皆於三十日乘夜各至分地。遇大雨，不得進。（十一月）

初一日早，冒雨疾登……次早（初二日），諸軍復合勢併擊，大戰良久，遂大敗……是日，聞湖廣士兵將至，臣使知府邢珣屯葫蘆洞，知府唐淳屯十八磊，知府伍文定屯大水，守備指揮郟文屯下新地，知縣張戩屯磜頭，縣丞舒富屯茶坑，指揮姚璽、知縣王天與屯板嶺；而副使楊璋巡行磜頭、茶坑諸營，監督進止，以繼其糧餉。又使知府季斆分屯聶都，以防賊之南奔；都指揮許清留屯橫水，指揮余恩留屯左溪，以備腹心遺漏之賊；而使參議黄宏留扎南安，給糧餉，以爲聶都之繼。臣亦躬率帳下屯茶寮，使各營分兵，與湖兵相會，夾剿遁賊……十三日，又破東桃坑巢，破龍背巢。連日各擒斬俘獲數多，其間巖谷溪壑之内，饑餓病疹顛仆死者，不可以數。於是，桶岡之賊略盡。」

泉翁大全集卷十六平寇録序：「又以湖廣夾攻之期且逼，督捕益嚴益力。守備副使楊君、分守參議黄君，且餉且擊，各益急攻，連破旱坑諸巢二十有三，橫水、左溪平。王公誓於衆曰：『惟爾多士，爾毋驕。惟茲桶岡天險，蓄積可守，徂茲夾攻，坐困而罷。爾慎之哉！』乃諭之降，乘其狐疑，珣、文定、淳、戩兵冒雨登鎖匙龍，賊遁，據絶壁以拒。珣兵渡水前擊，戩兵衝其右，文定兵自戩右遶出賊旁，諸兵乘之。賊奔十八磊，淳兵迎擊敗之。翌日，諸兵復合擊，大敗之，遂破桶岡十八磊諸巢十有五。王公曰：『爾其各以部兵，亟合湖兵悉追。爾毋有逸賊，國則有常刑。』於是諸兵益奮速，破新地諸巢一十有一。猶出有餘力，急趨鷄湖諸路之險，殲魚王之奔，以應湖兵之衝突，賊乃盡平。斬俘魁從謝志山、藍天鳳等凡五千。初，王公始至，令於衆曰：『軍毋譁，勿或不用予命，民其毋竊人盜人。其有竊人盜人，譁不用命，其執以來，其寘于殺。』於是得竊者杖殺之，軍之不用命而譁者斬之，交通於賊者斬之，軍乃肅。人曰：『可以用矣。』公曰：『未也。』乃親教習，衣食其饑寒，士皆樂死。公曰：『可以用矣。』至是遂以成功。或曰：『陽明子於兵也，其學而然與？』甘泉子曰：『非然也。古之學者本乎一，今之學者出乎二。文武之道，一而已矣。故有苗之師，本乎精一；升陑之師，本乎一德。夫陽明子之兵，亦若是矣。否則爲貪功，爲黷武，爲殺降，爲用智，豈仁義之兵哉？既凱還，王君天與曰：『不可不傳也。』遂來請序。甘泉子曰：『雖然不可不傳也，而陽明子勿欲也。陽明子，精一之學也。雖然，予將俾天下之誚夫腐儒者，知聖學之無二，而文武一道也，烏能勿言？』」

十一月十四日，在桶岡，出視形勢，據險立隘，創築土城。有詩咏。

王陽明全集卷十橫水桶岡捷音疏：「十三日……桶岡之賊略盡。臣以其暇，親行相視形勢，據險立隘，使卒數百，斬木棧崖，鑿山開道。又使典史梁儀領卒數百，相視横水，創築土城，周圍千餘丈，亦設隘以奪其險。議以其地請建縣治，控制三省諸瑤，斷其往來之路。」

同上，卷二十桶岡和邢太守韵二首：「處處山田盡入畬，可憐黎庶半無家。興師正爲民痍甚，陟險寧辭鳥道斜？勝世真如瓴水建，先聲不礙嶺雲遮。窮巢容有遭驅脅，尚恐兵鋒或濫加。　戢亂興師既有名，揮戈真已見風行。豈云薄劣能驅策？實仗皇威自震驚。爛額尚慚爲上客，徙薪尤覺費經營。主恩未報身多病，旋凱須還隴上耕。」

黄文鸑步王陽明都憲韻：「一代人豪夙有名，璽書珍重董戎行。三韜七略天人授，八陣五行鬼魅驚。雨歇茅山青送鳥，晚晴嵐影黛籠營。經綸更有安民術，立縣居民在左耕。」（正德新城縣志卷十）

按：「邢太守」爲贛州知府邢珣，黄文鸑爲新城知縣。

十一月十五日，總兵郭勛携湛甘泉書，過贛州來見。

泉翁大全集卷九寄王陽明都憲：「若水頓首啓：生乞養病疏，十月十日已附舖馬去矣。計十二月必達，可遂志也。生以十月七日入西樵，築煙霞洞土樓小屋二層，外爲正義堂，又外爲門樓。屋之西有石洞，奇石如芙蓉，立其亭，曰面壁亭。稍東有小巖，一石竪如仙掌，謂之仙掌巖也。東有大科頂，樵之最高峰也。下有雙泉，樵之最高泉也。其側有七石榻，對二泉之間，爲一亭，名麗澤亭。又稍東爲入煙霞後洞，其口有二石如門，爲後洞門。其南又有九龍巖、七星巖。煙霞之前爲雲端村，其下有石壁如削，有一巖在壁上，無路可入，流泉懸壁而下，名垂虹泉。泉側之地已得之，爲峻潔亭。其間有田數十畝，頗欲置之以爲躬耕。凡此皆在樵頂。近日學子亦稍來相依。諸役冬間可落成，即携妻孥入居之矣。聞老兄經略良勤，有功於人，學之效也。但聞時事日非，彼處隱憂不可測，日夜思之，未知兄脱駕之地也。曰仁處奠愧遲，奠文已具，早晚當附梁進士轉達也。當如命爲作一傳，第未詳履歷，不敢下筆耳。」

按：湛甘泉後來又有一寄王陽明都憲云：「十月初及郭總戎行，皆嘗有奉疏。」可見湛甘泉前一寄王陽明都憲，即「郭總戎行」之一疏，蓋由郭總戎携往贛州給陽明。按「郭總戎」即郭勛，國榷卷五十：「正德十二年八月戊辰，鎮守兩廣武定侯郭勛還總三千營……十一月丙戌，兩廣合兵破府江盜，斬六千餘人，俘千五百餘人。進總督陳金少保兼太子太保，太監寧誠、總兵郭勛各世錦衣百户，兵部尚書王瓊少傅兼太子太傅，餘陞賞有差……丁亥，少師兼太子太師、吏部尚書、華蓋殿大學士楊廷和復直閣。」郭勛赴京時間，湛甘泉有送太保武定侯郭公還朝序云：「丁丑冬，太保以時望召入三千營，甘泉生扶病别於三水之涯……遂拜手而别。」此序注作於「十一月望日」，可見郭勛即在十一月十五日携湛甘泉書北上，其至贛州見陽明已在十二月初。湛甘泉書中所言「梁進士」即梁焯，其在三月中進士後即歸南海。

十二月九日，設茶寮隘，刻平茶寮碑，班師回贛。有奏凱詩咏。

王陽明全集卷十横水桶岡捷音疏：「十二月初三日，知府季斆擊賊於朱雀坑寨、狐狸坑巢，擒斬首從賊徒、俘獲賊屬、奪獲贓仗數多，於是奔遁之賊始盡。然以湖、廣二省之兵方合，雖近境之賊悉以掃蕩，而四遠奔突之虞，難保必無。乃留兵二千餘，分屯茶寮、横水等隘，而以是月九日回軍近縣，以休息疲勞，候二省夾攻盡絶，然後班師。兩月之間，通計搗過巢穴八十餘處，擒斬大賊首謝志珊、藍天鳳等八十六名顆，從賊首級三千一百六十八名顆，俘獲賊屬二千三百三十六名口，奪回被虜男婦八十三名口，牛馬騾六百八隻匹，贓仗二千一百三十一件，金銀一百一十三兩八錢一分，總計首從賊徒、賊屬、牛馬、贓仗共八千五百二十五名顆口隻件。」

陽明平茶寮碑：「正德丁丑，瑶寇大起，江、廣、湖、郴之間騷然，且三四年無矣。於是上命三省會征，乃十月辛亥，予督江西之兵自南康入。甲寅，破横水、左溪諸巢，賊敗奔。庚申，復連戰，賊奔桶岡。十一月癸酉，攻桶岡，大戰西山界。甲戌，又戰，賊大潰。丁亥，與湖兵合於上章，盡殪之。凡破巢大小八十有四，擒斬二千餘，俘三千六百有奇。釋其脅從千有餘衆，歸流亡，使復業。度地居民，鑿山開道，以夷險阻。辛丑，師旋。於乎！兵惟凶器，不得已而後用。刻茶寮之石，非以美成，重舉事也。提督軍務、都御史王守仁書。紀功御史屠僑，監軍副使楊璋，參議黄宏，領兵都指揮許清，守備郟文，知府邢珣、伍文定、季斅、唐淳，知縣王天與、張戩，隨征指揮明德、馮翊、馮廷瑞、謝昶、余恩、姚璽，同知朱憲，推官徐文英、危壽，知縣黄文鷟，縣丞舒富，千百户高濬、陳偉、郭璘、林節、孟俊、斯泰、尹麟等，及照磨汪德進，經歷沈珵，典史梁儀、張淳，並聽選等官雷濟、蕭庾、郭詡、饒賓等，共百有餘名。」

（邵啓賢贛石録卷二）

王陽明全集卷十六設立茶寮隘所：「本院見屯茶寮，親督知府邢珣、唐淳等遍歷各處險要，相視得茶寮正當桶岡之中……堪以設隘保障。嘗因湖廣官兵未至，各營屯兵坐候，因以其暇，責委千户孟俊等督領兵夫，先行開填基址，伐木立栅，起蓋營房，見今規模草創已具。」同上，卷二十茶寮紀事：「萬壑風泉秋正哀，四山雲霧晚初開。不因王事兼程入，安得閑行向北來。登陟未妨安石興，縱擒徒羨孔明才。乞身已擬全師日，歸掃溪邊舊釣臺。」

黄文鸑班師興靈觀有作：「班師歲盡踏青還，歷經汀湖大小山。學劍未能誅餓虎，總戎曾許斬頑貆。征途車馬雞前月，野觀嵐煙島外雲。回首民痍今愈甚，道旁荆棘漫紛紛。十二月班師。」（正德新城縣志卷十）

林俊見素集卷六南征奏凱序：「荆楚閩粤文物齒上國舊矣。介其間邃谷長林，鳥道數百里，足以淵藪，逋亡遺其身，以種其子孫，襲盜恣狂，時鈔掠爲邊患。朝議以憲臣分省備矣，都御史開治虔州臨制之，非有文武威風，不委付。然兵校習安，少任戰，賊巢穴險阨，猝難輕入。故必征兵四省，或借助於夷，則歲月有期，寇已預偵，獸駭而鳥逝之矣。以其征之難，略之略益肆，撫之撫益玩，方隅之患，其未有已也。今陽明公始至議征，衆以地險兵弱爲疑，公曰：『且用之。』乃簡閲部署，以令以申。公身先之，諸帥亦罔敢後命，疾雷行，而風雨驟至也。遂破桶岡、横水、左溪諸寨，俘戮醜類七千有畸，而釋其老弱弗治。捷聞天子，録師中三錫焉。古者軍將皆卿，升陑鷹揚，其不可尚矣。晉郤縠尚稱儒將。至秦漢，而文武始分，世率謂儒文墨議論，而戡亂制勝，必屬之介冑熊虎之臣。由公之奇，武夫悍將，其未可望也。昔張南軒侍父開府，内贊密謀，外參庶務，參佐自以爲弗及。林艾軒克平茶寇，孝宗曰：『光朝儒生，亦知兵邪？』南粤平，孝宗謂楊萬里『仁者之勇』。三先生以儒學鳴當時，其作用固在。公懷奇負博，明習典故，爲上宰賢子，既之專志諸儒之書，邁往超悟，蓋將辨析朱陸之學而會成之，爲後進師宗。言階觸禍，議論風采不少頽。試之難，其顯效若此，儒道果有裨於世，而嘅兵寄者不皆公也。余濫寄西征，竟貽鬼方之愧。三復奏凱之篇，重加歆慕。惜無江漢之筆，以自寓遥勤，序是詩刺恧焉。」

按：所謂「奏凱之篇」，即陽明與同僚班師唱酬之篇，如前引陽明桶岡和邢太守韵、茶寮紀事，黄文鸞步陽明都憲韵、班師與靈觀有作等，皆在「奏凱之篇」中。餘多亡佚。

錢德洪陽明先生年譜：「十二月，班師。師至南康，百姓沿途頂香迎拜。所經州、縣、隘、所，各立生祠。遠鄉之民，各肖像於祖堂，歲時尸祝。」

南康縣建陽明生祠，梅國劉節爲作記，有詩唱和。

劉節竇制堂録卷上都憲陽明王公生祠記：「日者御史中丞陽明王公奉天子命往撫江、湖、閩、廣四藩，連屬十餘郡之地，誅惡伐叛，師旅用命不用命，悉得以兵法便宜從事，制權嚴重，在昔撫臣未有也；有之，自今始。至下明天子法於諸藩臬閫衛郡邑，飭紀有度，庶職用肅，民用懽忭，士卒立有生氣。時群盜四擾，閩爲急。提兵往戮之，掃其穴，易若振槁。吾南安壤地橫水，劇賊謝志珊聚黨與盤據之，稱名曰輋。山溪深阻險惡，攻不可入。往歲大舉爲亂，侵上猶，攻城南康幾陷。犯大庾境，諸鄉落居室稼穡，悉爲之有。公還自師，廉其實，歎曰：『狗鼠輩亦污吾千刃耶！』迺集克閩諸部伍，饗勞之，選厥精鋭，分布將領爲翼攻之，公徒步率先鋒直搗其前，以奇兵從間道焚藪澤，鳴鉦樹赤幟，劫其後，賊遂潰，一鼓擒之，俘獲無筭，橫水平。用是即其地計畫爲邑，疏於朝，俾吏治之。召故民及來集者，宣之畝之，高城深池以衛之，以永奠茲土。南康邑耆老王貫賢、吴登崇、王貫理、吴持瓚輩，相率相告曰：『曩盜賊爲苦患甚劇，邑城圍者過半，使射非中賊肩足，解去危，禍殆不言。我都憲王公來拊我有衆，親率我子弟，斬滅斯賊，俾我民安我父母，保我子孫，利我桑麻穀粟，士卒業於校，工食力，商賈貨殖於道，罔虞侮我，公萬世之功，在我民者，如山峙川注，永永無斁。我民盍爲公久圖之，建祠學宫之東，肖公像於中，祀公以報公也。』祠成，謂節辱從公司馬大夫後，宜記。竊惟歐陽子永叔以通經博古爲高，濟時行道爲賢，犯顔敢諫爲忠。君子謂宋之元氣在廬陵，謂永叔也。公禀氣完粹，志向剛勇，以至聖大賢爲師，養心之學洞視千古，士自功名而下不齒也。當在司馬時，逆瑾始用事，械繫臺諫，人莫敢言，公抗疏力救之，下詔獄，庭笞幾死。不死，謫貴陽下吏，窮理盡性之學益造精蘊。起爲吏部郎，進卿太僕、鴻臚。講學之士，四方日集，每語及天下事，行能善者躩然喜，否則憂形於色，食寢殆廢，救時敢諫之風，直追往哲。而篤志於道，優入濂洛之域，與支離空虛之學，實相鑿枘。議者謂今日休明累洽，亨泰隆平，賢才濟濟，以楨王國，而元氣之屬如廬陵者，意有所在其然耶？吾郡蕞爾一隅，師旅制勝，有文者餘事也。公修仁義，習詩書禮樂，一旦用武遏强寇，風驅電掃，不遺餘力。使進而宰天下，請戎兵，威制四方，雖古之專征亂愾，幹不庭以式，闢疆土可也。顧兹祠宇，聿崇具瞻，依於我郡邑，同若民志，不可逆抑，然功在捍患，揆諸祀典，符合無替。蘇明允不云：『公則何事於斯，於我心不釋然，使人存之於目，思之於心也。』於乎，盡之矣！公，餘姚人，字伯安，學者稱陽明先生，名業方重，視迺考冢宰公爲有光。」

按：劉節字介夫，號梅國，大庾人。記稱「節辱從公司馬大夫後」，按黄佐通議大夫刑部右侍郎雪臺劉公節神道碑：「公諱節，字介夫，初號梅國，更爲雪臺，老稱涵虚翁……乙丑會試，名第六。及廷對，敷陳剴切，遂寘二甲，授兵部武選主事。」（國朝獻徵録卷四十六）時陽明亦任兵部武選清吏司主事，劉節與之相識交好，所謂「節辱從公司馬大夫後」也。又正德十二年劉節以四川提學僉事詣京考最，歸居大庾，時大庾、上猶盜攻南康，陽明擊賊巢破之（見國榷卷五十「八月」條），劉節當亦從陽明破大庾、南康盜，亦即「辱從公司馬大夫後」也。據民國大庾縣志卷八：「劉宰，字彦卿……侍郎節子……究心理學，同受業王文成之門。」劉宰即在其時奉父命來受學。

劉節梅國前集卷十和陽明司馬重至有感：「建牙開鎮虎頭城，剪暴除凶殺氣横。獻捷飛塵馳羽檄，洗兵揮雨濕旄旌。堅辭已免勤王賞，力疾番爲破賊行。祠廟清高供伏臘，公神如在送還迎。」

按：「虎頭城」即贛州（虔州之「虔」字，乃虎字頭），「重至」指冬至，「祠廟」即陽明生祠。陽明重至有感詩今佚。按：陽明浰頭捷音疏中云「十二月望，臣兵回至南康」，可見陽明十二月十五日至南康，歸贛在二十日前後。

薛侃携弟薛僑、姪薛宗鎧來贛州受學。

王陽明全集卷二十四題遥祝圖：「薛母太孺人曾方就其長子俊養於玉山，仲子侃既舉進士，告歸來省。孺人曰：『吾安而兄養，子出而仕。』侃曰：『吾斯之未能信。』曰：『然則盍往學？』於是携其弟僑、姪宗鎧來就予于虔。」

薛僑中離公行狀：「先生居（玉山）數月，承顔順志，孝養彌純。一日，太宜人曰：『吾聞孝以養志爲至，兒能盡孝致君，行道澤民，是吾志也。吾安汝兄養，亟再往虔，再侍陽明，以終汝所學。』靖軒曰：『是宜從命。』乃携僑暨諸姪往，處於虔者年餘。」（薛侃集附録三）

王陽明全集卷二十五祭國子助教薛尚哲文：「至是聞尚謙之言，遂不知己之爲兄，尚謙之爲弟；己之嘗爲尚謙師，而尚謙之嘗師於己也，盡使其群子弟姪來學於予，而君亦躬枉辱焉。」薛侃集卷七薛靖軒傳：「弟侃侍陽明夫子於南畿，登第歸省，因聞其説，歎曰：『昔聞崑齋先生之論，亦有然者。此乃見人心至同，聖學在是矣！』遂率其弟僑、子宗鎧而師之。」

按：陽明與陸原静書二云：「尚謙至此，日有所進。自去年十二月到今已八踰月。」（王陽明全集卷四）可見薛侃乃在十二月率弟姪來贛州受學。薛僑，薛侃弟，字尚遷，號竹居。薛宗鎧，薛俊子，字子修，嘉靖二年進士。據上引資料，是次乃是薛俊、薛侃率弟姪來受學，而弟姪亦非止薛僑、薛宗鎧二人。黄綰薛助教俊墓誌銘：「弟五人：曰傑，曰侃，曰僎，曰備，曰僑……僑，進士。子三人：曰宗鎧，曰宗銓，曰宗鍠。宗鎧與僑同科進士。」（國朝獻徵録卷七十三）此諸弟姪或即陽明所云「盡使其群子弟姪來學於予」也。

進士梁焯謁選赴京，經贛州來受學。

王陽明全集卷七別梁日孚序：「進士梁日孚携家謁選於京，過贛，停舟見予。始與之語，移時而別。明日又來，與之語，日昃而別。又明日又來，日入而未忍去。又明日則假館而請受業焉。同舟之人强之北者，開譬百端，日孚皆笑而不應，莫不囂且異，其最親愛者曰：『子有萬里之行，戒僮僕，聚資斧，具舟楫，又挈其家室，經營閲歲而始就道，行未數百里而中止，此不有大苦，必有大樂者乎？子亦可以語我乎？』日孚笑曰：『吾今則有大苦，亦誠有大樂者，然未易以語子也。子見病狂喪心者乎？方其昏逸瞶亂，赴湯火，蹈荆棘，莫不恬然自信，以爲是也。比遇良醫，沃之以清泠之漿，而投之以神明之劑，始甦然以醒。告之以其向之所爲，又始駭然以苦；示之以其所從歸之途，又始欣然以喜，且恨遇斯人之晚也。彼病狂不復者反從而哂唁之，以爲是變其常。今吾與子之事，亦何以異於此矣！』居無何，予以軍旅之役出，而遠日孚者且兩月，謂日孚既去矣。及旋，而日孚居然以待，既以委其資斧於逆旅，歸其家室於故鄉，泊然而樂，若將終身焉。扣其學，日有所明而月有所異矣。然後益歎聖人之學，非夫自暴自棄，未有不可由之而至。而日孚出於流俗，殆孟子所謂『豪傑之士』者矣。復留餘三月，其母使人來謂曰：『姑北行，以畢吾願，然後從爾所好。』知日孚者亦交以是勸。日孚請曰：『焯焉能一日而去夫子，將復赴湯火，蹈荆棘矣！』予曰：『其然哉？子以聖人之道爲有方體乎？爲可拘之以時，限之以地乎？世未有既醒之人而復赴湯火，蹈荆棘者。子務醒其心，毋徒湯火荆棘之爲懼！』日孚良久曰：『焯近之矣。聖人之道，求之於心，故不滯於事；出之以理，故不泥於物；根之以性，故不拘以時；動之以神，故不限以地。苟知此矣，焉往而非學也，奚必恒於夫子之門乎？焯請暫辭而北，疑而復求正。』予莞爾而笑曰：『近之矣！近之矣！』」

按：陽明序所云「予以軍旅之役出，而遠日孚者且兩月」，指陽明正德十三年正月至三月出征三浰兩月，以此推算，梁焯由廣來贛當在正德十二年十二月。按前引湛甘泉寄王陽明都憲云：「曰仁處奠愧遲，奠文已具，早晚當附梁進士轉達也。」此書作於十一月十五日（前考），可見梁焯即在湛甘泉作此書以後不久，携湛甘泉祭徐曰仁文（作於十一月）赴贛來見陽明。黄綰兵部職方司主事梁公焯傳：「梁焯，字日孚，南海人。與韜同登進士。嘗過贛從陽明學，辯問居敬窮理，悚然有悟。拜主客主事。」（國朝獻徵録卷四十一）

湛甘泉煙霞山居落成，有書來，勸早决策引退。

泉翁大全集卷九寄王陽明都憲：「十月初及郭總戎行，皆嘗有奉疏。梁進士焯行，又附徐曰仁奠文香幣，未審徹覽否？若水煙霞之築已訖工，又得九龍洞、垂虹洞諸勝，可以安居自老矣。聞老兄方事夾攻之兵，應甚勤苦。若此事一了，不論功之有無，可以此時不再回府，卧病他所，累疏極言自劾，决策引退。此一機會也，過此即他事又相繼上手，吾莫知兄所脱駕矣。蓋兄之隱禍，前有宰相之隙，後有江右未萌之憂，昔嘗爲兄兩慮之矣。若不以此事决去，恐不免終爲楚人所鉗也。以兄負斯道之望，有明哲保身之資，而慮不出此，吾甚爲兄不取也。語云：『當斷不斷，反受其亂。』兄亟圖之。若慮得禍，寧以此得禍耳，不猶愈於爲他禍所中乎？兄其亟圖之。圖之不亟不力也，難乎善其後也。」

按：前引湛甘泉寄王陽明都憲云「曰仁處奠愧遲，奠文已具，早晚當附梁進士轉達也」，此寄王陽明都憲則云「梁進士焯行，又附徐曰仁奠文香幣」，可見此寄王陽明都憲作在梁焯赴贛州以後不久，亦在十二月間也。書中所言「聞老兄方事夾攻之兵」，乃指陽明攻桶岡、茶寮之役，蓋尚不知陽明班師回贛，此亦可見湛甘泉此書作在十二月中也。書云「前有宰相之隙」，宰相指楊廷和，其時方服闋又復直閣，其先祖嘗居楚麻城，故湛甘泉謂「恐不免終爲楚人所鉗也」。「江右未萌之憂」，指宸濠在江西專橫跋扈，大禍將至。

二十六日，兵部行文，命陽明今後征剿須會同江西鎮巡官，聯合調動人馬，計議行事。

晉溪本兵敷奏卷十一爲公務事：「看得御馬監太監畢真奏稱：先年都御史俞諫巡撫南、贛等處，一遇有警，會同鎮守太監黎安動調人馬。今都御史王守仁不行會同鎮守太監許滿，誠非舊規……本部行文提督軍務都御史王守仁，今後遇有江西、湖廣、廣東腹裏地方盜賊嘯聚，應該會合剿除；或動調腹裏府衛州縣軍兵錢糧，應與各該鎮巡官會議者。仍照原奉勅旨，計議而行。其南、贛地方一應軍機事務，遵照節次題奏，欽依事理，徑自區畫施行，不許推託，因而失誤軍機，罪有所歸。正德十二年十二月二十六具題。奉聖旨：『是。今後南、贛二府如有盜賊生發，還着調兵撫剿，仍馳報江西鎮巡官，隨宜策應施行。其江西有別府賊情，南、贛巡撫官亦要依期遣兵策應，俱毋得違誤。各寫勑與他。欽此。』」

按：陽明方假以提督之任，許以便宜之權，忽又命下今後征剿須會同江西鎮巡官（鎮守太監），計議行事，真意實欲牽制陽明提督軍務之兵權也。

閏十二月二日，上横水桶岡捷音疏，奏請賞功。並有札致兵部尚書王瓊。

王陽明全集卷十横水桶岡捷音疏：「參照大賊首藍天鳳、謝志珊等，盤據千里，荼毒數郡，僭擬王號，圖謀不軌，基禍種惡，且將數十餘年……今乃驅卒不過萬餘，用費不滿三萬，兩月之間，俘獲六千有奇，破巢八十有四，渠魁授首，噍類無遺……及照監軍副使楊璋，參議黄宏，領兵都指揮僉事許清，都指揮使行事指揮使郟文，知府邢珣、季斆、伍文定、唐淳，知縣王天與、張戩，指揮余恩、馮翔，縣丞舒富，隨征參謀等官指揮謝昶、馮廷瑞、姚璽、明德，同知朱憲，推官危壽、徐文英，知縣陳允諧、黄文鸑、宋瑢、陸璥，千户陳偉、高睿等，以上各官，或監軍督餉，或領兵隨征，悉皆深歷危險，備嘗艱難，各效勤苦之力，共成克捷之功。俱合甄録，以勵將來。伏願皇上普彰廟堂之大賞，兼收行伍之微勞。激勸既行，功庸益集，自然賊盗寢息，百姓安生。」

陽明與晉溪書十二：「守仁不肖，過蒙薦獎，終始曲成，言無不行，請無不得，既借以賞罰之權，復委以提督之任，授之方略，指其迷謬，是以南、贛數十年桀驁難攻之賊，兩月之内掃蕩無遺。是豈駑劣若守仁者之所能哉？昔人有言：追獲獸兔，功狗也；發縱指示，功人也。守仁賴明公之發縱指示，不但得免於撓敗之戮，而又且與於追獲獸兔之功，感恩懷德，未知此生何以爲報也！因奏捷人去，先布下懇。俟兵事稍閑，尚當具啓修謝。伏惟爲國爲道自重。不宣。　外奏稿揭帖奉呈。」（茲據上海圖書館藏陽明先生與晉溪書）

晉溪本兵敷奏卷十爲捷音事：「王守仁躬督戰陣，獲有軍功，所當先録。伏望聖明俯照節年平寇陞廕有功官員事例，陞職廕子，以酬其功……正德十三年四月十八日具題。奉聖旨：『是。各官既剿賊成功，地方有賴。王守仁陞右副都御史，並許滿各廕他子姪一人，做錦衣衛世襲百户。畢真、孫燧各賞銀三十兩，紵絲二表裏。屠僑陞俸一級。楊璋等待功次文册至日，奏來陞賞。先參有罪，今次有功的，也分别明白來説。爾兵部累次擬奏，方略指授得宜，功可嘉尚，王瓊通前寫勑奬勵，並陳玉、王憲各賞銀三十兩，紵絲二表裏。該司郎中銀八兩，員外郎、主事五兩。欽此。』」

五日，上立崇義縣治疏，奏設崇義縣治以控浰頭，立茶寮隘上堡、鉛廠、長龍三巡檢司。並有札致兵部尚書王瓊。

王陽明全集卷十立崇義縣治疏。

陽明與晉溪書十一：「輒有私便，仰恃知愛，敢以控陳。近日三省用兵之費，廣、湖兩省皆不下十餘萬，生處所乞止於三萬，實皆分毫扣算，不敢稍存贏餘。已蒙老先生洞察其隱，極力扶持，盡賜准允。後户部復見沮抑，以故昨者進步之際，凡百皆臨期那借屑凑，殊爲窘急。賴老先生指授，幸而兩月之内，偶克成功。不然，決知敗事矣。此雖已遂之事，然生必欲一鳴其情者，竊恐因此遂誤他日事耳。又南、贛盜賊巢穴雖幸破蕩，而漏殄殘黨難保必無，兼之地連四省，深山盤谷，逃流之民不時嘯聚，輒採民情，議於横水大寨，請建縣治，爲久安之圖，乘間經營，已略有次第。守仁迂闊病懶，於凡勞役之事，實有不堪。但籌度事勢，有不得不然者，是以不敢以病軀欲歸之故，閉遏其事而不可聞，苟幸目前之塞責而已也。伏惟老先生並賜裁度施行，幸甚！　奏稿一通瀆覽；又一通繫去冬中途被沮者，今仍令原舍賫上。惟老先生面賜尊裁，可進進之，不可進已之。恃深愛，敢瀆冒至此，死罪，死罪！附瀆。」（兹據上海圖書館藏陽明先生與晉溪書）

王陽明全集卷二十一上晉溪司馬書一：「彬、衡諸處群孽，漏殄尚多……今大征甫息，勢未可輕舉；而地方新遭士兵之擾，復不堪重困。將紓目前之患，不過添立屯堡；若欲稍爲經久之圖，亦不過建立縣治。然此二端，彼省鎮巡已嘗會奏舉行，生雖復往，豈能别有區畫？……惟建縣一事，頗爲得策。又聞所設縣分乃瓜分兩省三縣之地，彼此各吝土地人民，豈肯安然割己所有以資異省别郡？必有紛争異同之論，未能歸一……大概閩中之變，亦由積漸所致。其始作於延平，繼發於邵武，又繼發於建寧，發於汀、漳，發於沿海諸衛所……今省城渠魁雖已授首，人心尚爾驚惶未定，邵武諸處尤不可測……今其勢既盈，如將潰之隄，岌乎洶洶，匪朝伊夕，雖有智者，難善其後，固非迂劣如守仁者所能辦此也。又況積弱之軀，百病侵剥，近日復聞祖母病危，日夜痛苦，方寸已亂……伏望曲加矜憫，改授能者，使生得全首領，歸延殘息於田野，非生一人之幸，實一省數百萬生靈之幸也！」晉溪本兵敷奏卷十爲建立縣治以期久安長治事。

按：陽明是書云「今大征甫息」，指十二月班師；「建立縣治」，指建崇義縣治；「添立屯堡」，指立茶寮隘上堡、鉛廠、長龍三巡檢司。由此可確知此書作於正德十二年閏十二月。王陽明全集於此書題下注「戊寅」作，乃誤。錢德洪陽明先生年譜定爲正德十四年作，尤非。

兩致書西樵、方獻夫，方獻夫有答書論學。

西樵遺稿卷八柬王陽明：「自得去冬在贛兩書，久不奉教，生亦久落無言，非敢如是闊略，方在默裏尋求，無可言之耳。生近來見得此學稍益親切，比往日似覺周遍，似覺妥帖，然實不出先生當時濬我之源也。真有所謂渙然自信者，而益以信先生也。蓋天下理，一本而已。惟其一本，所以推之四海而皆準，揆諸千古而皆同，此理弗見弗聞，無聲無臭，然實體物而不可遺，要名言之，又無可得名者。古人不得已曰天、曰神、曰中、曰極、曰易、曰仁、曰誠、曰性、曰道、曰德，只是這一物，充塞天地，貫徹古今，無一息不存，無一慮不到，無一物不該，無一事不爲。從古聖賢只是幹這一件事，無兩件事，真是精一，真是易簡，萬化萬變，千語萬語，都從這裏出來。從此出者爲實，不從此出者爲虛；從此出者爲同，不從此出者爲異。學者須從此學，方有來頭，方有知識。古聖賢論學之要，曰敬，曰忠恕，曰集義，固皆不易之論，然無這個來頭，無這個知識，如何會敬，如何會忠恕，如何會集義？得若有這個來頭，便自無時無處不是此理發見，如水之有源，而流行不息，如日月之有明，而造物不窮，所謂敬恕，所謂集義，更無有内外，無有動静，都一以貫之。這個工夫，真是所謂默而成之，不言而信者，要着一些語言名狀不得。所以大學格物致知，許大事只是在知本。中庸始終只是立天下之本。至於六經、語、孟之言，一而已矣。到這裏，真是見得前古聖賢言語句句是實。後世儒者，除了程門，都是虛説虛見；既是虛説虛見，安得不差？明道之後，只有一個象山，是明道之學，是這個來頭，明道所謂『德性之知』，象山所謂『實見』是也。四五百年來無人知得，都是無頭學問，壞了多少學者！其弊至於末多於本，客勝其主，故卒歸於支離，卒歸於虛説虛見，至於今日，其弊尤甚，此道之所以不明也。如先生之見，真是天下一人者矣，但不知近來所以進於誠明者與汲汲明道之志何如耳。無由朝夕就正左右，徒懷悵怏，奈何奈何！近日與甘泉往復書録去，中間亦見區區所得何如，望折衷之。如有未當者，隱之而已，無徒取罪戾也。風便，仍乞不惜教誨，進而成之，至望。」

按：書云「得去冬在贛兩書」，乃指正德十二年冬陽明有兩書寄方獻夫。以陽明十二月班師回贛，可見陽明此兩書作在十二月、閏十二月中。方獻夫此答書云「久不奉教，生亦久落無言」，則約作在正德十三年夏中。陽明此致方獻夫兩書今佚。

一五一八　正德十三年　戊寅　四十七歲

正月初，有書致石龍黄綰，黄綰有答書。

黄綰集卷十八寄陽明先生書三：「初春，鄉人歸，辱手劄，並祭徐曰仁文，令人悽然，益念斯世之孤，不知何日得從陽明之麓，以畢此生也。綰領教入山，頗知砥礪。邇來又覺向者所謂静坐、所謂主敬、所謂静中看喜怒哀樂未發作何氣象，皆非古人極則工夫。所謂極則工夫，但知本心元具至善，與道吻合，不假外求，只要篤志於道，反求諸己而已。夫篤志於道，即所謂『允執厥中』是也。於凡平日習染塵情，痛抉勇去，弗使纖毫溷於胸臆。日擇日瑩，隨其事物之來，無動静，無内外，無小大，無精粗，無清濁，一皆此理應用。故無時而非入德之地，無事而非造道之工。昔者孔子自十五志學，至七十從心不踰矩，進退無已，只此志之曰篤也。故語顏子，使之欲罷不能，既竭吾才，至於卓爾，此乃聖門極則之學與極則之傳也。若徒知静坐、主敬、觀玩光景，而不先之以立志，不免動静交違，滅東而生西也。夫才説静，便有不静者在；才説敬，便有不敬者在；才説和樂，便有不和樂者在。如此用工，雖至没世，無所税駕。乃知篤志一語，真萬世爲學之要訣也。近世如白沙諸公之學，恐皆非聖門宗旨。宋儒自濂溪、明道之外，惟象山之言明白痛快，直抉根源，世反目之爲禪而不信，真可恨也！伊川曰：『罪己責躬不可無，亦不可留胸中爲悔。』象山則不然，曰：『舊過不妨追責，益追責，益見不好。』又曰：『千古聖賢，何嘗增損得？只爲人去得病。』今若真得不好，真以爲病，必然去之，去之則天理自在，道自流行，所謂一旦克己復禮，天下歸仁者也。往年見甘泉，頗疑先生拔病根之説，凡遇朋友責過，及聞人非議，輒恐亂志，只以静默爲事。殊不知無欲方是真静；若欲無欲，苟非勇猛鍛鍊，直前擔當，何能便得私欲浄盡，天理純全？此處若不極論，恐終爲病。縉近寄一書，略論静坐無益，亦不敢便盡言及此。向見先生送甘泉序云：『孔子傳之顏子，顏子殁而亡傳。惟曾子以一貫之旨，傳之今日。』恐亦未然。夫一貫之要，只在反己篤志而已。顏、曾資稟雖或不同，其爲一貫之傳，則必無二。鄙見如斯，不審日來尊見如何？山亭改構，相知至者，皆有賦咏，敢録閑覽，更望一言以慰山靈，幸甚。」

正月三日，出征三浰，親率兵進龍南，直搗下浰，會師於三浰。

王陽明全集卷十一浰頭捷音疏：「正月初三日，度盧珂等已至家，所遣屬縣勒兵當已大集，臣乃設犒於庭，先伏甲士，引仲容入，並其黨悉擒之。出盧珂等所告狀，訊鞠皆伏，遂置於獄。而夜使人趨發屬縣兵，期以初七日同時入巢。於是，知府陳祥兵從龍川縣和平都入，指揮姚璽兵從龍川縣烏虎鎮入，千户孟俊兵從龍川縣平地水入，指揮余恩兵從龍南縣高沙保入，推官危壽兵從龍南縣南平入，知府邢珣兵從龍南縣太平保入，守備指揮郟文兵從龍南縣冷水逕入，知府季敩兵從信豐縣黄田岡入，縣丞舒富兵從信豐縣烏逕入。臣自率帳下官兵，從龍南縣冷水逕直搗下浰大巢，而使各哨分路同時並進，會於三浰。」

過梅嶺，有詩詠。至龍南，有書致薛侃、楊驥，以廨中政事屬薛侃，督教子正憲。

陽明過梅嶺：「處處人緣山上巔，夜深風雨不能前。山林叢鬱休瞻日，雲樹彌漫不見天。猿叫一聲聳耳聽，龍泉三尺在腰懸。此行漫説多辛苦，也得隨時草上眠。」（同治贛州府志卷五，陽明文集失載）

按：此詩在同治贛州府志中，列爲平寇回駐龍南憩玉石巖雙洞奇絶徘徊不忍去因寓以陽明小洞天之號兼留此作四首之第三首，乃誤。按王陽明全集卷二十有回軍龍南小憩玉石巖雙洞絶奇徘徊不忍去因寓以陽明别洞之號兼留此作三首，正缺此首詩。觀此詩意，顯是過梅嶺所作詩，非憩玉石巖游陽明别洞詩，志將其誤入憩玉石巖游陽明别洞詩中。今龍南縣玉石巖摩崖石刻中，即有嘉靖二十七年江西按察使、分巡嶺北道副使方任書刻陽明此詩，題作「過梅嶺」，末署「陽明王守仁於龍南」，並有方任作按龍南次陽明先生韵：「行行又趼大山巔，候馬難教並向前。風雨半空還拂地，雲霞咫尺更連天。勤身遠近逢雪落，旌節東西看日懸。懷抱樸忠獨未已，浮生意得伴鷗眠。」或是陽明此詩後書刻於玉石巖，後人遂誤以爲此詩爲憩玉石巖游陽明别洞之詩。

王陽明全集卷四與楊仕德薛尚謙：「即日已抵龍南，明日入巢，四路兵皆已如期並進，賊有必破之勢。某向在横水，嘗寄書仕德云：『破山中賊易，破心中賊難。』區區剪除鼠竊，何足爲異？若諸賢掃蕩心腹之寇，以收廓清平定之功，此誠大丈夫不世之偉績。數日來諒已得必勝之策，捷奏有期矣，何喜如之！日孚美質，誠可與共學，此時計已發舟。倘未行，出此同致意。廨中事以累尚謙，想不厭煩瑣。小兒正憲，猶望時賜督責。」

按：據此書，可知楊驥閏十二月又來贛（錢德洪陽明先生年譜引此書，「日孚美質，誠可與共學」作「梁日孚、楊仕德誠可與共學」）。

正月七日，破三浰。

王陽明全集卷十一浰頭捷音疏：「先是，賊徒得池仲容報，謂贛州兵已罷歸，他已弛備，散處各巢。至是，驟聞官兵四路並進，皆驚懼失措。乃分投出禦，而悉其精鋭千餘，據險設伏，併勢迎敵於龍子嶺。我兵聚爲三衝，犄角而前。指揮余恩所領百長王受兵首與賊遇，大戰良久，賊敗却。王受等奮追里許，賊伏兵四起，奮擊王受。推官危壽所領義官葉芳兵鼓噪而前，復奮擊賊伏兵後。千户孟俊兵從傍繞出岡背，横衝賊伏，與王受合兵。於是賊乃大敗奔潰，呼聲震山谷。我兵乘勝逐北，遂克上、中、下三浰。各哨官兵遥聞三浰大巢已破，皆奮勇齊進，各賊皆潰敗。」

陽明平浰記：「戊寅正月癸卯，計擒其魁，遂進兵擊其懈。丁未，破三浰，乘勝追北。」（邵啓賢贛石録卷二）

正月八日，進兵九連山。三月三日，平九連山。

王陽明全集卷十一浰頭捷音疏：「次日早（正月八日），乃令各哨官兵探賊所往，分投急擊。初九日，知府陳祥兵破鐵石障巢、羊角山巢，獲賊首金龍霸王印信旗袍……十六日，推官危壽兵破風盤巢、茶山巢。連日各擒斬首從賊人、賊級並俘獲賊屬男婦、牛馬、器仗數多。然各巢奔散之賊，其精悍者尚八百餘徒，復嘯聚九連大山，扼險自固。當臣看得九連山勢極高，横亘數百餘里，四面斬絶……止有賊所屯據崖壁之下一道可通……於是乃選精鋭七百餘人，皆衣所得賊衣，佯若奔潰者，乘暮直衝賊所據崖下澗道而過……已度險，遂扼斷其後路。次日，賊始知爲我兵，並勢衝敵。我兵已據險，從上下擊，賊不能支，乃退敗……二十七日，指揮姚璽兵覆賊於烏虎鎮，推官危壽兵覆賊於中村，知府季斆兵覆賊於北山，又戰於風門奥……二月初二日，知府陳祥兵復與賊戰於平和……二十六日，守備郟文兵復與賊戰於水源，戰於長吉，戰於天堂寨。連日擒斬首從賊人、賊級數多。三月初三日……皆以爲各巢積惡兇狡之賊，皆已擒斬略盡，惟餘黨張仲全等二百餘徒……今皆勢窮計迫，聚於九連谷口，呼號痛哭，誠心投招……蓋自本年正月初七日起，至三月初八日止，前後兩月之間，通共搗過巢穴三十八處，擒斬大賊首二十九名顆，次賊首三十八名顆，從賊二千零六名顆，俘獲賊屬男婦八百九十名口，奪獲牛馬一百二十二隻匹，器械、贓仗二千八百七十件把，贓銀七十兩六錢六分。總計擒斬、俘獲、奪獲共五千九百五十五名顆口隻匹件把。」陽明平浰記：「丁未，破三浰，乘勝追北。大小三十餘戰，滅巢三十有八，俘斬三千餘。三月丁未，回軍。」

按：錢德洪陽明先生年譜叙是次平三浰，多有舛誤顛倒。如譜云：「三月，襲平大帽、浰頭諸寇。」不言平九連山。按陽明是次征三浰，乃是一平三浰，二平九連山，陽明自云「一鼓而破三浰，再鼓而下九連」（辭免陞廕乞以原職致仕疏），並無平大帽之事（大帽山在漳州平大帽乃是正德十二年平漳亂時事）。又譜云：「四月，班師。」按陽明明云三月八日班師回軍，費宏平浰記亦云「班師而歸，蓋戊寅三月丁未也」，譜顯誤。

李文鳳月山叢談：「正德十三年戊寅正月，王都御史守仁計擒三浰賊首池仲容，並其黨盡殲之。龍南、龍川之交有水曰浰，崇山絶壑，强梁不逞者，嘯聚其間。酋池仲容，俗呼爲池大鬢。弟仲安、仲寧，俱力格猛虎，捷競飛猱，負固窮兇，稱雄各峒。信豐、龍南、安遠、會昌以切近受毒最慘。仲容有幻術，急則遁形水草中，名爲『插青』。蓋自正德以來剿之不克，撫之不從，當事者亦付之無可奈何而已。丁丑，王公至，廉知酋善遁，計欲生致之。十月，將征横水，先爲告諭三浰，籍其五百人爲兵。再征桶岡，則令仲安領所部把截上新地。及二巢破，仲容始懼，爲備益嚴。公遣材官至浰，賜各酋長牛酒，覘賊動静。賊度不可隱，詐言曰：『盧珂、鄭志高等，吾讎也。恐其掩襲而豫防之，非虞官兵也。』珂等皆龍川歸順民，不爲賊所脇，故讎之。材官反命，公陽檄龍川，使覈珂等擅兵讎殺之實，且趨浰刊木開道，俟回兵，聲罪試之。賊聞，且喜且懼，復使來謝，請無勞官兵，自爲備。公許之。十一月班師，至南康，盧珂、鄭志高等來告變，公復怒其誣搆，械繫收贛獄，而使人密諭以欲誘致仲容之意。先縱其弟歸，集兵以待。隨遣參謀雷濟等往諭仲容勿疑，因陰購其所親信説之，使自來投訴。公還鎮，大饗將士，下令城中：『今大征已畢，民久勞苦，宜暫休爲樂，可大鬧燈會，以慶太平。』又曰：『樂户多住龜角尾，恐招盜。曷遷入城來，散兵使各歸農。』示不復用，令仲安亦領衆歸，助兄防守。于是贛城街巷俱鼓吹賞燈，宴戲旬餘矣。仲安歸，俱言其故。賊衆喜，遂弛備。已又遣指揮余恩及雷濟等頒曆三浰，戒令毋撤備，以防盧珂，賊衆益大喜。濟等因説仲容曰：『官府待汝等良厚，何可不親往一謝？』前所購親信者又從中力贊，仲容以爲然，遂率豪健者九十三人來，先營于教場，而自以數人入見。公故笑謂曰：『君輩皆吾新民，未見而營教場，疑我乎？』仲容皇恐頓顙謝。先是公聞仲容來，固已匿兵豫飭祥符宮，寬閒以居，令參隨數人館伴，皆素與賊相狎者。已而引至宮，見止宿處皆整潔，喜出望外，時閏十二月二十三日也。賊欲私入衛獄覘珂，參隨先期令禁卒桎束珂等甚苦，賊衆入見，莫不唾駡數之，出而相語，益自喜。是夜即釋珂等，使馳歸發兵。踰日，仲容辭歸，公曰：『自此至三浰八九日，歲前未必至；即至，又當謁正，徒勞苦道路耳。聞贛城今歲有燈，曷以正月歸乎？』其少者固喜觀燈冶遊，諸參隨復從而和之。于是賊衆欣然忘歸。公又製青長衣、油靴，教之習禮，令所屬官僚以次宴犒，館伴者又私飲仲容于倡家。既連日夜矣，則密令二三力士，乘黄昏假使酒闌入，而與仲容密争，因而毆傷其目。館伴屬火甲縛酗酒者，當夜擁仲容擊院鼓告急，公開門問故，陽大怒，綁諸酒徒出轅門，各杖五十收獄，責數仲容及諸館伴聽别治。已復語仲容曰：『初意欲留汝等過元宵，今若此，須聽汝等早回矣。』明日，令參隨引醫療其目，密使用藥翳其瞳子，毋令得插青遁也。賀元旦畢，仲容辭，公曰：『謁正尚未犒賞，奈何？』二日開印，令有司大烹于宮，以次日宴。是夕，潛入甲士六百人，射圃計以六人制其一，餘則伏左右防變，密語參隨龍光曰：『每了十人，汝可立屏下安我，否則入告。』告計已定，詰朝，集仲容等入院，盛張鼓樂，内外不得聞人聲，乃召屠人刲牛割豕，階下階上鏨銀分曆，令不得見前後，故數刻始一發。賊受賞，兩手不勝，復以花紅絆繫。已乃勞之酒，三叩頭出，令謝。兵道既出甲士，盡殪之。門外未賞者尚有十餘人，因候久，色稍變，附耳相囁嚅。公揮尺喝曰：『後生不守禮！』伏兵起，盡反接以出，畢事而退，日已過未，公大眩暈，嘔吐，晚食薄粥乃定，蓋心神過勞故也。初七日，率兵詣浰，而諸哨已集，遂搗其巢。三月，班師。奏立和平縣。」（天啓贛州府志卷十八引）

按：錢德洪陽明先生年譜所叙，與此月山叢談所叙同，而各有詳略。又墨憨齋編皇明大儒王陽明先生出身靖亂録所叙亦相同而更詳備。今按：月山叢談、陽明先生年譜、皇明大儒王陽明先生出身靖亂録叙述相同，必是皆本之王天與之平寇録。平寇録叙陽明平横水、桶岡、三浰，皆王天與親眼所見，親身所歷，蓋爲實録，真實可信。皇明大儒王陽明先生出身靖亂録叙述陽明平横水、桶岡、三浰最爲詳備，竟無差錯，則必是全抄自王天與之平寇録，亦真實可信也。王天與平寇録雖佚，今猶得從皇明大儒王陽明先生出身靖亂録差可覩其全貌也。

正月二十二日，在浰頭，有書致顧應祥，論讀書講學及破三浰善後事宜。

王陽明全集卷二十七與顧惟賢書五：「來諭謂：『得書之後，前疑涣然冰釋。』幸甚幸甚！

學不如此，只是一場説話，非所謂盈科而後進，成章而後達也。又自謂：『終夜思之，如污泥在面而不能即去。』果如污泥在面有不能即去者乎？幸甚幸甚！自來南、贛，平生益友離群索居，切磋之間不聞。近日始有薛進士輩一二人自北來，稍稍各有砥礪。又以討賊事急，今屯兵浰頭且半月矣。浰頭賊首池大鬢等二十餘人，悉已授首。漏網者甲從一二輩，其餘固可略也。狼兵利害相半，若調猶未至，且可已之。此間所用皆機快之屬，雖不能如狼兵之犀利，且易驅策，就約束。聞乳源諸賊已平蕩，可喜。湖兵四哨，不下數萬，所獲不滿二千，始得子月朔日會剿依期而往，彼反以先期見責，所謂文移時出侵語，誠有之。此舉本渠所倡，今所俘獲反不能多，意有未愜而憤激至此，不足爲怪。浰頭巢穴雖已破蕩，然須建一縣治以控制之，庶可永絶嘯聚之患。已檄贛、惠二知府會議可否，高見且以爲何如？南、贛大患，惟桶岡、横水、浰頭三大賊，幸皆以次削平……乳源各處克捷，有兩廣之報，區區不敢冒捷。然亦且許題知，事畢之日，須備始末知之。」

按：書云「今屯兵浰頭且半月」，陽明破三浰在正月七日，屯兵半月則在正月二十二日。書中所言「薛進士輩一二人」，即指薛侃及薛僑、薛宗鎧等人。

二月十五日，在浰頭，祭浰頭山神。

王陽明全集卷二十五祭浰頭山神文。

二十五日，上移置驛傳疏，乞移小溪驛於峰山城内。

同治南安府志卷四：「峰山城，在小溪北十五里峰山里。民素善弩。明正德十一年（按：當作十三年），都御史王守仁選爲弩手從征瑶寇。事寧，民恐報復，愬懇作城。」

王陽明全集卷十一移置驛傳疏。

三月四日，上疏乞休致，並有札寄兵部尚書王瓊與直閣毛紀，不允。

王陽明全集卷十一乞休致疏：「自去歲二月往征閩寇，五月旋師；六月至於九月，俱有地方之警；十月攻横水，十一月破桶岡，十二月旋師；未幾，今年正月又復出剿浰賊。前後一歲有餘，往來二三千里之内，上下溪澗，出入險阻，皆扶病從事……伏惟陛下覆載生成，不忍一物失所，憫臣輿病討賊所備嘗之苦，哀臣忍死待罪不得已之請，念福薄之有限，憐疾瘵之無期，准令旋師之日，放歸田里。」

同上，卷二十七與王晉溪司馬書七：「守仁每誦明公之所論奏，見其洞察之明，剛果之斷，妙應無方之知，燦然剖析之有條，而正大光明之學，凜然理義之莫犯，未嘗不拱手起誦，歆仰歎服。自其識事以來，見世之名公巨卿，負盛望於當代者，其所論列，在尋常亦有可觀；至於當大疑，臨大利害，得喪毁譽，眩瞀於前，力不能正，即依違兩可，揜覆文飾，以幸無事，求其卓然之見，浩然之氣，沛然之詞，如明公之片言者，無有矣！在其平時，明公雖已自有以異於人，人固猶若無以大異者，必至於是，而後見其相去之甚遠也。守仁耻爲佞詞以諛人，若明公者，古之所謂社稷大臣，負王佐之才，臨大節而不可奪者，非明公其誰歟？守仁後進迂劣，何幸辱在驅策之末。奉令承教，以效其尺寸，所謂駑駘遇伯樂而獲進於百里，其爲感幸何如哉！邇者龍川之役，亦幸了事，窮本推原，厥功所自，已略具於奏末，不敢復縷縷。所恨福薄之人，難與成功，雖仰賴方略，僥倖塞責，而病患日深，已成廢棄。昨日乞休疏入，輒嘗恃愛控其懇切之情，日夜瞻望允報。伏惟明公終始曲成，使得稍慰老父衰病之懷，而百歲祖母，亦獲一見爲訣，死生骨肉之恩，生當如何爲報耶！」

陽明致礪齋書：「侍生王守仁齋沐頓首再拜啓上大元老礪齋老先生大人執事：守仁淺劣迂疏，幸遇大賢君子委曲裁成，誘掖匡持，無所不至。是以雖其不肖之甚，而猶得以僥倖成功，苟免於覆敗之戮，則守仁之服恩感德於門下，豈徒苟稱知己者而已哉！然而惶惶焉苟冀塞責而急於求去者，非獨將以幸免夫誅戮，實懼大賢君子之厚我以德，而我承之以羞耳。人之才能，豈不自知？仰賴老先生之扶植教引，偶幸集事，既出意望之外矣。偶幸之事，安可屢得？已敗而悔，何所及乎！兼之涖任以來，病患日劇，所以强忍未敢告病之故，前啓已嘗略具。且妻孥終歲瘴疫，家屬死亡，百歲祖母日夜思一見爲訣，老父亦以衰疾屢書促歸。數月以來，恍恍無復人間之念。老先生苟憐其才之不逮，憫其情之不得已，遂使泯然全迹而去，幸存餘息，猶得爲門墻閑散之士，詠歌盛德於林下，則未死之年，未敗之行，皆老先生之賜之、全之矣，感報當何如耶！不然，亦且冒罪徑遁，以此獲譴，猶愈於僨績敗事、卒爲鉗囚，爲知己之玷矣。瀆冒威嚴，死罪，死罪！守仁惶恐激切再拜啓上。外附啓瀆覽。餘素。」（明代尺牘第二册，陽明文集失載）

按：前考礪齋即毛紀。國榷卷五十：「正德十二年五月丙子，禮部尚書兼翰林學士毛紀兼東閣大學士，直閣。」嚴嵩毛紀神道碑：「以學士司誥勑，仍掌府事……於是勑兼東閣大學士，入閣供事，隨加太子太保、文淵閣大學士……」（國朝獻徵録卷十五）陽明此書稱「大元老礪齋老先生大人」，即以此也。按此書意在乞休致，則當亦作在三月四日，蓋與乞休致疏及致王瓊書同送往京師。

三月八日，班師回軍。歸途多有詩咏，作平浰記刻玉石巖，請費宏作平浰頭記、南征奏凱録序。

王陽明全集卷十一浰頭捷音疏：「初七日，據知府邢珣等呈稱：我兵自去歲二月從征閩寇，迄今一年有餘，未獲少休。今幸各巢賊已掃蕩，餘黨不多，又蒙俯順招安。況今陰雨連綿，人多疾疫，兼之農功已動，人懷耕作，合無俯順下情，還師息衆。及義官葉芳等並各村鄉居民亦告前情，臣因親行相視險易，督同副使楊璋、知府陳祥等經理立縣設隘、可以久安長治之策，留兵防守而歸。」

陽明平浰記：「四省之寇，惟浰尤黠，擬官僭號，潛圖孔烝。正德丁丑冬，輋、瑶既殄，益機險阱毒，以虞王師。我乃休士歸農，以綏之。戊寅正月癸卯，計擒其魁，遂進兵擊其懈。丁未，破三浰，乘勝追北。大小三十餘戰，滅巢三十有八，俘斬三千餘。三月丁未，回軍。壺漿迎道，耕夫遍野，父老咸懽。農器不陳，於今五年。復我常業，還我室家，伊誰之力？赫赫皇威，匪威曷憑？爰伐山石，用紀厥成。提督軍務都御史王守仁書。時紀功御史屠僑，監軍副使楊璋，領兵守備郟文，知府邢珣、陳祥，推官危壽等，凡二十有二人，列其名於後。」（贛石録卷二）

按：贛石録卷二云：「王文成平浰記，在龍南縣玉石巖，凡十五行，行十三字。」王陽明全集卷二十五有平浰頭碑，即此刻文，但字有異，並缺末一段。且此記乃摩崖刻石，稱「碑」亦不當。王陽明全集於題下注「丁丑」作，亦誤。

王陽明全集卷二十回軍九連山道中短述：「百里妖氛一戰清，萬峰雷雨洗回兵。未能干羽苗頑格，深愧壺漿父老迎。莫倚謀攻爲上策，還須内治是先聲。功微不願封侯賞，但乞蠲輸絶横征。」

同上，回軍龍南小憩玉石巖雙洞絶奇徘徊不忍去因寓以陽明别洞之號兼留此作三首：「甲馬新從鳥道回，覽奇還更陟崔嵬。寇平漸喜流移復，春暖兼欣農務開。兩竇高明行日月，九關深黑閉風雷。投簪最好支茅地，戀土猶懷舊釣臺。洞府人寰此最佳，當年空自費青鞋。麾幢旖旎懸仙仗，臺殿高低接緯階。天巧固應非斧鑿，化工無乃太安排？欲將點瑟携童冠，就攬春雲結小齋。陽明山人舊有居，此地陽明景不如。但在乾坤俱逆旅，曾留信宿即吾廬。行窩已許人先號，別洞何妨我借書。他日巾車還舊隱，應懷茲土復鄉閭。」

按：第三首原缺，乾隆龍南縣志卷二十六、同治贛州府志補録，實爲過梅嶺作，參正德十三年「過梅嶺有詩咏」條。

楊璋回軍駐龍南：「仁者無私一澗清，隨車好雨潤回兵。纔看老叟壺漿至，又見兒童竹馬迎。四野豺狼皆屏迹，萬家黎庶動懽聲。於今幸喜平成會，千載令人羨大征。」（乾隆龍南縣志卷二十六）

按：楊璋，孝感人，時任副使。

方任回軍駐龍南：「征袍暫歇小山城，忽覩遺詩石上明。往事應時空過化，此來私淑切心旌。乾坤有道功難泯，張主無人石亦行。鎖鑰至今遺嶺北，菲才何幸一逢迎。」（乾隆龍南縣志卷二十六）

按：方任，衡野人，時任副使。

邢珣回軍駐龍南：「我師翼翼集河濱，敵寇倉皇若鼠奔。久據地雄爲得利，一加天討出無

門。功垂邊鄙推元將，捷奏彤廷慰至尊。瘴霧蠻煙揮霍盡，南荒再造一乾坤。」(乾隆龍南縣志卷二十六)

按：邢珣，字子用，當塗人，官至中奉大夫、江西左參政。嚴嵩曾應其子邢址請，撰邢珣墓誌銘。

王陽明全集卷二十再至陽明別洞和邢太守韵二首：「春山隨處款歸程，古洞幽虚道意生。澗壑風泉時遠近，石門蘿月自分明。林僧住久炊遺火，野老忘機罷席争。習静未緣成久坐，却慚塵土逐虚名。　山水平生是課程，一淹塵土遂心生。耦耕亦欲隨沮溺，七縱何由得孔明？吾道羊腸須蠖屈，浮名蝸角任龍争。好山當面馳車過，莫漫尋山説避名。」

費宏集卷八平浰頭記：「惠之龍川，北抵贛，其山谷賊巢亡慮數百，而浰頭最大。浰之賊肆惡以毒吾民者，亡慮數千，而池仲容最著。仲容之放兵四劫，亡慮數十年，而龍川、翁源、始興、龍南、信豐、安遠、會昌，以邇巢受毒最數。正德丁丑之春，信豐復告急於巡撫都御史王公伯安。伯安召諸縣苦賊者數十人，問何以攻之。皆謂非多集狼兵弗濟；又謂狼兵亦嘗再用矣，竟以招而後定。公曰：『盗以招蔓，此頃年大弊也，吾方懲之。且兵無常勢，奚必狼而後濟耶？若等能爲吾用，獨非兵乎？』乃與巡按御史屠君安卿、毛君鳴岡，合疏以剿請。又請重兵權，肅軍法，以一士心。詔加公提督軍務，賜之旗牌，聽以便宜區畫，惟公之有成，不限以時。時横水、桶岡盗亦起，而視浰爲暇。公議先攻二峒，乃會兵以圖浰。凡軍中籌畫，多咨之兵備副使楊君廷宣。副使君請汰諸縣機兵，而以其傭募新民之任戰者，取贖金、儲穀、鹽課以餉之，而兵與食足矣。二峒之攻，盧仲容乘虛以擾我也，謀伐其交，使辯士黄表、周祥諭其黨黄金巢等，得降者五百人，藉以爲兵。仲容獨憤不容，聞横水破，始懼，使弟仲安率老弱二百人來，圖緩我兵，且覘我也。公陽許之，使據上新地，以遏桶岡之賊，而實遠其歸途。閲月，仲容聞桶岡破，益懼，爲備益嚴。公使以牛酒餉之，賊度不可隱，則曰：『盧珂、鄭志高、陳興，吾仇也。恐其見襲，而備之耳。』珂等皆龍川歸順之民，有衆三千，仲容脇之不可，故深仇之。公方欲以計生致仲容，乃陽檄龍川，廉珂等構兵之實，若甚怒焉，趣浰刊木，且假道以誅珂黨。十二月望，珂等各來告：『仲容必反。』公復怒其誣構，叱收之，陰諭意嚮，使遣人先歸集衆。時兵還自桶岡，公合樂大饗，散之歸農，示不復用。使仲安亦領衆歸，又遣指揮余恩諭仲容毋撤備，以防珂黨。仲容益喜，前所遣辯士因説之親詣公謝，且曰：『往則我公信爾無他，而誅珂等必矣。』仲容然之，率四十人來見。公聞其就道也，密飭諸縣勒兵分哨。又使千户孟俊僞持一檄，經浰巢，宣言將拘珂黨，實督集其兵也。賊導俊出境，不復疑。閏十二月下弦，仲容既至贛。是夕，釋珂等馳歸，縻仲容，令官屬以次犒饗。明年正月癸卯朔，公度諸兵已集，引仲容入，並其黨擒之。出珂等所告，訊鞫具狀，亟使人約諸兵入巢。越四日丁未，同時並進。其軍於龍川者，惠州知府陳祥率通判徐璣等，從和平都入；指揮姚璽率新民梅南春等，從烏龍鎮入；孟俊率珂等，從平地水入。軍於龍南者，贛州知府邢珣率同知夏克義、知縣王天與等，從太平堡入；推官危壽率義官孫舜洪等，從冷水逕入；余恩率百長王壽等，從高沙保入。軍於信豐者，南安知府季斅率訓導藍鐸等，從黄田岡入；縣丞舒富率義民趙志標等，從烏逕入。公自率中堅，督以搗下浰大巢，副使君督餘哨，會於三浰。賊黨自仲容至贛，備已弛矣，至是聞官兵驟入，皆驚懼失措，乃分兵出禦，而悉其精鋭千餘，迎敵於龍子嶺。我兵聚爲三衝，掎角而前。恩以壽兵首與賊戰，却之。奮追里許，賊伏四起，擊壽後，壽乃以芳兵鼓噪往援。俊復以珂等兵從傍衝擊，呼聲震山谷，賊大敗而潰，遂併上、中二浰克之。各哨兵乘勝奮擊，是日遂破巢十一：曰熟水，曰五花障，曰淡方，曰石門山，曰上下陵，曰芳竹湖，曰白沙，曰曲潭，曰赤塘，曰古坑，曰三坑。明日，探賊所奔，分道急擊。己酉，破巢凡六：曰鐵石障，曰羊角山，曰黄田坳，曰岑岡，曰塘含岡，曰奚尾。庚戌，破巢凡二：曰大門山，曰鎮里寨。辛亥，破巢凡九：曰中材，曰半逕，曰都坑，曰尺八嶺，曰新田逕，曰古城，曰空背，曰旗嶺，曰頓岡。癸丑，破巢凡三：曰狗脚坳，曰水晶洞，曰藍州。丙辰，破巢凡二：曰風盤，曰茶山。其奔者尚八百餘徒，聚於九連山。山峻而袤，東與龍門山後諸巢接。公慮以兵進逼，其勢必合，合難制矣，乃選鋭士七百餘人，衣所得賊衣，若潰而奔，取賊所據崖下澗道，乘暮而入。賊以爲其黨也，從崖上招呼，我兵亦佯與和應，已度險，阨其後路。明日賊始覺，併力來敵。我兵從高臨下，擊敗之。公度其必潰也，戒設伏以待。乙丑，覆之於五花障，於白沙，於銀坑水。丁卯，覆之於烏虎鎮，於中村，於北山，於風府奥。分逃餘孽尚三百餘徒，各哨乃會兵追之。二月辛未，復與戰於和平。甲戌，戰於上坪、下坪。丁丑，戰於黄田坳。辛巳，戰於鐵障山。癸未，戰於乾村，於梨樹。乙酉，戰於芳竹湖。壬辰，戰於北順，於和洞。乙未，戰於水源，於長吉，於天堂寨。諜報各巢之稔惡者，蓋幾盡矣。惟脅從二百餘徒，聚九連谷口，呼聲稱乞降。公遣珣往撫之，籍其名，處之白沙。公率副使君及祥歷、和平，相其險易，經理立縣設隘，庶幾永寧，遂班師而歸，蓋戊寅三月丁未也。計所搗賊巢三十八所，擒斬大酋二十九人、中酋三十八人、從賊二千六十八人，俘賊屬男婦八百九十人，鹵獲馬牛器仗稱是。是役也，以力則兵僅數千，以時則旬僅六浹，遂能滅此兇狡稽誅之虜，以除三徼數十年之大患，其功偉矣。捷聞，有詔褒賞，官公之子世錦衣百户，副使君加俸一秩。於是邢侯、夏侯、危侯，偕通判文侯運、吴侯昌，謂公兹舉足以威不軌而昭文德，不可以無傳也，使人自贛來，請予書其事。嗟乎！惟兵者不祥之器，王公用儒者謀謨之業，而乃躬擐甲胄，率先將士，下上山谷，與死寇角勝争利，出於萬有一危之塗，豈習爲殺伐之事，而貪取摧陷之功以爲快哉？顧盗之與民，不容並育，譬則莠驕害稼，而養之弗耨；縱虎狼之强噬，而聽孳牧之哀耗，此必仁者所不忍爲，而公亦必不以不仁之處也。公之心予知之，公之功則播之天下，傳之後世，何俟於予之書之也？然而人知渠魁之坐縛，兇孽之蕩平，以爲成功如此其易；而不知公之籌慮如此其密，建請如此其忠，上之所以委任如此其專，憲副君之所以贊任如此其勤，文武將吏之所以奔走禦侮如此其勞，而功之所以成如此其不易，是則不可以不書也。予故爲備書之，以昭示贛人，庶其無忘且有考焉。」

按：費宏時方家居鉛山鵝湖，其記叙述如是之詳，當本自陽明浰頭捷音疏與王天與平寇録。記云「有詔褒賞，官公之子世錦衣百户」，則作成在六月。

同上，卷十四南征奏凱録序：「比歲嶺南北盗起，甚爲民患。巡撫大中丞陽明王公伯安，奉上命，合江西、湖廣、廣東之兵以討之。而憲副孝感楊公廷宜分司南、贛，實飭兵以備盗，于時出入行間，效力尤勤。丁丑夏六月，率南安守季侯斆等莅上猶，破禾沙等巢。秋八月，率指揮馮翔等莅南安，解圍城之困。冬十一月，率贛州守邢侯珣等，復莅上猶及南康、大庾，攻横水、桶岡等寨。歷半載，境内始平。明年春正月，廣東浰頭等賊延蔓未絶，又率邢侯莅龍川剿之，閲月，乃班師以捷聞。時憲副公所部捕斬幾陸千人，俘獲稱是。上録其功，加俸一等，而褒擢之恩尚有待焉。凡郡邑游居之良，南北往來之彦，嘉武事之就緒也，民生之底寧也，畏途之兑於相戒也，往往撰述歌詩，以爲憲副公賀。於是有南征奏凱之録，寧都令王君天與復專使請序其端……憲副公器度才識，閎偉敏達，而又志存體國，念切愛民；事不辭難，謀必慮遠，其在閩嘗奏武、平之凱矣，今茲嶺北之役，帷幄籌畫之懿而出奇制勝，功冠諸軍，故談者翕然美之。蓋其大者，若諸縣機兵之不可用，則議以所募打手補充，募滿萬人，皆健鬭之兵也。且月省募銀八千兩，師行凡六閱月，所省募銀爲四萬八千兩矣。兵餉則取諸儲穀，取諸贖刑，取諸鹽課，得米三萬石、銀三萬兩。自始訖於罷兵，初未嘗丐貸於公家，科擾於民間也。茲習兵之先務，而公能處之合宜，他可知矣，凱豈幸而奏哉？王君起甲科，有志樹立。其治兵衝也，與公周旋，憂心孔疚。覩茲功之成，宜其喜甚，而欲予張之。予雅辱公知，亦深於助喜者，乃不辭而爲之序。」

按：楊廷宜即楊璋，孝感人。其於平橫水、桶岡、三浰立功陞江西按察使，然史不載其人，蓋因後宸濠叛，其首從逆，以從逆官員處置，從此消聲匿迹（詳見陽明處置從逆官員疏），併其南征奏凱録不傳於世。

南海霍韜寄來平寇頌詩。

渭厓文集卷七王陽明中丞平盜詩：「十二年冬，欽命總制王公討江、廣諸盜悉平。十三年春，班師。是役也，王公實蒞師斬悍將之不用命者以殉，由是軍士莫敢有不效死以戰者，以有成績云。我南韶、惠州，西南抵湖湘，北抵南安、贛州，山谷叢囿，萃爲盜區，則古以然。邇自孽瑾竊柄以來，流民從盜，如懸厓注水之得坎窞也，以故賊勢益熾。公謂責是在予，乃請得命，檄三省兵掎角攻踣之。先致賊首某棄市，餘黨以誅以宥，尋悉平滅。公用兵不可測，於成效勝算，衆謂如神。蓋公以道學經濟爲天下重，武事特其小試者爾云。韜等躬見茂烈，謹賦之永言，不諛以誣，俾南仲召虎不尚專美於千萬代。天佑皇明，畀以全宇。丕及中國，夷貊順附。治極蠹生，有蠢厥頑。干天之紀，姙厥凶奸。負山之岨，伏谷之坑。禍我邦域，戕我士民。我士我民，居贛之壤。薄湖洎湘，韶連洛昌。龍川惠陽，虓虓皇皇。民是大棘，而水斯溺。拯用不亟，木本斯撥。蓁有大艱，碩人斯責。碩人維儒，儒以用武。憲章濂洛，步趨伊吕。爲國股肱，爲民心膂。愍民大棘，不遑寧處。赫我仁恕，誓我義旅。運我神籌，期取我民仇。碩人用武，雷霆自天。碩人用武，山川震驚。山川震驚，以莫不效靈。碩人用武，四閉賊衝。碩人用武，則釣渠兇。渠兇就擒，寧我兆民。寧我兆民，各遂理所。以士以農，以工以賈。晝出夕處，莫或予侮。寧我兆民，食有廪庾。樂有妻子，養有父母。寔維碩人，代天作之祜。天實惠民，碩人以生。天實爲國，碩人生德。天實兆治，碩人在位。碩人在位，鞠躬勵勸。皇曰碩人，汝則大勤。衮職有虧，碩人旋歸。天佑六章，章十二句。」

在龍南，奏凱獻俘於廟，命重建龍南廟學。月華來受學。

繆銘（教諭，平陽人）重建廟學記：「龍南廟學，建自宋元祐間，但近城南，兼以湫隘。成化辛卯，始徙於縣治之西，爲左廟右學之制。歲久湮汩，棟宇不支。正德丙子，銘由宜春承乏掌教事，大懼，無以妥聖賢而風士習，亟會諸生議，請允執政。越二年戊寅正月，都憲王公守仁、憲副楊公璋、郡守邢公珣，提兵征浰至邑，三月，奏凱獻俘於廟。既而都憲王公顧瞻嘅歎曰：『廟祀弗虔，教基弗妥，群有司之咎，典教者之責也。咨汝邦惟財用是資。』適日，果罰干紀者金幾百鍰，貯縣治，曰：『木石工需坐是以給。』諭繆銘總其事。稽其盈縮，以告命邑士李淳、月華，曰：『汝夙夜勞王事，主廩餼，務成功能，罔或不經，不經有罰。』銘等受命惟謹，而司訓彭君智續至，亦協勤止。乃崇築厥基，撤舊更新，相宜樹表，唯是爲大成殿，爲廡，爲戟門；其後也爲明倫堂，爲齋；其前也爲櫺星門，爲儒學門。又唯是爲藏庫，爲饌堂，爲生徒舍宇；仍其右爲學職之廨三區，仍其左爲觀德亭；垣墉關鍵，或考其制。經始於己卯正月，越八月而功就緒。會縣尹蔣瑋來任，首塑聖像並四配十哲，餘皆以次卒工。判府文公運，主簿方君侃、蘇君珪，典史沈君旋，皆相繼贊理，與有力焉。敬卜日告成。已而諸生謁曰：『廟堂之新，先生作之，諸君子成之。』」（乾隆龍南縣志卷二十三）

乾隆龍南縣志卷十七文儒：「月華，坊内堡人。郡廩生，性至孝。少以經學著名，後從陽明爲良知之學。歸，日坐一室，超然默悟，學者宗之。陽明平浰，回軍駐邑中，有遷倫堂之舉，以事屬之。華即捐百金爲助云。」

三月十五日，歸至贛州。議批剿滅河源餘衆，並有書致顧應祥論征剿事。

王陽明全集卷三十批攻取河源賊巢呈，卷十六議處河源餘賊。

按：批攻取河源賊巢呈題下注「三月二十三日」，可見陽明三月二十三日已在贛州。據陽明寓贛州上海日翁手札云「三月半始得回軍」（見下），則陽明歸至贛州在三月十五日。

王陽明全集卷二十七與顧惟賢書三：「承喻討有罪者，執渠魁而散脅從，此古之政也，不亦善乎？顧浰賊皆長惡怙終，其間脅從者無幾，朝撤兵而暮聚黨，若是者亦屢屢矣，誅之則不可勝誅，又恐以其患遺諸後人。惟賢謂：『政教之不行，風俗之不美，以至於此。』豈不信然？然此膏肓之疾，吾其旬日之間可奈何哉？故今三省連累之賊，非殺之爲難，而處之爲難；非處之爲難，而處之者能久於其道之爲難也。賤軀以多病之故，日夜冀了此塞責而去，不欲復以其罪累後來之人，故猶不免於意必之私，未忍一日舍置。嗟乎！我躬不閱，遑恤我後，盡其力之所能爲。今其大勢亦幸底定，如其禮樂，以俟君子而已。數日前，已還軍贛州。風毒大作，壅腫坐卧，恐自此遂成廢人，行且告休。人還，草草復。」

黄綰書至，有答書。

王陽明全集卷四與黄宗賢書七：「得書，見相念之厚，所引一詩，尤懇惻至情，讀之既感且愧，幾欲涕下。人生動多牽滯，反不若他流外道之脱然也，奈何，奈何！近收甘泉書，頗同此憾。士風日偷，素所目爲善類者，亦皆雷同附和，以學爲諱。吾人尚棲棲未即逃避，真處堂之燕雀耳！原忠聞且北上，恐亦非其本心。仕途如爛泥坑，勿入其中，鮮易復出。吾人便是失脚樣子，不可不鑒也。承欲枉顧，幸甚，幸甚！好事多阻，恐亦未易如願，努力圖之。籠中病翼，或能附冥鴻之末而歸，未可知也。」

按：陽明此書乃是答黄綰寄陽明先生書三，陽明所云「所引一詩，尤懇惻至情」，即黄綰所云「相知至者，皆有賦咏，敢録閑覽。」陽明此書所云「努力圖之」，「或能附冥鴻之末而歸，未可知也」，乃指其已上乞休之疏，故可確知陽明此書作在三月中。蓋黄綰在正月初得陽明書，其作答書（寄陽明先生書三）約在二月，至三月陽明回贛，則見其書而作答。

四月十日，有札致父海日翁，告南征之况。

陽明寓贛州上海日翁手札：「寓贛州男王守仁百拜書上父親大人膝下：久不得信，心切懸懸。間有鄉人至者，略問消息，審知祖母老大人、大人下起居萬福，稍以爲慰。男自正月初四出征浰賊，三月半始得回軍。賴大人蔭庇，盜賊略已底定。雖有殘黨百餘，皆勢窮力屈，投哀告招，今亦始順其情，撫定安插之矣。所恨兩廣府江諸處苗賊，往年彼三省，雖屢次征剿，然賊根未動，旋復昌熾。今聞彼有大起，若彼中兵力無制之，勢必摇動遠近，爲將來之憂。况兼時事日艱，隱憂日甚，昨已遣人具本乞休，要在必得乃已。男因賊巢瘴毒，患瘡癘諸疾，今幸稍平，數日後亦將遣人歸問起居。因諸倉官便，燈下先寫此報安。四月初十日，男守仁百拜書。」(手札真迹今藏餘姚市梨洲博物館，陽明文集失載)

十六日，跋趙孟頫遊天冠山詩卷。

陽明跋趙松雪遊天冠山詩卷：「趙松雪遊天冠山詩卷，詩法、字法真奇，二絶之妙，出入右軍，兼李北海之秀潤。書家得此，宗學之有傳也。正德十三年四月十六日，王守仁識。」(跋文真迹由收藏者公布於「華夏收藏網」，陽明文集失載)

按：天冠山在江西貴溪城南二里，有三峰並峙，故稱三峰山；因山巔方正，兩隅下垂如冕，故又稱天冠山。趙孟頫嘗來遊，咏詩二十四首，書丹立碑。此詩碑至陽明時猶在，正德十二年春陽明赴贛經貴溪，當可見趙孟頫詩碑，其或即在此時得趙孟頫遊天冠山詩卷。按此趙松雪詩卷陽明跋下，又有崔桐跋云：「正德己卯九月初七日，海門後學崔桐觀。」崔桐字來鳳，號東洲，海門人，正德十二年進士，與陽明弟子聶豹、季本、陸澄、舒芬、薛侃、蔡宗兗等爲同年，實皆熟識。明史卷一百七十九有崔桐傳：「崔桐，字來鳳，海門人。鄉試第一，與(舒)芬同進士及第。授編修。既諫南巡，並跪闕下，受杖奪俸。」崔桐諫南巡受杖在正德十四年，國榷卷五十一：「正德十四年三月癸丑……時南巡意决，廷臣憂甚……翰林修撰舒芬、編修崔桐……上言……鞏等六人付鎮撫司掠治，餘罰跪……戊子，杖郎中孫鳳等百有七人於午門……」崔桐當亦是諫南巡受杖謫外來江西，故得見趙孟頫詩卷而題跋，時陽明在南昌，兩人當能相見。

十七日，祭奠徐愛。

王陽明全集卷二十五祭徐曰仁文。

又陽明祭徐曰仁文。（横山遺集附録）

按：陽明祭文云：「四月己巳朔，越十有七日乙酉，寓贛州王守仁既哭奠於旅次，復寫寄其詞，使弟守儉、守文就南京工部都水司郎中徐曰仁賢弟之柩而哭告之。」可見陽明先是在贛作祭文遥祭，此即前一篇祭文；然後又再寫祭文，遣弟守儉、守文回山陰祭奠，此即後一篇祭文。蓋爲周年祭也。

二十日，上浰頭捷音疏，奏請賞功。

王陽明全集卷十一浰頭捷音疏。

二十二日，有與諸弟及諸親友書，論家事甚悉。

陽明與諸弟書：「鄉人自紹興來，每得大人書，知祖母康健，伯叔母在餘姚皆納福，弟輩亦平安，兒曹學業有進，種種皆有可喜。且聞弟輩各添起樓屋，亦已畢工。三弟所搆尤極宏壯，規畫得宜，吾雖未及寓目，大略可想而知。此皆肯搆貽謀，勢所不免，今得蚤辦，便是了却一事，亦有可喜也。吾家祖父以來，世篤友愛，至於我等，雖亦未至若他人之互相嫌隙，然而比之老輩，則友愛之風衰薄已多。就如吾所以待諸弟，即其平日外面大概，亦豈便有彰顯過惡？然而自反其所以推己盡道、至誠惻怛之處，則其可愧可恨，蓋有不可勝言者。究厥所以，皆由平日任性作事，率意行私，自以爲是，而不察其已陷於非；自謂仗義，而不覺其已放於利。但見人不如我，而不自見其不如人者已多；但知人不循理，而不自知其不循理者亦有，所謂責人則明，恕己則昏。日來每念及此，輒自疚心汗背，痛自刻責，以爲必能改此凶性，自此當不復有此等事，不知日後竟如何耳，諸弟勉之！勿謂爾兄已爲不善而鄙我，勿謂爾兄終不能改而棄我。兄及弟矣，式相好矣，無相猶矣，諸弟勉之！吾自到任以來，東征西討，不能旬日稍暇，雖羈鳥歸林之想，無時不切；然責任在躬，勢難苟免。今賴朝廷威德，祖宗庇蔭，提兵所向，皆幸克捷，山寇峒苗，剿除略盡，差可塞責。求退乞休之疏，去已旬餘，歸與諸弟相樂有日矣。爲我掃松陰之石，開竹下之徑，俟我於舜江之滸，且告絶頂諸老衲，龍泉山主來矣。族中諸叔父及諸弟，不能盡書，皆可一一道此意。四月廿二日，寓贛州長兄守仁書寄三弟、四弟、六弟、八弟收看。外葛布二疋，菓子銀四錢，奉上伯叔母二位老孺人。骨筋四把，弟輩分用。外又鄭二舅書一封，江南諸奶奶書一封，汪克厚一封，聞邦正兄弟書一封，至即皆可分送，勿致遺失，千萬，千萬！又廿一叔書一封，謝老先生處書一封，皆留紹興，倘轉寄到家，亦可即時分送。聞姨丈、汪九老官人及諸親丈，及諸相厚如朱有良先生、朱國材先生輩，相見皆可道不及奉書之意。又一封示諸姪。」（手札真

迹今藏中國歷史博物館，陽明文集失載）

按：此書所言「諸弟」，指居餘姚秘圖山之堂弟，「三弟」指陽明叔父王袞長子王守禮，「四弟」指陽明伯父王榮次子王守智，「六弟」爲陽明伯父王榮幼子王守温，「八弟」爲王袞幼子王守恭。「聞邦正兄弟」指聞人詮、聞人誾兄弟（陽明姑表弟，詳下），「聞姨丈」指聞邦正兄弟之姨父，按王華有一妹嫁牧相，牧相卒，其或改嫁。「謝老先生」指謝遷，「汪克厚」即汪惇，「鄭二舅」指陽明生母鄭氏之兄，鄭邦瑞之祖父（見下），「廿一叔」指王德聲。他如江南諸奶奶、汪九老官人、朱有良、朱國材等，則皆爲居餘姚之親朋好友、鄉里長輩。其中最可注意者，爲汪惇與汪九老官人，正史不載其人。今按餘姚四明汪氏家譜記載有汪瑚其人，字廷美，人稱萬松公，生四子，植四桂，建四桂堂（在汪巷）存書。仲子汪惇，字克厚，號南泉，受業謝遷，以禮記中弘治戊午鄉試。正德辛未進士，授太昌守，陞南寧府同知，晉朝議大夫致仕。幼子汪克章，字叔憲，號東泉，以禮記中弘治辛酉經魁。正德戊辰中二甲二十一名進士出身，初授刑部廣東清吏司主事，左遷湖北安陸守，因反對劉瑾被貶。正德五年瑾誅，復雲南清吏司主事，轉本司員外郎，陞廣東按察司僉憲，晉朝議大夫致仕，隱居四明故里汪巷。按汪克章正德三年舉進士，與徐愛爲同年；汪克厚正德六年舉進士，陽明爲會試同考試官，汪克厚或爲陽明所親取。兩人實皆爲陽明弟子，多有通信往還。陽明與王純甫書四即云：「屢得汪叔憲書，又兩得純甫書，備悉相念之厚。」（王陽明全集卷四）正德八年陽明遊雪竇，汪克章乃以弟子來侍遊，徐愛遊雪竇因得龍溪諸山記云：「晉訪汪叔憲，出遊白水宮……各賦詩識樂。叔憲歎曰：『奇乎幽哉！茲溪乃于世泯泯。』……明日，叔憲、世瑞以誤食石撞骨病結……先生乃坐叔憲而論曰：『今日畢，素懷已中。所歷佳勝比比，獨不彰於古昔，乃今得與二三子觀焉。夫永樂諸山，可備遊觀者也；四明，可居者也；龍溪，可以避地者也，然而近隘矣；杖錫者，可以隱德也，然而幾絶矣。乃若隱顯無恒，俯仰不拘，近而弗褻，遠而弗乖，可以致遠，可以發奇者，其惟雪竇乎！諸君耳目之所接，心志之所樂，其止於山水已乎？』叔憲曰：『唯唯。』乃下山。」今徐愛横山遺集卷上有寺困侵誅因復次叔憲韵識感，即次陽明杖錫道中用張憲使韵（王陽明全集卷二十）。世德紀喪紀記陽明會葬，來會葬者有「參政汪惇，僉事汪克章」，蓋皆是以弟子來參加會葬。「汪九老官人」，即指汪瑚也。

二十八日，批贛州府賑濟呈，救濟戰後災民。

王陽明全集卷三十批贛州府賑濟呈：「據贛州府呈：『本府贛縣等七縣，將在倉稻穀糶銀賑濟。』看得兵革之餘，民困未蘇，加以雨水爲災，農務多廢，雖將來之患，固宜撙節預防，而目前之急，亦須酌量賑濟。據該府所申，計處得宜，合行各縣照議施行。仍仰各掌印官，務須嚴禁富豪之規利，痛革奸吏之夤緣，庶官府不爲虚文之應，而貧民果沾實惠之及。」（四月二十八日）

同上，卷十六批贛州府賑濟石城縣申：「看得所申賑濟既該府議，許中户糴買，下户給散，准如所議施行。今出糴之數止及二千，而坐濟之民不知幾許，附郭者得遂先獲之圖，遠鄉者必有不霑之惠。近日贛縣發倉，其弊可見。仰行知縣林順會同先委縣丞雷仁先，選該縣殷實忠信可託者十數輩，不拘生員耆老義民，各給斗斛，候遠鄉之民一至，即便分曹給散。仍選公直廉明之人數輩，在傍糾察，如有夤緣頂冒，即時擒拿，昭議罰治……」

餘姚聞人誾、聞人詮兄弟多有書來論學，有答書。

王陽明全集卷四寄聞人邦英邦正書一：「昆季敏而好學，吾家兩弟得以朝夕親資磨勵，聞之甚喜。得書，備見向往之誠，尤極浣慰。家貧親老，豈可不求祿仕？求祿仕而不工舉業，却是不盡人事而徒責天命，無是理矣。但能立志堅定，隨事盡道，不以得失動念，則雖勉習舉業，亦自無妨聖賢之學。若是原無求爲聖賢之志，雖不業舉，日談道德，亦只成就得務外好高之病而已……每念賢弟資質之美，未嘗不切拳拳。夫美質難得而易壞，至道難聞而易失，盛年難遇而易過，習俗難革而易流。昆玉勉之！」書二：「得書，見昆季用志之不凡……君子惟求其是而已。『仕非爲貧也，而有時乎爲貧』，古之人皆用之，吾何爲獨不然？然謂舉業與聖人之學相戾者，非也。程子云：『心苟不忘，則雖應接俗事，莫非實學，無非道也。』而況於舉業乎？謂舉業與聖人之學不相戾者，亦非也。程子云：『心苟忘之，則雖終身由之，只是俗事。』而況於舉業乎？忘與不忘之間不能以髮，要在深思默識所指謂不忘者果何事耶？知此，則知學矣。賢弟精之熟之，不使有毫釐之差，千里之謬，可也。」

書三：「書來，意思甚懇切，足慰遠懷。持此不懈，即吾立志之説矣。『源泉混混，不舍晝夜，盈科而後進。放乎四海，有本者如是。』立志者，其本也。有有志而無成者矣，未有無志而能有成者也。賢弟勉之！色養之暇，怡怡切切，可想而知。交修罔怠，庶吾望之不孤矣。地方稍平，退休有日，預想山間講習之樂，不覺先已欣然。」

按：聞人詮字邦正，號北江；聞人誾字邦英，邑庠生。其母王太孺人爲王華之妹，陽明姑母也。涇野先生文集卷十壽聞人母王太孺人七十序云：「聞人母王太孺人者，提學南畿聞人邦正之母也。邦正舉進士，令寶應，徵拜爲御史，乃得封王爲太孺人也。王，餘姚之名族也。海日先生又舉進士第一，官冢宰，其兄也。陽明公以部尚書討叛伐逆，樹勳一時，且當干戈倥偬之日，講學不輟，倡道東南，其兄之子也。太孺人早受姆訓，深諳家教，奉其女儀，歸於聞人貞庵先生。貞庵先生少籍邑庠，綽有文譽，蓋與海日先生並名餘姚者也。然未究厥業，齎志蚤逝。當是時，太孺人年方三十也。守節訓子，至今年乙未六月十二日，於是生七十歲矣……生二子，長誾也，邑學生，爲救邦正之病，祈以身代，遂因是以卒。太孺人曰：『有是子也，又死於友于。』遂晝夜哭，喪明。專督邦正曰：『盍副汝兄之志哉！』邦正用成進士。」泉翁大全集卷四十二賀聞人母太孺人六十六華誕詩：「聞人母者，聞人侍御詮之母，冢宰海日公之女弟，新建伯陽明子之姑母也。歸貞庵公，相之儒業。貞庵告逝矣，母三十而孀居，六十如一日，志則貞矣。有子曰誾，曰詮。詮病劇，誾爲焚香請身代之，遽斃。母曰：『天乎誾也，愛弟而斃乎！』哭之哀，乃喪明。」又卷四十三壽聞人母王太夫人七十華誕詩：「祁門程生清告甘泉子曰：『六月十二，寔維我宗師北江子聞人先生母夫人七十初度之辰，維我公以道義之雅，宜有言以壽祝。』甘泉子曰：『壽其可知也，此吾素所期於北江子以致之於太夫人者也。……』」

按陽明書中言「地方稍平，退休有日」，乃指四月平三浰。據前引陽明與諸弟書有云「聞邦正弟兄書一封」，即指陽明此寄聞人邦英邦正書一，可見陽明此寄聞人邦英邦正作在四月中。觀書意，陽明實勸聞人兄弟勉習舉業。後聞人詮於嘉靖五年中進士，明清進士録：「聞人詮，嘉靖五年三甲三十九名進士。浙江餘姚人，字邦正。從學外兄王守仁。知寶應縣。遷御史，巡視山海關，修城堡四萬餘丈。論救都御史王應鵬，逮入，廷杖。爲南京提學御史，校刻五經、三禮、舊唐書行世，與訂陽明文録。出爲湖廣副使歸。有東闕圖、南畿志、飲射圖解。」

在贛州，四方學子來問學，講聚不散。

鄒守益集卷二十奠何善山先生文：「昔陽明先師以聖學倡於虔臺，一時豪傑不遠四方以集，如大寢聞鍾，群渴飲河……在廣東若薛子尚謙、子修，梁子日孚，楊子仕德、仕鳴，在南畿若周子道通，在楚若季子惟乾，在江右若夏子惟中，周子南仲，郭子昌修，王子宜學，李子子庸……」

錢德洪陽明先生年譜：「先生出入賊壘，未暇寧居，門人薛侃、歐陽德、梁焯、何廷仁、黄弘綱、薛俊、楊驥、郭治、周仲、周衡、周魁、郭持平、劉道、袁夢麟、王舜鵬、王學益、余光、黄槐密、黄鎣、吴倫、陳稷劉、魯扶黻、吴鶴、薛僑、薛宗銓、歐陽昱，皆講聚不散，至是回軍休士，始得專意於朋友，日與發明大學本旨，指示入道之方。」

按：錢德洪所言來虔受學門人多不全，且名多有誤，至不知爲何人。如袁夢麟乃袁慶麟之誤，周魁乃劉魁之誤（嘉靖文録作「劉魁」；喪紀中有「知州劉魁」），黄槐密乃王槐密之誤（喪紀中有「庠生王槐密」），黄鎣乃黄鏊之誤（喪紀中有「庠生黄鏊」）等。按陽明四月平三浰歸贛州，聲名遠播，四方學子皆在此後來贛受學。除薛侃、粱焯、何廷仁、黄弘綱、薛俊、楊驥、薛僑、薛宗銓等在上年已來問學外，兹將本年四月以後來贛問學士子考證如下，以見江右王學之興起。

郭持平。鄒守益集卷二十二明故南京刑部右侍郎淺齋郭公墓誌銘：「公諱持平，字守衡，姓郭氏……正德癸酉，領鄉書……上春官，不偶……卒業南雍……丁丑，成進士，需次歸省。陽明先生倡道虔臺，與四方豪傑進問退辨，遂聞格致之學。」按郭持平字守衡，號淺齋，萬安人。其正德九年春官不第，入南雍卒業，其時當已與陽明相識。傳習録卷上有郭持平問一條語録：「守衡問：『大學工夫只是誠意，誠意工夫只是格物。修齊治平，只誠意盡矣。又有「正心之功，有所忿懥好樂，則不得其正」，何也？』先生曰：『此要自思得之，知此則知未發之中矣。』守衡再三請。曰：『爲學工夫有淺深。初時若不着實用意去好善惡惡，如何能爲善去惡？這着實用意便是誠意。然不知心之本體原無一物，一向着意去好善惡惡，便又多了這分意思，便不是廓然大公。書所謂無有作好作惡，方是本體。所以説「有所忿懥好樂，則不得其正」。正心只是誠意工夫裏面體當自家心體，要當鑑空衡平，這便是未發之中。』」

歐陽德、歐陽昱、歐陽瑜。 徐階歐陽公神道碑銘：「初，公領鄉薦。陽明先生倡道於虔之行臺，其説以爲人心虚靈，萬理畢具，惟不蔽於欲，使常廓然以公，湛然以寂，則順應感通之妙，自出乎其中。而世儒往往索諸口耳，其力愈艱，其於用愈窒，非大學『致知』之本指。於是舉孟子所謂『良知』者，合之大學，曰『致良知』，蓋『明明德』之别名耳。而士溺於舊聞，詆以爲禪。公獨曰：『此正學也。』走受業於先生。」（世經堂集卷十九）聶豹南野歐公墓誌銘：「二十一舉於鄉，聞陽明先生講學虔臺，裹糧從之。值春試者再，皆不赴，力踐精思，食貧自樂。」（雙江聶先生文集卷十）按歐陽德（字崇一）是次實偕歐陽昱、歐陽瑜來贛受學。 歐陽昱爲其胞弟，徐階歐陽公神道碑銘即云「又蔭其弟昱爲國子生」。歐陽德集卷三十亦有期舍弟昱偕計不遂用韵寄慰詩。 歐陽瑜爲其族弟，明史卷二百八十三歐陽德傳：「族人瑜，字汝重，亦學於守仁。守仁教之曰：『常欿然無自是而已。』瑜終身踐之。舉於鄉，不就會試。」王時槐四川布政司參議歐陽公瑜傳：「歐陽瑜字汝重，安福人。自少端慤，鮮嗜慾。從陽明先生學，雅見器異。將别，先生曰：『常見自己不是，此吾六字符也。』公奉令承教，終身力踐之。」（國朝獻徵録卷九十八）據陽明題遥祝圖中云「其友正之、廷仁、崇一輩相與語曰」（該文作於五月十五日），可證歐陽德乃在四月來贛受學。

郭治。 鄒守益集卷十八書郭中洲待漏像自贊後：「臣某歌鹿鳴，與臣治同舉；及學虔州，與同師；判廣德，與孝豐同壤。」按郭治字昌修，號中洲，安福人，與鄒守益爲同年。其正德十三年來贛受學，至次年鄒守益來學，其猶在贛未去，故云「及學虔州，與同師」。鄒守益集卷十七乾乾所箴：「陽明夫子講學虔州也，中洲郭子昌修偕晴川劉子煥吾、南野歐陽子崇一，往學焉。其後令孝豐，移守鬱林，宣暢師訓，甚宜其士民……益也同年同門，又同以伉直歸，敬爲之箴。」是郭治乃與歐陽德、劉魁同時來贛問學。

劉魁。劉魁字煥吾，號晴川，泰和人。歐陽德集卷七送劉晴川北上序云：「陽明先生倡學虔臺之歲，某從晴川子日受業焉。當是時，默坐澄心，遊衍適性，詩、書、禮、樂益神智而移氣體者咸備，若春風被物，生植而不自知。」卷二十八祭劉晴川云：「憶昔與兄師門共學，接席連牀，動逾數月，語焉而不厭其聒，默焉而不疑其秘。相觀相砥之益，惟予與兄自知之。」唐伯元工部員外郎劉公魁傳：「員外郎劉公魁，字煥吾，泰和人。由舉人，嘉靖間判寶慶……公自幼稟父訓，躬操古行。既學於陽明先生，堅志反觀，動有依據。」（國朝獻徵録卷五十一）羅洪先集卷十九晴川劉公墓表：「其後受學王陽明先生，聞良知之説……蓋自良知之説興，學者皆指此心知覺以爲本體，直任其發用流行，不復存察，謂之致知。公兢兢自考，每一動念，求無自欺，是非由中，然後敢發……蓋至是而後知良知之致，必始於存察之功；而存察之精，益足以擴良知之用。是公大有助於師門也。」明儒學案卷十九員外劉晴川先生魁：「先生受學於陽明……門人尤熙問爲學之要，曰：『在立誠。』每舉陽明遺事以淑門人，言：『陽明轉人輕快，一友與人訟，來問是非，陽明曰：「待汝數日後，心平氣和，當爲汝説。」後數日，其人曰：「弟子此時心平氣和，願賜教。」陽明曰：「既是心平氣和了，又教什麼？」朋友在書院投壺，陽明過之，呼曰：「休離了根。」』問陽明言動氣象，先生曰：『只是常人。』」

吴倫。吴倫字伯叙。歐陽德集卷九吴伯叙卷：「先師陽明夫子講學於虔，發明静專動直之旨，然聞其教者，或各以其意爲學，而未究見夫所謂真静真動者……吴子伯叙昔在師門最稱篤志，時或凝然端坐，若澄神内顧然者，朋友疑其偏静。比歲，會諸南雍，則吴子已改其舊轍，非復是内非外、喜静厭動者矣。」

俞子有。歐陽德集卷二十九挽俞子有：「予與子有侍先師於虔，同寓郁孤臺下。時相與焚香告天，誓此心可對天日。荏苒歲月，頑鈍無聞，而子有已不可作。子南來館下，出知舊挽卷，悵然賦此。猶憶春風理素琴，船雲玄鶴去無音。郁孤臺上千年月，常照人間不死心。」所謂「春風理素琴」，「郁孤臺上千年月」，即指俞子有是年春間來贛受教。按「俞子有」即俞慶，信豐人。康熙信豐縣志卷十俞慶傳：「俞慶，字子有，一字子善。篤志問學，泛觀博取，反而約之身心。踰冠，領正德庚午鄉薦。遊太學，所交盡海内名士。詩文冲淡，自可名家。後從陽明，益有妙悟。尋卒，陽明公哭之曰：『嗚呼慶也！欲寡其過而未能，蓋駸駸焉有志，而未覩其成也。』太史舒芬爲之銘曰：『學修夫情，行循夫理。汝殁汝寧，固斯丘之所成。』至今士林忻慕焉。」俞慶正德五年舉鄉試，當是次年會試不第，乃入太學。陽明正德六年爲會試同考試官，兩人或即是年在京相識。「太史」舒芬，正德十二年舉進士，授翰林院修撰，至正德十四年謫爲福建市舶副提舉，故可知俞慶當卒在正德十三、十四年間。歐陽德所云「知舊挽卷」或即有陽明作祭俞子有文。

劉魯、劉宰。歐陽德集卷二十五劉玄洲墓誌銘：「陽明先生講學虔臺時，弟子自遠來至大庾，最穎悟者兩人，其一則劉君。劉君諱魯，字希曾，今刑部侍郎雪臺翁冢子也……既聞先生教，反本泝源，理性情之奥，其言曰：『性含靈識，故神明其德，本於齋戒；情顯功能，故高厚之業，積之忠恕。汩其性則神昏，雖多聞不足以精義；鑿其情則才僻，雖利用不足以崇德。且鑒空而明，故垢浄明瑩，未聞設色以影將照之形；心虚而神，故欲浄神應，未聞執迹以擬不測之變。』於是慨然有志於道，自期古聖哲……君學於陽明，與某同舍砥礪……君初號梅泉，後號玄洲。所著有梅泉稿、玄洲日課，藏於家。」按歐陽德所云「最穎悟者兩人」之另一人，爲劉宰，康熙南安府志卷十三：「劉宰，字彦弼。劉魯，字希曾。俱同受王文成之門，後聯翩登科。」民國大庾縣志卷八：「劉宰，字彦卿。劉魯，字希曾。宰，學正寬、布政寅從弟。魯，侍郎節子。俱長於文學。後聯翩登科，相與刊落詞華，究心理學，同受業王文成之門。皆著有文集，藏於家。」

吴鶴。前考吴鶴正德五年來辰州虎溪龍興寺受學。是次則自湖南吉首再來贛受學，見乾州廳志人物。

謝魁。順治贛州府志卷十六：「謝魁，字文杓，興國人。爲諸生時，受學於陽明先生。居常以道義自飭，於世味泊如也。選貢入太學，大司成南野歐公命二子師焉。已授虞城令，捍堤禦水，爲民利賴。以不合於時，改樂昌。朞年，堅辭乞歸。逾月而卒。」

余光。順治贛州府志卷十六：「余光，字緝之，贛縣人。幼孤，攻苦讀書。登嘉靖壬午鄉薦，十年不第。授四川涪州知州……起復，補廣安州……未幾，陞廣西南寧府同知，益自刻勵，土官承襲分例盡却之。會討安南，毛大司馬爲師，嘗召入幕府，計事多采用。已而安南降，奪國號，貶爲都統司。功狀上，以與有勞，擢南京刑部員外郎……歸田二十餘年，以壽終。」

賴元、賴貞、李經綸。道光寧都直隸州志卷二十二：「（寧都）賴元，字善長，號蒙巖，邑諸生。嘗歎士讀聖賢書，當爲聖賢事。時王陽明講學虔州，元裹糧及門，聞師訓，輒解悟。與同門何善山、黃洛村書疏往復辨證。洛村與劉龍山書曰：『近得寧都朋友相次興起，甚得力者，皆善長一人倡率之功也。』邑令陳大綸設講堂，推元爲首，學者翕然宗之。與同邑李蒙泉講學青原，吉人士稱爲『二蒙』云。」（按：李大集字蒙泉，邑諸生，從黃洛村遊。）同治會昌縣志卷二十二：「賴貞，字洛村。兄元，字善長。俱太學生，同及王陽明門，講學虔臺。陽明没後，貞復遊學於白鹿洞，三年不歸，寄語家人曰：『昔舒璘曰：「敝牀粗席，總是佳氣；櫛風沐雨，反爲美境。」信不虛矣。』手抄傳習録及往來辨學書，復以己所心得者，識於後。嘉靖乙酉，與兄捐千金，建湘江書院，講學其中。」聶豹集卷七雲石山人傳：「雲石山人者，寧人也。予不識山人作何狀，識山人子……於是與山人子李經綸交焉……經綸亦爲邑庠生，卒亦屏謝舉業，與友人賴元同受學於先師陽明子，意承考也。」

王舜鵬。同治萬安縣志卷十三：「王舜鵬，字希元，雁塔人。以歲貢授益陽訓導，沂水教諭，乞休。甘苦茹淡，敦樸以正家，耻事干謁。嘗受學王陽明，以其說與鄉士大夫博士弟子相證悟，砥礪於雲興書院，惓惓汲引，耄年不倦。」

余善。薛侃集卷七有余士齋傳，記薛侃薦鄉人余善及陽明之門。余善字崇一，號士齋，潮陽人。從白沙遊，操履端確。正德戊寅應貢北上，遇薛侃於南監，因入見陽明。按傳習録卷上有薛侃記語録：「崇一問：『尋常意思多忙，有事固忙，無事亦忙，何也？』先生曰：『天地氣機，元無一息之停，然有個主宰，故不先不後，不急不緩，雖千變萬化，而主宰常定，人得此而生。若主宰定時，與天運一般不息，雖酬酢萬變，常是從容自在，所謂「天君泰然，百體從令」。若無主宰，便只是這氣奔放，如何不忙？』」此「崇一」應即指余善，今人多以爲指歐陽德，乃誤。

劉業。同治萬安縣志卷十三：「劉業，號丹峰，城西横街人。中正德庚午鄉試，積學工詩文。從王陽明守仁講學虔中，業列高座。居家授徒，從遊者皆知名士。謁選掄部元，授金華府同知，隨陞山東長史。時王據禮服喪，凡吉禮悉命業代之。遇恩更四品服，遂致仕。王喜曰：『長史受服致仕，洵賢大夫也。』業歸，謝干謁，披書史，自撰墓銘。」

李盤、李絳、李淐。同治泰和縣志卷十七：「李盤，字希子，南岡人。好學博識，王守仁聘主虔教，一時名士多出其門。子淐與兄絳，同及守仁門。常受寧藩聘，見濠有逆謀，力諫不從，拂衣歸。善詩賦，精書法，稱爲珠泉先生。」

羅琛。光緒吉水縣志卷三十六：「羅琛，字松坪。十二歲爲弟子員，聞王守仁講學章貢，往師之。一日，侍守仁招提，守仁問：『鐘聲何如叩之即應？』答曰：『鐘空則鳴，心虚則靈。一物塞其中，鐘聲必不應；一欲横於中，則心必不明。』守仁大然之。羅洪先嘗歎曰：『吾家顔子，伊周非所求也。』及殁，時屬二子惟立志云。」

周汝員、周文矩。光緒吉水縣志卷三十六：「周汝員，號冷塘，南嶺人。父仲。汝員中嘉靖壬午鄉試，己丑進士，授行人，選河南道御史。丁酉典鄉試，袁煒、茅瓚皆出其門。元輔張孚敬居鄉暴横，汝員首劾之。孚敬許汝員典試有私，汝員疏辨，盡發孚敬不法事。上令回籍聽勘，未受代，仍理浙務一年。復任，陞福建巡海副使。閹中忤直指，誣劾罷歸。汝員初與弟文矩受學王守仁，性剛介，不能容人過，亦不自容其過。所著有文集行世。」

周仲。前引光緒吉水縣志卷三十六周汝員傳云「父仲」，知周仲乃是周汝員、周文矩之父，吉水人。其當是是年携周汝員、周文矩二子來贛受學。鄒守益集卷二十六有和周南仲：「鬱孤臺上濂溪學，兩度春風共坐之。儘把毁譽供一笑，從來饑飽更誰知？言如鸚鵡猶爲鳥，道在盤盂舉是師。回首文江天咫尺，片帆何日話幽思？」知周仲字南仲，所謂「兩度春風共坐之」，即指在贛受學。前引鄒守益奠何善山先生文云：「周子南仲」，即指周仲。世德紀喪紀稱陽明櫬抵越，來哭奠者有「門人監丞周仲」。

劉道。同治萬安縣志卷十二：「劉道，號五山，倉背人。正德辛巳進士。任雲南按察司僉事，恒以刑書律志設於簿案，事有所疑，則質之，未嘗以非罪寘人。時有謡曰：『天穀滇南，來有五山。』以老辭歸，不與外事，新祠典，創義田，教子孫以義門之法。有慎刑録，載會典。」

劉賓朝。同治安福縣志卷十一：「劉賓朝，字心川，川竹園人。少爲邑諸生，有聲。契良知之學，師事王守仁，復卒業於鄒守益。晚年徜徉青原、白鷺間，與馬勳相友善。」

王釗、王鑄、王鏡。同治安福縣志卷十一：「王釗，字子懋，號柳川，南鄉金田人。安貧樂道，始學於王守仁，既卒業於鄒守益。」鄒守益集卷二十三王母甘孺人墓誌銘：「吾邑王生釗及鑄，受學於陽明王先生，而卒業於東廓山房。其言吶吶如不出口，而其志侃然，其行確然，予竦然愛之。」同治安福縣志卷十一：「王鑄，字子成，南鄉金田人，邑庠生。性至孝，廬母墓三年。與兄釗、鏡師事王守仁，卒業於鄒守益，鄒守益稱爲『致遠友』也。嘗題其額曰『道侔二陸』。後往來衡嶽、石鼓、鹿洞各書院，歸則與復古、復真諸君子講學不倦。著有語録及詩草。」

劉肇袞。同治安福縣志卷十一：「劉肇袞，字内重，東鄉櫟岡人。初爲諸生，赴試，歎曰：『士不自重，致所司防閑如此。』遂自陳養母去。慕吴與弼學，得其書，喜讀之。會王守仁開府虔中，往受業焉。袞氣岸雄偉，朋輩有失職，面攻之。鄒守益每歎朋友道衰，不聞直諒，益重袞。袞於鄉閭民瘼有所聞，卒以告守益，爲之轉聞當道，民感其惠。王時槐謂：『兩峰自修於己，石峰交修於人。』石峰，肇袞別號也。」按王陽明全集卷五有答劉内重。

張崧。同治安福縣志卷十一：「張崧，號秋渠，南鄉書岡人。學博文贍，嘗受學王守仁，充然有得。甲寅大饑，爲保民，蠡測數千言上之，當路亟檄郡邑舉賑，全活者甚衆……手著叢録二十卷，及三傳、性理、通鑑節要諸書。」鄒守益集卷四叙安福叢録：「秋渠張子崧，稽往乘，搜傳記，博詢山氓故老，凡爲卷二十有二……往予與同志劉子肇袞、王生鑄輩，議各記所聞所睹，細大必裒……秋渠子以獨立成之……」

劉孔愚。同治永新縣志卷十六：「劉孔愚，字可明，博學尚詩文。弱冠，以禮經魁鄉試，念母李矢節，侍養十餘年，不赴春官。嘗受學王陽明先生之門，嚮往，得其旨歸。後就教定海，造士有方，捐餼以資貧者。兩典文衡，皆稱□士。擢寧遠知縣，遷學厲士，殄劇寇，有功。尋卒於官。所著有蘅汀集。」按同治永新縣志卷十一舉人云：「正德八年癸酉鄉試，劉孔愚，敷從孫，經魁，知縣。」劉孔愚正德八年後居家十餘年，蓋即在其時來虔問學。

周衡。泉翁大全集卷六十明唐府紀善進長史俸靜庵周君墓碑銘：「正德庚午，領應天鄉薦。明年，會試中乙榜，授江西萬安訓導……在萬安，聞陽明王先生講道於虔，亟往受業，聞求心致良知之説，以聖賢爲必可學，以存天理去人欲爲下手功夫。」鄒守益集卷十七學易箴：「宜興周君衡學易於陽明先生。先生命之曰：『易者，吾心之陰陽動靜也。動靜不失其時，易在我矣。自强不息，所以致其功也。』即其所居構思誠書屋數椽，而揭其棲止之室曰學易窩，以不忘先師之訓。」前考正德五年周衡已來見陽明受學；是次乃是其在萬安訓導任上再來問學，則在四月可知。

薛宗鎧。泉翁大全集卷六十明故徵仕郎右給事中東泓薛君墓誌銘：「東泓子薛子宗鎧子修，從其父靖軒子，叔父中離子、竹居子，皆學王陽明公良知之學。推陽明之意，而前輩以事甘泉子……考曰俊，靖軒子……子修生弘治戊午三月朔日，卒嘉靖丙申九月二十一日，享年三十有八。其季叔兵曹竹居子僑，携喪以歸。」

王學益。同治安福縣志卷十：「王學益，字虞卿，號大廓，東鄉蒙岡人。嘉靖乙丑進士，授都水司主事，改武庫。上疏清京衙及各省軍伍，一湔宿滯。遷職方員外，進郎中。時尚書某欲用某爲將官，學益執不可，至掣其筆，竟從之。時議伐安南，寓書毛伯温，以爲東南生靈所繫，乞慎動，以惠交人。歷擢福建按察副使，應天府丞，巡撫貴州兼理軍務。適貴之銅仁與湖之鎮筸諸苗構煽，學益頗得土目心，方感德誓報，會有擠之者，誣以稽怠，遂被逮。湖貴人士相率陳冤，事乃白。起南僉都御史，改北刑部左、右侍郎，陞南工部尚書，以疾請休。年六十七卒。」按王陽明全集卷六與安福諸同志有云：「得虞卿及諸同志寄來書，所見比舊又加親切。」蓋王學益爲安福惜陰會之中堅弟子也。

劉秉鑒。鄒守益集卷二十一彭子闇墓銘：「昔陽明夫子倡道於虔，四方豪傑咸集，益趨而受學焉。其後宅憂會稽，信從者愈衆，一時聲應氣求，私淑而與，吉郡視四方爲勝，而安福視吉郡爲勝。然俯仰三十年，相繼云亡。若憲副劉印山秉鑒、邑尹王天民皞甫，施於政而未展；若劉德芳醮、劉子和周，則文則武；劉原理瓊治、李畏夫儼，皆未試早没；而王孔橋仰，復没於旅邸……若彭子闇勉愉，其北里之可悲者乎！」按鄒守益所言此八名安福士子皆陽明弟子，似皆先在正德中來贛受學，後又在嘉靖中來越受學，今多不能詳考，故兹衹録劉秉鑒一人。鄒守益集卷二十四表印山劉先生墓：「印山劉先生之墓，在安成三舍社陂頭，艮寅山坤申向。先生諱秉鑒，字遵教……登戊辰進士，授河間寧津令，擢刑部主事，尋署員外郎。出爲河南僉事，兵備大名，以功陞副使，兼理河道。忤巨璫，下詔獄，謫判韶州。以臺諫薦，量移直隸太平，復二潮州，起知臨安事。歷官二十餘年……先生族之彦曰邦采，曰文敏，曰曉……」明儒學案卷十九御史劉三五先生陽：「劉秉鑒，字遵教，號印山，三五同邑人也。父宣，工部尚書。先生登戊辰進士第，歷刑部主事，署員外郎，出爲河南僉事，遷大名兵備副使，以忤巨奄，逮繫詔獄，得不死，謫判韶州，量移貳潮州，知臨安府，未至而卒……劉三五評之曰：『先輩有言，名節一變而至道。印山早勵名節，烈烈不拙，至臨死生靡惑，宜其變而至道無難也。』」

郭昇、程度。乾隆南昌府志卷五十八儒林：「郭昇，字東旭，新建人。事親以孝聞。嘗至虔從王守仁學，遭濠變，居室罹兵燹，守仁給以逆産，固辭不受。巡按延爲白鹿洞長。以明經積資，授興國訓導。量移歸化教諭，其地士樸少文，昇導以禮讓，咸慕化之。所著有大學中庸問答。同里程度，亦師事守仁。操行介潔，終身無惰容。爲連州訓導。」

王貞善。乾隆泰和縣志卷二十一：「王貞善，字如性。性格嚴正，耻逐流俗。少聞王守仁良知之旨，有會於心，遂師事之。既而習湛若水隨事體認天理之説，學益進。嘉靖戊子舉人，授海陽縣，以守正忤上官，不滿歲而歸。杜門著書，如静説、讀史法戒及内外篇，皆本王、湛之學。」

林學道。光緒莆田縣志卷十六：「林學道，字致之。少苦志力學，既入庠，從泉南祭酒蔡清遊，復之江西從王守仁，訂良知之説……守仁督撫南、贛，又請入濂溪書院。」按陽明於正德十三年九月修濂溪書院，可見林學道當是在正德十三年來贛問學。

羅文炳。劉節宣制堂録卷上贈羅子序：「富溪羅子文炳，永豐人也。嘗鼓篋遊陽明山人王子門。言莊貌恭，氣和行篤志鋭，同舍生推焉……兹秋選於鄉，弗升太學。劉子邦彦語節也，走幣請師於塾。羅子至，邦彦乃命其二子儲、嶽，猶子之子乾，節也乃命子音，弟之子香暨易生執弟子禮，羅子受而教焉……或問曰：『羅子教諸弟子，猶夫陽明教羅子哉？諸弟子聞於羅子，亦猶夫羅子聞於陽明否也？』節告之曰：『譬諸堂室哉，陽明教羅子，入羅子於室也；羅子教諸弟子，升諸子於堂也。』」

張元相。乾隆南昌府志卷五十九忠義：「張元相，字居仁，新建人。有詩名，以經明行修科，官寧藩教授，署長史事。宸濠謀逆，啖以高官，不從。元相兄元春初官山陰知縣，元相隨任，受學於王守仁。時撫虔，元相乃密走虔，言其狀。及歸，濠遣校尉縛元相，並其弟舉人元龍禁之，煅鍊備至。濠被擒，守仁兵至，乃出兄弟於獄。元相殘廢……」

歐陽閲。乾隆泰和縣志卷二十一：「字崇勳，蜀江人。德族兄，從王守仁遊。宸濠有異，進曰：『以時世論，將有七國之變，計將安出？』守仁不應，而密語之曰：『書生何易談天下事？可讀易洗心。』一句沈思有悟。兼長詩賦。後爲滁州學正。」

是月，雩峰袁慶麟携芻蕘餘論來問學。

袁慶麟朱子晚年定論跋：「麟無似，從事於朱子之訓餘三十年，非不專且篤，而竟亦未有居安資深之地，則猶以爲知之未詳，而覽之未博也。戊寅夏，持所著論若干卷來見先生。聞其言，如日中天，睹之即見，象五穀之藝地，種之即生，不假外求，而真切簡易，恍然有悟。

退求其故而不合，則又不免遲疑於其間。及讀是編，始釋然，盡投其所業，假館而受學，蓋三月而若將有聞焉……正德戊寅六月望，門人雩都袁慶麟謹識。」（朱子晚年定論後附）

康熙雩都縣志卷九：「袁慶麟，字德彰，晚號雩峰。初爲諸生，矻矻攻舉子業，幾忘寢食。已而忽自悔悟，盡棄舊習，鋭志聖賢之學。久之，涣然有省，曰：『吾性自足，何事外求耶？』既膺鄉貢，以親老遂不仕。督學邵竇聘主白鹿洞，郡守吴珏聘設教郡學，爲各邑諸生師，俱辭不就。正德戊寅，携所著蒭蕘餘論謁陽明子。陽明見而稱服，曰：『是從静悟中得來者也。』檄有司聘督本府社學。」

五月一日，上添設和平縣治疏，乞建和平縣。

王陽明全集卷十一添設和平縣治疏：「切見龍川和平地方，山水環抱，土地坦平，人煙輳集，千有餘家……可以築城立縣於此，招回投誠之人，復業居住。分割龍川縣和平都、仁義都並廣三圖共三里，及割附近河源縣惠化都，與接近江西龍南縣鄰界，亦折一里前來，共輳一縣……地名和平，以地名縣，以爲得宜。」

有札致兵部尚書王瓊，再乞致仕。

王陽明全集卷二十七與王晉溪司馬書八：「近領部咨，見老先生之於守仁，可謂心無不盡，而凡其平日見於論奏之間者，亦已無一言之不酬。雖上公之爵，萬户侯之封，不能加於此矣。自度鄙劣，何以克堪，感激之私，中心藏之，不能以言謝。然守仁之所以隱忍扶疾，身被鋒鏑，出百死一生以赴地方之急者，亦豈苟圖旌賞，希階級之榮而已哉？誠感老先生之知愛，期無負於薦揚之言，不愧稱知己於天下而已矣。今雖不能大建奇偉之績，以仰答知遇，亦幸苟無撓敗戮辱，遺繆舉之羞於門下，則守仁之罪責亦已少塞，而志願亦可以無大憾矣，復何求哉！復何求哉！伏惟老先生愛人以德，器使曲成，不責人以其所不備，不强人以其所不能，則凡才薄福，尫羸疾廢如某者，庶可以遂其骸骨之請矣。乞休疏待報已三月，尚杳未有聞。歸魂飛越，夕不能旦。伏望憫其迫切之情，早賜允可，是所謂生死而肉骨者也，感德當何如耶！」

按：陽明三月疏乞致仕，可見此書作在五月，當是隨添設和平縣治疏一起送往京師。

十五日，薛侃母誕辰，薛侃作遥祝圖賀之，特爲圖題辭。

王陽明全集卷二十四題遥祝圖：「薛母太孺人曾方就其長子俊養於玉山，仲子侃既舉進士，告歸來省。孺人曰：『吾安而兄養，子出而仕。』侃曰：『吾斯之未能信。』曰：『然則盍往學？』於是携其弟僑、姪宗鎧來就予於虔。其室在揭陽，别且數年，未遑歸視。踰年五月望日，爲孺人初誕之辰，以命不敢往，遥拜而祝。其友正之、廷仁、崇一輩相與語曰：『薛母之教其子，可謂賢矣；薛子之養其親，可謂孝矣。吾儕與薛子同學，因各勵其所以事親之孝，可謂益矣，而不獲登其堂，申其敬。』乃命工繪遥祝之圖，寓諸玉山，以致稱觴之意。請於予，予爲題其事。」

因戰亂後久雨水災，府縣城垣圮敗，批嶺北道修築城垣。拓新提督都察院，建射圃、觀德亭，作觀德亭記以發其意。

王陽明全集卷三十批嶺北道修築城垣呈：「據副使楊璋呈：『所屬府、衛、縣城垣倒塌數多，而石城一縣尤甚，應該估計修理。合委知府季斆、邢珣，不妨府事，督修本府城垣，龍南縣署印推官危壽，興國縣知縣黄泗，瑞金縣鮑珉，各委督修本縣城垣。惟石城縣知縣林順，柔懦無爲，合行同知夏克義，估計督修。』……該道即行各該承委官員查照，估算工程，措置物料，一應事宜，各自從長議處呈奪，各官務要視官事如家事，惜民財如己財，因地任力，計日驗功，役不踰時而成堅久之績，費不擾民而有節省之美。」（五月十五日）

按：是次修築府縣城垣，順治贛州府志（卷四）載之甚詳，兹著録於下：

贛州府城……正德乙亥春，霖圮一千三百餘丈。戊寅夏，久雨，圮六百三十八丈。知府邢珣後先白於蔣都御史昇、王都御史守仁，修補完整。而己卯、庚辰連歲復圮三百四十餘丈，王兵使度檄知府盛茂重修。

興國縣……戊寅久雨，復圮九十餘丈。知縣黄泗白於都御史王公守仁、知府邢珣，給官帑重修。建城樓一座，修窩鋪二十四座。

瑞金縣……戊寅復圮一百餘丈。知縣鮑珉白於都御史王公守仁、知府邢珣，重修。

龍南縣……戊寅春雨，圮二十餘丈。署縣事本府推官危壽白於都御史王公守仁、知府邢珣，給官帑重修。

石城縣……戊寅雨，圮十之七八，都御史王公守仁檄通判文運督署縣事，興國縣丞雷仁，給官帑修完，重建西南二門城樓。

順治贛州府志卷四：「提督都察院，在城東南……正德戊寅，王都御史守仁開拓一新。中爲堂曰『肅清』，前爲露臺，東西爲廊房，中爲儀門，外爲大門。正堂後爲軒，曰『正大光明』；又爲後堂，曰『抑抑』。後堂之左爲思歸軒，爲宜南樓，爲燕居，爲仕學軒，左掖爲射圃，爲無逸亭、君子亭；後堂之右爲觀德亭。大門外左爲府茶廳，右爲三司茶廳，兩翼爲各屬茶廳。外西邊廊房三十間，以處各省、府、衛胥徒之聽用者。門前爲坊，曰『提督軍務』；左右爲坊，曰『肅清六道』、『節制四藩』。轅門外，西爲中軍廳，南設坐營署。尚書何喬新有記。」

王陽明全集卷七觀德亭記：「君子之於射也，内志正，外體直，持弓矢審固，而後可以言中。故古者射以觀德。德也者，得之於其心也。君子之學，求以得之於其心，故君子之於射，以存其心也。是故懆於其心者，其動妄；蕩於其心者，其視浮；歉於其心者，其氣餒；忽於其心者，其貌惰；傲於其心者，其色矜。五者，心之不存也；不存也者，不學也。君子之學於射，以存其心也。是故心端則體正，心敬則容肅，心平則氣舒，心專則視審，心通故時而理，心純故讓而恪，心宏故勝而不張、負而不弛。七者備而君子之德成。君子無所不用其學也，於射見之矣。故曰：爲人君者，以爲君鵠；爲人臣者，以爲臣鵠；爲人父者，以爲父鵠；爲人子者，以爲子鵠。射也者，射己之鵠也；鵠也者，心也。各射己之心也，各得其心而已。故曰：可以觀德矣。作觀德亭記。」

按：陽明此觀德亭記實爲拓新提督都察院而作。陽明於提督都察院中建射圃，旁又特建觀德亭，乃以觀射圃也。蓋古者射以觀德，陽明由此發意，以爲射者，射己之鵠；鵠者，即心也。射己之鵠，各得其心，故曰射可以觀德。此即陽明建射圃、作觀德亭之真意也。又陽明於提督都察院中建思歸軒，其作思歸軒賦云：「陽明子之官於虔也，廨之後喬木蔚然。退食而望，若處深麓而遊於其鄉之園也。構軒其下，而名之曰『思歸』焉。」（王陽明全集卷十九）思歸軒或是其居室耶？錢德洪陽明先生年譜云：「四方學者輻輳，始寓射圃，至不能容。」然則射圃、觀德亭又爲四方學子來寓受學之地矣。

魏時亮大儒學粹卷九陽明王先生：「先生在贛院，左旁門通射圃，暇即走其中，與諸生論學，多至夜分，次早諸生入揖爲常。一夕夜坐，諸生請休朝扣門，守者曰：『昨夜公返未幾，即出兵，不知何往。今可至數十里矣。』其神速機變若此。」

餘姚諸弟書來，告悔悟奮發之意，有答書。

王陽明全集卷四寄諸弟：「屢得弟輩書，皆有悔悟奮發之意，喜慰無盡！但不知弟輩果出於誠心乎，亦謾爲之説云爾。本心之明，皎如白日，無有有過而不自知者，但患不能改耳。一念改過，當時即得本心。人孰無過？改之爲貴。蘧伯玉，大賢也，惟曰『欲寡過而未能』；成湯、孔子，大聖也，亦惟曰『改過不吝，可以無大過』而已。人皆曰人非堯舜，安能無過？此亦相沿之説，未足以知堯舜之心。若堯舜之心而自以爲無過，即非所以爲聖人矣。其相授受之言曰：『人心惟危，道心惟微，惟精惟一，允執厥中。』彼其自以爲人心之惟危也，則其心亦與人同耳。危即過也，惟其兢兢業業，常加『精一』之功，是以能『允執厥中』而免於過。古之聖賢時時自見己過而改之，是以能無過，非其心果與人異也。『戒慎不睹，恐懼不聞』者，時時自見己過之功。吾近來實見此學有用力處，但爲平日習染深痼，克治欠勇，故切切預爲弟輩言之。」

按：前引陽明與諸弟書乃致餘姚諸族弟，作於四月廿二日。餘姚諸弟隨即有答書寄來，告悔悟奮發之意，即陽明此書所言「屢得弟輩書」。故可確知陽明此寄諸弟書作在五月中。